Judith Grohmann

# SEBASTIAN KURZ
## Die offizielle Biografie

Judith Grohmann

# SEBASTIAN KURZ

## DIE OFFIZIELLE BIOGRAFIE

FBV

Bibliografische Information der Deutschen Nationalbibliothek:
Die Deutsche Nationalbibliothek verzeichnet diese Publikation in der Deutschen National-
bibliografie. Detaillierte bibliografische Daten sind im Internet über http://dnb.d-nb.de
abrufbar.

Für Fragen und Anregungen:
info@finanzbuchverlag.de

Originalausgabe, 1. Auflage 2019

© 2019 by FinanzBuch Verlag, ein Imprint der Münchner Verlagsgruppe GmbH,
Nymphenburger Straße 86
D-80636 München
Tel.: 089 651285-0
Fax: 089 652096

Alle Rechte, insbesondere das Recht der Vervielfältigung und Verbreitung sowie der
Übersetzung, vorbehalten. Kein Teil des Werkes darf in irgendeiner Form (durch Fotokopie,
Mikrofilm oder ein anderes Verfahren) ohne schriftliche Genehmigung des Verlages repro-
duziert oder unter Verwendung elektronischer Systeme gespeichert, verarbeitet, vervielfältigt
oder verbreitet werden.

Sämtliche Inhalte dieses Buchs wurden – auf Basis von Quellen, die die Autorin für ver-
trauenswürdig erachtet – nach bestem Wissen und Gewissen recherchiert und sorgfältig
geprüft. Der Verlag haftet für keine nachteiligen Auswirkungen, die in einem direkten oder
indirekten Zusammenhang mit den Informationen stehen, die in diesem Buch enthalten
sind. Sämtliche Textstellen, die direkt oder indirekt Zitate wiedergeben und nicht anderwei-
tig belegt sind, stammen aus persönlichen Gesprächen der Autorin mit den betreffenden
Personen.

Redaktion: Christiane Otto
Korrektorat: Maike Specht
Umschlaggestaltung: Marc-Torben Fischer, München
Umschlagabbildung: Jakob Glaser
Satz: Helmut Schaffer, Hofheim a. Ts.
Druck: GGP Media GmbH, Pößneck
Printed in Germany

ISBN Print 978-3-95972-267-4
ISBN E-Book (PDF) 978-3-96092-489-0
ISBN E-Book (EPUB, Mobi) 978-3-96092-490-6

Weitere Informationen zum Verlag finden Sie unter:

# www.finanzbuchverlag.de
Beachten Sie auch unsere weiteren Verlage unter www.m-vg.de.

# INHALT

**PROLOG** ................................................. 9

**1. Kapitel**
Ein Kind aus dem Arbeiterbezirk ........................... 19

**2. Kapitel**
Vom Rathaus ins Staatssekretariat ......................... 51

**3. Kapitel**
Wahlkampf – der Weg ist das Ziel .......................... 105

**4. Kapitel**
Besuch bei den Verbündeten ................................ 131

**5. Kapitel**
2019 – sein zweites Regierungsjahr ........................ 185

**6. Kapitel**
Sebastian Kurz und seine Rolle in der internationalen
Politik ................................................... 219

**7. Kapitel**
Wahlkampf made in Austria ................................. 249

**Epilog** ................................................. 261

**Danksagung** ............................................. 265

**Anmerkungen** ............................................ 267

»Regieren ist ein Rendezvous mit der Realität«

*Wolfgang Schäuble, Präsident des Deutschen Bundestages, Politiker der CDU*

*Februar 2015*

# PROLOG

Sonnenstrahlen bedeckten mein Gesicht, während ich hastig über das steinerne Pflaster auf dem Wiener Minoritenplatz huschte. In der Mitte dieses Platzes steht eine gotische Kirche aus dem 13. Jahrhundert. Wir schreiben den 30. November 2016. Die Vorweihnachtszeit hatte begonnen. Draußen waren es sechs Grad. Ich hatte meinen Wintermantel angezogen und fror trotzdem ein wenig. Noch ein paar Schritte, dann betrat ich die beheizte Empfangshalle an der Rückseite des Palais Niederösterreich. Es handelt sich um ein Gebäude, welches über 500 Jahre alt ist. Die Wiener Innenstadt kann nicht nur aus kultureller, sondern auch aus politischer Sicht einiges vorweisen und erzählen. Während der Sicherheitsbeamte meinen Presseausweis prüfte, wurde ich von seinem Kollegen im Kabinett angemeldet. Danach führte man mich in einen eleganten Warteraum mit einer Ledercouch. Dort nahm ich Platz. Vor mir stand ein Pult, dahinter saß ein Wächter. Er lächelte mir freundlich zu. Wenige Minuten später holte mich eine Mitarbeiterin aus einem Büro, welches ein Stockwerk höher lag, ab. Die junge Frau lächelte mich an und streckte mir ihre Hand zur Begrüßung entgegen. Dann stiegen wir gemeinsam über die geschwungenen barocken kalksandsteinernen Treppen in den ersten Stock hinauf. Entlang der Mauern befand sich schöne Stuckatur aus einem anderen Jahrhundert. Oben angekommen, mussten wir zunächst zwei Sicherheitstüren durchqueren, bevor wir in einem schmalen, endlos langen und mehrere Meter hohen, weißen Korridor standen. Dieser Korridor war voller Türen. An einer dieser Türen lehnte ein Mann im dunkelgrauen Anzug, der nachdenklich mit seinem Zeigefinger über seine Lippe strich.

## Prolog

Der Pressesprecher des Außenministeriums galt als Troubleshooter der Nation und war ein in der österreichischen Medienszene bestens vernetzter Mensch, der seinen Chef stets vor kritischen Journalisten verteidigte. Während er noch die gegenüberliegende Seite des Korridors mit seinem scharfen Blick fixierte, gingen wir langsam weiter. Irgendwann sah er neugierig zu uns herüber und lächelte mich an. Willkommen im Ministerium.

Er führte mich in sein Arbeitszimmer. Es war nicht groß. Vor dem Fenster standen zwei riesige Holzschreibtische, die aneinandergestellt waren. Darauf thronten zwei Computer und zwei hellgraue Telefone. In einer Ecke, an der Wand, stand eine kleine schwarze Ledercouch. Ich nahm darauf Platz. Er setzte sich mir gegenüber. Aus den Augenwinkeln beobachtete er mich. Er schien neugierig zu sein auf das, was ich ihm erzählen würde.

Zwei Espresso mit Milch und Zucker wurden serviert, bevor wir mit dem Hintergrundgespräch beginnen konnten. Er wollte sofort mehr über mich erfahren: Meine Karriere, meine Arbeitgeber und meine Kollegen interessierten ihn. Aber auch die Artikel, die ich schrieb. Ich schmunzelte innerlich und begann zu erzählen. Dazwischen tranken wir unseren Espresso.

Ich sprach nicht gerne über mich selbst, denn als Journalist ist man zur Bescheidenheit erzogen. Doch dieser Termin war wichtig, denn ich wollte unbedingt rasch ein Interview mit seinem Chef haben.

In Österreich ist der Aufbau eines Interviews mit einem internationalen Medium mit einem der Großen aus der Politik ähnlich dem Aufbau einer Geschäftsbeziehung zwischen zwei Unternehmen aus unterschiedlichen Ländern. Zugegebenermaßen hat es fast schon etwas Komödiantisches an sich, wenn man als Journalist auf den Pressesprecher eines wichtigen Ministers trifft. Denn in Österreich beherrschen die Beamten in den Kabinetten ihrer Minister das freundschaftliche, wienerische Palavern mit Medienvertretern ausgezeichnet. Man spricht über alles und nichts, über Gott und die Welt. Und man schenkt sich gegenseitig Komplimente, genauso wie es soeben hier am Minoritenplatz gerade geschah. An einem der ältesten öffentlichen Plätze mitten in der Wiener Altstadt fand genau in diesem Augenblick ein Gespräch statt, das sich in etwa wie folgt anhörte: »Sie sind sehr jung Journalistin geworden, Bravo!«, »Sie sind im Kabinett des jüngsten Außenministers von Österreich, Bravo!«

Diese Form der Konversation erschien auf den ersten Blick hin sehr unkonventionell. In Wahrheit war sie essenziell, um einen engeren Kontakt zum Sprecher des Ministers zu bekommen. Die Sympathie wurde sukzessive im Gespräch aufgebaut. In Momenten wie diesen versucht der Journalist sich in diplomatischer Art und Weise für die Tätigkeit seines Gegenübers zu interessieren. Die beiden Gesprächspartner testen sich gewissermaßen ab, bevor der Journalist zur Tat schreiten kann und ihm mit der Zeit gezielte Insiderinformationen anvertraut werden. Doch sobald man das Vertrauen seines Gegenübers gewonnen hat, wird man vorerst meist in kleine, unwichtige Details aus der Politik eingeweiht. Eines ist bei diesem Spiel die Bedingung: Man muss Österreichs politisches Umfeld zunächst über mehrere Stunden, meist mehrere Tage und Wochen in dieser Form kennenlernen, bevor gegenseitiges Vertrauen überhaupt entstehen kann und Informationen ausgetauscht werden können. Und eines war für mich an diesem Tag von Anfang an sonnenklar: Ohne diesen Termin gab es kein Interview.

Das Gespräch dauerte eine ganze Stunde. Wir tauschten uns ein wenig über unseren beruflichen Alltag aus und verstanden uns sehr gut. In einer Pause beschloss ich, noch einen Schluck Kaffee zu trinken, bevor ich mich neugierig erkundigte: »Und wie geht es unserem Herrn Minister?«. Genau das schien eine wichtige Frage gewesen zu sein. Mir fiel auf, dass mein Gegenüber zwar antworten wollte, er aber stattdessen begann, die offene Türe, die sich gleich rechts neben uns befand, mit seinen Augen zu fixieren. ›Seltsam‹, dachte ich mir, denn ich war es gewohnt, dass man sich in Momenten wie diesem, eigentlich in die Augen sah und auf das gemeinsame Gespräch konzentrierte. Deshalb wunderte es mich, dass mein Gesprächspartner konzentriert in eine andere Richtung blickte. Vielleicht hatte er die Frage ja überhört, dachte ich mir und legte einfach noch eine Frage nach: »Ist unser Herr Außenminister gerade in Wien, oder ist er im Ausland unterwegs?«

Doch der Pressesprecher schien mich zu ignorieren. Er starrte konzentriert zur offenen Türe. Ich war verwundert. Es ist in diplomatischen Kreisen gänzlich unüblich, dass ein wohlerzogener Gesprächspartner eine Frage seines Gegenübers einfach nicht zur Kenntnis nimmt. Und so war ich der festen Überzeugung, dass ich meiner journalistischen Neugierde freien Lauf lassen sollte und ergründen musste, was ihn von einer Antwort abhielt.

Und so sah auch ich zur Türe hinüber. Doch mit einem Mal erklärte sich die Abwesenheit des Pressesprechers. Zunächst erblickte ich nur eine Silhouette. ›Ist er es wirklich?‹, dachte ich mir. Ich sah lediglich einen Teil eines Kopfes, doch der kam mir bekannt vor. Diese dunkelbraunen Haare, die streng nach hinten gekämmt waren, und die kleine, spitze Nase, die aus seinem Gesicht hervorlachte. Der Mann, der hier lässig an der Türe lehnte, war fast einen Meter neunzig groß und von merklich dünner Statur. Er wirkte wenig ministeriell. Er trug einen dunkelgrauen Anzug, dazu schwarze Socken, schwarze Schuhe und ein weißes Hemd mit einer dunklen Krawatte, die fest saß. Und völlig unerwartet trat er mit einem Mal durch die Tür.

Er sah aus dem Fenster und blickte gedankenversunken in die Ferne. Ob er uns wahrgenommen hatte, war fraglich. Das helle Sonnenlicht leuchtete in den Raum hinein. Doch das störte ihn nicht. Die Herbstsonne blendete sein Gesicht. Er war vertieft und in Gedanken versunken. Er fokussierte, und das schien – wie ich später erfuhr – ein Markenzeichen von ihm zu sein.

Ein paar Sekunden lang beobachteten wir ihn gemeinsam. Dann beschloss der Pressesprecher seinen Vorgesetzten anzusprechen. »Sebastian, kann ich etwas für dich tun? Brauchst du etwas von mir?« Keine Reaktion. Weder ein Augenzwinkern, noch ein Schmunzeln, noch eine abwehrende Handbewegung. Nichts. Der Minister starrte weiterhin ins Leere. Er schien mit seinen Gedanken weit entfernt von dem Ministe-

## Prolog

rium zu sein, das er zu diesem Zeitpunkt leitete. Vielleicht dachte er ja über die aktuelle Politik in Österreich nach, über den Koalitionspartner oder über eine Bemerkung aus den eigenen Reihen, die er selber erst verdauen musste. Oder aber über einen wichtigen Schritt, den er als Politiker in den nächsten Tagen offiziell setzen wollte. Der junge Außenminister war konzentriert und überdachte eine Angelegenheit, die ihn offensichtlich stark beschäftigte, so viel war gewiss. Es war ein besonderer Augenblick für mich. Denn ich sah einen Politiker bei seiner täglichen Arbeit, versunken in Gedanken über die beste Strategie. Abseits von Kameras und Mikros. Für eine Journalistin ein besonderer Augenblick, kennt man doch Politiker meist nur von öffentlichen Auftritten und Medienterminen. So etwas passiert wirklich nicht jeden Tag.

Schließlich atmete er tief durch. Also sprang ich auf und ging einen Schritt auf ihn zu: »Herr Minister, wollen Sie sich zu uns setzen?« Dabei machte ich eine einladende Handbewegung zum schwarzen Ledersofa. Doch der Mann, der an die Türe gelehnt stand, schüttelte nur sanft seinen Kopf, weiter in die Leere blickend. Noch einmal atmete er tief durch, dann sah er uns in die Augen und nickte uns zu, bevor er sich umdrehte und wortlos aus dem Raum verschwand. Diese Szene hatte nur wenige Minuten gedauert. Ich ging zurück zur schwarzen Couch und versuchte, das soeben Erlebte in meinem Kopf zu sortieren.

Jener Mann, der gerade vor uns in der Türe gestanden hatte, war Sebastian Kurz. Zur damaligen Zeit, mit knapp 30 Jahren, Österreichs jüngster Außenminister. Er war danach der jüngste Bundeskanzler Österreichs, den es jemals gab. Welches politische Thema ihn in das Bürozimmer seines Pressesprechers geführt hatte, habe ich niemals erfahren. Doch dass er mit Sicherheit einer der interessantesten Politiker unserer Zeit ist, stand außer Zweifel. Er galt als Integrationsfigur für junge Menschen, die sich nach konservativen Werten sehnten, und stellte eine echte Alternative zu den alten Politikern dar.

Dieser Sebastian Kurz ist heute – trotz seiner Jugend – einer der am längsten dienenden Politiker Österreichs. Er ist einer, der sich nicht vor den üblichen politischen Karren spannen lässt. Aber vor allem ist er ein beinharter Macher einer neuen, modernen, sensiblen Politik. Sebastian Kurz nahm eine Führungsposition ein, bei der er Integrität und Glaubwürdigkeit in der Öffentlichkeit widerspiegeln wird. Das nennt man Leadership. Kurz macht jene Politik, die ihm von seiner Fahrtrichtung her richtig erscheint. Er erlaubt sich deshalb auch Dinge, die ihm in seinem politischen Leben und seiner Meinung nach wichtig erscheinen, in Ruhe mit politischer Gelassenheit über mehrere Tage zu überdenken.

»Ich war ein Suchender und bin es immer noch, aber ich habe aufgehört, die Bücher zu fragen und die Sterne – und angefangen, auf die Lehren meiner Seele zu hören«, formulierte schon der persische Dichter des Mittelalters Dschalāl ad-Dīn Muhammad Rūmī. Der Politiker Sebastian Kurz scheint ständig auf der Suche nach neuen Wegen in der Politik zu sein.

Doch gehen wir wieder zurück in das Büro des Pressesprechers im Außenministerium. Der Pressesprecher griff sich instinktiv an den Haaransatz und sah verlegen zu mir herüber. Es war ihm nicht recht, dass eine Außenstehende seinen Minister so erlebt hatte, in einer Situation, die ein gänzlich neues Gesicht des jungen Ministers offenbarte. Nämlich die Nachdenklichkeit, das politische Grübeln. Doch es war schon geschehen, und so beschloss ich, mich schleunigst zu verabschieden. Als ich die Treppen am Minoritenplatz Nummer acht hinabstieg, dachte ich mir, dass das Erlebte kein Zufall sein konnte.

Fast ein Jahr später kam es zu Neuwahlen in Österreich. Zu diesem Zeitpunkt erhoben sich mehrere bekannte Stimmen aus der österreichischen Unternehmerszene, um den jungen Minister bei der Wahl tatkräftig zu unterstützen. Einer unter ihnen war der österreichische Rennfahrer Niki Lauda. Lauda war in Österreich dafür bekannt, dass er immer offen sagte, was er sich dachte, auch wenn es für sein Gegenüber unangenehm war.

Was Niki Lauda in einem Video vor den Wahlen im Jahr 2017 aussprach, wurde von vielen Menschen im In- und Ausland gesehen und für richtig erkannt. Lauda sagte, er sei seit Jahren frustriert, weil in Österreich nichts weitergehe. Die Große Koalition zwischen Christ-

## Prolog

demokraten (ÖVP) und Sozialdemokraten (SPÖ) setze sich ständig mit Kleindetails auseinander, die den Österreichern nichts brächten. Das missfiel selbst einem Lauda. In Österreichs Politik, erklärte er, sei es zuletzt zu einem Stillstand gekommen. Aus diesem Grund sei er froh darum, dass es zu Neuwahlen kommen werde. Sebastian Kurz sehe er als Mann an, der, gerade aufgrund seiner Jugend und Dynamik, eine Änderung herbeiführen könne. Er gehe die Dinge anders an. »Er ist ein Mann, den man versteht, dem kann man zuhören. Er ist transparent und kompetent.« Seine Unterstützung gelte daher Kurz, auch weil dieser zur Modernisierung der ÖVP beigetragen habe. Die Partei sei wieder zurückgekehrt ins Rampenlicht. »Der Anspruch des Bundeskanzlers ist, dass er das Land anständig vertritt und uns das Leben hier in Österreich besser gestalten kann. Mit allen Ups and Downs die man natürlich hat. Und gerade bei den Problemen ist er, glaube ich, der Richtige der sie richtig lösen kann.«[1]

Ein dermaßen spannender junger Politiker, der sogar alte Haudegen wie Niki Lauda als Fürsprecher gewinnen konnte, zog 2017 einen logischen Umkehrschluss mit sich, und dieser lautete: Wenn sich ein Niki Lauda hinter einen Sebastian Kurz stellte, dann konnte Sebastian Kurz kein Blender sein. Oder?

Andererseits deutete vieles darauf hin, dass es einen großen Moment der Veränderung in der kleinen alpinen Republik im Herzen Europas mit einem Kanzler Sebastian Kurz im Jahr 2017 geben würde. Denn die Mehrzahl der Bürger war in den letzten Jahren sehr unzufrieden mit der Politik gewesen, die in verschiedene Richtungen zog und viel versprach, aber im Grunde genommen nichts zusammenbrachte. Es war immer öfter von politischem Stillstand die Rede. Die Mehrzahl der Menschen war aber auch unzufrieden damit, wie Demokratie funktionierte, und so wurde über die Jahre die Frustration über das demokratische System nicht nur in Österreich, sondern auch in vielen anderen EU-Ländern noch größer.

Es schien ganz so, als herrsche ein Mangel an politischer Führungsqualität in einer Zeit, in der man einen führungsstarken Politiker benötigte. Leadership war jedoch durchaus gefragt und erwünscht bei der Bevölkerung.

Sollte es Österreich im Jahr 2017 mithilfe der Geschicke des jungen Bundeskanzlers gelingen, wieder zu einem angesehenen Entscheidungspartner in Europa zu werden – vielleicht sogar zum wichtigsten Entscheidungspartner in Europa – so wie es einst mit den Königen in der Habsburger Monarchie der Fall war, dann hätte Sebastian Kurz gewonnen.

Und so geschah es, dass am 15. Oktober 2017 Sebastian Kurz mit seiner *Liste Sebastian Kurz – Die neue Volkspartei* nach einer Umfärbung des Parteilogos von Schwarz auf die hellere Farbe Türkis zur stimmenstärksten Partei gewählt wurde. Er ging als Wahlsieger mit den Freiheitlichen unter Heinz-Christian Strache (FPÖ) eine Koalition ein. Diese Koalition war ein neuerliches Experiment für die Volkspartei: ähnlich wie bereits im Jahr 2000, als Wolfgang Schüssel die Wahl gewann und mit der FPÖ unter Jörg Haider koalierte.

Bis zum 27. Mai 2019 war Sebastian Kurz Bundeskanzler. Die Augen der internationalen Medien waren immer wieder auf den jungen, sympathischen, durchsetzungsstarken Mann aus Österreich gerichtet. Man nannte ihn in den Medien »Wunderwuzzi« oder »Polit-Popstar«. Doch das interessierte ihn nicht sonderlich. Er sah sich mehr als Macher einer neuen Form der Politik in Österreich. Bis an einem Freitagabend im Mai 2019 die politische Landschaft in Österreich auf den Kopf gestellt wurde. Grund dafür war ein Video, entstanden im Juli 2017 während des Wahlkampfes, das den damaligen Parteiobmann und derzeitigen Vizekanzler Heinz-Christian Strache und seinen Parteifreund Johann Gudenus mit dessen Frau in einem Haus auf der spanischen Insel Ibiza zeigte. Die beiden Männer diskutierten – in den öffentlich gemachten Videoteilen – mit einer nicht näher erkennbaren, russischsprachigen Frau und mit einem Mann, der auch im Verborgenen blieb. Es ging um Geld, um Großinvestitionen, um Spenden und um mögliche Gegengeschäfte für diese Spenden. Das Video schien ein Hinweis darauf zu sein, dass Strache jederzeit zur Korruption, Umgehung der Gesetze und Übernahme und

## Prolog

Kontrolle von Medien bereit sei. Dieses Video entwickelte sich zu einem handfesten Skandal, über den international berichtet wurde.

Einen Tag später kündigten Strache und Gudenus ihren Rücktritt von all ihren politischen Ämtern an, und Kanzler Sebastian Kurz erklärte das Ende der politischen Koalition. Für die Fortführung der Koalitionsregierung verlangte er den Rücktritt des Innenministers, mit dem die »lückenlose Aufklärung« der Vorkommnisse – in seinen Augen – nicht möglich sei, da dieser zur Zeit der Anfertigung des Videos Generalsekretär der Freiheitlichen Partei und somit auch verantwortlich für die Finanzen der Partei gewesen war.[2] Das war Sebastian Kurz' Vorstoß. Doch daraufhin traten alle Freiheitlichen Minister geschlossen zurück.

Und so erlebte Kanzler Kurz einen Regierungssturz aufgrund eines Ibiza-Videos und danach sogar noch einen Misstrauensantrag. Er wurde somit zum Kanzler der kürzesten Regierungsperiode Österreichs mit nur 526 Tagen. Über den Sommer gab es in der Alpenrepublik nun eine Übergangsregierung, und für den Herbst waren Neuwahlen angesetzt.

Nach den Neuwahlen am 29. September 2019 wird Leadership in Österreich mehr denn je gefragt sein. Wie Sebastian Kurz sich als Politiker diesmal halten wird, bleibt spannend. Doch offenbar besitzt der dann 33-Jährige Durchhaltevermögen, und er überzeugt auch nach den härtesten Prüfungen, die ihm seine Regierungspartner sowie die Oppositionsparteien durchlaufen lassen.

Was kann man aus seiner Persönlichkeit für die Politik des 21. Jahrhunderts ableiten? Und wie viel Ideologie steckt eigentlich in Sebastian Kurz?

Ist er, wie einige Journalisten behaupten, Pragmatiker oder vielmehr ein Opportunist? Ist er ein Techniker der Macht mit freundlichem Antlitz oder ein berechnender Machtmensch, der seinen Machiavelli in und auswendig kennt? Welche Eigenschaft trifft nun wirklich auf ihn zu?

Wie Sebastian Kurz als Politiker des 21. Jahrhunderts, trotz der harten Machtkämpfe, denen Entscheidungsträger in Regierungen ständig aus-

## Prolog

gesetzt sind, in der österreichischen und der internationalen Politik zu reüssieren versucht, möchte ich in diesem Buch herausfinden.

## 1. KAPITEL

# EIN KIND AUS DEM ARBEITERBEZIRK

Sebastian Kurz erblickte im Sommer 1986 unter einem der letzten bedeutenden sozialdemokratischen Kanzler in Wien das Licht der Welt. Dessen Name war Franz Vranitzky, er hatte das Auftreten eines Technokraten und war, was man in der damaligen Zeit in Österreich einen typischen »Nadelstreifsozialisten« nannte. Vranitzky war wirtschafts- und finanzpolitischer Berater von Finanzminister Hannes Androsch in der Regierung des schillernden Nachkriegskanzlers Bruno Kreisky gewesen. Danach wurde er Generaldirektor mehrerer österreichischer Banken, darunter die Creditanstalt und die Länderbank. Vranitzky stellte in seiner Zeit als Kanzler besondere Weichen für die Zukunft in Österreich – und zwar sowohl praktisch-politisch als auch aus geistig-moralischer Sicht. Als Politiker interessierte er sich für die ungelösten Themen seiner Zeit und setzte seine Entscheidungen mit Konsequenz durch. Darunter fand sich ebenso das offizielle Bekennen der Mitverantwortung der Österreicher für die Verbrechen während des Nationalsozialismus, wie die Entscheidung, den österreichischen EU-Beitrittsantrag nach Brüssel zu senden. Vranitzky war bekannt dafür, als Politiker Zeichen zu setzen. Es gelang ihm trotz der anhaltenden Diskussion um die Kriegsvergangenheit von Ex-Außenminister Kurt Waldheim, das Verhältnis zu Israel und den USA wieder zu normalisieren. Nach dem Zusammenbruch des Ostblocks war er auf die

# 1. Kapitel

Intensivierung der Kontakte Österreichs mit den osteuropäischen Staaten fokussiert. Er entwickelte sich international zu einem Verhandler mit einem außergewöhnlich feinen diplomatischen Geschick.

Doch 1986 war ein Jahr, in dem auch international sehr viel geschah. Es begann damit, dass im Frühjahr in Deutschland erstmalig das Erziehungsgeld und der Erziehungsurlaub eingeführt wurden. Unterdessen schlug der russische Premierminister Michail Gorbatschow dem Westen vor, sämtliche Kernwaffen bis zum Jahr 2000 abzurüsten. Gorbatschow forderte darüber hinaus zwei wichtige Dinge in seinem eigenen Land: einerseits die Rede-, Meinungs- und Pressefreiheit, bekannt unter dem Begriff »Glasnost«, und zusätzlich eine Umstrukturierung des politischen und wirtschaftlichen Systems Russlands unter dem Namen »Perestroika«. Diese beiden Schlagwörter wurden zu einer politischen Bewegung und galten viele Jahre als jene Begriffe, die dem Umbau der politischen Situation in Russland dienten und letztendlich der Demokratisierung des ganzen Landes. Währenddessen wurde in der Amtszeit von US-Präsident Ronald Reagan 1986 auch die Iran-Contra-Affäre enthüllt. Dabei ging es um geheime Waffenverkäufe der US-Behörden an die Guerilla-Bewegung der Contras in Nicaragua. Und in Bonn-Ippendorf wurde ein hochrangiger deutscher Beamter des Außenministeriums und Diplomat namens Gerold von Braunmühl von Terroristen der RAF vor seinem Haus auf der Straße bestialisch ermordet. In Vancouver, Kanada, wurde die Weltausstellung Expo 86 von Prinz Charles und Prinzessin Diana eröffnet, die Sowjetunion schoss die Raumstation Mir in die Erdumlaufbahn, und der französische Rennfahrer Alain Prost wurde zum zweiten Mal Formel-1 Weltmeister. Zu den Katastrophen des Jahres sind vielen unter uns noch die Explosion der Raumfähre Challenger mit sieben Astronauten an Bord sowie die Reaktorkatastrophe in der ukrainischen Stadt Tschernobyl im Gedächtnis. Unter den prominentesten Persönlichkeiten, die 1986 starben, befanden sich US-Schauspieler Cary Grant, der deutsche Operettentenor Rudolf Schock und der österreichische Schriftsteller Fritz Hochwälder.

## Ein Kind aus dem Arbeiterbezirk

All das geschah im Laufe des Jahres 1986. Es war also ein durchaus bewegtes Jahr mit vielen unterschiedlichen Höhen und Tiefen in der Politik, der Kultur und der Wirtschaft. Ein Jahr, das viele Menschen aufgrund dieser Ereignisse noch in Erinnerung haben.

Und dieses spannende Jahr war erst acht Monate alt, als Sebastian Kurz in Wien geboren wurde. Wien gilt für die meisten Menschen als Traumstadt mit einer märchenhaften Geschichte und vielen interessanten Herrschaftsbauten aus einer anderen Epoche. Kaiserlich-nostalgischer Flair trifft hier auf eine sehr kreative Kulturszene. Die Architektur der Habsburger prägt das Erscheinungsbild der Stadt: Prachtbauten aus allen Epochen lassen vergessen, dass es sich um die Hauptstadt der Republik Österreich handelt. Und dieses Erbe ist in ganz Wien präsent: in der Architektur, aber auch in der kulturellen Tradition. So kann man den Spuren der Kaiser in Schloss Schönbrunn folgen, der ehemaligen Sommerresidenz der Habsburger, ebenso wie in der Hofburg, die bis 1918 der Regierungssitz der Kaiser der Habsburgermonarchie war.

Doch nicht nur all diese Bauten aus einer imperialen Epoche machen Wien zu einer Stadt voller Schönheit und Kunst. Museen, Sammlungen und Kunstwerke von Weltrang sind hier zu bewundern. Dazu zählen auch das Kunsthistorische Museum mit der größten Sammlung an Bruegel-Gemälden sowie die Werke Gustav Klimts in der Österreichischen Galerie Belvedere und das Museumsquartier, das seit seiner Fertigstellung Mitte 2001 einer der größten, modernen Kulturkomplexe Europas ist, mit dem Leopold Museum, in dem die größte Schiele-Sammlung der Welt und die österreichische Moderne zu Hause sind.

Hinzu kommt, dass die mit Schokolade überzogenen Torten mit dem Namen »Sachertorte« unübertroffen sind, die gesellige Atmosphäre der Heurigenlokale (volkstümliches Wort für Weinstuben) unschlagbar ist und der Maler Gustav Klimt ebenso wie der Psychoanalytiker Sigmund Freud in der ganzen Stadt noch immer stark präsent sind.

Am Mittwoch, dem 27. August, waren Elisabeth und ihr Mann Josef Kurz sehr glücklich über die Geburt ihres Sohnes. Elisabeth ist eine Gymnasiallehrerin und Josef Kurz ein Feinwerktechniker bei Philips

# 1. Kapitel

Österreich. Beide stammen aus Niederösterreich. Elisabeth Kurz wurde in der 130-Einwohner-Gemeinde Zogelsdorf im Waldviertel, dem Nordwesten von Niederösterreich, geboren. Ihre Familie besitzt dort einen wunderschönen Vierkantbauernhof, in dem ihre Mutter Magdalena Döller heute noch lebt. Magdalena Döllers Eltern waren das, was man heute gemeinhin als »Donauschwaben« bezeichnet: Ihr Vater, der Landwirt Michael Müller, und seine Frau Katharina Jäger heirateten im Jahr 1928 in Temerin und siedelten sich dort an. Die Stadt Temerin gehörte einst zu Jugoslawien, dem heutigen Serbien. Temerin war an das Eisenbahnnetz angeschlossen, begann sich deshalb industriell rasant zu entwickeln und zu einem der bedeutendsten Handelszentren der südlichen Bačka-Region zu werden. Doch im Oktober 1944 flüchtete Magdalena aus Temerin aufgrund der von der Spitze des »Dritten Reiches« gestarteten »Operation Heimatort« über die Grenze zurück nach Österreich. In Zogelsdorf lernte sie den Landwirt Alois Döller kennen und heiratete ihn, um mit ihm eine Familie zu gründen und in Niederösterreich in Ruhe und fernab der politischen Wirren in ihrem Heimatland zu leben.

Josef Kurz wiederum kommt aus Wetzleinsdorf im Weinviertel, dem Nordosten von Niederösterreich. Dort hatten seine Eltern ebenfalls einen Bauernhof. Josef ist ihr ältester Sohn, er hat noch fünf Geschwister. Josef war ein guter Schüler, er kam mit 14 Jahren in ein Knabenseminar nach Hollabrunn. Doch in diesem Internat der katholischen Kirche fühlte er sich nicht sehr wohl: »Ich habe die Ausbildung nicht lange verfolgt. Dafür gab es viele Gründe. Einer war wohl, dass ich Latein nicht mochte, und zweitens wollte ich immer eine Frau und eine Familie haben«, erzählt er heute. Deshalb wechselte er nach einem Jahr in die Höhere Technische Lehranstalt – HTL genannt – nach Mödling, rund 25 Kilometer von Wien entfernt, wo er Feinwerktechnik studierte und in einer kleinen Wohnung im Speckgürtel von Wien, in Maria Enzersdorf, lebte. Nach der Matura machte Josef seinen Zivildienst, danach begann er mit 22 Jahren bei Philips in der Breitenseerstraße im Bezirk Hütteldorf zu arbeiten. In diesem Philips-Werk wurden in den 1980er-Jahren die ersten Radiorekorder angefertigt.

## Ein Kind aus dem Arbeiterbezirk

An einem Wochenende knapp vor Weihnachten war die 16-jährige Elisabeth bei einer Freundin in Stockerau zu Besuch. Gemeinsam gingen die beiden Mädchen zu einer Tanzveranstaltung. Dabei lernte Elisabeth den 23-jährigen Josef kennen. Es war Liebe auf den ersten Blick. Doch Elisabeth hatte noch ihre Internatszeit in der Berufsfachschule in Hollabrunn, die insgesamt vier Jahre dauerte, zu absolvieren. Fortan besuchte sie jedoch Josef in seiner Wohnung in Wien, die ziemlich zentral gelegen war. In dieser Garçonniere gab es »eine Eingangstüre mit Glasfenstern, eine schmale Einbauküche und einen Schrank, in dem sich eine Badewanne befand, die man herausklappen musste«. Dann war kein Platz mehr in dem kleinen Raum, erzählt Josef heute lächelnd. »Man hat Wasser eingelassen, und nach jedem Bad musste es mit einer Pumpe abgepumpt werden.« Im Zimmer stand das Bett mit dem Kopfende an der Wand, daneben stand ein Eiskasten – sozusagen als Nachtkästchen. »Es war ein lautes Nachtkästchen, denn in der Nacht schepperten die Flaschen, die ich darin gelagert hatte. Der Eiskasten vibrierte ständig.« Es gab auch keine Gasetagenheizung, sondern einen Ölofen. Mit einem kleinen Kanister ging Josef Kurz immer zu einer Tankstelle in der Nähe seiner Wohnung, um sich das Öl zum Heizen zu holen. Wenn sie bei ihm in Wien war, begleitete ihn Elisabeth.

Mit 19 Jahren maturierte Elisabeth und heiratete ihren Traummann. Sie begann ein Lehramtsstudium und spezialisierte sich auf Deutsch und Geschichte, während ihr Mann bei Philips als Techniker weiterarbeitete. Er verdiente nun das Geld für seine kleine Familie. Über Monate hielt Elisabeth Ausschau nach einer neuen, größeren Wohnung in Wien für sich und ihren Mann. Schließlich wurde sie in Meidling, einem damals jungen Wiener Bezirk, fündig. Die meisten Bewohner dieses Bezirks sind heute unter 40 Jahre.[3] Doch der Anteil an ausländischen Bezirkseinwohnern ist für Wiener Verhältnisse gerade in diesem Landstrich extrem hoch: Ein großer Teil stammt aus Serbien, der Türkei, Polen und Rumänien sowie Bosnien und Herzegowina oder auch Syrien.[4]

# 1. Kapitel

Im Jahr 1977 wurden Josef und Elisabeth stolze Besitzer einer Wohnung beim Schönbrunner Tor im Arbeiterbezirk Meidling in einem fünf Stockwerke hohen Plattenbau mit vielen Stiegen, errichtet von einer Wiener Baufirma namens Mischek. »Wir hatten zu Beginn wenig Geld für Möbel«, sagte Elisabeth Kurz. Es ist das Los vieler junger Paare – auch heute noch. Daher kauften die beiden ihre ersten Kästchen bei Ikea, ein Bett borgten sie sich von Elisabeths Schwester aus, und einen Schrank mit einer Glasvitrine holten sie sich aus einem Nachlass ab. Eine Sitzgarnitur fürs Wohnzimmer erstanden sie später bei der Wiener Möbeltischlerei Wiesner Hager. »Diese Sitzgarnitur gibt es heute immer noch«, erzählt Elisabeth Kurz.

In dem neuen Wohnhaus machten sie die Bekanntschaft von acht weiteren Familien, die auch aus Niederösterreich hinzugezogen waren. Es sollten ihre ersten Freunde in Wien werden. Die jungen Pärchen luden sich gegenseitig ein. Josef und Elisabeth Kurz lebten nur wochentags in der Wohnung, an den Wochenenden waren die beiden wieder in Niederösterreich bei Elisabeths Eltern und halfen auf dem Bauernhof in der Wirtschaft aus.

Es dauerte zehn Jahre, bis die Wohnung endlich komplett eingerichtet war. Elisabeth wurde schwanger. Knapp vor der Geburt entschied sich Josef, einen großen, bunten Teppich für das Wohnzimmer zu kaufen. Die Nachbarn im Haus halfen alle mit, den schweren Teppich in die Wohnung ins obere Stockwerk zu tragen. Es gab keinen Lift im Haus. Der Transport war mühsam, auch Elisabeth half – hochschwanger – mit.

Und dann kam der Tag der Geburt. Es war Mittwoch, der 27. August 1986. Elisabeth erinnert sich: »Unser Kind war schnell da. Man hat ihn gewaschen und angezogen und mir gebracht. Und ich fand, er ist irrsinnig süß, obwohl er ein zartes Baby war.« Der neugeborene kleine Junge erhielt von seinen Eltern einen Namen, der zwar im deutschsprachigen Raum schon im Mittelalter gebräuchlich war, jedoch erst wieder in den 1990er-Jahren in Deutschland und danach auch in Österreich zu den am häufigsten vergebenen zählte, nämlich: Sebastian. Dieser

## Ein Kind aus dem Arbeiterbezirk

Name leitet sich von der griechischen Stadt Sebaste ab und bedeutet so viel wie »der Erhabene«, »der Ehrwürdige«.

Fast wäre man versucht anzunehmen, dass den Eltern als Vorbild für die Namensgebung der Komponist Johann Sebastian Bach gegolten habe. Immerhin ist Österreich ein Land der Kultur, und Wien ist bekannt als die Hauptstadt der klassischen Musik mit 15.000 Veranstaltungen jährlich.[5] Besonders auffällig erscheint es, dass gerade in dieser Stadt, in der Snobismus nichts Ungewöhnliches ist, die klassische Musik alle Menschen zusammenhält. Die Bewohner Wiens – egal ob wohlhabend oder nicht so wohlhabend – besuchen allesamt sehr gerne und auch oft klassische Konzerte. In diese berauschende, melodiöse Stadt der 1980er-Jahre wurde Sebastian Kurz also hineingeboren und so benannt, weil Elisabeth in Wahrheit einen Schüler in ihrer Klasse hatte, der ebenfalls so hieß und der sie zu diesem Namen inspiriert hatte. »Für mich war der Name Sebastian in den 1980er-Jahren der schönste Name, obwohl er zu dieser Zeit wirklich noch sehr selten war.«

Die Wohnung der kleinen Familie befand sich in unmittelbarer Nähe zur Politischen Akademie der Volkspartei in der Tivoligasse. Sebastians Eltern kamen fast täglich mit ihrem Sohn an dieser Kaderschmiede für die Bildungsarbeit im Bereich der politischen Parteien und der Publizistik vorbei, vor allem, wenn sie mit dem Kinderwagen zum Hintereingang des prunkvollen Schlosses Schönbrunn gingen.

Unterdessen entpuppte sich ihr Sohn als ein Baby, das auf der Überholspur fuhr. Denn Sebastian Kurz war in seiner Entwicklung anderen Kindern um Längen voraus. Während die meisten Babys mit zwölf bis 18 Monaten das Laufen erlernen, konnte Sebastian Kurz bereits mit zehn Monaten gehen und ab dann auch ständig in der Wohnung herumlaufen, wodurch er die ständige Aufmerksamkeit seiner Eltern forderte. Aber damit noch nicht genug: Die ersten kompletten Sätze sprach der kleine Sebastian Kurz bereits mit einem Jahr und stellte damit viele andere Kinder in den Schatten. Es waren keine Sprechversuche die er machte, sondern er sprach bereits ganze Sätze. »Das war enorm rasch vor allem für einen Buben.« Denn gerade Söhne, so sagen seine Eltern, seien meist langsamer als die Töchter.

Sebastian Kurz war als Kind ständig in Bewegung. Und er war außerdem bereits in seinen ersten Lebensjahren ein guter Zuhörer. Besonders wenn ihm die Eltern vor dem Schlafengehen Geschichten erzählten, dann war der kleine Junge regelrecht fasziniert: »Man musste ihm jeden Tag mindestens eine Geschichte vorlesen«, erzählt die Mutter. Wenn sie nicht da war, übernahm sein Vater Josef das Geschichtenerzählen. Mit einem dicken Buch ausgestattet, betrat er das Kinderzimmer, setzte sich ans Kopfende des Kinderbetts, sah seinem Sohn in die Augen, lächelte ihn an und begann eine Geschichte vorzulesen. Manchmal übersprang der Vater einige Seiten, um die Aufmerksamkeit seines Sohnes zu testen. Doch Sebastian Kurz ließ sich nicht düpieren, auch nicht von seinem Vater: »Er hat die Seiten, die ich nicht gelesen habe, einfach sofort reklamiert.«

Elisabeth und Josef sind beide extrem sozial denkende Menschen. Sie waren immer offen, sind sehr liberal, und sie wollten ihrem Kind nicht nur viel Liebe auf seinem Weg mitgeben, sondern vor allem Werte, aber auch viel Freiraum. Sie prägten ihn, was das Thema Zusammenhalt in der Familie betraf. Aber sie lehrten ihn auch, dass man sich anstrengen muss, um etwas zu erreichen. Und, dass jeder in seinem Leben einen Beitrag leisten muss. »Was ich bei der Kindererziehung empfehlen kann, ist, die Kinder einfach normal aufwachsen zu lassen. Das Kind zu betrachten, wie man sich selber betrachten würde«, erklärt Josef Kurz die Erziehungsweise in seiner Familie.

Irgendwie muss das Flair der Politischen Akademie in der Tivoligasse auf Sebastian Kurz mit der Zeit übergegangen sein. Und auch der Hang zur Politik scheint sich einerseits aus der Nähe zur Akademie, andererseits aus den vielen Gesprächen mit seiner Familie heraus entwickelt zu haben. »Als Geschichtslehrerin habe ich mich immer für Politik interessiert. Das war so zu der Zeit von Bruno Kreisky und das war auch danach so. Wir haben oft in der Familie über Politik gesprochen. Keine Klischees, sondern was uns auffällt und was unsere Meinung dazu ist«, erklärt Elisabeth Kurz. Sebastian lernte, dass die Politik, wie der Politologe Thomas Meyer klassisch formulierte, »die Gesamtheit der Aktivitäten zur Vorbereitung und zur Herstellung gesamtgesellschaftlich verbindlicher und/oder am Gemeinwohl orientierter und der ganzen Gesellschaft zugute kommender Entscheidungen«, ist.[6]

Er interessierte sich sehr für Politik, wollte aber nie Berufspolitiker werden, erklärte Sebastian Kurz Jahre später in einem Parteivideo.[7] Doch nicht nur die Politik schien ihn zu begeistern, sondern vielleicht auch der Ruhe einflößende große Garten der Politischen Akademie, der sich auf über 40.000 Quadratmetern erstreckte und ein im Jahr 1887 erbautes kleines Schlösschen namens Springer Schlössl beheimatete. Dort konnte man seine politischen Gedanken schweifen lassen, mit anderen politikinteressierten Menschen diskutieren oder sich einfach nur im Grünen entspannen.

Sebastian Kurz erlebte eine unbeschwerte, schöne Zeit in den ersten Jahren seiner Kindheit, wie er selber gerne erzählt. Er besuchte mit drei Jahren den Gatterhölzl-Kindergarten in Wien Meidling. Das war ein Privatkindergarten mit einer wunderbaren Atmosphäre, mit einem schönen Garten und hochgewachsenen alten Bäumen, dem Sebastians Mutter vollends vertraute. Das Ambiente war hier besser und harmonischer als in vielen öffentlichen Kindergärten dieser Zeit.

Bei der Volksschule entschied sich Elisabeth Kurz für ein Institut in der Nähe ihres Gymnasiums. »Ich habe es aus praktischen Gründen ausgesucht, da Sebastian nach der Volksschule meist zu mir ins Gymnasium kam. Er rief mich von der Volksschule aus an und sagte, er wolle bei mir in der Klasse sein.« Aus diesem Grund meldete ihn seine Mutter vom Hort ab. In ihrer Schule gab es viele junge Lehrerinnen, deren Kinder auch – so wie Sebastian – am Nachmittag artig in der Klasse saßen und still und brav dem Unterricht der Gymnasiasten folgten und dabei ihre Aufgaben machten.

Sein Vater Josef versuchte seit Sebastians Geburt, diesen ein wenig in die Richtung zu beeinflussen, dass er auch Techniker werden sollte. Doch Josefs Mühe war vergeblich, obwohl er einige Tricks anwandte,

## 1. Kapitel

um seinen kleinen Sohn zu überzeugen: So brachte er ihm beispielsweise Lego-Bausteine mit. Aber zu seinem großen Erstaunen ließ Sebastian Kurz seinen Vater die Steine zu den vorgegebenen Modellen vor seinen Augen einfach selbst zusammensetzen. Seine Mutter machte dieselbe Erfahrung mit ihm: »Wann immer ich mit Lego-Bausteinen oder mit dem Matador-Baukasten gekommen bin, musste ich basteln und bauen, und er hat mir minutenlang nur ruhig zugesehen, oder mir erklärt, was ich wie bauen sollte.«

Sebastian Kurz ging während seiner Schulzeit mehreren Hobbys nach. Er lernte, Klavier zu spielen. Das förderte seine Ausdauer und sein Durchhaltevermögen. Daneben besuchte er einen Judo-Unterricht, der ihn zum respektvollen Umgang mit seinen Kontrahenten und Mitstreitern erzog. Respekt und Fairness werden bei Kampfsportarten wie Judo und Karate großgeschrieben. Dies hat Sebastian enorm geprägt. Das ging so weit, dass er Jahre später diesen Grundsatz auch in der Politik anwenden würde. Außerdem lernte er, Tennis zu spielen, was seine Begeisterung für Bewegung und Spiel förderte. Darüber hinaus schulte die Sportart seine Konzentrationsfähigkeit in der gemeinsamen Interaktion mit einem Gegenüber.

Insgesamt betrachtet, bestätigen beide Eltern, dass Sebastian Kurz kein »schwieriges Kind« gewesen sei. Aus diesem Grund mussten sie auch nicht streng mit ihm sein. »Er ist meist spät schlafen gegangen, doch das haben wir ihm ohne Weiteres durchgehen lassen. Er durfte dafür nicht lange Computerspiele spielen. Aber das war nur eine kurze Phase, die er hatte, und das ist auch niemals bei ihm eskaliert«, sagt sein Vater.

Wenn man seine Eltern nach seinen charakteristischsten Eigenschaften befragt, sagen sie, dass er »sehr aufmerksam« sei und dass man »mit ihm immer über alles reden« könne. Man habe mit ihm auch nie große Konflikte gehabt, die sich über Tage oder Wochen hinzogen. Im Gegenteil. Als Kind sei Sebastian Kurz nicht nur sehr brav und folgsam, sondern laut seiner Mutter sei er vielmehr »ein liebenswürdiger Schlingel« gewesen.

Mit 14 Jahren wechselte Sebastian Kurz in die Sekundarstufe, die wenige Gassen von zu Hause entfernt in der Erlgasse lag. Dort steht das Gebäude des Bundes- und Realgymnasiums 1120 Wien (GRG LXi2). Es ist ein Bau in L-Form mit einem fünfstöckigen Turm. Diese Sekundarstufe ist besonders bekannt für ihre bunt durchmischten Klassen, und sie bietet einen Unterricht mit besonderen pädagogischen Zielen. Darunter versteht man in der Erlgasse, dass »Lehrende und Lernende einander nicht als Gegner, sondern vielmehr als Partner mit unterschiedlicher Verantwortung sehen« und dass die »Meinungsfreiheit selbstverständlich und angstfreies Sprechen in jeder Situation möglich ist«. Aber auch, dass vorausgesetzt wird, dass »von keiner Seite Macht missbraucht wird«.[8]

Sebastians Vater gab seinem Sohn auf dem Weg zur Sekundarschule die Neugierde für die Welt der Technik und Wirtschaft mit, seine Mutter die Liebe zu Büchern und die Welt der Sprachen, aber auch, »dass man sich selber treu bleiben sollte und die Dinge macht, die zum Guten sind«. Mit waghalsigen Ideen hat er eher nichts am Hut, erzählt Sebastian Kurz später. »Ich habe durch sie gelernt, die Welt zu sehen und von ihnen mein Grundrüstzeug fürs Leben mitbekommen. Meine Eltern haben mir immer sehr viel Freiheit gegeben. Sie haben mich sehr liberal erzogen und mir die Möglichkeit gegeben alles auszuprobieren, aber auch mich gelehrt zu entscheiden, was ich in meinem Leben machen möchte. Sie haben mir weiters ein Wertefundament mitgegeben, für das ich heute sehr dankbar bin.« Er sei in einer sehr motivierten Klasse mit interessierten Schülern gewesen, umgeben von Lehrern, die es gewohnt waren, die Jugendlichen, so gut es eben geht, zu fördern.

»Es war insgesamt ein guter Jahrgang. Sebastian war ein sehr angenehmer, sehr ruhiger Schüler. Nichts konnte ihn erschüttern. Er konnte schon immer gut reden und hatte gute Manieren«, erinnert sich heute Martin Neubauer, sein Lehrer für Geschichte und Sozialkunde in der Maturaklasse, an ihn. Er sieht Kurz generell als einen Menschen, der alles aus Überzeugung macht, um etwas weiterzubringen. Nicht um

Punkte einzusammeln, sondern vielmehr in der Überzeugung, dass das, was er denkt, der richtige und der überzeugende Weg sei. Neubauer freute, dass sich Sebastian Kurz für seine Fächer Geschichte und Sozialkunde interessierte und dass er ein Grundwissen besaß. Sebastian Kurz habe, als er ihn unterrichtete, fast ständig aufgezeigt. »Er war einfach gescheit.« Neubauer konnte nicht ahnen, dass sein Schüler einmal Bundeskanzler werden würde. Auch dann nicht, als Sebastian Kurz mit »Sehr gut« und einem Vorzug maturierte.

Seine Kollegin, die Biologie- und Physiklehrerin Regina Bitschnau, bemerkte schon früh einen »besonderen Ehrgeiz« beim jungen Sebastian Kurz. Dieser trat vor allem während der Projekttage, einer Lehrform, bei der die Schüler komplexe Aufgaben üben und zielorientiert und im Team handeln müssen, um auf die Anforderungen des Berufslebens vorbereitet zu werden, zutage. Bitschnau erinnert sich daran, dass Sebastian Kurz sehr aktiv und hoch motiviert ständig in der Klasse herumgesaust sei. Und, dass er viel gelacht habe. Er sei überhaupt »ein aufgeweckter, junger, intelligenter Mann« gewesen und habe zielgerichtet Situationen analysiert. Er hat sich für seine Mitschüler eingesetzt und war zeitweise Klassensprecher.

Kurz selbst wird in einem Interview mit dem *Standard* später auf die Frage, ob er auch rebelliert habe, sagen: »Dauernd. Meine ehemaligen Lehrer sind mittlerweile so freundlich zu sagen, dass ich ein interessanter Schüler war. Als ich noch Schüler war, hat sich das anders angehört. Ich hatte gute Noten, aber die Betragensnoten wären verbesserbar gewesen.«[9]

Regina Bitschnaus Kollege, der Chemie- und Physiklehrer Johannes Fuchs, beobachtete, dass Sebastian Kurz »einer war, der Initiative gezeigt habe«. In der Gruppendynamik zählte er zu jenen Kindern, die unaufdringlich, aber bestimmt auftraten, Situationen rasch erfassten und Ideen hatten, was man noch zusätzlich machen könne. Er sei »nie eine Rampensau« gewesen, sondern im Gegenteil ein »ruhiger, besonnener, zielbewusster, ehrlicher Mensch mit Rückgrat, der nie Auseinandersetzungen mit den anderen Klassenkameraden oder gar den

Lehrern« gesucht habe. Eine Eigenschaft, die man später bei ihm auch in der Politik finden wird.

Dass genau diese Schule in der Erlgasse ihm seine ersten Erfahrungen mit dem Thema Politik ermöglichte, durch ihre Besonderheit und ihren Respekt den Menschen, der Meinungsfreiheit und dem Thema Macht gegenüber, ist ein weiterer interessanter Punkt. Dass Sebastian Kurz sich mit der Zeit stärker für Politik interessieren würde, sei laut Deutschlehrerin Irmgard Bauerstatter schon immer ein großer Traum von ihm gewesen. Man habe hinter vorgehaltener Hand in der Erlgasse sehr wohl davon gehört, dass er Kontakt zur Volkspartei gesucht habe, doch schließlich sei das »sein privates Ding gewesen«. Während des Unterrichts habe man davon nichts bemerkt.

Sebastian Kurz sei auch Mitglied einer Dreierbande gewesen: Andi, Markus und Sebastian seien ständig beisammen gewesen – auch in ihrer Freizeit. Die drei wohnten im selben Bezirk, nämlich in Meidling. Auch während des Unterrichts gab es ständig ein gewisses Wetteifern zwischen den drei Jungen. Sie habe gewusst, wenn sie eine Frage stelle, dann würden die drei sofort aufzeigen, erinnert sich Regina Bitschnau.

Die Schule in der Erlgasse ist in Wien seit Jahren dafür bekannt, einen sehr hohen Anteil an Ausländerkindern zu unterrichten. In der Klasse von Sebastian Kurz gab es Ende der 1990er-Jahre Kinder aus Polen, Kroatien, Österreich und Indien. Und es kamen auch Kinder aus Familien, die wegen des Krieges aus Bosnien geflüchtet waren, hinzu. Doch das störte Sebastians Eltern keineswegs, denn diese Sekundarstufe aus dem Bezirk setzt verstärkt darauf, den Schülern besonders eigenwillige Schulfächer wie Soziales Lernen, Reformpädagogik oder Hilfe in Krisensituation, wie etwa Lernstörungen, Ausgrenzung oder Probleme mit den Eltern, anzubieten. Das gefiel seinen Eltern und besonders seiner Mutter Elisabeth, die ja selber Pädagogin ist. Die Gymnasien in Österreich ebenso wie in Deutschland und der Schweiz setzen mit ihrem Programm in der Sekundarstufe ihren Schwerpunkt auf den theoretischen Unterricht und die Vorbereitung auf eine weiterführende

## 1. Kapitel

akademische Ausbildung. Dorthin sollte es also gehen, Sebastian sollte einmal studieren.

Doch davor nahm er in der Schule an Theater- und Hörspielen teil, zwar nicht in einer tragenden Sprechrolle, sondern mehr im Hintergrund, aber immerhin. Sebastian Kurz machte mit, und so wurden in gewisser Weise schon in der Schule seine künstlerischen und kreativen Fähigkeiten gefördert.

Die Direktorin der Schule, Elfriede Wotke kennt Sebastian Kurz aus seiner Zeit als Schülervertreter. Sie erinnert sich daran, dass er schon damals eine besondere Merkfähigkeit hatte: »Was Sebastian Kurz auszeichnet, ist sein unglaubliches Gedächtnis für Personen, die er vielleicht ein- bis zweimal in seinem Leben gesehen hat. Die erkennt er auch wieder, und das ist beeindruckend.« Wotke arbeitete zur besagten Zeit auch in einer Lehrerorganisation: »Wir hatten immer wieder Schülervertreter in Jurys sitzen. Sebastian war einer von ihnen. Ich kann mich gut daran erinnern, wie gewissenhaft er mit Einreichungen der Lehrer umgegangen ist. Und er hat auch bei einer Veranstaltung die Laudatio für jene Kollegin, die ihn am meisten beeindruckt hat, gehalten. Dabei war er sehr souverän. Die Kollegin hat geweint vor Rührung.«

Unter der Woche ging Sebastian Kurz zur Schule, doch an den Wochenenden verließ die Familie immer wieder die Stadt, um nach Niederösterreich zu fahren. Im Waldviertel, in der Gemeinde Zogelsdorf, wo seine Großeltern mütterlicherseits auf einem Bauernhof lebten, da fühlte er sich sichtlich wohl. Sebastian Kurz liebte Tiere, und es schien fast ein Wink des Schicksals zu sein, dass es gerade auf dem Bauernhof seiner Großeltern besonders viele Tiere gab. Er verbrachte seine Schulferien meist auf diesem Bauernhof. Einmal brachte er einen Ziegenbock von einem Mann aus dem Nachbardorf mit. »Dieser Ziegenbock folgte Sebastian wie ein Hündchen die gesamte Strecke nach Hause nach Zogelsdorf. Dort durfte er dann im Innenhof leben, bis die Schulferien wieder vorüber waren. Dann haben wir den Ziegenbock wieder zu seinem ursprünglichen Besitzer zurückgebracht«, schildert die Mutter.

## Ein Kind aus dem Arbeiterbezirk

Wenn Sebastian Kurz mit seiner Cousine Marlene einen Flohmarkt besuchte, konnte es schon vorkommen, dass die beiden mit einem Meerschweinchen oder einem Hasen zurück zum Bauernhof kamen. Marlene war für Sebastian wie eine Schwester und seine engste Vertraute. Hatte die Familie einen ganzen Tag unter der Woche frei, dann fuhr sie ebenfalls nach Niederösterreich, und Sebastian ging dort mit seinem Vater einige Stunden lang Rad fahren.

Wieder zurück an der Schule in der Erlgasse gründete Sebastian Kurz in der siebten Klasse mit einigen seiner Schulkollegen im Rahmen des Wahlpflichtfachs Geografie eine Übungsfirma. Der Geschäftszweck ist einfach erklärt: Die Schüler betreuten gegen Geld Volksschulkinder, indem sie mit ihnen lernten, zusammen mit ihnen die Hausaufgaben machten und spielten. Sebastian Kurz war Marketingleiter und Geschäftsführer dieser Übungsfirma. Dieses Projekt wurde von ihm und seinem damaligen Team – seinen Schulkameraden – in der Klasse auch stolz präsentiert. Dazu hatte sich Sebastian einen schwarzen Anzug angezogen, und er trug eine orangefarbene Krawatte. Er hatte in kurzer Zeit rhetorisch alle Mitschüler in seinen Bann gezogen und bewiesen, dass er innerhalb des Projektes sehr gut gewisse Aufgaben an die Klassenkameraden delegieren konnte. Sein Klassenvorstand erinnert sich gerne an einen jungen Mann, der, wenn er für eine Idee eine Begeisterung entwickelt hatte, »alles sammelt, was dazu an Informationen nötig ist. Dann prüft er und dann erst, sucht er sich sein Team zur Realisierung der Idee, aus.« Für den Klassenvorstand war klar, dass Sebastian einmal in die Wirtschaft gehen würde. Für seine Kollegen war er eher der geborene Jurist oder Richter: korrekt und mit einem souveränen Auftreten gesegnet – so auch bei seinem Abitur. »Ich sah ihn in die Klasse kommen und dachte einfach nur: ›Wow, wie der auftritt!‹«, erinnert sich Regina Bitschnau.

1. Kapitel

## Jugend im Interesse der Politik

Aus seinem steigenden Interesse an der Politik heraus und motiviert, sich mit einer Jugendorganisation innerhalb der Politik auseinanderzusetzen, rief Sebastian Kurz eines Tages bei der Meidlinger Volkspartei an und teilte dem Mitarbeiter am anderen Ende der Leitung mit, dass er »mitarbeiten wolle«. Einfach so. Hineinschnuppern in die österreichische Politik. Er war jetzt 16 Jahre alt. Wir schreiben das Jahr 2002. In Österreich ist Wolfgang Schüssel Bundeskanzler, ein Mann der christlich-konservativen Volkspartei (ÖVP). Er war Wirtschaftsminister und bis 1999 Vizekanzler, als er bei der Wahl kandidierte, aber der Sozialdemokrat Viktor Klima als Gewinner der Wahl und als Bundeskanzler zunächst in Koalitionsgespräche trat. Klimas Gespräche scheiterten jedoch. Und so einigte sich Schüssel mit dem Spitzenkandidaten der Freiheitlichen Partei (FPÖ) Jörg Haider, der bei der Wahl die stimmenstärkste zweite Partei anführte, auf eine ÖVP-FPÖ-Koalition.

Am 4. Februar 2000 wurde Wolfgang Schüssel Kanzler mit den rechtspopulistischen Freiheitlichen unter der von Jörg Haider nominierten Susanne Riess-Passer als Vizekanzlerin. Sie lösten damit die Große Koalition zwischen SPÖ und ÖVP ab. Doch die EU war erzürnt. Es kam zu diplomatischen Zerwürfnissen und internationalen Protesten, da durch Jörg Haider eine rechtspopulistische Partei in die Regierung aufstieg. Daraus resultierten internationale Sanktionen von 14 EU-Regierungen gegen Österreich. Im Jahr 2002 kamen interne Koalitionsdifferenzen innerhalb der Freiheitlichen Partei hinzu. Diese führten zu einem außerordentlichen Parteitag der Freiheitlichen in der steirischen Stadt Knittelfeld und zum Rücktritt der drei freiheitlichen Regierungsmitglieder Vizekanzlerin Susanne Riess-Passer, Finanzminister Karl-Heinz Grasser und FPÖ-Klubobmann Peter Westenthaler. Die Koalition zerbrach nach nur zwei Jahren. Es folgten Neuwahlen im November des Jahres 2002. Österreich brauche eine »stabile Regierung«, sowie »Lösungen und nicht Machtkämpfe oder Machtkrämpfe«,

## Ein Kind aus dem Arbeiterbezirk

forderte Wolfgang Schüssel.[10] Er machte klar, dass es sein Ziel sei, den Kanzler zu stellen. Im November passierte dann das Unglaubliche: Die christlich-konservative Volkspartei unter Wolfgang Schüssel erzielte einen Rekordwahlgewinn mit 42,3 Prozent der Stimmen. Daraufhin erneuerte Schüssel die Koalition mit den Freiheitlichen.

In dem politisch turbulenten Jahr 2002 also meldete sich der 16-jährige Sebastian Kurz bei der Volkspartei in seinem Bezirk Meidling. Kurz wollte in der Jugendorganisation der Volkspartei – die Insider »JVP« nannten – mitarbeiten, trotz seiner Jugend. Das erklärte er dem Mann am anderen Ende der Leitung. »Ich habe ihn einfach gefragt, ob ich vorbeikommen könne, denn ich wohne im 12. Bezirk und wollte mir das einmal anschauen.« Doch die Volkspartei war gerade in seinem Bezirk sehr schwach, hatte keine große Struktur. Der Obmann der ÖVP Meidling fragte Kurz, wie alt er denn sei. Als dieser ihm daraufhin sein Alter nannte, meinte der Mann am anderen Ende der Leitung: »Die meisten sind bei uns etwas älter.« Sebastian Kurz parierte: »Kein Problem, dann komme ich mal vorbei und senke den Altersdurchschnitt.«

Doch der Obmann der ÖVP Meidling erklärte Kurz, dass wegen der seltenen Treffen der ÖVP-Mitglieder eine Mitarbeit seinerseits sich als schwierig gestalten würde. Außerdem sei die Gruppe klein. Doch Kurz ließ nicht locker: »Kein Problem. Ich habe einen großen Freundeskreis. Ich kann ein paar Freunde mitbringen, dann sind wir mehr.« Der Obmann der ÖVP Meidling musste ihn enttäuschen: »Es ist besser, du wartest noch ein paar Jahre, bis du studierst. Du kannst dich ja dann eventuell noch einmal melden.« Politisch interessierte Jugendliche waren offenbar damals als Mitarbeiter in der Partei noch nicht willkommen. Sebastian Kurz wunderte sich. »Ich habe mir damals gedacht: ›Das ist ein komischer Verein.‹ Und dann habe ich die Idee, mich zu engagieren, zunächst einmal wieder verworfen.« Und so konzentrierte er sich wieder mehr auf die Schule, auf lustige Abende mit seinen engsten Freunden und auf das Tennisspielen. Doch insgeheim wollte er sich nicht so rasch abschütteln lassen. Aus diesem Grund versuchte er nach sechs Monaten noch einmal in einem anderen Bezirk sein

Glück. Diesmal rief er bei der Volkspartei in der Wiener Innenstadt an. Deren Chef war damals Markus Figl, der Großneffe des österreichischen Staatsvertragskanzlers Leopold Figl. Markus Figl war zu dieser Zeit parlamentarischer Mitarbeiter eines Nationalratsabgeordneten der Volkspartei namens Michael Spindelegger. Bei der Volkspartei Innere Stadt war er Vorsitzender der Jungen Fraktion. Als 15-Jähriger hatte Figl selbst aus Neugierde sämtliche politische Parteien in Österreich besucht und deren Parteiprogramme eingesammelt, sie gelesen und sich schließlich für eine Zusammenarbeit mit der ÖVP entschieden, wohl wissend, dass in den 1990er-Jahren die bürgerliche Partei nicht »en vogue« war und als »Verliererpartei« galt. Vor allem war bekannt, dass »die ÖVP Wien damals als eine politische Schlangengrube galt«, erzählt er heute.

Figl traf den Schüler Sebastian Kurz in seinem damaligen Büro in der Schenkenstraße in den Räumlichkeiten der parlamentarischen Mitarbeiter in einem Jahrhundertwendehaus. Er setzte sich mit dem interessierten Jugendlichen auseinander und beschloss nach redlicher Prüfung, ihn unter seine Fittiche zu nehmen. Wir schreiben das Jahr 2003. »Ich habe ihm damals gesagt, was ich vielen anderen Menschen auch sage: Wir sind die JVP Innere Stadt, und er kann sich gerne bei uns engagieren. Jeder hat es selber in der Hand, wie oft und gerne er sich engagieren will.« Doch Figl hatte bei Kurz von Anfang an ein gutes Gefühl, und Sebastian Kurz wiederum fand mit einem Mal seinen politischen Anker. Über die nächsten Monate begann er, bei der Jungen Volkspartei (JVP) Innere Stadt anzudocken, und Figl protegierte ihn. »Er hat sofort den Bezirkstag mitorganisiert, aber auch andere Veranstaltungen.« Und Sebastian Kurz war für die Zeitschrift *Das junge Element* als Chefredakteur zuständig. Kurz hatte bereits damals ein kommunikatives Talent, gepaart mit einem gesunden Idealismus, und das setzte er in der Jungen Volkspartei ein.

Figl diskutierte viel mit dem jungen Mann. Sebastian Kurz sei wissbegierig gewesen und habe alles aufgesaugt »wie ein Schwamm«. Er verstand auf Anhieb auch die komplexesten Zusammenhänge, hatte eine rasche Auffassungsgabe. »Ich glaube, dass er durchaus das meiste dazu selber beigetragen hat. Es gibt den Spruch: Man kann jemanden aufs Pferd helfen, aber reiten muss er dann schon alleine«, versucht Figl anschaulich zu machen, wie die Situation sich damals darstellte. Wer eine Funktion übernommen habe, der müsse etwas daraus machen, gilt eine Regel in der Politik. Auch mit den anderen Jugendlichen innerhalb der Jungen Volkspartei arbeitete Kurz gut zusammen, obwohl er meist der Jüngste in der Gruppe war. Er habe sich jedoch sehr schnell den Respekt und die Achtung der Älteren verschafft. Denn Politik sei ja ein Teamspiel. Egal, wo Sebastian Kurz auch war, er habe es immer geschafft, sich Freunde zu machen. Das machte einen guten Eindruck in der Volkspartei.

Doch am meisten beschäftigte Kurz offensichtlich damals die Richtung der ÖVP in Wien. Und so entwickelte er gemeinsam mit Markus Figl und dem damaligen Bezirksvorsteher Franz Grundwalt das Modell »Bezirksparlament«: eine regelmäßig abgehaltene Sitzung, bei der die aktuellen Probleme des Bezirks diskutiert wurden. Ständig brachten Figl und Kurz Anträge ein mit Beobachtungen, die sie in den folgenden Monaten machten. So verbrachten sie beispielsweise mehrere Stunden mit Menschen im Rollstuhl und mit Blinden, um sich anzusehen, was in der Stadt Wien für diese Gruppe verbessert werden könnte. Daraus resultierten ein Aufzug für die U-Bahn-Station am Stephansplatz, und ein neu gepflasterter Gehweg auf einem Wiesenabstrich.

Eines Tages stellte Markus Figl ihn dem zweiten Nationalratspräsidenten Michael Spindelegger mit den Worten vor: »Dieser junge Mann will sich politisch noch mehr engagieren«, und Spindelegger verstand, dass er dem jungen Mann eine Chance geben sollte. Als Nationalratspräsident hatte er eingeführt, dass Schüler im Rahmen ihrer politischen Bildung ins Parlament kommen und mit einem Regierungsmitglied eine Art Austauschdiskussion haben durften. Für die Vorbereitung und Nachbereitung der Schulbesuche im Parlament engagierte Spindelegger kurzerhand Sebastian Kurz. Dieser wurde rasch zum Liebling der Schulen. Spindelegger erhielt daraufhin zahlreiche positive Rück-

## 1. Kapitel

meldungen von Lehrern und Schülern, die ihm bestätigten, dass der Neue ein »hervorragender Kommunikator« sei. Kurz habe nicht nur den Klassen zugehört, sondern den Schülern gleichzeitig auch die jeweilige Quintessenz der ihnen vorgestellten Politiker herausgearbeitet. »Was ich bei ihm gespürt habe, war die Unmittelbarkeit. Es war kein gespieltes Verhalten, das er an den Tag legte, sondern eine entwaffnende Ehrlichkeit«, erzählt Michael Spindelegger. Das sei von Anfang an sein Markenzeichen gewesen.

Heute habe sich das Bild im Parlament verbessert: »Führungen im Parlament verstehen sich als Teil eines breit angelegten Bewusstseinsbildungsprozesses zur Vermittlung einer demokratischen Wertehaltung«, steht auf der Homepage. »Jährlich erleben weit über 60.000 SchülerInnen das Parlament im Rahmen von Führungen – ein großer Teil von ihnen kurz vor Erreichen des aktiven Wahlalters.«[11]

Sebastian Kurz schloss die Schule mit Auszeichnung ab. Im Juni 2004 maturierte er mit 18 Jahren und mit einem Notendurchschnitt von 1,6 und erhielt einen Vorzug. Das schriftliche Maturathema im Fach Deutsch, so erinnert sich seine Professorin Irmgard Bauerstatter, lautete: »Ist der Generationenkonflikt ein Problem unserer Gesellschaft?«. Das Spezialgebiet in seinem Maturafach Geschichte lautete: »Die politischen Parteien in der Zeit von Kaiser Franz Joseph«, im zweiten Prüfungsteil hielt er eine Rede als Offizier aus dem Ersten Weltkrieg über den Friedensvertrag von Versailles. Die Aufgabe, so behauptet sein Lehrer Martin Neubauer, hätte er ihm niemals gestellt, wenn Kurz zu diesem Zeitpunkt »rhetorisch nicht talentiert gewesen wäre«. Es folgte zwischen Oktober 2004 und Juni 2005 der achtmonatige Präsenzdienst beim Bundesheer als Wehrpflichtiger. Kurz diente bei dem in der Wiener Maria-Theresien-Kaserne stationierten Gardebataillon.

Nach dem Heeresdienst begann er ein Studium. Sein Mentor Markus Figl ist Jurist und Politikwissenschaftler. Als es um die Richtung des Studiums ging, beriet ihn dieser, und so entschied sich Sebastian ebenfalls für ein Jurastudium an der Universität in Wien.

Doch dann wurde die Familie durch ein privates Erdbeben erschüttert: Josef Kurz wurde von einem Tag auf den anderen zusammen mit mehreren Mitarbeitern bei Philips freigestellt. Er wusste nicht, wie es weitergehen sollte. Von dem Gehalt seiner Frau allein konnte die Familie nicht leben. Sebastian Kurz beschloss, sich einzubringen und begann in der Café-Bar Wortner im Stadtzentrum zu arbeiten. Er übergab in den folgenden Monaten sein erstes selbstverdientes Geld seinen Eltern. Und er sparte, so viel er nur konnte: Anstatt mit dem Taxi um zwei Uhr früh nach dem Bardienst nach Hause zu fahren, ging er in den frühen Morgenstunden von einem Bezirk in den anderen zu Fuß heim.

Als der heutige Geschäftsführende Direktor des Europäischen Fonds für Strategische Investitionen Wilhelm Molterer im Jahr 2006 noch Klubobmann der Volkspartei war, nahm er wie jedes Jahr an den Gesprächen im Tiroler Bergdorf Alpbach teil, um mit Experten und Studierenden die aktuellen Fragen der Zeit zu diskutieren. Während eines Mentoring-Programms, an dem Studierende teilnahmen, fiel ihm Sebastian Kurz als jüngster Teilnehmer auf. Kurz war sehr interessiert und stach mit einer klaren politischen Ausrichtung und Agenda aus der Jungen Volkspartei hervor. »Mir war klar«, erzählt Molterer heute, dass »dieser Bursche an Politik mit jeder Faser interessiert war«.

Dass Spitzenpolitiker die Jugendorganisationen, aus denen sie kommen, als Machtbasis und als Sprungbrett benutzen, scheint nichts Neues zu sein. Doch in der Volkspartei war es bislang eher so gewesen, dass das Spitzenpersonal aus den Bünden und den Bundesländern rekrutiert wurde. Sebastian Kurz hatte hier Neuland betreten. Und er machte schnell Karriere innerhalb der Partei.

Im Juni 2007 wurde Sebastian Kurz Bezirksobmann der Jungen Volkspartei in der Wiener Innenstadt. Sein wichtigstes Ziel war zu seinem persönlichen Mantra geworden: nämlich die Politik den Jugendlichen näherzubringen und attraktiver zu gestalten, aber auch die Jugend und die Politik noch stärker zusammenzubringen. Dafür organisierte er für interessierte Jugendliche Treffen mit den Bezirkspolitikern im

Parlament und simulierte das Bezirksparlament für die jungen Stadtbewohner. Als sein wichtigstes Ziel nannte er stets, die Jugendlichen für Politik zu begeistern. Dazu strebte er eine Imageverbesserung an.

Eine kritische Kraft zu sein, dieser Anspruch ist das Markenzeichen der Jugendvertretungen aller Parteien. Sebastian Kurz sah sich als kritischer Geist in der JVP, aber auch in der Mutterpartei, der ÖVP, um dort den amtierenden Politikern aufzuzeigen, was in der Bevölkerung nicht passte. Er betonte dabei stets – besonders vor den Medien –, er wolle »nicht überkritisch oder gar ein Querulant sein«,[12] aber er wolle durchaus in der Gruppe mitdiskutieren. Das tat er dann zum Beispiel konkret im darauffolgenden November anlässlich der Landeskonferenz der JVP Wien vor mehr als 100 Delegierten aus allen 23 Bezirken Wiens, wo er »vor der weiteren Ausbreitung des derzeit grassierenden ›Virus der Jugendfeindlichkeit‹« warnte. »Manches,«, so Kurz damals, »das in der Politik derzeit geschieht, ist ein offener Anschlag auf die jungen Menschen in dieser Stadt. Diese Gruppe der Bevölkerung auf einige Probleme zu reduzieren ist unfair. Der grassierende Virus muss unbedingt eingedämmt werden«.[13]

Zu seinen politischen Vorbildern, so erklärt er heute, zählen, wenn er in die Geschichte Österreichs blicke, »sicherlich Persönlichkeiten wie Leopold Figl, der Österreich nach dem Krieg wiederaufgebaut hat. Dann Alois Mock, der uns als Republik Österreich in die Europäische Union geführt hat. Und dann gibt es natürlich auch andere, von denen man viel lernen kann, die in Österreich viel bewegt haben – von Bruno Kreisky bis Wolfgang Schüssel.« Es ist bewundernswert, dass sich in seiner Aufzählung neben den Politikern der Volkspartei mit Bruno Kreisky auch ein Sozialdemokrat befindet. »Ich teile ja auch nicht inhaltlich alles, was in dieser Zeit geschehen ist. Aber ich glaube, er hat Österreich durch seine Internationalität, seinen Wunsch, Österreich auch zu einem Ort des Dialogs zu machen, und seinen damals schon starken Kontakt in aller Welt geprägt – all das sehe ich sehr positiv.«

Sebastian Kurz stieg ab 2008 zum Landesobmann der Jungen Volkspartei Wien auf. Er wurde mit 95 Prozent gewählt. Gerade in Zeiten der

## Ein Kind aus dem Arbeiterbezirk

Politikverdrossenheit bei Jugendlichen wolle er mehr echte Ansprechpartner für die Jugend anbieten, sagte er.

Sein lockeres und entspanntes Erscheinungsbild fiel anderen nun auf. Kurz trat bei Interviews ohne Pressesprecher und extrem leger im offenen Hemd auf. Er widmete sich in dieser Zeit unterschiedlichen Punkten in seiner Politik: etwa den Studiengebühren und den Leistungsstipendien oder den Sonderpensionen, bei denen er sich für eine begrenzte Spitzenpension einsetzte. Denn, so Kurz, eine Pension solle für den guten bisherigen Lebensunterhalt reichen, daneben könne man ja auch noch selbst vorsorgen. Kurz hatte auch ein Auge auf das Bild der Jugend, die vor allem im ersten Bezirk das Image der komatrinkenden Jugendlichen genoss. Als er mit der damaligen Jugendsprecherin der Sozialdemokraten Laura Rudas verglichen und ihm gesagt wurde, sie sei sehr gut vernetzt mit der Jugendszene, konterte Kurz jedoch geschickt: Rudas habe mehr finanziellen Support, aber auch wenn die Volkspartei dies nicht in dem Ausmaß habe, werde sie »viel unterwegs sein«. Bei einem Gespräch mit einer Reporterin der Tageszeitung *Die Presse* merkte er zunächst an, dass er bei einer Koalition mit der FPÖ »unglücklich« wäre, und abschließend meinte er, dass er kein Berufspolitiker werden wolle, »weil man, wenn man finanziell abhängig ist, nicht ehrlich Politik machen kann«.[14]

Die heutige Präsidentin der Politischen Akademie der ÖVP in Wien, Bettina Rausch, traf Kurz in diesem Jahr erstmals beim Wiener Landestag der Jungen Volkspartei in ihrer Funktion als Bundesrätin für Niederösterreich. Sie erinnert sich an einen jungen Mann mit einer besonderen Fähigkeit zu kommunizieren: »Er hatte eine gewisse Eloquenz, und er war noch dazu sympathisch. Er hatte außerdem eine besondere Wortgewandtheit, die man heute kaum findet.« Sebastian Kurz konnte, so erzählt Bettina Rausch, seine Botschaften verständlich darlegen. »Er war jung, und mir war bewusst, dass sich in diesem Alter jeder gut und klasse fühlt. Doch ihn habe ich als sehr erwachsen empfunden. Er ist auch nicht gleich der Verlockung erlegen, der die meisten Politiker erliegen, wenn man sie in eine Position bringt: nämlich, dass man

## 1. Kapitel

sich hineinstürzt, sondern er hat zunächst einmal hinterfragt.« Bettina Rausch erinnert sich an ein Treffen im Café Blaustern am Wiener Gürtel, wo Kurz »sehr viel hinterfragt« habe. Das geschah aber nicht, weil Sebastian Kurz Selbstzweifel gehabt habe. Er habe sie vielmehr gebeten, ihm »ehrlich über die Position des Bundesobmanns der Jungen Volkspartei alles zu erzählen und ihm zu sagen, wie es jemandem in dieser Rolle geht und worauf man sich beim Akzeptieren der Funktion einlasse.« Dieses Hinterfragen diente Sebastian Kurz dazu, eine Analyse zu machen. So konnte er erforschen, worauf es in dieser Sektion der Volkspartei ankam und auch: was er – als Sebastian Kurz – dazu beitragen konnte.

Das Jurastudium von Kurz litt unter seinem Politikengagement. Er schloss es nicht ab, obwohl ihm lediglich zwei Prüfungen im zweiten Studienabschnitt fehlten. Seine Mutter Elisabeth ist darüber bis heute nicht froh, denn sie hat ihr Studium Deutsch und Geschichte abgeschlossen.

Doch Sebastian Kurz ist ambitioniert. Dass es jedoch als nicht so lustig empfunden wird, wenn der adrette Nachwuchs der Volkspartei den Versuch unternimmt, frech zu sein, zeigte sich bei einer von ihm initiierten Werbekampagne für jüngere Menschen, nämlich bei jener für die Nacht-U-Bahn. Bei dieser Verkehrskampagne für einen 24-Stunden-Betrieb der Wiener U-Bahn warb Kurz mit zwei Pappfiguren, die junge, leicht bekleidete Paare zeigten, die sich das Schild »24 h Verkehr am Wochenende« vor die Brust hielten. Während die weibliche Figur hinter dem Schild augenscheinlich entblößt war, trug ihr männliches Pendant ein schwarzes Muskelshirt. Auf einem dritten Werbeträger schmachtete die Frau den Mann mit den Worten an: »Wenn wir unseren Verkehr so planen, kommen wir nie in Fahrt ...« Diese Kampagne zog ein wahres Feuerwerk an Protestaussendungen der Sozialdemokratischen Partei nach sich. Von »geschmacklos« bis »sexistisch« war die Rede. »Die Sujets würden an schmuddelige Pin-ups in Kasernenspinden« von Soldaten ähneln. Die sozialdemokratische Frauenstadträtin Sandra Frauenberger meinte damals sogar: »Was hier zum Ausdruck kommt, ist frauenfeindlich und hat auf politischen Plakaten des 21. Jahrhunderts nichts verloren.« Kurz schüttelte jedoch die Sozialdemokraten bravourös ab. Er könne den Sexismusvorwurf persönlich nicht verstehen, denn man habe schließlich eine männliche und eine weibliche Pappfigur für das Werbesujet entwickelt.[15] Die Kritik prallte an ihm und an seiner Partei einfach ab. Schlussendlich hat Wien die 24-Stunden-U-Bahn eingeführt.

Doch Aktionen wie diese brachten den jungen Politiker rasant weiter. Im Sommer 2009 übernahm er bereits die Bundesorganisation der Jungen Volkspartei, nachdem sich die Burgenländerin Silvia Fuhrmann von der Spitze der Organisation zurückgezogen hatte. Kurz war zu diesem Zeitpunkt 23 Jahre alt und entschlossen, in dem Land, in dem er lebte, zügig etwas zu verbessern. In den nächsten Monaten formulierte Sebastian Kurz konkrete Ziele, die er in den nächsten drei Jahren unbedingt durchsetzen wolle. So wollte er eine Bundesorganisation aufbauen, die stark an den Ländern anknüpfte, sowie den Austausch zwischen Ort-, Bezirks-, und Landesorganisationen fördern. Mit anderen Worten: mehr Kommunikation zwischen den handelnden Personen seiner Partei österreichweit, und dies vor allen Dingen mit »mehr Pep«. Die großen Themen im Sommer 2009 waren jedoch Arbeitsplätze, Bildung und Integration.

Bettina Rausch erklärt, wie Sebastian Kurz bereits in dieser Zeit seine Form von Führungspersönlichkeit in die Parteiarbeit eingebracht hat: »Egal, in welcher Funktion er ist, er hört sich Menschen an, die im Feld Erfahrung haben. Denn es kommen immer seitenweise Themen auf den Tisch, und man kann ja nicht mit allem Erfahrung haben. Auch nicht, wenn man über 50 Jahre alt ist. Und wenn man erst 25 oder 30 Jahre alt ist, dann noch viel weniger. Also hört man sich die Meinungen und Themen der anderen an. Das wurde damals sehr geschätzt.«

Im Sommer 2009 ging Kurz mit der niederösterreichischen Landesobfrau zu einem Badefest und danach zum Heurigen nach Perchtoldsdorf, um sich mit der Jugend innerhalb seiner Partei auszutauschen

## 1. Kapitel

und mehr über deren Anliegen zu erfahren – eine Strategie, die er bis heute verfolgt. Dieser ausführliche Austausch mit den Menschen »nicht zwischen Tür und Angel, sondern in aller Ruhe« wird ihm später auch als Kanzler sehr am Herzen liegen. Bettina Rausch erklärt den Grund dahinter: »Erst mit der Zeit wurde uns bewusst, was er mit der Volkspartei geschafft hatte: Er hat sie wieder geeint und auf Schiene gebracht. Während viele junge Politiker ihre Zeit damit vergeuden, sich gegenseitig zu zerfleischen, hat Sebastian seine Rolle lieber gut und stark eingebracht.« Kurz habe seine persönliche Form von Leadership gezeigt, indem er dem Team und auch den Landespolitikern seine Vorstellungen näherbrachte und ihnen offen sagte, wie er es künftig machen wolle – und das in Diskussion mit seinem Team. Er habe auch immer die Entscheidungen des Teams mit einbezogen. »Er ist seinen Weg gegangen, hat sein Team ständig unterstützt und über seine Schritte informiert. Deshalb haben alle akzeptiert, was er tut, weil er gleichermaßen sein Team bei der Arbeit unterstützt hat.«

Als Bundesobmann der Jungen Volkspartei stach er Josef Pröll ins Auge, noch bevor dieser Finanzminister und Vizekanzler der Regierung unter dem Sozialdemokraten Werner Faymann wurde. Im November 2009 lud Sebastian Kurz Pröll zu einem »*KurzGespräch*« in den Wiener Club U4 ein, um mit ihm über die Zukunft der Partei zu sprechen. Seit mehr als 30 Jahren ist U4 Trendsetter in Musik und Nachtleben und Österreichs berühmtester Club. »Undergroundig und progressiv – der Club wurde schnell zum Hotspot für Prominente. Zum Beispiel für Prince, Kurt Cobain, Rammstein und Jean Paul Gaultier, um nur ein paar der vielen Fame-Gäste zu nennen.«[16]

Auf dem Podium erwies sich Kurz als eloquenter Moderator, manch einer bei der staatlichen Fernsehanstalt ORF könnte etwas von ihm lernen. Auf die Frage: »Wer hat zu Hause die Hosen an?« antwortete Pröll lächelnd: »Zuhause hat die Mama den Finanzminister an. [...] Meine Frau ist der Chef, und das ist auch gut so, weil ich selten zu Hause bin.« Und als Kurz nachhakte, ob Prölls Kinder ihn noch erkennen würden, obwohl er selten zu Hause sei, antwortete der Finanzminister

## Ein Kind aus dem Arbeiterbezirk

spitzbübisch: »Ja, weil ich relativ oft in Zeitungen und im Fernsehen vorkomme.«[17] Schallendes Gelächter bei den anwesenden Gästen im Saal. Als beim nun folgenden Word-Rapp Pröll von Sebastian Kurz gefragt wurde, mit welcher Persönlichkeit – neben seiner Frau und Innenministerin Maria Theresia Fekter – er gerne einmal Frühstücken gehen wolle, antwortete Pröll: »Mit Sebastian Kurz.« Kurz lächelte verschmitzt und retournierte: »Das können wir einrichten, solange es nicht morgen ist«, wohl wissend, dass der Abend in dem Wiener Club U4 noch lange dauern würde.[18] Josef Pröll begründet seine Antwort beim Word-Rapp heute damit, dass er Kurz persönlich noch nicht gut gekannt, sondern nur in politischen Zirkeln und Runden oder in der Partei bei Wahlkämpfen getroffen habe. Aber sie hätten sich noch nie die Zeit genommen, in gemütlichem Rahmen »über Gott und die Welt zu reden«. Pröll und Kurz kamen rasch durch die Politik in intensiveren Kontakt. Ihre Freundschaft ist durch ein sehr starkes politisches Vertrauen geprägt – von Anfang an. »Ich habe bei ihm bemerkt, dass er verlässlich, spontan und ehrlich ist. Man konnte sich mit ihm gut austauschen.«

In die Medien geriet Sebastian Kurz erstmals in dieser Zeit, als er einen provokanten Abend lang für die Wien-Wahl mit seinen JVP-Mitstreitern warb. Denn um Jungwähler zu ködern, griffen manche Politiker oft tief in die Berufsjugendlichenkiste. Clubbings, gute Drinks und coole Musik sollten damals mehr Stimmen liefern. Diesmal wollte Sebastian Kurz Jungwähler besonders motivieren, seine Partei zu wählen. Unter dem Motto »Schwarz macht geil« organisierte er mit seinem Team der Jungen Volkspartei im Jahr 2010 einen Clubbing-Abend in der ehemaligen Wiener Bordell-Bar Moulin Rouge. Dazu fuhr er mit einem schwarzen Hummer und der Aufschrift »Geil-o-Mobil« durch die Innenstadt. Daneben wurden noch »Geil-Macher-Gummis«, also schwarze Kondome, verteilt, und es wurde mit Sprüchen wie »24 Stunden Verkehr für Wien« geworben.

Kurz erklärte in einem Video die damalige Marketingstrategie, und zwar ziemlich direkt: »Der Wahlkampf wird geil werden. Weil jeder weiß in der JVP, dass Schwarz geile Politik macht. Schwarz macht geile Partys, und Schwarz macht Wien geil. Und daher starten wir die Jugendkampagne ›Schwarz macht geil‹. Heute ist der Startschuss.«[19] Wahrscheinlich war er vielen damit zu direkt. Die Wähler des Jahres 2010 goutierten derartige flapsige Floskeln überhaupt nicht.

Und Josef Pröll sieht heute die Provokation durch das »Geil-o-Mobil« mit »der Jugend und der Dynamik geschuldet«. Doch Pröll fügt auch hinzu, man »bekomme Ideen und Drive in der Politik nur durch mutige Querdenker und Leute, die sich etwas trauen«. Und Sebastian Kurz erklärte offen ein Jahr später bei einem Interview im Fernsehen: »Manchmal haben wir auch bewusst provozieren müssen, um mit unseren Themen überhaupt mediales Gehör zu bekommen. Wie zum Beispiel bei der 24-Stunden-U-Bahn, die ja in Wien durchgesetzt worden ist.«[20]

Genutzt hat der Volkspartei die Tour mit dem Hummer durch die Wiener Innenstadt nicht viel. Sie rasselte bei der Wien-Wahl im Oktober 2010 mit 13,99 Prozent in ein historisches Tief, während die Sozialdemokraten mit 44,34 Prozent ihre absolute Mandatsmehrheit halten konnten und außerdem ein gutes Wahlergebnis erzielten. Doch Sebastian Kurz, der 2008 auch erstmalig für den Nationalrat kandidiert hatte, erreichte ein für ihn viel wichtigeres Ziel: Er landete auf Platz drei und zog somit für die Volkspartei in den Wiener Gemeinderat ein, wo er fortan im Bildungsausschuss saß. Ein Mittel zum Zweck, um voll in die Politik einzusteigen, war die Werbeaktion daher allemal.

Kurz sprach sich in dieser Zeit für Schulzentren aus, in denen Migrantenkinder, die erst kurz in Österreich waren, Deutsch lernen sollten, bevor sie in die reguläre Schule wechseln konnten. Und während des Wahlkampfes trat er mit der Forderung hervor, dass Predigten in Moscheen auf Deutsch stattfinden sollten. Doch mit einem Antrag im Gemeinderat ist Sebastian Kurz dem Rathaus wohl bis heute in Erinnerung geblieben: Für die spitzbübische Forderung, das Alter für Ordensverleihungen von derzeit 50 Jahren doch zu senken und Auszeichnungen auch für Jungpolitiker zu ermöglichen, hat er damals

»parteiübergreifendes Gelächter geerntet«, wie in der Presse zu lesen war.[21]

Sebastian Kurz wurde gerade in dieser Zeit oftmals als Politrebell und Partyfan bezeichnet. Er selbst sah alles viel gelassener: Er wolle eine Politik machen, die nahe am Leben sei, und er trat gegen die andauernde Scheinheiligkeit der anderen Parteien an. Vor allem wenn sie seine Werbeplakate als sexistisch diffamierten. Ein Satz, den er in diesen Tagen bei einem Interview formulierte, bekam immer mehr Sinn: »Wenn Politiker Masken aufsetzen, dürfen sie sich nicht wundern, dass junge Leute Politik nicht interessiert.« Mit Masken meinte er den »üblichen Politjargon«. Kurz selber sagte ab dann immer geradeheraus, was er dachte, ohne zu beschönigen. Er habe ein Problem mit dem Politjargon, erklärte Kurz immer wieder. Denn er rede beruflich genauso wie privat. Er wolle nichts begrüßen, sondern »grad raus sagen«, was er gut finde und was nicht. Er persönlich kenne auch keine 16- bis 30-Jährigen, die ein Problem damit hätten, dass er seine Ideen, die mehr Lebensqualität bringen, in lustiger Form verkaufen würde. Außer bei den Jugendlichen würde selber etwas falsch laufen.[22]

Mit seiner Freundin Susanne Thier, die er bereits aus Schultagen kennt, lebte er in dieser Zeit in einer 65-Quadratmeter-Wohnung. Sie liegt in der Nähe von Schloss Schönbrunn im Bezirk Meidling, in dem beide aufgewachsen sind. Susanne studierte Wirtschaftspädagogik, während ihr Freund, der Jurastudent und Politiker Sebastian Kurz, nie vor Mitternacht heimkam. Er wolle sein Jurastudium auf jeden Fall beenden, erklärte er den Medien damals, doch der dritte Studienabschnitt fehle ihm noch. Er plane seine Karriere auch nicht verbissen, macht er den Journalisten klar. Eines sei jedoch sicher: Er könne sich nicht vorstellen, als Politiker in Pension zu gehen. Er könne sich aber vorstellen, Anwalt zu werden oder ein Lokal zu eröffnen.[23]

Für Josef Pröll steht heute fest, dass Sebastian Kurz damals in kurzer Zeit die Verkörperung einer politischen Stärkung der Jungen in der Volkspartei symbolisierte und dass nur er den Jungen Volksparteilern helfen konnte, stärker Fuß zu fassen. Es sei von Anfang an, seine größte Stärke gewesen, den Anliegen der Jugend einen Stellenwert zu geben.

Als im April 2011 Josef Pröll aus gesundheitlichen Gründen seinen Rücktritt als Vizekanzler und Finanzminister aus der Regierung Faymann erklärte, rasselten in den Umfragen die Werte für die Volkspartei in den Keller mit nur mehr 21 Prozent. Man beschloss, Michael Spindelegger als seinen Nachfolger aufzustellen, als Vizekanzler und Außenminister. Als Finanzministerin wurde die oberösterreichische Unternehmerin Maria Theresia Fekter nominiert. Erst im Oktober des Vorjahres hatte Spindelegger seine politischen Gedanken in einer Fibel zusammengetragen. Der Titel seines Werks lautete: *Über-Morgen. Meine Thesen für die Zukunft Österreichs*. Darin trat er für einen Neustart in der österreichischen Politik ein. Konkret monierte Spindelegger damals in seiner Funktion als Obmann der Arbeiterorganisation seiner Partei, dem ÖAAB, in dieser Fibel: »Wir brauchen einen New Deal für Österreich, einen neuen Gesellschaftsvertrag, der leistungsgerecht und solidarisch ist auch gegenüber künftigen Generationen.«[24]

Mit der Entlassung der alten Regierungsmannschaft und der Ernennung der neuen Minister und Staatssekretäre gelang Spindelegger ein Scoop, und dieser brachte mit der Nominierung von Sebastian Kurz als Integrationsstaatssekretär auch für Politologen eine Überraschung. Rückblickend schildert Spindelegger heute die Auswahl des 24-jährigen Sebastian Kurz folgendermaßen: »Damals war das Thema Integration aufgesplittert zwischen verschiedensten Ressorts: dem Bildungsministerium, dem Sozialministerium und dem Innenministerium. Ich war der Meinung, man müsse einen Schwerpunkt setzen. Wir hatten nach den Balkankriegen und nach dem Fall des Eisernen Vorhangs einen gewaltigen Zuzug und das, lange vor den Massenzuwanderungen im Jahr 2015. Das Thema Integration wurde damals im Grunde genommen politisch nicht betreut.«

Für Spindelegger war Sebastian Kurz jemand, der diese Menschen nicht nur verstehen würde, sondern auch Verständnis für das Thema Integration hatte: »Es musste aus meiner Sicht jemand sein, der jung ist und der gleichzeitig unvoreingenommen auf diese Dinge zugeht. Eine solche Person sollten wir in diese Position setzen und ihr auch eine richtig wichtige Verantwortung übergeben.«

## 2. KAPITEL

# VOM RATHAUS INS STAATSSEKRETARIAT

Die wahre Geschichte hinter der Nominierung von Sebastian Kurz zum Staatssekretär ist einerseits spannend und andererseits durchaus nicht so selbstverständlich, wie sie in den nachfolgenden Tagen und Wochen von den österreichischen Medien dargestellt wurde. Kurz soll bereits am Montagnachmittag des 18. April 2011 eine gewisse Nervosität an den Tag gelegt haben, vor allem als der Akku seines Handys leer war. Seine langjährige, auf Social Media spezialisierte Mitarbeiterin Kristina Rausch – sie ist die jüngere Schwester von Bettina Rausch – erinnert sich daran, dass alle in der Jungen Volkspartei sich an diesem Tag fragten, warum der Bundesobmann sich dermaßen aufrege. »Warum ist er denn ausgerechnet heute so nervös?«, wollten die Mitarbeiter der JVP wissen, denn an diesem Tag ging es doch nur um eine Regierungsbildung. »Wir haben das alle nicht verstanden«, so Rausch, denn er benötigte doch nur ein Ladekabel, und er machte ausnehmend viel Wind darum. Sie habe damals zu Recht gespürt, dass »etwas in der Luft« liege, analysiert Kristina Rausch heute.

Als sie am späten Abend beim Privatfernsehsender Puls 4 erschien, wo auch Sebastian Kurz ein Fernsehinterview zur Regierungsbildung geben sollte, wartete sie vergeblich auf ihn. Eine Viertelstunde vor dem Interview erhielt sie einen aufgeregten Anruf vom späteren Kanzleramts- und Europaminister Gernot Blümel, der ihr den Auftrag erteilte, möglichst rasch einen neuen Gesprächspartner für das Interview zu finden, denn Sebastian Kurz könne nicht daran teilnehmen. Rausch fragte ungläubig nach: »Was heißt, er kann nicht?«, doch sie erhielt keine Antwort. Blümel ließ sie einfach im Unklaren: »Das muss er dir persönlich sagen.« Rausch organisierte professionell in Windeseile im Studio von Puls 4 ein Interview mit einer Vertretung für Sebastian Kurz, und zwar mit JVP-Mann Markus Benesch, blieb aber weiterhin erstaunt zurück.

Michael Spindelegger hatte zu diesem Zeitpunkt Sebastian Kurz bereits gefragt, ob er sich vorstellen könne, das Amt des Staatssekretärs für Integration zu übernehmen. Hintergrund für die Schaffung eines neuen Staatssekretariates war, dass Österreich im internationalen Vergleich ausgerechnet beim Thema Integration seit Jahren schon schlecht abschnitt. Beim »Migrant Integration Policy Index«, der die politischen Rahmenbedingungen für Migration untersucht, landete die Alpenrepublik zuletzt erneut auf dem 24. Platz von 31 und damit deutlich unter dem EU-Schnitt.[25] Und die Junge Volkspartei hatte Spindelegger immer wieder vor Augen geführt, dass ein starker Wunsch nach einem Integrationsstaatssekretariat bestehe, da dies eine der wesentlichen Zukunftsfragen sei.

Klar war, dass Spindelegger etwas in der Alpenrepublik voranbringen wollte. Doch Sebastian Kurz machte ihm zunächst einen gehörigen Strich durch die Rechnung. Denn er soll kurzerhand zunächst einmal den Posten abgelehnt haben. Kurz war der Überzeugung, er sei zu jung für das Amt. Das spreche, so Spindelegger heute, »für Kurz«. Die Wahrheit war jedoch, dass Sebastian Kurz sich diese Position in seinem Alter nicht zugetraut hatte. In den darauffolgenden Stunden versuchte Michael Spindelegger jedoch, den Obmann der Jungen Volkspartei vom Gegenteil zu überzeugen, etwa indem er ihm vor Augen führte, warum er gerade ihn ausgewählt habe, denn Kurz kam aus dem Bezirk Meidling, wo ausnehmend viele Ausländer wohnten: »Du weißt doch, dass man den Dingen unaufgeregt, aber mit offenen Augen begegnen muss. Wir brauchen dazu Maßnahmen, die man koordinieren muss.

## Vom Rathaus ins Staatssekretariat

Das muss man in sympathischer, aber bestimmter Art machen.« Er, Spindelegger, werde den Bereich Integration im Innenministerium ansiedeln, das von Ministerin Johanna Mikl-Leitner geleitet werde, die genau wisse, wie man Integrationspolitik in ihr Ressort mitnehme. »Wir werden mit ihr sicher gut auskommen. Also hab keine Angst.«

Doch Sebastian Kurz zweifelte. Er rief in dieser Nacht sämtliche seiner Parteifreunde in der Jungen Volkspartei, aber auch seine politischen und seine privaten wichtigen Kontakte an, um ihre Meinung zu diesem Schritt zu erfragen, so wie er das bisher jedes Mal getan hatte. Er suchte einen Rat und damit eine Bestätigung für die Nominierung durch Michael Spindelegger. Allerdings erreichte er in dieser Nacht nicht alle seine Gesprächspartner telefonisch. Aus diesem Grund hinterließ er unzählige Nachrichten auf deren Handys.

Bis knapp vor Mitternacht habe es gedauert, bis Sebastian Kurz die Nominierung annahm, erinnert sich Spindelegger. Kurz sei immer wieder aus dem Zimmer gegangen, und habe aufgeregt telefoniert. Er habe ihm später erzählt, dass er auch mit Josef Pröll gesprochen habe. Dieses Telefonat muss man sich folgendermaßen vorstellen: »Du, ich sitze da gerade, und Spindelegger sagt mir, ich soll Staatssekretär werden.« Josef Pröll antwortete ihm: »Das musst du machen. Staatssekretär ist eine gute Sache. Für welches Thema bist du dann zuständig?« Kurz antwortete: »Für Integration.« Dann war Schweigen am anderen Ende. Nach einer Weile antwortete Pröll: »Sag ihnen, sie sollen etwas anderes finden.«

Auch Wilhelm Molterer zweifelte an der Nominierung von Sebastian Kurz zum Staatssekretär: »Ich war mir damals nicht sicher, ob es richtig sei, einen 24-jährigen Mann zum Staatssekretär für Migration zu machen. Das war doch die größte Zeitbombe, auf die man jemanden setzen kann. Ein Staatssekretariat für Jugend und Sport hätte ich als besser für ihn empfunden. Doch Michael Spindelegger hat mir versichert, ich ›werde sehen, er (Sebastian Kurz) könne das‹.«

Ebenso erlebte Bettina Rausch die Nominierung von Kurz und war ziemlich erstaunt über seinen spontanen Anruf: »Da ich am nächsten

## 2. Kapitel

Morgen sehr früh aufstehen musste lag ich bereits im Bett – was eigentlich nie passiert –, als er mich anrief. Doch dann läutete das Telefon, und ich beschloss wieder aus dem Bett zu steigen, und sah eine Telefonnummer aufleuchten, die ich nicht kannte.« Rausch entschloss sich, dennoch abzuheben: Am anderen Ende der Leitung war – zu ihrer Überraschung – Sebastian Kurz. Er entschuldigte sich bei ihr, erklärte ihr, er habe ein Handy ausgeborgt, denn seines habe »keinen Saft mehr«. Und er berichtete ihr, dass Spindelegger ihm den Job des Staatssekretärs angeboten habe. »Er konnte es nicht glauben. Er dachte, es sei nicht ernst gemeint, was man ihm da anbot. Er war perplex«, sagt Bettina Rausch heute.

Der Landespolitiker und ehemalige Obmann der Wiener Volkspartei Manfred Juraczka, Freund und Förderer von Sebastian Kurz, erinnert sich, dass er am nächsten Morgen gegen 7 Uhr auf sein Handy blickte und eine ominöse Nachricht von Sebastian Kurz vorfand: »Egal wie spät es ist, rufe mich bitte zurück, es ist etwas Arges passiert.« Juraczka rief umgehend zurück, doch er erreichte Sebastian Kurz nicht mehr, und so begann er sich große Sorgen zu machen. Es habe dann mehrere Tage gedauert, bis er Sebastian Kurz endlich telefonisch erreicht habe. »Alle hatten ihm bereits gratuliert, doch Kurz wusste noch immer nicht, wohin die politische Reise ging«, schildert Juraczka, dem beim Gespräch mit ihm auffiel, dass Kurz erstaunt über diese Nominierung gewesen sei: »Er war einerseits erfreut, andererseits beeindruckt ob der Verantwortung.«

Unterdessen machte sich Kristina Rausch vom Puls-4-Interview, welches im Wiener Museumsquartier stattfand, auf den Weg nach Hause. Es war knapp vor Mitternacht, als sie einen Anruf auf ihrem Handy erhielt. Am anderen Ende der Leitung war Sebastian Kurz. Als sie ihn damit konfrontierte, warum er nicht zum Interview erschienen sei, antwortete er ihr: »Kristina, wir werden Staatssekretär. Ich brauche dich jetzt.« Kristina Rausch verstand, kehrte sofort um und marschierte schnurstracks zum Büro der Jungen Volkspartei. Dort angekommen, fand sie Sebastian Kurz auf den Stufen sitzend vor, seinen Kopf hatte er

## Vom Rathaus ins Staatssekretariat

in die Hände gestützt. So hatte sie ihn noch nie erlebt. Als sie ihn fragte, was passiert sei, antwortete er ihr: »Ich werde Staatssekretär.« Rausch nickt ihm zu und versuchte gleichzeitig ihn zu beruhigen: »Ich verstehe. Es ist total crazy, aber es ist ja nicht schlecht.« Daraufhin bedankte sich Kurz bei ihr und konfrontierte sie mit den möglichen Zweifeln der Mitglieder der Jungen Volkspartei (JVP). Doch für Kristina Rausch war eines klar: »Es wird nicht allen gefallen, aber das halten wir schon durch.« Dann besorgte sie ihm etwas zu essen, denn Kurz hatte vor lauter Aufregung die Nahrungsaufnahme vergessen. Danach setzten sich die beiden sofort vor den Computer, um einen Plan für das neue Staatssekretariat aufzusetzen, aber auch um zahlreiche SMS-Kurznachrichten und Mails vorzubereiten, um sämtliche ihrer Kontakte zu verständigen. Auch neue Mitarbeiter wurden in dieser Nacht aufgetrieben. Es war beiden klar, dass Sebastian Kurz als Staatssekretär für Integration ein ausgezeichnetes Team benötigen würde.

Doch schon am nächsten Tag war alles ganz anders. Während sämtliche österreichischen Medien die Neuaufstellung des Regierungsteams – und damit vor allem der Minister – begrüßten, fielen sie über die Bestellung des 24-jährigen ehemaligen JVP-Chefs Sebastian Kurz als Integrationsstaatssekretär her. Sebastian Kurz sollte ab dann, so Wilhelm Molterer, »die brutalste Zeit seines Lebens haben«. Molterer ist sich sicher, gerade das habe Sebastian Kurz »irrsinnig geprägt und gestählt«. Rückblickend habe er diese Zeit »souverän gemeistert«. Aber zunächst polarisierte Kurz und gab damit den österreichischen Medien Stoff ohne Ende. So nannte Michael Völker vom linksliberalen Blatt *Der Standard* die Besetzung wortwörtlich »eine Verarschung«. Völker ortete zwar »neue Köpfe« in der Regierung, »aber kaum Bewegung«. Über den neuen Staatssekretär schrieb er: »Dieser Unterhaltungskünstler ist eine denkbar schlechte Wahl.« Völker bezeichnete darüber hinaus Sebastian Kurz als »Profilierungsneurotiker, dem es nicht um die Sache, sondern um den gepflegten Krawall« gehe.[26]

Für Claus Pándi von der *Kronen Zeitung* basierte Kurz' Besetzung sogar auf einem »Denkfehler«, nämlich: »Jenen, dass eine Regierung für einen Neustart unbedingt einen PR-Gag braucht. Was dabei herauskommt, sollte die ÖVP nach ihren Erfahrungen von Kdolsky bis Bandion wissen.« Pándi fand es schade, dass die an sich richtige Idee des Integrationsstaatssekretariats »verschenkt« worden sei. »Aber vielleicht ist Sebastian Kurz ein Genie, von dem allein Spindelegger weiß.« Er betonte in seinem Kommentar, dass dem neuen Team keine 100 Tage Schonfrist gegönnt seien, erst recht nicht beim Thema Integration.[27]

Und die *Kronen Zeitung* zog in den nächsten Tagen nach mit folgender Feststellung: »Sebastian Kurz wird sich schier übernatürliche Kräfte zulegen müssen, um die auf ihn zukommenden Aufgaben zu bewältigen. Darüber sind sich die meisten Beobachter einig. Die Zweifel am erst 24 Jahre jungen Politiker, der beim Thema Integration reüssieren soll, sind dennoch groß. ›Er ist umstritten, aber das macht nichts‹, entgegnete ihnen der designierte Vizekanzler Michael Spindelegger.«[28]

Auch *Falter*-Chefredakteur Armin Thurnher nahm in seinem Leitartikel »Anleihe an einer Promotion der Handelskette Saturn, ›Alt gegen Geil‹, und schreibt eine Titelstory über ›die neuen Superpraktikanten der Politik‹«, und im ORF-Radio Ö3-Wecker scherzten die Redakteure, dass Sebastian Kurz es nicht zum Interview zu Armin Wolf in die ZiB2 geschafft habe, »weil er [...] noch gar nicht so lange aufbleiben« dürfe.[29]

Auch die beiden Politologen Thomas Hofer und Peter Hajek kamen zu Wort. Beim 24-jährigen Kurz sei nicht so sehr das Alter die Frage, sondern ob er genug Berufs- und auch Lebenserfahrung für solch einen Job mitbringe, erklärte Hajek zunächst. Hofer hatte eine ähnliche Meinung: Kurz für so einen Posten zu wählen sei ein »Hochrisikospiel« – nicht wegen des Alters, sondern, weil er nicht wirklich Erfahrung habe. Gerade beim Thema Integration werde jedes Wort auf eine Waagschale gelegt. Außerdem stünde der Jungpolitiker damit als einer der Ersten an der Front gegen die Freiheitlichen.[30]

Dass Sebastian Kurz zur Vereidigung der neuen Regierung am 21. April mit offenem Hemd erschien, um sich sein Dekret als Staatssekretär für Integration abzuholen, erhitzte die Gemüter neuerlich. Den Hemdkragen lässig geöffnet, die Hände in die Hüften gestützt,

## Vom Rathaus ins Staatssekretariat

wartete er mit seinen ÖVP-Kollegen im Team Spindelegger auf die Staatsspitze. Nachdem jedoch Kanzler Werner Faymann, Vizekanzler Spindelegger und Präsident Fischer den Saal betreten hatten, legte sich der Entrüstungssturm an diesem Tag bald wieder, denn dann war die Regierung plötzlich Realität. Kurz wurde Regierungsmitglied mit einem Monatsgehalt von über 14.000 Euro und einem Anrecht auf einen Chauffeur.[31]

Doch die Tage nach der Ernennung und Angelobung zum Staatssekretär wurden für Sebastian Kurz zum Albtraum. Die Medien Österreichs schworen sich weiter gegen ihn ein. Mehrere Experten fragten sich, warum ausgerechnet der 24-jährige Wiener für dieses Amt ausgewählt worden sei. Kurz habe »relativ null Ahnung« von der Thematik, analysierte etwa Integrationsexperte Hikmet Kayahan. Mit der »Qualifikation jung und aus einem Ballungsraum kommend« gebe es auch »zehntausend andere«. Kurz sei auch keine »ÖVP-Waffe« gegen FPÖ-Chef Strache, erklärte der in Österreich sehr beliebte Politologe Peter Filzmaier.[32] War Sebastian Kurz dazu geeignet, dieses neu geschaffene Amt auszuüben? War es eine kluge Personalentscheidung oder überhitzte, gedankenlose »Aktionismus« – ein verzweifelter Versuch der ÖVP sich ein jugendliches Antlitz zu verpassen – um den Zulauf der jungen Wähler in Richtung Strache zu stoppen?

Eines war klar, Sebastian Kurz wurde von den Journalisten hart kritisiert und auch von der Bevölkerung auf offener Straße angesprochen und beleidigt worden. Er sei damals auf der Straße sogar angespuckt worden, erzählt Kurz heute. Fast hätte er alles hingeworfen. Doch er begriff auch, dass man sich Respekt erkämpfen muss. Es sei für Kurz eine harte Zeit gewesen, und er habe sich einiges gefallen lassen müssen, schildert Bettina Rausch. »Vor allem weil politische Mitbewerber und auch die Kommentatoren in den Medien glaubten, sie würden ihn jetzt niederschreiben, und dann würde er sowieso aufhören, weil er zu frustriert sei.« Doch das geschah natürlich nicht. Kurz sprach in dieser Zeit sehr viel mit seinen Kollegen und Ratgebern, und sie unterstützten ihn weiter. »Es war uns sonnenklar, dass wir ihn so nicht im Regen ste-

## 2. Kapitel

hen lassen werden. Aber ich habe gewusst, es wird gut gehen, er wird das schon machen.«

Auch seine Mutter Elisabeth wurde in ihrem Gymnasium von ihren befremdeten Kollegen im Gang auf ihren Sohn und seine neue Position in der Regierung angesprochen. Sie wich aber den Fragenden aus, und sagte ihnen, sie müsse sich auf ihre Arbeit konzentrieren.

Von allen Seiten wurde Sebastian Kurz mit Skepsis beäugt, auch von den Migranten selber. Dass er sich bisher kaum mit Integration befasst habe, war für die meisten ein Beweis, dass die österreichische Politik das Thema offenbar nicht für allzu wichtig befand. Enttäuscht zeigte sich etwa Ergün Sert, Herausgeber der türkischen Monatszeitung *Yeni Nesil* (»*Neue Generation*«): »Gerade ein so wichtiges Thema braucht jemanden, der professionell ist.« Einige Austro-Türken hätten den Eindruck, sie würden nicht ernst genommen.[33]

Die Skepsis der Bevölkerung, der Medien und der politischen Mitbewerber hielt Sebastian Kurz in dieser Zeit nur durch aufgrund des Zuspruchs seiner engsten Mitarbeiter, die auch eine enge Freundschaft zu ihm pflegten. »Er wusste, er konnte sich auf uns verlassen«, erklärt Kristina Rausch. Rausch habe oftmals das Radio einfach abgedreht und zu Kurz gesagt: »Vergiss das einmal.« Einen psychologischen Zusammenbruch habe Sebastian Kurz in dieser Zeit zwar nie gehabt. Auch versichern seine Mitarbeiter unisono, dass er niemals gesagt habe, er wolle aussteigen. Dennoch erinnern sie sich an einen Satz von ihm, einen sogenannten Notfallplan, den er schmiedete, sollten alle Stricke reißen: »Wenn es schlechter wird, dann müssen wir auswandern, denn dann sind wir schon so prominent, dass das hier nichts mehr wird.« Doch laut Kristina Rausch habe ihn gerade diese unklare, schwer nachzuvollziehende Situation dermaßen motiviert, es »auf Teufel komm raus besser zu machen«, dass der besagte Fall natürlich niemals eintrat.

Ein Interview mit dem *ORF*-Anchorman Armin Wolf Ende April sollte in diesen aufreibenden Tagen mit einem Mal die Wogen glätten. In diesem Gespräch nahm sich Armin Wolf kein Blatt vor den Mund. Seine erste Frage lautete: »Ich bin seit über 20 Jahren politischer Journalist

## Vom Rathaus ins Staatssekretariat

und beschäftige mich hauptberuflich mit Politik. Wenn mich jetzt Herr Spindelegger anrufen würde und mich fragen würde, ob ich Integrationsstaatssekretär werden möchte, dann würde ich sehr höflich sagen: ›Vielen Dank, aber davon verstehe ich zu wenig. Das kann ich nicht.‹ Sie haben mit 24 Jahren und ohne irgendwelche relevante Berufserfahrung im Bereich gesagt: ›Ich kann das.‹ Warum eigentlich?« In diesem Moment wuchs Sebastian Kurz über sich hinaus und erklärte offen und ehrlich, dass er ein sehr langes Gespräch mit Spindelegger geführt und sich bei ihm erkundigt habe, wie groß sein Freiraum sein würde und welche Möglichkeiten zur Gestaltung er haben würde. Das Integrationsstaatssekretariat sei etwas vollkommen Neues. Es habe bislang zu viel Hetze und Träumerei gegeben, doch nun gebe es die Möglichkeit, positiv zu gestalten. Das sei eine Herausforderung, erklärte Kurz dem Moderator Wolf.

Bildung, demografische Entwicklung und das Thema Integration seien die drei Zukunftsfragen, mit denen sich die jüngere Generation werde beschäftigen müssen. Und gerade bei der Jugend müsse man ansetzen, denn da könne Integration noch funktionieren. Einer der Schlüsselsätze aus diesem Interview ist aber, dass Kurz glaube, dass es »der Bundesregierung und auch Österreich nicht schadet, wenn auch junge Menschen politische Verantwortung übernehmen dürfen und wenn auch ein Junger im Team der Bundesregierung dabei ist«. Es seien ja auch Ältere dabei, kommentierte Kurz. Als Armin Wolf ihn fragte, ob er auch ein Staatssekretariat im Finanzministerium oder im Justizministerium angenommen hätte, verneinte Kurz jedoch. Er stellte damit klar, dass das Thema Integration mehr Aufmerksamkeit im Jahr 2011 verlange. Glaubensrichtungen, Asyl, Zuwanderung, Flüchtlinge, seien Begriffe, die die Menschen viel zu oft in einen Topf werfen würden. Tatsächlich aber beginne – laut Kurz – Integration bei jenen, die in Österreich leben und auch mittel- und langfristig hierbleiben würden. Integration solle nicht nur auf eine Religionsfrage hinuntergebrochen werden, denn da »werde man nichts gewinnen«, so Kurz weiter. Gesunder Zugang zu Leistung, Wertebewusstsein und Zusammenhalt seien ihm wichtig, und er glaube an die Eigenverantwortung in Österreich. Er sehe sich weder als konservativ noch als liberal, sondern als wertebewusster Mensch. Die Zeiten hätten sich geändert.

Zu einem eingespielten Beitrag über die Proteste zum Fremdenrecht in Wien und Salzburg gegen die integrationsfeindlichen Maßnahmen in diesem Gesetzespaket, die vor allem Verschärfungen aber kein Fördermaßnahmen bringen würden, erklärte Kurz, er werde das Thema »Deutsch vor Zuzug« aufgreifen. Zuwanderer müssten künftig Deutsch-Grundkenntnisse auf A1-Niveau haben. Das entspreche dem Niveau, eine Postkarte schreiben zu können. Sobald es einen gewissen Grundstock gebe, sei es leichter, in Österreich daran anzuknüpfen.[34]

Nach diesem ORF-Interview veränderte sich etwas in der Berichterstattung grundsätzlich: Die Medien berichteten plötzlich über Sebastian Kurz in zustimmender, anerkennender Weise, denn er hatte durch seine offene Art und seine Erklärung positive Aufmerksamkeit erregt. So schrieb etwa der langjährige österreichische Starjournalist Peter-Michael Lingens im Magazin *profil,* dem er als Herausgeber und Chefredakteur jahrelang vorstand: »Er funktioniert mit 24 Jahren wie andere erst mit 52. Er ist das größte politische Talent der ÖVP und der Prototyp des modernen Parteifunktionärs der Zukunft [...]. In keinem seiner Interviews hat sich Kurz die geringste Blöße gegeben – er spricht längst perfektes Teflon.«[35] Und der politische Korrespondent der *FAZ* in Österreich, Stephan Löwenstein, erklärte: »Mein erster Eindruck damals war, dass dieser Mann eine Idee hatte, einerseits von dem was er erreichen wollte, und andererseits von vielem in seinem neuen Ressort. Und dass es daher keineswegs ein Machtspiel gewesen sei. Aber schon auch, dass Sebastian Kurz politisch sehr ehrgeizig war.«

Und Sebastian Kurz machte einfach weiter. Er saß bis spät in die Nacht am Schreibtisch und baute sich – mithilfe seiner politischen Kontakte – ein hilfreiches Netzwerk aus Menschen auf, die mit ihm als Staatssekretär gemeinsam etwas Positives erreichen wollten. Auch Bettina Rausch half mit. Sie vertrat Sebastian Kurz immer wieder bei Terminen in den Bundesländern und hatte zusätzlich eine wichtige

## Vom Rathaus ins Staatssekretariat

Kontrollfunktion inne: So hörte sie in die politischen Strukturen hinein und erkundigte sich, ob der neue Weg des jungen Staatssekretärs auch passend sei. »Wo gibt es bei euch Unsicherheiten?«, sei in dieser Zeit ihre wichtigste Frage an die Mitglieder der Volkspartei gewesen. Besprechungen fanden – dank der neuen Medien – mit Sebastian Kurz auf kurzem Weg statt. Soll heißen: besprochen wurde hauptsächlich via SMS und E-Mail. Manchmal traf man sich auf ein rasches Mittagessen. »Am Anfang standen wir ständig bei den Medien unter Beobachtung, das war eine heftige und intensive Zeit. Doch das hat sich nach dem ZIB2-Interview mit Armin Wolf mit der Zeit normalisiert.«

Sebastian Kurz traf sich auch regelmäßig mit Vertretern von Muslimen und anderen Religionsgruppen, und er hielt zahlreiche Reden. Eine seiner damaligen Forderungen lautete, dass Kinder von Einwandererfamilien vor ihrer Einschulung Deutsch sprechen müssten.

Auch im Ausland wurde man auf Kurz nun erstmalig aufmerksam. Seine erste Dienstreise führte ihn Mitte Mai nach Serbien, wo Kurz Innenminister Ivica Dačić besuchte und dort als Staatssekretär von Dutzenden Journalisten zu seinen Zielen befragt wurde.

Eine seiner ersten Taten in diesem Amt war jedoch die Entwicklung eines Unterstützungspfeilers für Kinder mit Migrationshintergrund beim Lernen durch ehrenamtliche Mitarbeiter. An einem Freitag im Juni 2011 – also nur zwei Monate nach seiner Ernennung zum Staatssekretär für Integration – proklamierte der damals 24-Jährige Sebastian Kurz, dass er 200.000 Euro an Starthilfe für die ersten von ihm gemeinsam mit der katholischen Hilfsorganisation Caritas entwickelten »Lerncafés« freigeben werde. Das Projekt wurde nicht in Wien, sondern in der steirischen Landeshauptstadt Graz präsentiert. Es sollten mehr als 50 Lerncafés in ganz Österreich werden. Zum Fototermin lud Kurz den Caritas-Präsidenten Franz Küberl ein. »Es ist mir selten so leicht gefallen, freundlich zu sein«, meinte dieser. Kurz überreichte ihm zwei symbolische Lerntafeln und sprach einen Satz, der in den Folgejahren zu seinem Markenzeichen werden sollte: »Integration durch Leistung.«[36] Das Thema Integration, welches von den rechten

Populisten der FPÖ politisch kontaminiert war, wurde fortan plötzlich vernünftiger diskutiert. Auch das ist Sebastian Kurz' Verdienst.

Mitte Oktober präsentierte er ein weiteres Projekt seines Staatssekretariats: die Initiative »Zusammen: Österreich« und die in diesem Kontext neu geschaffenen Integrationsbotschafter. Und auch diesmal traf er voll ins Schwarze. Gemeinsam mit Prominenten, die eine gelungene Integration durch Leistung verkörperten, besuchte Kurz Hauptschulen, Neue Mittelschulen und Gymnasien, um dort Kinder und Jugendliche mit und ohne Migrationshintergrund zu motivieren, ihre Chance auf Bildung und Beruf zu nutzen. An Bord dieses Projektes befanden sich TV-Moderatorin Arabella Kiesbauer, Teppichhändler Ali Rahimi, Staatsoperntänzerin Karina Sarkissova, Schauspieler Serge Falck und Tischtenniseuropameisterin Liu Jia. Neben Promis holte Kurz aber auch viele Vertreter anderer Berufsgruppen mit ins Boot – Polizisten über Piloten bis zu Mechanikern und auch Ehrenamtliche, beispielsweise von der Feuerwehr, waren dabei. Kurz bestätigte den Medien, ihm gehe es vor allem darum, »Vorurteile abzubauen und Motivation zu schaffen«. Karrierevorbilder und Positivbeispiele für Integration sollten ins Rampenlicht gestellt werden und jungen Österreichern als Vorbilder dienen. Die Identifikation von Zuwanderern mit österreichischer Landschaft und Kultur sollte so gefördert und Werte wie Religionsfreiheit und Demokratie sollten vermittelt werden.[37] Die Ergebnisse der Arbeit in den Klassen wollte sich Kurz als Anregung für seine Arbeit mitnehmen.[38]

Bis zum Dezember des Jahres 2011, also nach genau sieben Monaten, war den österreichischen Medien klar, dass Kurz vor allen Dingen reden konnte, und zwar reden wie ein Profi. Er habe außerdem ein Gespür für Themen und Menschen, erkannten die Journalisten. Und er werde auch im ZiB2-Fernsehstudio nicht nervös. Der 25-Jährige sei ein politisches Talent. Und er wurde zum Politik-Darling. Außerdem sei Kurz der erste Politiker, der von der Institution »Staatssekretariat für Integration« kaum zu trennen sei. Eine Institution, die zwei Drittel der Österreicher laut einer Umfrage des Marktforschungsinstituts Gallup »eher gut« fan-

## Vom Rathaus ins Staatssekretariat

den. »Integrationspolitik« habe in Österreich seit 2011 ein Gesicht und eine Telefonnummer. Und beides gehöre Sebastian Kurz. Dieser startete mit einem jährlichen Budget von 15 Millionen Euro, welches bis zum Jahr 2017 sogar auf 100 Millionen erhöht wurde.[39]

Im Februar 2012 berichteten die Medien erstmals enthusiastisch über Sebastian Kurz. In einer Reportage über ihn begann die Moderatorin mit den Worten: »Glaubt man den Umfragen, ist Sebastian Kurz der Publikumsliebling der Koalition. Geholfen haben ihm dabei sein offensichtliches Gespür für Medien und die Entschlossenheit, sich nicht vorzeitig als Wiener ÖVP-Chef verheizen zu lassen.« Doch würde er es schaffen, seine politische Agenda umzusetzen, und wie kam er bei denen an, für die er zuständig war?

Die heute positive Stimmung ihm gegenüber habe er seiner Politik der Symbole und den Bildern, die er schaffe, zu verdanken: »Weg vom vorherrschenden Image des kriminellen Ausländers, hin zum fleißigen Ausländer – das ist die Devise von Sebastian Kurz. Leistung, Leistung, Leistung, das ist, was zählt: wer fleißig ist, kann es schaffen.« Das Ziel von Sebastian Kurz sei es zu zeigen, dass Österreich ein Land der Chancen sei. Dass jeder es schaffen könne, wenn er seine Talente erkenne, sich motiviere, sich anstrenge und den Willen habe, in Österreich etwas zu erreichen. Simon Inou, Chef des Vereins von Migranten und Migrantinnen namens M-Media, wies jedoch darauf hin, dass man »wir können nicht von Integration reden, ohne [über] Rassismus und ohne [über] Diskriminierung [...] zu reden.«[40]

Weiteren Zuspruch erhielt Kurz 2013 vom Koalitionspartner und vom Team Stronach, als unter seiner Ägide eine Novelle zum Staatsbürgerschaftsgesetz ausgearbeitet wurde. Laut dieser Novelle würde man künftig bei der Vergabe von Staatsbürgerschaften restriktiver vorgehen. Mit der Gesetzesnovelle sollte gut integrierten Fremden ein rascherer Zugang zur österreichischen Staatsbürgerschaft eröffnet werden: Bei hervorragenden Deutschkenntnissen oder bei besonderem zivilgesellschaftlichem Engagement sei eine Einbürgerung bereits nach sechs Jahren möglich. Zudem wurden eheliche und uneheliche Kinder im

## 2. Kapitel

Staatsbürgerschaftsrecht gleichgestellt, die Einbürgerung von Adoptivkindern erleichtert, die Bestimmungen über den nachzuweisenden gesicherten Lebensunterhalt adaptiert und verschiedene Härtefallregelungen verankert.[41]

Wer den Staatssekretär in dieser Zeit in seinem Büro besuchte, fand ihn nicht im prunkvollen Teil des Innenministeriums vor, sondern wurde oftmals von ihm höchstpersönlich vom Aufzug abgeholt und führte das Gespräch mit ihm in einem simpel eingerichteten Raum in der Beamtenburg mit einem Bodenbelag aus Linoleum. Wenn man Sebastian Kurz darauf ansprach, dann antwortete er, »er habe bewusst auf prunkvolle Räumlichkeiten verzichtet«. Denn in Wahrheit dachten die meisten über ihn, er sei ein »Schnösel«, also ein besonders extravaganter, arroganter Mensch. Doch Kurz gab sich bodennah und unprätentiös und wirkte bei den offiziellen Veranstaltungen mit einem Mal rhetorisch vertrauter, spitz und intuitiv. Er wirkte authentisch – was im Vergleich zu einigen seiner älteren Parteikollegen offenbar keine Kunst war. Er galt als guter Rhetoriker, vermied Worthülsen und hohle Phrasen in seinen Reden. Und so kam es, dass er selbst seinem eigenen Parteichef bei offiziellen Anlässen mit einer gewissen Überlegenheit die Show stahl.

Diffizilen Themen wich er in Gesprächen und Interviews geschickt aus. Über das Thema Rassismus sprach er lieber nicht, auch das immer strikter werdende Asylgesetzthema versuchte er zu vermeiden, wo es nur ging. Andererseits machte er rasch klar, dass er für all jene Menschen im Amt sein wolle, die sich legal in Österreich aufhielten. Der Slogan »Integration durch Leistung« wurde zu seinem Mantra. Es gab keinen einzigen Fauxpas mehr. Der einst belächelte Jungpolitiker wurde plötzlich zu einer Zukunftshoffnung der konservativen Volkspartei. In Beliebtheitsrankings ließ er nun sogar seine Parteikollegen weit hinter sich. Außerdem erhielt er bei den Nationalratswahlen knapp 35.700 Direktstimmen – und schlug damit jeden seiner Parteikollegen.

## Mit einem Mal Außenminister

Denn plötzlich kam der Wahlsonntag des Jahres 2013. An diesem 29. September 2013 kam es bei der Nationalratswahl zu einem historischen Tiefstand bei den Sozialdemokraten unter Werner Faymann. Mit 26,6 Prozent hatte Faymann das historisch schlechteste Wahlergebnis erreicht. Mit schuld an diesem Ergebnis war einerseits die schlechte Mobilisierung seitens seiner Partei, andererseits aber auch der Ruf nach besseren Reformprojekten. Die Volkspartei hatte ebenso wie seine Partei mit 24,1 Prozent ein historisches Tief erreicht, und mit dem Team des österreichisch-kanadischen Unternehmers Frank Stronach, dem BZÖ und den NEOS bedrohten gleich drei kleine Parteien die Wahlergebnisse der ÖVP. Es gebe derzeit in Österreich mit neun an der Wahl teilnehmenden Parteien ein breites Angebotsspektrum, und dieses könne durchaus die Verluste erklären, so die an der Wahl teilnehmenden Parteien. Als eindeutiger Wahlsieger entpuppte sich die Freiheitliche Partei (FPÖ), denn Heinz-Christian Straches Partei errang knapp 22 Prozent.

Einzig Michael Spindelegger traute sich in einem Interview sehr offen den Ernst dieses Wahlergebnisses für seine Partei auszusprechen: Das Ergebnis sei »ein Denkzettel«, denn die Menschen hätten den Eindruck, in dieser Koalition »gehe nichts weiter«. Es müssten von nun die »neuen Möglichkeiten der politischen Zusammenarbeit« für die ÖVP gesucht werden.[42]

Doch nach zweimonatigen Koalitionsverhandlungen gingen die Sozialdemokraten unter Faymann erneut eine Koalition mit der Volkspartei ein. Faymann wurde Kanzler und Spindelegger Vizekanzler und Finanzminister. Sebastian Kurz wurde als sein Nachfolger nominiert und übernahm 27-jährig das Außenministerium. Damit wurde er mit einem Schlag der jüngste Außenminister der Welt, gleichzeitig Herr über 1200 Diplomaten und Angestellte. Und er vertrat mit einem Mal auch ein Volk von 8,5 Millionen Menschen als Minister.

## 2. Kapitel

Dass Sebastian Kurz in der neuen Regierung zu höheren Weihen gelangen würde, galt parteiintern schon länger als fix. Die allgemeine Wahrnehmung, besonders in der internationalen Presse war aber häufig eine andere. Tatsächlich war die Außenpolitik Österreichs aus internationaler Sicht bis zu diesem Tag zu unwichtig und auch zu wenig präsent. Kurz werde wohl »als Außenminister nicht in die Geschichtsbücher eingehen«, prognostizierte ein Redakteur der Wochenzeitung *Die ZEIT* hämisch, aber er sei »eine Hoffnung für die politische Klasse«.[43] Doch diese scharfzüngige Analyse des *ZEIT*-Redakteurs würde sich bald als falsch erweisen.

Es ist wahrlich nicht einfach, österreichische Außenpolitik zu betreiben. Die meisten der ehemaligen österreichischen Außenminister konzentrierten sich während ihrer Amtsperiode zunächst einmal darauf, Beziehungen zu den Nachbarländern zu pflegen. Manchmal schafften sie es, eine Politikergröße wie Frank-Walter Steinmeier nach Wien zu bringen, aber viel mehr auch nicht. Während die Neuauflage der Großen Koalition in Österreich in den nun folgenden Tagen begann, erneut eine gewisse Langeweile zu verbreiten und sich die meisten der Wähler daher entsetzt abwendeten, sprach Sebastian Kurz immer mehr junge Wähler an, die ihm begeistert Zuspruch erteilten. Seine Popularität machte ihn zu einer Projektionsfigur für die Österreicher. Sebastian Kurz hatte jedoch eindeutig den Vorteil, dass andere vor ihm mit einer politischen Langeweile agiert hatten. So war etwa Michael Spindelegger, sein Vorgänger im Außenamt, meist mit innen- und parteipolitischen Fragen beschäftigt gewesen. Ursula Plassnik wiederum, die als Außenministerin von 2004 bis 2008 tätig war, galt als öffentlichkeitsscheu und distanziert. Über Bundeskanzler Werner Faymann soll Angela Merkel einmal gesagt haben: »Er kommt mit keiner Meinung rein und geht mit meiner Meinung wieder raus.«[44]

Mit Sebastian Kurz trat mit einem Mal nicht nur der jüngste Außenminister Österreichs an, sondern auch der Jüngste im Kreis der EU-Außenminister. In seinem Antrittsinterview im *Kurier* legte er von

Beginn an fest, er wolle frischen Außenwind in die internationale Politik bringen: »Meine Stärke ist es, nicht zu glauben, dass ich der Gescheiteste bin, sondern dass ich verschiedene Meinungen, Ideen und Tipps zusammenführen kann. [...] Die EU kann für Junge nicht nur ein Friedensprojekt sein. Ziel ist es, dass die EU international wettbewerbsfähig bleibt. Der Westbalkan ist ein Schwerpunkt.« Kurz betonte auch in diesem Interview auf die Frage, ob er alten Diplomaten im Außenministerium sagen wolle, was sie zu tun hätten, dass man »wertschätzend miteinander umgehen« könne. Er selber sei von Diplomaten immer großartig unterstützt worden.[45]

Um neue Strategien zu erarbeiten, beschäftigte er eine Reihe externer Berater, die innovative Konzepte für das österreichische Außenamt erarbeiten mussten. Die Beratergruppe war eine bunte Mischung von Personen aus Politik, Wirtschaft und Kultur. Ihr gehörte der ehemalige Generalsekretär im Außenamt Albert Rohan an, der als ausgewiesener Balkanexperte galt. Aber auch Ex-Bundeskanzler Alfred Gusenbauer, Ex-Außenministerin Benita Ferrero-Waldner, Ex-EU-Kommissar Franz Fischler, die Chefin des Hotels Sacher Elisabeth Gürtler, die Direktorin des Jüdischen Museums in Wien und Ex-ORF-Journalistin, Danielle Spera, die internationale Beraterin Antonella Mei-Pochtler sowie der Präsident der österreichischen Industriellenvereinigung Georg Kapsch.[46] An den Sitzungen des neuen Beraterforums nahmen nun auch die Spitzen des Außenamtes teil.

Die österreichische Unternehmerin und Hotelbesitzerin der Hotels Sacher, Bristol und Astoria Elisabeth Gürtler kennt Sebastian Kurz schon seit 2014, da er sie damals bat, bei seiner Kampagne »Bin stolz darauf« mitzumachen (von der später in diesem Kapitel noch ausführlicher die Rede sein wird). Seither hielten die beiden Kontakt. Als Gürtler für ihr Lebenswerk als Hotelier geehrt wurde, durfte Sebastian Kurz eine Laudatio auf sie halten. Als er Kanzler war, war sie Mitglied im Tourismusausschuss bei den Regierungsverhandlungen. Gürtler hat das Gefühl, dass Sebastian Kurz »jemand ist, der sich die richtigen Menschen holt und sich beraten lässt«.

## 2. Kapitel

Wirtschaft sei Kurz ein wichtiges Anliegen, sagt Gürtler. Er habe eine Wirtschaftsexpertenrunde unter der Leitung von Antonella Mei-Pochtler mit einem breit gestreuten Wirtschaftskreis einberufen, der für die verschiedensten Bereiche gesprochen habe, und danach seien die thematisierten Dinge von ihm und seinem Team auch umgesetzt worden. Sebastian Kurz habe sich schon immer die richtigen Leute geholt. Gerade bei Antonella Mei-Pochtler habe er es geschafft, mit der Boston Consulting Group eine »internationale Expertin in einer wichtigen Position zu haben. Sie versteht auch international aufzuzeigen, wo Österreich angesiedelt ist«, so Gürtler. Kurz habe sich all diese Leute geholt und ihre Expertise in seine Programme einfließen lassen. Er habe sich »auch selbst ein Bild gemacht, ob die Resultate gut oder nicht gut waren«. Auch in seiner Tätigkeit als Außenminister habe Kurz »erfahrene Diplomaten einbezogen und sie sprechen lassen. Und erst dann hat er sich eine Meinung gebildet.« Der 2019 verstorbene Albert Rohan habe ihn dabei unterstützt und auch beraten.

Sebastian Kurz habe verstanden, dass man als Politiker – egal ob als Minister oder als Bundeskanzler – an Wirtschaft interessiert sein müsse: »Im Endeffekt müssen alle daran interessiert sein, dass die Wirtschaft floriert. Denn eine florierende Wirtschaft bedeutet ein Wohlergehen im Land. Eine große Fabrik ist nicht das Privateigentum des Unternehmens, sondern vor allen Dingen ein Produktionsfaktor.« Die Politik brauche die Unterstützung von der Wirtschaft: »Kurz weiß, dass man als Politiker erfolgreich ist, wenn auch in dem eigenen Land die Wirtschaft floriert. Wenn dann die Wirtschaftsdaten gut sind, die ja das Wohlergehen der Menschen bestimmen, dann ist das Volk zufrieden. Dann ist auch die Arbeitslosigkeit gering, denn dann herrscht in dem Land auch ein Aufschwung, und dann siedeln sich Investoren aus dem Ausland an. Für einen Politiker, der darauf verweisen kann, dass dies seine Leistung ist, ist das eine Voraussetzung dafür, dass man ihm zu seiner Politik zustimmt.«

Kurz ging zunächst einmal als einer der wenigen sparsamen Minister in die Annalen der österreichischen Politik ein: Denn gleich zu Beginn seines Amtsantritts ordnete er an, dass er und auch seine Mitarbeiter im Außenamt künftig, wenn immer möglich, in der Economy-Klasse reisen würden. Österreich ist nicht im Besitz einer Regierungsmaschine, aus diesem Grund mietete das Außenministerium immer wieder gerne Privatjets, die immense Kosten verursachten. Das war unter dem neuen Außenminister Sebastian Kurz mit einem Mal vorbei. Die Medien im In- und im Ausland beäugten diesen Schritt mit journalistischer Skepsis: »Volksnah« sei er, beschieden ihm die einen, während die anderen sich darüber mokierten, dass »eine Prise Populismus« mitschwinge, wenn er sich weigere, »mit der Business Class zu fliegen«.[47]

Als erste Auslandsreise wählte Sebastian Kurz in seiner neuen Funktion als Außenminister Kroatien. Diesen Besuch sah er als ein Signal in Richtung proeuropäische Haltung, denn Kroatien war das jüngste EU-Mitglied, das von Österreich lange Zeit auf dem Weg in die Europäische Union begleitet wurde. Kurz wollte mit seinem Besuch ausdrücken, dass anderen Ländern der Region eine Beitrittschance eingeräumt werden müsse, sofern sie die notwendigen Kriterien erfüllen würden. Er stellte damit aber auch klar, dass es nicht um jeden Preis Beitritte geben dürfe. Kroatien bedeutete für Österreich mehr als viele andere Nachbarländer, denn »in dieser Region haben wir nicht nur starke historische und kulturelle Bande, sondern auch intensive wirtschaftliche und sicherheitspolitische Interessen«, erklärte der Minister den anwesenden Journalisten. Und auch die menschliche Komponente dürfe nicht ausgeblendet werden, denn immerhin lebten damals bereits rund 40.000 Österreicher mit kroatischen Wurzeln in Österreich.[48] In seinem Gepäck hatte er einen Weihnachtsstollen für seine Gastgeberin mitgebracht. Und auch das obligate Selfie mit einer in Wien lebenden mazedonischen Familie am Flughafen in Zagreb machte er, als man ihn erkannte und bei seinen Mitarbeitern vorsichtig für ein Foto mit ihm anfragte.[49]

Die ehemalige kroatische Außenministerin Vesna Pusić erinnert sich noch an das Zusammentreffen mit ihm: »Wir waren alle ein wenig überrascht, aber auch sehr neugierig, als er zum österreichischen

Außenminister ernannt wurde. Sebastian Kurz war so jung, selbst für die Maßstäbe in den baltischen Staaten – obwohl wir dafür bekannt waren, hochrangige Beamte der jüngeren Generation hervorzubringen. Ich war mir damals nicht ganz sicher, ob er Kroatien aus einer nicht bekannten k.u.k.-Nostalgie (kaiserlich und königlich, Anm. d. Red.) heraus als erste Reisedestination gewählt hatte, unter dem Einfluss erfahrener österreichischer Diplomaten, die in der Region gedient hatten, oder ob er eine klare Vorstellung davon hatte, dass die Zusammenarbeit mit den Ländern Südosteuropas der wichtigste Mehrwert Österreichs für die globale politische Szene sein könnte. Was auch immer seine anfängliche Motivation war, leitete er danach eine sehr proaktive Politik für den Westbalkan ein, die sicherlich zu Österreichs Ansehen und Einfluss in den EU-Institutionen beitrug.« Der junge Außenminister Kurz sei bei der Begegnung äußerst höflich, aber auch sehr selbstbewusst gewesen. Er erzählte Vesna Pusić, dass ihn nicht alle dabei unterstützt hätten, Kroatien als erste Destination als Außenminister zu wählen. »Genau das zeigte sein psychologisches Können: Denn er stellte damit sicher, dass ich nicht vergaß, ihn dafür zu preisen, dass er zuerst nach Kroatien gekommen war und den Medien auf unserer gemeinsamen Pressekonferenz erklärte, warum dies ein so kluger Schachzug vom neuen österreichischen Außenminister war. Obwohl er später eine Regierungskoalition mit den Freiheitlichen bildete, die nicht gut ausfiel, begrüßte seine Regierung die Central European University in Wien, nachdem sie von Victor Orbán mehr oder weniger aus Budapest vertrieben worden war. Das hat mir gezeigt, dass seine rechtslastigen Tendenzen von gesundem Menschenverstand beeinflusst wurden – eine wesentliche Voraussetzung für einen erfolgreichen Führer jeglicher politischen Überzeugung.«

Dass seine neue politische Funktion als Außenminister im Ausland weiterhin nicht unbeobachtet blieb, zeigte ein Preis aus Frankreich, den Sebastian Kurz unerwartet im Dezember erhielt: Der 27-Jährige wurde von *www.digischool.fr*, einer französischen Schüler- und Studentenplattform im Internet, zum Studenten des Jahres gekürt. Dass Studenten in die Politik gingen, sei nichts Außergewöhnliches, hieß es danach auf der *digischool*-Homepage, »dass einer Minister wird, ist aber geradezu erstaunlich«. So eine Karriere werde wohl auch 2014 kaum zu toppen sein.[50] Das neue Jahr begann, und Sebastian Kurz war im Januar sehr viel unterwegs. An einem Tag war er in Berlin und bereits am Morgen des darauffolgenden Tages in Bratislava beim slowakischen Außenminister, Miroslav Lajčák. Dort traf er gemeinsam mit seinem Kollegen ein Übereinkommen für gemeinsame Reisen in den Westbalkan und brachte Lajčák dazu, die EU-Beitrittsperspektiven aller Länder der Region zu unterstützen – auch die des Kosovo. Die Slowakei hatte den Kosovo bis dahin nicht anerkannt.

Doch mitten im Januar bahnte sich auch ein erster entscheidender Höhepunkt in seiner Karriere als Außenminister an in Gestalt des israelischen Außenministers Avigdor Lieberman, der auf seinem Heimflug aus Genf überraschenderweise einen Zwischenstopp in Wien einlegte, um mit Sebastian Kurz ein Gespräch hinter verschlossenen Türen zu führen. Einen Kontakt zu den österreichischen Medien lehnte der israelische Hardliner ab. In einem kurzen Pressestatement lobte er jedoch die bilateralen Beziehungen, und ließ geheimnisvoll verlautbaren, dass sie »stärker seien als je zuvor«. Außerdem äußerte Liebermann die Hoffnung, dass Österreich eine Führungsrolle im Kampf gegen den zunehmenden Antisemitismus übernehmen werde. Dabei fiel auf, dass Sebastian Kurz – wie noch kein österreichischer Außenpolitiker vor ihm – proisraelische Töne anschlug. Er stellte Israel als »enge[n] Freund« dar, dessen »Bedürfnisse, besondere Beachtung vor dem Hintergrund« von Österreichs »historische[r] Verantwortung« geschenkt werde.[51]

Im Februar machte Kurz eine Reise nach Belgrad, um dort Staatspräsident Tomislav Nikolić und dem ersten Vizepremier Alexander Vučić die weitere Unterstützung Österreichs auf dem Weg zur EU-Annäherung zuzusichern. Der Außenminister betonte, dass Österreich die EU-Annäherung Serbiens nicht nur befürworte, weil diese gut für

## 2. Kapitel

Serbien sei, sondern auch wegen der wirtschaftspolitischen und sicherheitspolitischen Interessen Österreichs. Er verwies in diesem Zusammenhang erstmals auf die sogenannte Balkanroute, »über die nach wie vor organisierte Kriminalität und illegale Migration ablaufe«. Österreich zählte zu den größten Auslandsinvestoren in Serbien. Seit dem Ende des Milošević-Regimes in Belgrad hätten österreichische Firmen in Serbien knapp 2,9 Milliarden Euro angelegt. [52]

Am 21. April 2014, genau zwei Monate nach diesem Treffen, brach Sebastian Kurz zu seiner ersten offiziellen Israelreise auf. Es war ein Besuch zu einem heiklen Zeitpunkt. Angesichts der Blockade der Friedensgespräche mit Israel hatten die Palästinenser mit der Auflösung der Autonomiebehörde gedroht. Die palästinensischen Verhandlungsführer hatten dem US-Vermittler Martin Indyk bestätigt, sie könnten die von Präsident Mahmoud Abbas geleitete Selbstverwaltungseinrichtung auflösen, um die Verantwortung für das Westjordanland wieder an Israel zu übertragen. Es war das erste Mal seit der Wiederaufnahme der Gespräche, dass die Palästinenser mit einem derartigen Schritt drohten. Eines der vielen Themen, die Sebastian Kurz in Israel behandelte, war der Iran, wohin Kurz am 27. April 2014 weiterreisen wollte. Israel fühlte sich ungeachtet der laufenden Verhandlungen über das iranische Atomprogramm von Teheran bedroht und verdächtigte die Islamische Republik, nach Atomwaffen zu streben. Wie bei jeder Auslandsreise setzte Kurz auch bei diesem Besuch einen besonderen Schwerpunkt auf Religions- und Wertefragen. Vor dem Hintergrund wachsender religiöser Konflikte in der Welt war es ihm besonders wichtig, auf die religiöse Dialogkultur in Österreich hinzuweisen, während er mit Oberrabbiner David Baruch Lau und Großmufti Muhammad Hussein zusammentraf.[53] Zum Auftakt seiner Reise besuchte Kurz auch die Jerusalemer Altstadt mit der Klagemauer und ebenso die Holocaust-Gedenkstätte Yad Vashem. Er nahm an einem Empfang im Österreichischen Hospiz teil, fuhr nach Ramallah, wo er den palästinensischen Präsidenten Mahmud Abbas, Außenminister Riyad al-Maliki und Chefverhandler Saeb Erekat traf, ebenso wie den israelischen Außenminister Avigdor

## Vom Rathaus ins Staatssekretariat

Lieberman und die Nahost-Chefverhandlerin Tzipi Livni. Zu guter Letzt besuchte er den israelischen Staatspräsidenten Shimon Peres in dessen Amtssitz, sowie den Vorstand des Zentralkomitees der Juden aus Österreich in Israel.

Daniel Kapp, Obmann der Freunde Israels in Österreich, der Kurz auch auf seinen Reisen nach Israel oftmals begleitete, hat bei ihm immer »genuines Interesse und historisches Bewusstsein« erlebt. Kurz habe hier keine tagespolitischen oder oberflächlich opportunistischen Anliegen, sondern betreibe vielmehr einen fundamentalen Politikwandel. In diesem Sinne habe er auch »Stück-für-Stück politischen Gestaltungswillen ins Außenressort« getragen. Damit habe er Kreiskys »in dubio pro Palaestinae« durch ein zeitgemäßes »in dubio pro Israel« ersetzt. In seinem strategischen Denken sieht Kapp, sei Sebastian Kurz »viel weiter, als man glauben mag«. Denn in seiner Nahostpolitik »denke Kurz nämlich im Gesamtinteresse Europas«.

Im November startete Sebastian Kurz in seiner Funktion als Integrationsminister mit Prominenten eine mit dem Hashtag #stolzdrauf betitelte Kampagne, deren Ziel es war, das Österreich-Bewusstsein mehr zu stärken, und zwar bei der Gesamtbevölkerung inklusive der Migranten. Österreich sollte für alle dort Lebenden zur Heimat werden, ohne dass sie ihre Wurzeln aufgeben müssten. Als Vorbild für diese Kampagne diente die im selben Jahr entstandene und populäre »Ice-Bucket-Challenge«, bei der man sich gegenseitig nominieren konnte und mit dem Hashtag-Slogan filmen sollte. Zu den ersten eingeladenen Unterstützern der #stolzdrauf-Kampagne zählten der ehemalige österreichische Präsident Heinz Fischer, Amina Dagi, die als Muslimin den Wettbewerb zur Miss Austria gewann und der Sänger Andreas Gabalier, aber auch gesellschaftliche Einrichtungen wie die Israelitische Kultusgemeinde und die Islamische Glaubensgemeinschaft.

Doch wenige Minuten nach der offiziellen Präsentation der Kampagne wurden Stimmen in Social-Media-Diensten wie Twitter und Facebook laut, die Gabalier nicht für den geeigneten Botschafter der Kampagne hielten. Aus dem rechten Lager kamen hingegen Beschwerden,

## 2. Kapitel

dass man »Kopftuchträgerinnen« oder einem »Tschuschn« nicht als Österreicher anerkenne.[54] Auch die Kosten für die Kampagne waren für die Kritiker mit rund 450.000 Euro viel zu hoch dimensioniert worden.[55] Eine kleine Gruppe der rechtsradikalen Identitären Bewegung störte danach auch noch das Symposium des Integrationsministeriums zum Thema »Identität«, indem sie Parolen rief. Kurz bewahrt jedoch die Fassung und forderte sie auf mitzudiskutieren. Danach konfrontierte er die Teilnehmer des Symposiums mit Zahlen und Fakten: Denn mittlerweile hätten 20 Prozent der österreichischen Bevölkerung einen Migrationshintergrund, den typischen Österreicher gebe es so nicht. Es gebe jedoch eine große Vielfalt, die das Land auch sehr bereichere. »Unser Ziel ist es, dass Österreich Heimat für alle Personen, die hier leben, wird, ohne dass sie ihre Wurzeln aufgeben.« 69 Prozent der Migranten würden Österreich als ihre Heimat empfinden.[56] »Gut integriert ist man aus meiner Sicht, wenn man hier angekommen ist, die Sprache spricht, wenn man am Arbeitsmarkt, aber auch am ehrenamtlichen und gesellschaftlichen Leben teilnimmt. Verkürzt gesagt: Wenn man nicht Zaungast am Rande, sondern mitten in der Gesellschaft ist«, erklärte Kurz auch ein Jahr später in einem Interview mit der Tageszeitung *Der Standard*.[57]

Bereits zu Beginn des Jahres hatte der Außenminister bekannt gegeben, dass die Bundesregierung im Regierungsprogramm eine Novellierung des Islamgesetzes festgeschrieben habe, da das alte über 100 Jahre alt sei. Man brauche in Österreich jetzt »ein neues Gesetz, das ganz klar definiert, dass es Rechte und Pflichten für jeden Einzelnen in Österreich gibt.« Was die Pflichten betreffe, gehe es vor allen Dingen um die Einhaltung österreichischer Werte. Es müsse einen Vorrang des staatlichen Rechtes geben.[58] Am 25. Februar 2015 wurde die Novellierung des Islamgesetzes im Nationalrat beschlossen.

Ab Juni 2015 setzte Sebastian Kurz auf ein Thema, das ursprünglich ein Anliegen Großbritanniens gewesen war, nämlich die Einschränkung von Sozialleistungen für Zuwanderer aus EU-Ländern. Die Niederlassungsfreiheit, so Kurz, sei ein wichtiger Grundpfeiler der EU.

## Vom Rathaus ins Staatssekretariat

Wer sie schätze und bewahren wolle, müsse sie gegen Missbrauch und Falschinterpretation schützen und verteidigen. Die Niederlassungsfreiheit sei bezogen auf den Arbeitsmarkt das Recht, überall zu arbeiten. Aber sie sei definitiv nicht das Recht, sich das attraktivste Sozialsystem auszusuchen. Anders als Deutschland und Großbritannien habe Österreich keine direkte Migration in das heimische Sozialsystem. Sehr wohl gebe es jedoch »das Problem, dass Personen in den Arbeitsmarkt zuwandern, dann aber sehr bald arbeitslos werden und in unserem sehr attraktiven Sozialsystem verweilen. [...] Unsere sozialen Mindeststandards, die Mindestsicherung und Co, sind teilweise wesentlich höher als das Durchschnittseinkommen in anderen EU-Ländern.«[59] Während die Freiheitlichen Kurz unterstützten, beschwerten sich die Grünen über diesen Vorstoß von Kurz. Die EU-Abgeordnete der Grünen, Ulrike Lunacek, forderte Kurz auf, den »Extrawurst-Briten«, bei denen er sich die Anregung für seinen Vorstoß geholt hatte, nicht in die Hände zu spielen.[60]

Ein anderes Thema, das in dieser Zeit immer wichtiger wurde, war die Religiosität von Kindergärten in Österreich. Die Debatte begann mit einer Studie, nach der in Wien in vielen islamischen Kindergärten eine konservativ-religiös geprägte Erziehung stattfinde und bei einigen Trägern extremistische Gruppen im Hintergrund vermutet wurden. Bereits 2014 hatte Sebastian Kurz versucht, gemeinsam mit der Stadt Wien ein Forschungsprojekt in Form einer Vorstudie über islamische Kindergärten in Wien in Auftrag zu geben, doch die Stadt Wien sagte ihm in letzter Sekunde ab. So gab das Außenministerium alleine bei Professor Ednan Aslan vom Institut für Islamische Studien an der Universität Wien die Vorstudie in Auftrag. Die Ergebnisse, die Ende 2015 veröffentlicht wurden, schienen alarmierend.[61] Aslans Bericht machte auf eine Parallelwelt aufmerksam, die von Eltern gewollt und von den Vereinen, die hinter den Kindergärten stehen, unterstützt werde. In den untersuchten Einrichtungen träten, laut Studie, salafistische Tendenzen zutage und es sei die Verbreitung islamistischer Ideologien zu beobachten. Kurz forderte Wien zu ein paar Folgerungen auf, bei-

## 2. Kapitel

spielsweise das Kindergartengesetz zu ändern, »einen Systemwechsel herbeizuführen und diese Fehlentwicklung in Wien zu stoppen«.[62] Die sozialdemokratische SPÖ, welche die Wiener Politik dominierte, fühlte sich durch die Aussagen der Studie angegriffen.

Die konkreten Kritikpunkte, die in der Studie ausgeführt wurden, lauteten: Die Kinderbetreuerinnen seien ausschließlich Musliminnen, die in zweiwöchigen Crashkursen ausgebildet würden. Neben einem offiziellen Angebot, mit dem man um Förderungen in Wien ansuche, gebe es oft ein gesondertes, in der Muttersprache verfasstes Curriculum, das von jenen in Koranschulen kaum zu unterscheiden sei. Die meisten Pädagoginnen seien teilweise im Ausland ausgebildet worden und verfügten über keine ausreichende Sprachförderkompetenz, oftmals fehle es an geeignetem Personal. Darüber hinaus gebe es Kindergärten, in denen so gut wie kein Deutsch gesprochen werde, obwohl das verpflichtende letzte Kindergartenjahr vor allem wegen der Sprachförderung eingeführt wurde. Selbstständiges Denken und Handeln werde unter dem Zwang der religiösen Regeln nicht gefördert, es sei sogar verpönt.[63]

Während vier Betreiber muslimischer Kindergärten einen Gang vor Gericht ankündigten und die Wiener Wochenzeitung *Falter* den Vorwurf erhob, die Integrationsabteilung des Ministeriums habe die Vorstudie aus politischen Gründen an vielen Stellen inhaltlich und nicht nur formal verändert,[64] schaltete sich schlussendlich auch der Wiener Erzbischof Christoph Schönborn in die Diskussion ein. Schönborn sprach sich für eine sorgfältig erarbeitete Richtlinie für Kindergärten zum Thema Religion aus. Eine solche hatten die Verantwortlichen der Stadt angekündigt, und dieser Leitfaden wurde schließlich auch von der Stadt Wien herausgegeben. Laut Schönborn seien dabei weniger die Inhalte der Knackpunkt als eine »im Kindergarten erlebbare Haltung der Wertschätzung anderen Überzeugungen gegenüber. [...] Auch im Kindergarten dürfen religiöse Trägerschaft und Pluralität kein Widerspruch sein«, befand Schönborn. In den Kindergärten der katholischen Kirche spiele die christliche Religion eine wichtige Rolle. Dennoch fühlten sich »auch nichtkatholische und nichtchristliche Kinder bei uns wohl«, da sie unabhängig von ihrem »religiösen oder nichtreligiösen Hintergrund wertgeschätzt« würden.[65]

Erst im Jahr 2017, nach eingehender Prüfung durch fünf beauftragte Gutachter, bestätigte Stephan Rixen, der Leiter der Kommission der Österreichischen Agentur für wissenschaftliche Integrität, offiziell, dass bei der umstrittenen Kindergartenstudie des Wiener Islamwissenschaftlers Ednan Aslan im juristischen Sinne »kein wissenschaftliches Fehlverhalten« vorliege.[66] Die Universität Wien forderte fortan ein Regelwerk für die Zusammenarbeit zwischen Wissenschaft und Politik, damit künftig der Anschein der Manipulation von Wissenschaft vermieden werden könne. Wissenschaftliche Ergebnisse sollten nicht »verordnet oder bestellt werden«.[67] Auch solle überdacht werden, ob Pilotstudien, die als Basis für weitere Forschung dienen, in politisch heiklen Situationen veröffentlicht werden sollten.

## Die Flüchtlingskatastrophe

Dass man 2015 in komplexen Zeiten lebte, bestätigte sich bald durch ein weiteres aufsehenerregendes Thema: die Flüchtlingskatastrophe. Bis zum damaligen Zeitpunkt wurden mehr Menschen vertrieben als je zuvor seit dem Zweiten Weltkrieg. Die meisten dieser 65 Millionen entwurzelten Menschen leben noch in ihrem eigenen Land, aber fast ein Drittel – also über 20 Millionen – hatte keine andere Wahl, als eine Grenze zu überschreiten. Sobald sie es taten, wurden sie zu Flüchtlingen. Nachdem im Jahr 2014 laut dem Flüchtlingswerk UNHCR knapp 219.000 Menschen über das Mittelmeer nach Europa geflüchtet waren,[68] begannen die Länder der Europäischen Union die Bewegungen noch aufmerksamer zu beobachten. Denn ein neuer Rekord sollte sich schon im Frühjahr des Jahres 2015 anbahnen: Bereits bis zum April landeten 35.000 Menschen an den Küsten Europas.[69] Laut Berichten des UNHCR waren bis zum Ende des Jahres 2015 auf der ganzen Welt

## 2. Kapitel

65,3 Millionen Menschen auf der Flucht. Das waren 5,8 Millionen mehr als 2014.[70]

Hinzu kam, dass die europäischen Staaten Flüchtlingen und Schutzsuchenden legale Einreisen immer mehr erschwerten und dadurch ein immer stärker werdendes Ausweichen über mögliche illegale Grenzübertritte bewirkten. Die europäischen Länder erlaubten den flüchtenden Menschen darüber hinaus nicht, ihre Asylanträge in den jeweiligen Auslandsvertretungen von EU-Staaten auf dem Wege eines Botschaftsasyls in ihrem Herkunftsland zu stellen. Auch Kriegsflüchtlinge aus Krisenregionen benötigten weiterhin ein Visum für Reisen nach Europa. Um auf legalem Wege Asyl überhaupt beantragen zu können, sahen sich die meisten Flüchtlinge gezwungen, als sogenannte illegale Migranten vorwiegend nach Nordwesteuropa einzureisen. Die meisten unter ihnen reisen zunächst einmal mit einem zeitlich befristeten Visum nach Europa ein. Nach Ablauf ihres Aufenthaltsrechts blieben sie jedoch länger, um im Anschluss daran das eigentliche Asylverfahren zu durchlaufen.

Auch in Österreich war die Situation prekär: Nachdem das Innenministerium jahrelang jeweils nur rund 15.000 Asylanträge vergeben hatte, rechnete man für das Jahr 2015 aufgrund des Syrienkriegs mit 50.000 neuen Asylanträgen. Diese Zahl wurde bereits im Frühjahr auf 70.000 nach oben korrigiert. Ende Juli war dann klar, dass auch diese Prognose übertroffen werden würde. Nachdem der Flüchtlingsstrom vor allem über die Balkanroute und über Ungarn massiv zugelegt hatte, ging man bei der Exekutive von mittlerweile mehr als 80.000 Neuankömmlingen in Österreich bis zum Jahresende aus.[71] Damit explodierten auch die jährlichen Kosten für die Flüchtlingsbetreuung in der kleinen Alpenrepublik.

Dabei sollte eines klar sein: Nicht alle Menschen, die Zuflucht suchen, fliehen vor der Armut, viele von ihnen fliehen aufgrund von Gefahren in ihrem Land oder wurden aus ihren Heimatorten vertrieben. Es gibt wenig Rückzugsorte für diese Binnenvertriebenen. Mehr als vier Millionen Syrer waren bis 2015 bereits in die Nachbarstaaten geflohen, viele von ihnen nach Jordanien, in den Libanon oder sogar in die Türkei. Doch auch in diesen Ländern wurden im Sommer 2015 die Grenzen de facto dicht gemacht. Dies dürfte für viele Flüchtlinge ein Beweggrund für das Wagnis gewesen sein, in wachsender Zahl aus Kriegs- und Armutsgebieten übers Mittelmeer in die EU zu flüchten, ohne darüber informiert zu sein, was sie in diesem Teil der Welt eigentlich erwarten könnte. Denn die Länder der EU nahmen sie zwar zunächst einmal auf, doch sie schufen sich gleichzeitig damit selbst wieder neue Probleme. Länder wie Griechenland waren heillos mit den Hunderttausenden Ankömmlingen überfordert und ließen sie weiterreisen. Parallel dazu sprach es sich unter Flüchtlingen sehr rasch herum, dass eine Flucht nach Europa meist ohne größere Schwierigkeiten möglich war. Und so wurde die meistgenutzte Migrationsroute in die Europäische Union die zentrale Mittelmeerroute, die über Italien führt, dicht gefolgt von der östlichen Mittelmeerroute, also dem Seeweg über die Türkei und Griechenland. Daraus folgte, dass die Flut an Flüchtlingen plötzlich nicht mehr abriss. Das machte deren Unterbringung in den Ankunftsländern und ihre Integration praktisch unmöglich.

Als im Jahr 2015 viele der Flüchtlinge über den Balkan zogen, war ein guter Teil der Zivilgesellschaft in Österreich auf den Beinen. Am Vatertag wurden »mehr als 2200 Menschen aus den Fluten des Mittelmeers« gerettet.[72] Es handelte sich vorwiegend um Flüchtlinge aus Afrika und dem Nahen Osten, die von einem besseren Leben in Europa träumten. Doch ab dann drängte die Bundesregierung darauf, die täglichen Rettungsaktionen unter ein UN-Mandat zu stellen.

Europa ging ab dem Jahr 2015 offensiver als je zuvor gegen den Zustrom an Flüchtlingen vor. Doch dann kündigte die EU-Kommission an, die Mittel für Rettungseinsätze der Grenzschutzagentur *Frontex* zu verdreifachen. Außerdem wurden Möglichkeiten diskutiert, die ankommenden Flüchtlinge nach einem zeitlich befristeten Quotensystem gerechter auf alle Mitgliedsstaaten zu verteilen.[73] Auch Länder wie Polen, die sich der europäischen Solidarität bisher geschickt entzogen hatten, sollten nun mehr Lasten tragen.

## 2. Kapitel

Abgesehen von den Kosten und dem akuten Platzmangel stellte diese völlig neue Situation die europäischen Staaten vor ganz neue Probleme. Denn der tägliche Flüchtlingsstrom stürzte die Polizei in eine Krise. Im Bundesland Niederösterreich, das mit täglich fast 200 illegalen Aufgriffen zu kämpfen hatte, lähmten die Aufnahmeformalitäten die eigentliche Polizeiarbeit. Das führte dazu, dass einzelne Inspektionen zugesperrt wurden, da täglich im Schnitt hundert Beamte in den heillos überfüllten Lagern dafür sorgen mussten, dass die Lage nicht eskalierte. Die Stimmung war angespannt, denn die gesamte Polizeiarbeit in den betroffenen Bundesländern war blockiert. Täglich wurden Streifen aus den umliegenden Bezirken der Regionen abgezogen und zum Dienst in die Erstaufnahmestellen geschickt.[74]

Im Juni meldete sich Sebastian Kurz jedoch in einem Interview zu Wort: »[Es] hilft nur eins, nämlich eine positive Integrationsarbeit zu leisten. Dazu braucht es eine Zuwanderungsbevölkerung, die einen Beitrag leistet, und die Mehrheitsbevölkerung, die mit einer gewissen Offenheit Integration zulässt.« Sein Zugang, so Kurz weiter, liege klar bei Integration durch Leistung. Spracherwerb, Einsatz am Arbeitsmarkt und im ehrenamtlichen Bereich seien ebenso entscheidend wie ein gewisser Respekt den österreichischen Grundwerten gegenüber.[75]

Eine klare Antwort auf die komplexe Frage, wie man mit den Folgen des syrischen Bürgerkriegs umgehen solle, gab es bis zum Sommer 2015 innerhalb der EU noch nicht. Doch Sebastian Kurz hielt am Höhepunkt der Flüchtlingskrise im Sommer 2015 daran fest, dass das Dublin-Verfahren eingehalten werden müsse, auf welches Deutschland zu diesem Zeitpunkt bei syrischen Flüchtlingen verzichtete. Kurz stellte von Anfang an lautstark klar, dass das grenzkontrollenfreie Schengen-System nur dann funktionieren könne, wenn es sichere EU-Außengrenzen gebe.

Als Österreichs Nachbarstaat Ungarn im August 2015 plötzlich begann, einen Zaun an der Grenze zu Serbien aufzustellen, zeigte Außenminister Sebastian Kurz Verständnis dafür. Wenn es in der EU keinen ganzheitlichen Ansatz in der Flüchtlingsfrage gebe, dann seien die Staaten ja gezwungen, Einzelmaßnahmen zu ergreifen, erklärte er.[76]

In Österreich selbst startete die Bundesregierung mit der »Task Force Asyl«. Neben Integrations- und Außenminister Sebastian Kurz nahmen Kanzler Werner Faymann, Vizekanzler Reinhold Mitterlehner, Innenministerin Johanna Mikl-Leitner, Verteidigungsminister Gerald Klug und Kanzleramtsminister Josef Ostermayer sowie Justizminister Wolfgang Brandstetter an den wöchentlich stattfindenden Treffen teil, mit dem Ziel, aktuelle Probleme im Asylbereich zu besprechen. Zu Beginn standen die Suche nach weiteren Quartieren sowie die Ausarbeitung neuer Lösungsansätze für die bereits bestehenden Flüchtlingsheime im Vordergrund.[77]

Unterdessen geschah am 22. August etwas Außergewöhnliches in der deutschen Politik. Die SPD veröffentlichte einen Videopodcast ihres Parteivorsitzenden und Vizekanzlers Sigmar Gabriel zum Thema Flüchtlinge. Darin lobte Gabriel gut fünf Minuten lang die Arbeit freiwilliger Helfer und der Behörden in der Flüchtlingsproblematik. Und er beschwor die Kraft des Staates. »Wir sind ein starkes Land mit großer Mitmenschlichkeit. [...] Ich finde, wir haben alles, was wir brauchen, um auch dieser großen Zahl an Menschen eine neue Heimat, eine sichere Heimat geben zu können und übrigens ohne dass jemand, der bereits in Deutschland lebt, darunter leiden müsste.« Gabriel konkretisierte das von ihm damit angestrebte Ziel folgendermaßen: »Frieden, Menschlichkeit, Solidarität, Gerechtigkeit: Das zählt zu den europäischen Werten. Jetzt müssen wir sie unter Beweis stellen.« Er schloss das Video mit den Worten: »Ich bin sicher: Wir schaffen das.«[78]

Dieser Satz wurde von der deutschen Bundeskanzlerin Angela Merkel leicht erweitert eine Woche später, am 31. August, anlässlich der Bundespressekonferenz, verwendet. Die Kanzlerin beschrieb die Aufgaben, die auf den Staat und die Zivilgesellschaft zukommen würden, sprach von beschleunigten Asylverfahren, dem Ausbau von Erstaufnahmeeinrichtungen, der Verteilung der Kosten, der bevorstehenden Integrationsarbeit. Merkel verkündete: »Wann immer es darauf ankommt, sind wir – Bundesregierung, Länder und Kommunen – in der Lage, das Richtige und das Notwendige zu tun«, sagte sie. Und schließlich sagte sie: »Deutschland ist ein starkes Land. Das Motiv, mit dem wir an diese Dinge herangehen, muss sein: Wir haben so vieles geschafft – wir schaffen das!«[79]

Die deutsche Bundeskanzlerin Angela Merkel ist eine vorsichtige Politikerin. Sie hat ihre Reaktion auf die Krise nicht forciert, als Hunderttausende – überwiegend syrische Flüchtlinge – nach Europa flohen. »Die Rechten sagten das Ende der Zivilisation voraus, doch Merkel verfolgte den gegenteiligen Ansatz und öffnete vorübergehend die Türen Deutschlands«, schrieb ein Journalist der US-Zeitung *Politico*.[80] Es war eine gut gemeinte Antwort auf eine tragische Situation, aber die meisten Analysten waren sich einig, dass ihre Entscheidung, sie monatelang mit der Aussage »Wir schaffen das« zu rechtfertigen, für Merkel mit der Zeit zu einem wahren Kommunikationsalbtraum mutierte.

Denn in den kommenden 48 Stunden erlebte das Deutschland von Angela Merkel eine Herausforderung, wie es sie noch nie davor in Europa gegeben hatte. Die flüchtenden Menschen bewegten sich plötzlich über die grüne Grenze. Sie warteten nicht mehr auf ein Zeichen der zuständigen Behörden, sondern sie kamen ganz einfach, ohne Wenn und Aber, über die Autobahnen, die Straßen und über die Bahngleise. Zahlreiche Fernseh-, Radio- und Zeitungsberichte aus dieser Zeit zeugen davon. Es heißt, dass im Irak sogar hinter vorgehaltener Hand das Gerücht kursierte, dass Deutschland alle Flüchtlinge aufnehme. Die meisten Flüchtlinge zogen ihre eigene Conclusio daraus. Sie hieß: Das ist auch ein Weg für uns.

Am 25. August versendete eine deutsche Behörde eine besondere Mitteilung über Twitter, die nur 134 Zeichen umfasste. Die Mitteilung besagte, dass auch unregistrierte Flüchtlinge aus Syrien ab sofort in Deutschland anerkannt werden konnten.[81] Der Absender dieser Mitteilung war das Bundesamt für Migration und Flüchtlinge. Ab diesem Zeitpunkt wollten sich Flüchtlinge nicht mehr in Ungarn registrieren lassen. Im Gegenteil: Sie hielten bei einer Registrierungsaufforderung

## Vom Rathaus ins Staatssekretariat

den ungarischen Behörden einfach ihre Smartphones entgegen und zeigten ihnen besagten Tweet. In Wahrheit wollten sie einfach weiter nach Deutschland flüchten.

Es waren Frank-Walter Steinmeiers Juristen, die ihn schlussendlich darauf aufmerksam machten, dass das geltende europäische Recht ein »Selbsteintrittsrecht« der Vertragsstaaten vorsehe. Das bedeutete, wenn ein EU-Staat es wünschte, dann könne dieser Staat auch beliebig viele Flüchtlinge ins Land lassen.[82]

Ab diesem Tag bewegten sich die Flüchtlingsströme in 1.000er-Staffeln ins alpine Österreich. Eine Staffel nach der anderen bahnte sich über die Balkanroute einen Weg Richtung Deutschland. Die oftmals erwähnte Balkanroute führte über die Türkei, Griechenland, Mazedonien und Serbien. Ungarn war für die Flüchtlinge ein Transitland, kein Zielland. Es handelte sich um einen mehr als 3000 Kilometer langen Fluchtweg.

Um den Zustrom von Flüchtlingen über die Balkanroute einzudämmen, verstärkte Ungarn seine Grenze zu Serbien weiter, indem es einen 175 Kilometer langen Zaun errichtete, für den der österreichische Außenminister Sebastian Kurz, wie bereits erwähnt, Verständnis zeigte. Die erste Sperrlinie in Form eines hohen Stacheldrahtzauns war fertig. Bis Mitte September würden sechs »Grenzjäger«-Einheiten mit 2.100 Mann einsatzbereit sein. Das Land erwog im Falle des Falles, die Armee gegen Flüchtlinge einzusetzen.[83]

Der österreichische Außenminister Sebastian Kurz beschloss daraufhin, Kontakt mit der EU-Außenbeauftragten Federica Mogherini aufzunehmen, um ihr einen Fünf-Punkte-Plan zur Bewältigung der Flüchtlingskrise vorzulegen. Darin forderte er eine Friedensinitiative in Syrien und Libyen und ein UN-Sicherheitsratsmandat für Einsätze gegen den IS. Außerdem setzte er sich für die Einrichtung von Schutz- und Pufferzonen in Krisengebieten ein. In den Ursprungsgebieten und deren Nachbarländern solle es Aufnahmezentren mit der Möglichkeit, Asylanträge außerhalb der EU zu stellen, geben. Notwendig seien auch ein verstärkter Schutz der EU-Außengrenzen sowie eine intensivierte

Überwachung der Westbalkan-Transitroute. Kurz plädiert danach für einen Sondergipfel der Staats- und Regierungschefs, bei dem eine Quotenregelung Thema sein sollte. Aus der Sicht von Kurz gehört die Flüchtlingsproblematik auf die Agenda der EU-Außenminister. Die EU müsse Geld in die Hand nehmen und »dort humanitäre Unterstützung leisten, aber auch militärisch vorgehen«, meinte Kurz.[84]

## Der Profit der Westbalkankonferenzen in Wien

Der Westbalkanprozess, auch bekannt als Berliner Prozess, war eine diplomatische Initiative von 10 EU-Ländern und der Europäischen Kommission im Zusammenhang mit der künftigen Erweiterung der Europäischen Union. Dieser Prozess unterstützte vor allem die Heranführung der Westbalkanländer an die EU, deren Beitritt, aber auch die Intensivierung der regionalen Zusammenarbeit. Der Berliner Prozess begann auf Einladung der deutschen Bundeskanzlerin Angela Merkel mit einer Auftaktkonferenz der westlichen Balkanstaaten 2014 in Berlin, gefolgt von einem Gipfeltreffen in Wien.[85]

Die Westbalkankonferenz in Wien wurde für den 27. August 2015 anberaumt: sie vereinte EU-Außenminister sowie Vertreter der Beitrittswerber Albanien, Bosnien-Herzegowina, Kosovo, Mazedonien, Montenegro und Serbien unter den beiden Gastgeberländern Österreich und Deutschland. Thema dieser Konferenz war die eskalierende Lage der europäischen Flüchtlingsproblematik auf der Balkanroute. »Griechenland, das allein bis Jahresmitte 2015 rund 100.000 Asylanträge zu bewältigen hatte, war nicht zuletzt wegen der langwierigen Wirtschaftskrise völlig überfordert. Insgesamt hatten im ersten Halbjahr 2015 schon an die 80.000 Menschen die Balkanroute passiert.«[86]

Außenminister Kurz plante, seinen Fünf-Punkte-Plan vorzustellen, der unter anderem eine gemeinsame europäische Asylstrategie vorsieht. Er hatte bereits am Abend zuvor einen EU-Sondergipfel zu diesem Thema gefordert. Es gebe in der EU 18 Länder, die alle zusammen nicht so viele Flüchtlinge hätten wie Österreich, bemängelte Kurz.[87] Denn dass die Methoden der Schlepper immer furchtbarer wurden, wurde nun allen EU-Ländern klar.

Das Grauen der Flüchtlingskrise erreichte einen dramatischen Höhepunkt, als am Morgen des 27. August Mitarbeiter des Autobahnstreckendienstes einen 7,5 Tonnen Kühllaster mit dem Aufkleber einer slowakischen Hühnerfleischfabrik in einer Pannenbucht der Autobahn bei Parndorf im burgenländischen Bezirk Neusiedl am See entdeckten. Aus dem Laderaum drang bereits Verwesungsflüssigkeit. Die Insassen, 59 Männer, acht Frauen und vier Kinder – das jüngste unter ihnen war ein einjähriges Mädchen – waren alle erstickt.[88] Der Wagen war einen Tag zuvor östlich von Budapest losgefahren, bevor er am nächsten Vormittag im Burgenland abgestellt wurde. Auf die Frage, warum der Kühllaster auf der von Schleppern viel befahrenen »Balkanroute« nicht kontrolliert worden war, führte der damals zuständige Polizeichef (und spätere Verteidigungsminister) Hans-Peter Doskozil den Journalisten die wahre Tragödie vor Augen: »Hier passieren täglich 3000 Lkws, eine lückenlose Kontrolle ist nicht möglich.«[89] Ein bulgarisch-ungarischer Schlepperring wurde ausgeforscht und festgenommen. Eine Pressekonferenz fand genau am Tag der Westbalkankonferenz statt.

Während der Konferenz, als es um Asylfragen ging, gab sich Deutschlands Außenminister Frank-Walter Steinmeier nachdenklich: »Auf dem Weg vom Flughafen Wien in die Stadt haben wir Flüchtlinge gesehen, die entlang der Autobahn zogen, nachdem sie offenbar von Schleppern ausgesetzt wurden.« Das zeige laut Steinmeier auf, welche Bedeutung das Problem zwischenzeitlich habe.[90]

Dass Grenzzäune nicht das Migrationsproblem lösen würden, betonte Deutschlands Außenminister Frank-Walter Steinmeier, während Sebastian Kurz präziser wurde und Griechenland vorwarf, die Herausforderungen auf andere abzuwälzen. Solange Athen nichts anderes tue, »als Flüchtlinge weiterzuwinken, werden wir in Deutschland, in Österreich, in Schweden stetig steigende Zahlen haben, und das werden wir auf Dauer nicht bewältigen können«.[91]

## 2. Kapitel

Eine Idee der Konferenz war, dass ab September die Staaten des Westbalkans und die Türkei 8 Millionen Euro erhalten sollten, um Flüchtlinge besser identifizieren und versorgen zu können.[92] Außerdem wurde den betroffenen Ländern mit dem neuen Programm geholfen, irregulären Migranten Rückkehrmöglichkeiten anzubieten und den Informationsaustausch untereinander zu verbessern. Die Maßnahmen erfolgten in enger Abstimmung mit dem Flüchtlingshilfswerk der Vereinten Nationen, der EU-Grenzschutzbehörde *Frontex* und der Internationalen Organisation für Migration.

Für den Außenminister war es gewissermaßen »scheinheilig, wenn man als Europa alles tut, um sich möglichst offen zu zeigen«, wie es Deutschland kurz zuvor getan habe. Das Ziel, so Kurz weiter, könne nicht sein, »dass Flüchtlinge in Syrien ihr Haus verkaufen, um Schleppern Geld zu zahlen und sich auf nach Europa zu machen. Und dann in der Türkei aufgehalten werden und die Welt nicht mehr verstehen.« Für ihn war aber klar, dass es notwendig war, mit der Türkei bei der Eindämmung der Flüchtlingsströme aufgrund des zu großen Andrangs weiterhin zu kooperieren. Das müsse man auch ehrlich ansprechen dürfen, bekräftigte Kurz. Kurz formulierte die Realität, die man in Europas Ländern so noch nicht zu formulieren gewagt hatte: Europa sei »verantwortlich, die EU-Außengrenzen zu schützen«.[93]

Der 4. September 2015 war ein Freitag. Und, was die Regierungsmitglieder Österreichs und Deutschlands an diesem Morgen nur vorausahnen konnten, sollte in den folgenden Stunden zur Realität werden. Später war in den Medien vom »Herbst des großen Ansturms« die Rede.[94] Denn mit einem Mal machten sich Tausende Flüchtlinge von Ungarn aus, vom Bahnhof Keleti in Budapest, wo sie seit Tagen festsaßen, einfach auf den Weg Richtung Österreich. Ohne Beförderungsmittel, ohne Schlepper. Ganz einfach, aber spektakulär, begannen sie ihren Fußmarsch Richtung Westen. Sie gingen über die Landstraße und wurden von der ungarischen Bevölkerung und von freiwilligen Helfern mit Decken, Kinderwagen, Essen und Trinken versorgt, während Polizisten für die Sicherheit des Flüchtlingsmarsches sorgten.

Hunderte Kilometer weiter, spät in der Nacht, entschloss sich die deutsche Bundeskanzlerin schließlich dazu, diese Menschen in Zügen nach Deutschland bringen zu lassen. Es war eine richtungsweisende Entscheidung, die hier getroffen wurde, denn in den folgenden Tagen kamen noch viel mehr Flüchtlinge, und die Menschenmenge übertraf alle bislang von den EU-Ländern erwarteten Größenordnungen. Bald waren es bis zu 13.000 täglich, und bis zum Ende des Jahres stieg die Zahl auf rund eine Million. Mehr als 100.000 Flüchtlinge sollen Anfang September auf der Balkanroute zwischen Griechenland und Ungarn unterwegs gewesen sein,[95] doch in Berlin unterschätzte man, welche Bedeutung der Tweet für diese Flüchtlinge hatte. Angela Merkel setzte darauf, dass die Flüchtlinge in Ungarn registriert würden – obwohl diese es schon lange nicht mehr wollten: Jeden Tag skandieren sie im Untergeschoss des Budapester Ostbahnhofs: »Merkel! Merkel! Merkel!« oder »Germany! Germany! Germany!«

Insgesamt betrachtet, war dies mit Sicherheit eine umstrittene Entscheidung, die in der Bevölkerung heiß diskutiert wurde. Plötzlich ging ein Riss durch Familien und Bekanntenkreise. In Unternehmen, Vereinen, aber auch in der Nachbarschaft spalteten sich die Menschen nun in zwei Lager, die entweder Merkels Entscheidung begrüßten oder aber verurteilten. Plötzlich war man mit zahlreichen Ängsten, aber auch mit vielen Fragen konfrontiert, darunter etwa: Wie viel Zuwanderung hält jedes EU-Land eigentlich wirklich aus? Aus welchen Ländern stammen die hier aufgenommenen Menschen? Sind potenzielle Attentäter darunter? Wie steht es um die Sicherheit Europas? Und vor allem aber jene Frage: Wäre die Menschen auch ohne den Tweet des BAMF gekommen oder hatte Angela Merkel sie etwa dazu ermuntert?

Dieser Tag, diese Stunden waren im Grunde genommen eine historische Entscheidung, die unsere Geschichte teilt. Und zwar in ein Vorher und in ein Nachher. Jene drei Tage Anfang September 2015, die Journalisten schon kurze Zeit später in den Medien als »Merkels Grenzöffnung« bezeichneten,[96] markierten eine besondere Zäsur in ihrer gesamten Kanzlerschaft. Es waren Momente, die einen ganzen

Kontinent veränderten. Und diese gibt es nicht oft. Doch dieser Moment war so einer.

Ab dem Herbst leisteten die katholische Caritas und andere NGOs ihren Beitrag. In Deutschland, in Österreich, überall. Allein im österreichischen Bundesland Steiermark wurden ab Mitte September pro Tag 5000 bis 7000 Flüchtlinge untergebracht und dann weitertransportiert.[97] Das fiel niemandem auf. Wege in die einzelnen Ortsteile wurden gesperrt. So sollten die Flüchtlinge im Anlassfall auf der Bundesstraße gehalten werden. Die Zumutbarkeitsgrenze war längst überschritten. Die Anrainer fürchteten sich, viele hatten Sorgen.[98]

Ebenso engagierte sich die rot-grüne Stadtregierung Wiens in der Flüchtlingshilfe, wie auch die meisten Volkspartei-nahen Institutionen. Und der damalige Bundesbahn-Generaldirektor und spätere Bundeskanzler, Christian Kern von der SPÖ überzeugte sich am Wiener Westbahnhof persönlich davon, dass den aus Ungarn eintreffenden Migranten geholfen wurde.

Zugleich ging eine beispiellose Welle der Hilfsbereitschaft durch Österreich und Deutschland. Zehntausende Freiwillige meldeten sich, halfen bei der Verteilung von Spenden, von Essen, gaben Sprachunterricht, mehrere Familien nahmen Flüchtlinge auf oder brachten sie privat unter.

Am Abend des 6. Septembers wurde über das österreichische Innenministerium offiziell verlautbart, dass knapp 15.000 Menschen die ungarische Grenze nach Österreich passiert hätten. Die Mehrzahl sei sofort nach Deutschland weitergereist, nur 90 Flüchtlinge hätten in Österreich Asyl beantragt.[99] »Über 15.000 Flüchtlinge sind am Wochenende am Münchner Hauptbahnhof eingetroffen. Empfang und Versorgung laufen perfekt. Doch langsam wird es eng«, schreibt die *Augsburger Allgemeine Zeitung* vorsichtig. Dieses Wochenende könne »in die Geschichte Münchens eingehen«. Doch die Behörden kommen zweifelsohne an ihre Belastungsgrenzen. Um 23:14 Uhr sei noch ein weiterer Zug mit 2.200 Flüchtlingen unterwegs in die bayerische Landeshauptstadt gewesen.[100]

## Vom Rathaus ins Staatssekretariat

Ab Montag kamen allein in München mehrere Tausend Flüchtlinge pro Tag an. In der Woche drauf werden am Münchner Hauptbahnhof schon rund 20.000 Ankömmlinge gezählt. Daraufhin erwog die Bundesregierung einige Stunden lang, die Grenzen zu schließen. Die Bundespolizei bereitete bereits der neuen Situation entsprechende Einsatzbefehle vor. Niemand kann heute mit Bestimmtheit sagen, wie lange die Bundespolizei eine Grenzschließung hätte durchhalten können. Doch dazu kam es überhaupt nicht. Deutschlands Bundeskanzlerin Angela Merkel entschied sich dagegen und damit blieb die Grenze offen. Kontrollen gebe es jedoch weiterhin, versicherte man den besorgten Bürgern. Die Medien werden danach über Angela Merkels »Gewissensentscheidung« schreiben, sie habe »als die Kanzlerin verzweifelten, vor Tod und Zerstörung in ihren Ländern fliehenden Menschen Zuflucht gewährt«.[101]

In den folgenden Wochen kamen Zehntausende Menschen über Österreich nach Deutschland, weitgehend unkontrolliert und nicht registriert. Die Staaten der EU verloren über Nacht die Kontrolle über die Einwanderung.

Österreichs Außenminister Sebastian Kurz kritisierte die deutsche Bundesregierung indirekt für ihre Flüchtlingspolitik. »Ich wünsche mir [...], dass wir in Europa, vor allem auch in Deutschland, die Dinge endlich beim Namen nennen und klipp und klar sagen: Es braucht ein Ende der Einladungspolitik«, sagte er. Es bedürfe einer »ehrlicheren Politik«, die offen einräume: »Wir sind überfordert. Es kommen einfach zu viele Menschen.« Als man ihn daraufhin fragte, ob Österreich die Grenzen schließen solle, wenn Deutschland dies tun würde, antwortete er: »Wenn Deutschland das tut, müssen wir im Gleichklang agieren, weil wir sonst innerhalb weniger Tage komplett überfordert werden.« Kurz kritisierte außerdem die Ländervertreter bei den EU-Treffen zur Flüchtlingskrise. »Es gibt immer noch zu viele Staats- und Regierungschefs beim EU-Gipfel, die sich nicht betroffen fühlen, die versuchen, sich mit Worthülsen wie ›unbegrenzte Humanität‹ zu retten und hoffen, dass der Zustrom von alleine versiegt. Das wird nicht passieren.«[102] Die ge-

## 2. Kapitel

ordnete Registrierung aller Zuwanderer war nun auch in Deutschland, dessen Regierung eine solche zuvor noch von Ungarn verlangt hatte, nicht mehr möglich. Erst im Dezember 2015 sollte der Staat die Steuerungsfähigkeit zurückgewinnen. Bis dahin wurde der österreichische Außenminister Sebastian Kurz ständig nicht nur von zahlreichen Medien, sondern auch von Politikern, für seine vorausschauende Haltung kritisiert. So kritisierte die SPÖ-Mandatarin Nurten Yilmaz dass die »gute Qualifikation vieler ZuwandererInnen in Österreich nicht anerkannt« werde.[103]

Das neue Jahr 2016 begann, und Sebastian Kurz ließ in einem Interview mit der Tageszeitung *Die Welt* aufhorchen. Er forderte, dass es einen effektiveren Schutz der Außengrenzen geben müsse, damit die Nationalstaaten keine Einzellösungen mehr verfolgen müssten. Die von der Flüchtlingskrise besonders betroffenen Staaten hätten zu wenig protestiert und zu lange den Eindruck erweckt, dass es gelingen könne, die große Menge an Flüchtlingen aufzunehmen. Man müsse »von Athen verlangen und die Griechen darin unterstützen, die EU-Außengrenzen effektiv zu sichern«. Angesprochen auf die Türkei, die dafür bezahlt würde möglichst viele Flüchtlinge zurückzuhalten, konterte Kurz, die Kooperation mit Ankara in der Flüchtlingsfrage sei notwendig, aber »Wenn wir die Sicherung der EU-Außengrenzen an Erdogan delegieren, entsteht eine massive Abhängigkeit, die ich für sehr gefährlich halte.« Es sei nachvollziehbar, dass viele Politiker Angst vor hässlichen Bildern bei der Grenzsicherung hätten, es könne aber nicht sein, dass »wir diesen Job an die Türkei übertragen, weil wir uns die Hände nicht schmutzig machen wollen. Es wird nicht ohne hässliche Bilder gehen.«[104] Ein Zitat dieses Interviews wurde mit dem ikonischen Foto des toten Flüchtlingsbuben Aylan Kurdi, versehen mit dem Ministerzitat »Es wird nicht ohne hässliche Bilder gehen«, vom grünen Europaabgeordneten Michal Reimon auf Facebook gepostet.[105] Reimon warf dem Minister in einer Aussendung vor, zur Abschreckung von Flüchtlingen bewusst humanitäre Missstände auf der Balkanroute herbeigeführt zu haben. »Sebastian Kurz will Elend produzieren.« Er sei ein »menschenverachtender Zyniker«. Denn »wenn im Schlamm von Idomeni Kinder geboren werden und Alte sterben, dann ist das die politische Arbeit von Sebastian Kurz«, verteidigte Reimon seine Entscheidung.[106]

Noch im Januar starteten in Österreich – ebenso wie in Deutschland – Werte- und Orientierungskurse für Flüchtlinge. Österreich begann mit der Kursinitiative in Tirol, um dort Asylberechtigten und subsidiär Schutzberechtigten die Grundwerte des Zusammenlebens sowie Verhaltensregeln und gesellschaftliche Normen in der Alpenrepublik vorzustellen. Erste Kurse starteten in Innsbruck sowie in Wörgl und Imst.

Am 9. Februar 2016 fuhr Außenminister Kurz für politische Gespräche in den Westbalkan. Die Zahlen des Innenministeriums zeigten im Vergleich der Jahre 2015 und 2016 einen Rückgang der Asylanträge in Österreich um mehr als 50 Prozent.[107] In Belgrad angekommen, erklärte Kurz: »Wenn die Flüchtlinge sehen, dass es kein Durchkommen nach Europa gibt, werden die Ströme weniger werden.«[108]

Am 24. Februar luden das österreichische Innenministerium und das Außenministerium gemeinsam mit Bulgarien, Kroatien und Slowenien zur nächsten Westbalkankonferenz EU-Beitrittsbewerberländer wie Albanien, Bosnien-Herzegowina, den Kosovo, Mazedonien, Montenegro und Serbien nach Wien ein. Nicht eingeladen waren Deutschland, Griechenland und andere Vertreter der EU, die darauf verärgert reagierten. Dabei ging es erneut um das Thema der Kontrolle der Migrantenströme. Grenzzäune waren mittlerweile errichtet worden an der ungarisch-serbisch-kroatischen, an der slowenisch-kroatischen und an der griechisch-nordmazedonischen Grenze. Obwohl die Migrationszahlen im Dezember des Vorjahres gesunken waren, waren sie dennoch hoch geblieben, und ein Erreichen der Herbstzustände des Vorjahres schien unvermeidbar zu sein.

Die teilnehmenden Staaten brachten die Situation einmal mehr auf den Punkt, denn sie kritisierten die schwache Verteilung der Migranten und die, nach wie vor, schlechte Sicherung der Außengrenzen. Dass Griechenland mit den humanitären Problemen vollkommen überfordert war, war allen anwesenden Ländern klar. Deutschland hatte gefordert, das Problem durch Zahlungen an die Türkei zu lösen. Eine gesamteuropäische Lösung war zwar wünschenswert, doch Österreich und Sebastian Kurz setzten mehr auf eine national-regional abgestimmte Lösung mit den betroffenen Ländern, um eine »Kettenreaktion der Vernunft« zu erzielen.[109] Deshalb wurde ein Abkommen abgesegnet, das die Polizeichefs Mazedoniens, Serbiens, Kroatiens, Sloweniens und Österreichs zuvor in einem Zagreber Hotel vereinbart hatten. Das Schengen-Dublin-Übereinkommen – eingesetzt für die Prüfung eines in der EU gestellten Asylantrages – solle an den Grenzen wieder in Kraft gesetzt werden. Danach gab es kaum mehr ein Durchkommen für Flüchtlinge. Nach ein paar Tagen stauten sich bereits 7000 Menschen im Schlamm des Lagers Idomeni an der Grenze zu Mazedonien.[110]

Österreich – allen voran Außenminister Sebastian Kurz – stand als Drahtzieher international am Pranger. Auch EU-Ratspräsident Donald Tusk kritisierte Österreich und die Länder der Balkanroute, die ihre Grenzen weitgehend dicht gemacht hatten, sodass Zehntausende Flüchtlinge in Griechenland gestrandet waren. Tusk forderte, keine »unilaterale[n] Entscheidungen ohne vorherige Abstimmung« mit der EU zu fällen, und ermahnte zu einem »europäischen Geist der Solidarität«.[111] Die Sperre der Balkanroute wurde jedoch von der EU kurz darauf anerkannt.

Im März 2016 trat Sebastian Kurz erstmals live im deutschen Fernsehen auf: In der *ARD*-Talkshow von Anne Will erklärte er mit Mitgefühl, aber in der Sache doch hart, wie er sich die Lösung der Flüchtlingsproblematik vorstelle. Die Balkanroute sei – de facto – schon geschlossen. Er bezog sich in diesem Augenblick auf ein vorbereitetes Papier. Freundlich rechnete er dem deutschen Justizminister Heiko Maas von der SPD vor, wie viele Flüchtlinge Österreich schon aufgenommen hatte, und spielte im Gegenzug den Ball an Griechenland, das die EU-Außengrenzen nicht genügend geschützt habe. Deshalb sei die Türkei nun in eine Verhandlungsposition gekommen, in der sie jetzt mit der EU über Grenzschutz, Kontingente und Milliardenhilfe diskutieren könne.[112]

## Vom Rathaus ins Staatssekretariat

Außenminister Kurz wurde ab dann ständig – vor allem von den österreichischen Medien – ins Zentrum der Kritik gestellt. Das Nachrichtenmagazin *profil* schrieb noch im Juni 2016 über die »Ideenwelten« des Außenministers, dass Kurz die »politische Kunst der Abschreckung« beherrschen würde, die in weiten Teilen Europas mittlerweile hoch angesehen sei und die Botschaft des EU-Ratspräsidenten Donald Tusk, laut der die Flüchtlinge nicht nach Europa kommen sollten, ebenso wie die Linie der Visegrad-Gruppe flankiere.»Polen, Tschechien, die Slowakei und Ungarn sehen sich gerne als Opfer, und zwar sowohl der deutschen Willkommenskultur als auch der Länder im Süden, die es nicht schafften, die Außengrenzen zu schützen.« Visegrad stehe sowieso für nationalistische Alleingänge. Dass die Zustände in den Hotspots ständig schlimmer würden, wirke – so hartherzig das klingen möge – einkalkuliert: Vielleicht kämen dann weniger Flüchtlinge nach.[113]

Doch bei Kurz prallten Kritikpunkte wie diese ab. »Wer auf einer Insel wie Lesbos bleiben muss und keine Chance auf Asyl hat, wird eher bereit sein, freiwillig zurückzukehren, als jemand, der schon eine Wohnung in Wien oder Berlin bezogen hat.« Er schlug vor, dass die EU sich »Teile des australischen Modells« zum Vorbild nehmen könne.[114] Im August erklärte er in einem Interview mit der *Austria Presse Nachrichtenagentur (APA)*: »Als ich vor einem Jahr davor gewarnt habe, dass der Weg der unbeschränkte (sic!) Aufnahme in Mitteleuropa der falsche sei, war das die absolute Mindermeinung. Die Masse der Medien und die Masse der Bevölkerung hat anders gedacht. Es war alles andere als populär, das anzusprechen.«[115]

Gleichzeitig wurde er mit seinen Aussagen, seiner Strategie zur Schließung der Westbalkanroute und seinen Kritikpunkten zu einer Galionsfigur. Er wies allerdings Vorwürfe zurück, er laufe in Sachen Flüchtlinge den Freiheitlichen nach. Diese seien insgesamt destruktiv und anders als er gegen europäische Lösungen. Er sei vielmehr »froh, dass wir [die EU] die Balkanroute geschlossen haben und ich bin zweitens auch froh, dass die, die sich damals gewehrt haben beziehungs-

## 2. Kapitel

weise uns kritisiert haben jetzt zumindest teilweise ihre Meinung geändert haben.«[116] Er habe immer daran geglaubt, seine Experten hätten ihm dazu geraten. Grenzen nach außen seien »die Basis für ein Europa ohne Grenzen nach innen.«[117]

In den Sommermonaten forderte der Außenminister einen Alternativplan zur Lösung der Flüchtlingskrise und zum Flüchtlingsabkommen mit der Türkei, denn diese Abhängigkeit von Ankara sei »gefährlich«. Europa dürfe nicht erpressbar werden. Kurz wünschte sich vielmehr »ein Europa, das stark und eigenständig ist – und es schafft, die Flüchtlingskrise selbst zu lösen« und mit einer wirklichen Grenz- und Küstenwache und einem Resettlement-Programm gezielt eine begrenzte Zahl von Flüchtlingen, die Ärmsten der Armen, wie Frauen oder Waisenkinder, legal in die EU zu holen. Die Rettung im Mittelmeer dürfe kein Ticket nach Mitteleuropa bedeuten. »Wer an den Außengrenzen aufgegriffen wird, muss in Hotspots auf Inseln versorgt werden und im Idealfall in sein Herkunftsland oder ein sicheres Transitland gebracht werden.«[118]

Unter den Außenministerkollegen innerhalb der EU wuchs die Unterstützung von Sebastian Kurz ebenso wie in der österreichischen Politik. Denn der amtierende Bundeskanzler Werner Faymann war nach dem schlechten Wahlergebnis für die Sozialdemokratische Partei bei der Präsidentschaftswahl am 9. Mai zurückgetreten und durch den jüngeren, 50-jährigen Bundesbahn-Vorstandsvorsitzenden Christian Kern am 17. Mai ersetzt worden. Kern schlug Ende Oktober vor, der Türkei den Geldhahn mit den vorgeschlagenen 3 Milliarden Euro zuzudrehen«. Die Türkei drohte daraufhin, das Flüchtlingspaket mit der EU zu kündigen, wenn es nicht zur verabredeten Visafreiheit für ihre Bürger komme. Sebastian Kurz entgegnete, die EU dürfe sich nicht von der Türkei erpressen lassen.[119]

Wien blieb Schauplatz der Diplomatie, denn am 24. September empfing Bundeskanzler Christian Kern die Regierungschefs von neun Staaten der Balkanroute zu einem europäischen Flüchtlingsgipfel. Die EU-Kommission war durch Migrationskommissar Dimitris Avramopoulos vertreten. Neben der deutschen Bundeskanzlerin Angela Merkel lud Kern auch seine Amtskollegen aus Albanien, Bulgarien, Kroatien, Mazedonien, Rumänien, Slowenien, Serbien und Ungarn, ein. EU-Ratspräsident Donald Tusk reiste ebenfalls an.

Die wichtigsten Punkte der Tagesordnung waren die Verbesserung des Schutzes der EU-Außengrenzen und die Aufstockung der Ressourcen der EU-Grenzschutzagentur *Frontex*. Darüber hinaus sollte sichergestellt werden, dass das Flüchtlingsabkommen mit der Türkei hielt, indem bei der Visaliberalisierung Einigkeit erzielt wurde. Griechenland sollte unterstützt werden, um Asylverfahren rascher durchzuführen. Und schließlich sollten Rückführungsabkommen mit Ländern wie Ägypten, Afghanistan, Niger oder Mali abgeschlossen werden.

Doch Angela Merkel machte sich bei diesem Gipfel dafür stark, mehrere Hundert Flüchtlinge aus Griechenland und Italien aufzunehmen. Aus diesem Grund trat Außenminister Kurz dagegen: Er kritisierte die deutsche Kanzlerin öffentlich und scharf in einem Interview mit der *Welt*. Solange man den Migranten das Gefühl gebe, dass es sich lohne, nach Italien und Griechenland zu kommen, weil man am Ende in Deutschland landen könne, fördere man, so Kurz, »das Geschäft der Schlepper und löst weitere Flüchtlingsströme aus«. Und er fügte auch einen Ratschlag an die deutsche Kanzlerin hinzu: Anstatt auf eine Politik zu setzen, »die gut gemeint ist, am Ende aber negative Auswirkungen für alle Seiten haben kann, weil noch mehr Migranten kommen«, sollten Deutschland und die anderen europäischen Staaten mehr für den Schutz der EU-Außengrenzen tun und Flüchtlinge direkt im Rahmen von sogenannten Resettlement-Programmen aus Flüchtlingslagern beispielsweise in Syrien holen.[120]

Stefan Aust, Herausgeber der Tageszeitung *Die Welt*, erinnert sich an Sebastian Kurz und daran, wie dieser bei ihm einen besonderen Eindruck hinterließ durch Interviews zum Thema »Flüchtlingswelle«. Er habe Kurz bei Talkshows gesehen und Interviews von ihm gelesen und fand es »durchgehend ziemlich vernünftig«, was Kurz sagte. »Weil ich mich mit der Migrationskrise sehr beschäftigt habe, habe ich festgestellt, dass in vielen seiner Äußerungen das zum Ausdruck kam, was ich auch für richtig und vernünftig gehalten habe. Nämlich: Wir können nicht die EU-Grenzen durch das Schengener Abkommen de facto beseitigen und nur in der Theorie sagen, dass die Außengrenzen geschützt werden, aber dies in Wahrheit nicht tun.«

Aust empfand es als wohltuend, dass der junge Politiker Kurz »mit seiner ruhigen, souveränen Art die Probleme, die da waren, präzise geschildert hat. Und das finde ich schon mal was, wenn ein Politiker die Dinge richtig benennt. Auch wenn er sie nur bedingt und begrenzt lösen konnte. Nachdem ich ihn ein paarmal gesehen hatte, und auch wirklich interessant fand, was er sagte, habe ich bei uns hier gesagt: ›Ich würde gerne ein ITV mit ihm machen, ich würde ihn gerne mal kennenlernen.‹« Und innerhalb weniger Tage erhielt die Welt-Redaktion einen Termin im österreichischen Außenministerium.

Aber nicht nur die Flüchtlingskrise beschäftigte Sebastian Kurz zu dieser Zeit. Das Jahr 2017 war noch jung, und Österreich führte den Vorsitz der Organisation für Sicherheit und Zusammenarbeit (OSZE), als es zu einem Besuch des Außenministers und OSZE-Vorstands in einer Konfliktregion kam. Denn am 3. Januar besuchte Kurz das umkämpfte Gebiet in der Ostukraine, um auszuloten, was die prorussischen Separatisten und die ukrainische Armee in ihrem kurzen Waffenstillstand weiterbringen würde. Kurz war fest entschlossen, den Konflikt endlich zu entschärfen, das Blockdenken zwischen Ost und West aufzulösen und endlich einen Waffenstillstand zu bewirken. Die Augen der Welt blickten auf diesen fast vergessenen Konflikt, aufgrund des Besuchs des Außenministers als Vermittler, als er einen Dialog mit Russland und eine schrittweise Aufhebung der Sanktionen als Gegenleistung für Verbesserungen (ein »Zug-um-Zug«-Geschäft) vor laufenden Medien andachte. Der Leiter der OSZE-Beobachtungsmission in der Ukraine, Ertuğrul Apakan, lobte den Besuch von Kurz. »Das ist ein historischer Augenblick in der Geschichte der Ukraine-Krise und der Geschichte der OSZE«, sagte er in Pyschtschewyk. »Der neue Vorsitz zeigt damit, wie wichtig ihm die ukrainische Frage ist‹, sagte der türkische Diplomat, der Kurz und Außenminister Pavlo Klimkin zum Grenzkontrollpunkt eskortiert hatte. Die Bemühungen des österreichischen Vorsitzes seien ›sehr hilfreich‹«.[121] Der österreichische OSZE-Vorsitz wurde im Übrigen bei der Abschlusspressekonferenz im Dezember 2017 von OSZE-Generalsekretär Thomas Greminger gelobt: »Ihr habt einen fantastischen Job gemacht«.[122] Hintergrund dafür war, dass Österreich die OSZE vor einer bedrohlichen Krise bewahrt hatte, da zur Jahresmitte die Sicherheitsorganisation komplett führungslos dagestanden hatte. Doch Anfang Juli wurden alle Topposten vom österreichischen Vorsitzteam mithilfe eines annehmbaren Personalpakets vergeben. Mit der Einigung in Mauerbach konnte Österreich eine drastische Verschlechterung in der OSZE abwenden. Der Hamburger OSZE-Experte Wolfgang Zellner sagte den Medien: »Wenn das nicht gelungen wäre, wäre die OSZE in eine ganz üble Schieflage gekommen.«[123]

Nach dem Besuch der Ostukraine widmete sich Sebastian Kurz wieder dem Thema Flüchtlinge. Bereits am 12. Februar traf er erneut seinen mazedonischen Kollegen Nikola Poposki beim Grenzstein 59 an der mazedonisch-griechischen Grenze in Gevgelija gegenüber der griechischen Stadt Idomeni. Kurz erwähnte, dass es auf der sogenannten Balkanroute im Vergleich zu 2015 einen Rückgang der illegalen Migration um 98 Prozent gebe. »Wir werden uns sehr genau merken, dass Mazedonien uns unterstützt hat in einer Situation, wo wir Hilfe gebraucht haben«, erwähnt er bei dem Treffen. »›Mazedonien hatte sicher die größte Verantwortung und den größten Druck zu spüren‹, so der Außenminister. ›Ich danke nicht nur Mazedonien, sondern ich glaube wir haben dem gesamten Schengen-Raum einen Dienst erwiesen.‹«[124]

Im März besuchte Kurz in Valetta auf der Insel Malta und in Catania auf der italienischen Insel Sizilien die beiden Frontex-Missionen der Europäischen Grenz- und Küstenwache, um sich einen persönlichen Überblick über die Lage an den Außengrenzen zu verschaffen. Frontex koordiniert an beiden Stellen die Arbeit der Mission TRITON, eine Kooperation der EU-Mitgliedsstaaten, mit 600 Mitarbeitern, die mithilfe von Flugzeugen, Hochsee- und Küstenpatrouillenbooten sowie Helikoptern den Schutz der Außengrenzen, aber auch die Rettung von Menschenleben zum Ziel haben. Dabei erfuhr Kurz vom zuständigen Frontex-Direktor, dass die Helfer die Geschäfte krimineller Netzwerke und Schlepper unterstützen würden, indem sie die Migranten immer näher an der libyschen Küste auf europäischen Schiffen aufnehmen würden. Der Grund dafür sei, dass die Flüchtlinge sich in immer schlechteren Gummibooten befänden, die zwölf Seemeilen in internationale Gewässer schwimmen würden, um dann einen Notruf abzusetzen.[125] Kurz besuchte aber auch das Flüchtlingslager von Safi, das im Südosten von Malta lag. Sein Fazit an diesem Tag artikulierte er erneut öffentlich in einem Gespräch mit den Medien: »Die Flüchtlingspolitik entlang der Mittelmeer-Italien-Route ist falsch.« Denn, so Kurz, »Obwohl jedes Jahr mehr für Rettungsmaßnahmen ausgegeben wird, steigt nicht nur die Zahl der Menschen, die in Europa ankommen, sondern vor allem auch die Zahl der Menschen, die im Mittelmeer ertrinken.‹ [...] Daher müssten Migranten künftig an der EU-Außengrenze gestoppt, versorgt und zurückgestellt werden.«[126]

Bei dem Besuch von Kurz warf der Vertreter der Generaldirektion für Migration in der EU-Kommission, Marc Arno Hartwig, Österreich mangelnde Solidarität mit Italien vor, das derzeit Hauptankunftsland für Flüchtlinge ist. Konkret bezog sich Hartwig auf das Umverteilungsprogramm von Flüchtlingen innerhalb Europas. Doch Kurz konterte sofort: »Wenn man von Solidarität spricht, muss man sich auch die Zahlen ansehen, die zeigen, dass es nie ein Jahr gab, wo Italien oder Griechenland mehr Migranten hatten als Österreich.«[127]

Ende März wurde dann in Österreich ein neues Integrationsgesetz im Ministerrat beschlossen, das im Juni darauf von Bundespräsident Alexander Van der Bellen unterzeichnet wurde. Das neue Gesetz sah neben einem Integrationsjahr für anerkannte Flüchtlinge, das Vollverschleierungsverbot in der Öffentlichkeit sowie eine Erschwernis für Koranverteilungsaktionen in der Öffentlichkeit durch Salafisten vor. Im Mai desselben Jahres wurde ein von den Sozialdemokraten zum ersten Mal angebotenes flächendeckendes, durchgängiges und strukturiertes

Integrationsprogramm, das näher an den Arbeitsmarkt heranführen sollte, von der Regierung beschlossen. Dessen Ziel war »die rasche Selbsterhaltung der Asylberechtigten, subsidiär Schutzberechtigten und AsylwerberInnen mit hoher Bleibewahrscheinlichkeit«, erklärte Franz Schnabl von der SPÖ.[128]

Als Außenminister errang Sebastian Kurz einen ersten Erfolg in der Diplomatie, als er zum ersten Mal im Rahmen der UN-Generalversammlung in New York im September 2017 eine Rede hielt, die viel beachtet wurde und in der er davor warnte, dass angesichts der Spannungen auf der koreanischen Halbinsel das Risiko eines Atomkriegs so groß wie schon lange nicht mehr sei. Umso wichtiger sei daher, so Kurz, der Vertrag zum weltweiten Verbot von Atomwaffen. In seiner Ansprache setzte er sogar einen scharfen Seitenhieb gegen US-Präsident Trump, der Nordkorea mit der totalen Auslöschung gedroht und das Atomabkommen mit dem Iran als den »schlechtesten Deal aller Zeiten« genannt hatte. Wer das Atomabkommen mit dem Iran untergrabe, schwäche die Bemühungen in der Nordkorea-Krise zu einer Verhandlungslösung zu gelangen, führte Kurz den Mitgliedsstaaten vor Augen.[129] 47 Staaten unterzeichneten im September einen neuen Vertrag, der ein Verbot von Atomwaffen vorsah. In diesem Punkt war Österreich führend beteiligt über die Diplomaten Alexander Kmentt und Thomas Hajnoczi, die Sebastian Kurz unterstützt hatten. Die Resolution über den Atomwaffenverbotsvertrag wurde übrigens bei der UNO-Generalversammlung im Dezember 2016 angenommen – dies war ein Erfolg Österreichs und somit auch von Sebastian Kurz.

Am Mittwoch, den 3. Mai fand wieder ein Ministerratstreffen statt, doch kam es an diesem Tag zwischen den beiden Koalitionspartnern zu einer spitzen Kritik nach der anderen. Der Grund für die schlechte Laune zwischen den beiden Parteien war eine 58 Seiten dicke Broschüre der ÖVP, die im Sowjetstil abgefasst worden war, in der die von Bundeskanzler Christian Kern angedachten Reformen für die Mittelschicht und eine mögliche rot-grüne Koalition kritisiert wurden. Zu dem mit Hammer und Sichel illustrierten Machwerk sagte der SPÖ-Sozialminister Alois Stöger, er wäre »froh«, wenn die ÖVP die Energie »in andere Bereiche stecken würde, anstatt derartige Broschüren zu verfassen«.[130]

Im Mai 2017 machten die ursprünglich dem Staatssekretär und Außenminister Kurz positiv gesonnenen Integrationsbotschafter plötzlich einen Rückzieher. In der Ausgabe des Migranten Magazins *Bum Media* vom 8. Mai bekannten sich plötzlich nur ein Drittel der Befragten, also 34,6 Prozent, zum politischen Kurs von Minister Kurz. 26,9 Prozent der Befragten kritisierten einzelne Punkte, wie beispielsweise das geforderte Kopftuchverbot im öffentlichen Dienst. 23,1 Prozent distanzierten sich völlig von Sebastian Kurz. So bekannte der Vizebürgermeister der Gemeinde Köttmannsdorf in Kärnten Valid Hanuna, der selbst einst aus Syrien nach Österreich zugewandert war: »Nach einigen Jahren muss ich es nüchtern betrachten und feststellen, dass für Sebastian Kurz das Ganze nur eine politische Show Bühne ist.« Zwar würden nach seiner Einschätzung, viele engagierte Personen hauptberuflich oder ehrenamtlich mitarbeiten, die politische Botschaft empfinde er jedoch verheerend. Auch zum Thema Kopftuch findet er klare Worte: »Es handelt sich um ein Kleidungsstück, nicht mehr und nicht weniger. Hinein wird viel zu viel interpretiert. Sollen wir über das Verbot von roten, blauen oder andersfärbigen T-Shirts diskutieren?« Für ihn bleibt vor allem die Frage, wo man hier die Grenze ziehen wolle. Auch etliche andere Mitglieder des Botschafter-Teams äußerten in dem Artikel ihre Bedenken, aufgrund der harten Flüchtlingspolitik von Sebastian Kurz.[131]

Anfang Mai hallten das Interview vom Januar mit dem Vizekanzler und die Frage des *ORF*-Anchorman Armin Wolf noch immer nach: »schauen wir noch einmal kurz auf 2016 zurück. Bei der Präsidentenwahl kommt der ÖVP-Kandidat auf 11 Prozent. In allen aktuellen Umfragen liegt Ihre Partei weit abgeschlagen auf Platz drei [...] Mal ganz ehrlich: Hat es für die ÖVP schon mal ein schlechteres Jahr gegeben als 2016?«[132] Es galt schon seit längerer Zeit als wahrscheinlich, dass Sebastian Kurz vor der nächsten Wahl die Partei übernehmen und auch als Spitzenkandidat der Volkspartei antreten würde.

## Vom Rathaus ins Staatssekretariat

Der Abend des 8. Mai war verregnet, und Sebastian Kurz wurde beim Telefonieren mit ÖVP-Funktionären, Landesparteiobmännern und Bündechefs beobachtet, wo er offen aussprach, was für ihn Sache war: »In diesem Zustand übernehme ich die Volkspartei sicher nicht«, machte er deutlich.[133] Es lag wieder mal etwas in der Luft. In den nächsten Tagen würde mit Sicherheit etwas passieren, waren sich Beobachter sicher. Zeigte Kurz an diesem Abend seine Koketterie? War das eine eiskalte, typische Politikertechnik hier am Telefon? Vielleicht sogar nach der Devise: »Ich verbreite hier zwar keine Rücktrittsgerüchte, aber falls ihr mich fragt ... I am not interested.«

Am Dienstagabend wurde er im Radio interviewt und gefragt, ob er sich im Falle eines Rücktritts des Vizekanzlers vorstellen könne, die Partei zu übernehmen. »Mitterlehner ist der Parteiobmann. Er hat meine Unterstützung«, war Sebastian Kurz' knappe Antwort.[134] Er habe nichts von Rücktrittsgerüchten gehört. Kurz winkte also wieder einmal ab, wollte nicht übernehmen – zumindest keine Partei in diesem fragilen Zustand.

Am 10. Mai platzte dann plötzlich eine politische Bombe. Gegen Mittag bat Vizekanzler Reinhold Mitterlehner Österreichs Journalisten zu einer eigens einberufenen Pressekonferenz. Keiner ahnte zu diesem Zeitpunkt, dass hinter den Kulissen des rot-schwarzen Bündnisses das Misstrauen immer stärker wurde, dass die Umfragen im Keller waren und die Regierungszusammenarbeit zäh vor sich ging. In Wahrheit wagte niemand offiziell zu sagen, dass die Volkspartei schon längst viel lieber mit Sebastian Kurz arbeitete als mit Reinhold Mitterlehner. Aus diesem Grund wagte der Oberösterreicher Mitterlehner die Flucht nach vorne und zog sich als offensichtlicher Platzhalter für den aufstrebenden Sebastian Kurz mit einem Mal zurück: »Es ist meiner Meinung nach unmöglich, in einer derartigen Konstellation, einerseits Regierungsarbeit zu leisten und gleichzeitig die eigene Opposition zu sein«, sagte er.[135] Die Rolle des wankenden Parteichefs entsprach so gar nicht dem Bild des als »Django« – so sein Name aus seiner CV-Verbindung – bekannten Politikers. Mitterlehner hatte außerdem privat

## 2. Kapitel

einen schweren Schicksalsschlag zu verkraften, denn seine Tochter war im November des Vorjahres an Krebs verstorben. Den Medien vertraute er danach an, dass es schwierig war, beides zu verkraften: den Tod der Tochter und die politischen Herausforderungen der vergangenen Monate.[136] Erst zwei Jahre später bekannte er in einem Buch namens *Haltung* mit dem Untertitel *Flagge zeigen im Leben der Politik*, dass seine eigene Partei sich mit Mobbing und Intrigen gegen ihn gewandt und mit teilweise frei erfundenen Geschichten über ihn in den Medien gearbeitet habe. Er habe den Eindruck gehabt, dass es in der heutigen Politik »fast nie um den Wettbewerb der besseren Konzepte« gehe, sondern viel mehr um »Machtergreifung und Machtdurchsetzung«.[137] Der Tiroler Landeshauptmann Günter Platter erklärte anschließend den Medien seine Version der Sache: »Leider hat es Mitterlehner nicht geschafft, den damaligen Regierungspartner SPÖ dazu zu bringen, die notwendigen Reformen in Österreich einzuleiten. [...] Bei der Nationalratswahl 2017 wäre die ÖVP nach allen Vorzeichen deshalb auf unter 20 Prozent abgestürzt.«[138]

Mehrere Stunden, so verzeichneten Journalisten, herrschte ab dann absolute Bunkerstimmung in der Volkspartei. Alle Parteifunktionäre hatten sich offenbar verkrochen. Denn weder in den Ländern noch in den Bünden hob nach Mitterlehners Pressekonferenz jemand die Telefone ab, nicht einmal die Presseteams. »Wie geht es weiter?« war die große Frage des Tages. Und ganz Österreich rätselte. Innerhalb der Volkspartei war man sich rasch darüber im Klaren, dass man schnell wieder stabile Verhältnisse und eine überzeugende Führungspersönlichkeit brauchte. Kurzfristig wurde ein Parteivorstand für das Wochenende einberufen, und ab dann richteten sich die Augen wieder einmal auf Sebastian Kurz.

Bundeskanzler Christian Kern bot ihm eine »Reformpartnerschaft« an. Doch dieses Angebot erschien vor dem Hintergrund der Wahlkampfaktivitäten vollkommen unglaubwürdig. Nach einem Tweet von Kanzlersohn Nikolaus Kern, der Kurz mit dem Massenmörder und ugandischen Despoten Idi Amin verglich, war der Ofen in der Volks-

## Vom Rathaus ins Staatssekretariat

partei schließlich aus: »Das ist außer zynisch nur zynisch. Da kann man nicht an eine echte Reformpartnerschaft glauben. Das ist ein lächerliches Angebot«, schäumte die Partei.[139] Gleichzeitig ließ Sebastian Kurz anklingen, dass er nicht wie seine Vorgänger enden wolle. Aus diesem Grund wiederholte er immer wieder, dass er eine Generalvollmacht verlange, mit dem Ziel, dass er sich die Regierungsmitglieder und die Kandidaten auf der Bundesliste selber aussuchen dürfe. Der Chef der Freiheitlichen Partei (FPÖ) Heinz-Christian Strache deutete in einem Gespräch mit Journalisten bereits auf vorgezogene Neuwahlen hin: »Wenn diese rot-schwarze Regierung nicht Willens, nicht in der Lage oder auch nicht fähig ist zu regieren, dann sind sofortige Neuwahlen der einzig ehrliche Weg [...] Die Bevölkerung soll [...] die Chance erhalten, demokratisch neu zu wählen.«[140]

Am darauffolgenden Sonntag, den 14. Mai wurde Sebastian Kurz vom Parteivorstand im Springer-Schlössl in Wien Meidling zum designierten Bundesparteiobmann ernannt.

Doch Kurz wollte sich nicht so einfach von seiner Partei ernennen lassen, sondern unter allen Umständen verhindern, dass ihn ständig Störenfriede in der Ausführung seiner Politik behinderten, was seinem direkten Vorgänger und mehreren anderen Parteichefs davor zum Verhängnis geworden war. Also lehnte er es zunächst einmal kategorisch ab, die Nachfolge des ehemaligen Vizekanzlers zu übernehmen. Er versteifte sich auf seine Forderung, seine sieben Bedingungen zu erfüllen. Eine davon war, dass er mit einer eigenständigen Liste, getragen von der ÖVP, bei der nächsten Nationalratswahl kandidieren wollte. Außerdem verlangte er von seiner Partei, dass er als künftiger Bundesobmann alleinverantwortlich Generalsekretär und Regierungsteam bestellen durfte und dies nicht – wie bisher – durch einen Beschluss des Vorstands zu erfolgen hatte. Des Weiteren wollte er für die Verhandlung eventueller Koalitionen freie Hand sowie die inhaltliche Führung der Partei.[141] Und diese Bedingungen führten dazu, dass ihn die Granden zum mächtigsten Obmann in der Geschichte der Partei erhoben.

## 2. Kapitel

»Ich weiß, dass ich einigen viel abverlangt habe«, erklärte Kurz nach der rund dreistündigen Unterredung und betonte, dass es der Status Quo der Partei nicht so bleiben könne. Ein Austausch der Köpfe reiche nicht aus.»Es war kein Schritt, den ich mir leicht gemacht habe.‹ Einstimmig habe der Parteivorstand jene Forderungen akzeptiert, die er gestellt hat. Die erste davon lief darauf hinaus, dass sich die Partei nach außen hin dezent im Hintergrund halten soll.«[142]

Am 19. Mai wurden die ersten Umfragewerte nach dem Machtwechsel in der Volkspartei vom Magazin *News* veröffentlicht. Laut dieser Umfrage erreichte Sebastian Kurz 33 Prozent und lag somit gleich 7 Prozent vor den Sozialdemokraten Christian Kern und Heinz-Christian Strache. Es seien Zahlen,»die verblüffen, aber die man auch mit Vorsicht genießen muss«, schrieb das Magazin. Die»Woche des Machtwechsels« habe sicherlich»ihre Spuren hinterlassen«.[143]

Der neue Chef der Volkspartei plante, bei der nächsten Wahl für die ÖVP anzutreten, allerdings mit einer eigenständigen Liste, deren Name »Liste Sebastian Kurz – die neue Volkspartei«, lauten würde. Auf die Kritik der Medien, dass er sich nun eine anmutende Machtfülle herausgearbeitet hatte, antwortete er, dass es jahrelang geheißen habe, dass der ÖVP-Obmann zu wenig politischen Spielraum habe. Festgelegt hatte die ÖVP auch, wie sie sich den Weg zu Neuwahlen nun vorstellte. Der Noch-Koalitionspartner SPÖ sollte von Sebastian Kurz überzeugt werden, einen gemeinsamen Beschluss für »geordnete Verhältnisse« zu fassen. Bis zum Sommer sollte die Koalition alle Projekte umsetzen, die bereits in Planung waren. Danach sollte ein kurzer Wahlkampf im September folgen. Die Wahl war für den 15. Oktober angesetzt.[144]

# 3. KAPITEL

# WAHLKAMPF – DER WEG IST DAS ZIEL

Am ersten Juli, einem Samstag, fand im Linzer Design Center der 38. Bundesparteitag der Volkspartei statt. Er stand unter dem Motto »Zeit für Neues«. Das Innere des Design Centers war in zartes Türkis getaucht, der neuen Farbe der Volkspartei, die davor Pechschwarz gewesen war. Auf der großen Bühne im Hauptsaal standen türkis eingefärbte Container, auf ihnen prangte der Slogan der »neuen Volkspartei«. Rund 500 Delegierte und ebenso viele Gäste waren aus ganz Österreich angereist. Während am Vormittag noch nicht medienöffentliche Workshops für die Delegierten stattfanden, in denen »wichtige Zukunftsfragen« wie etwa das Sozialsystem, die Sicherheit und der Standort Österreich diskutiert wurden, wurde es gegen Mittag spannender. Eine der Neuerungen sah vor, dass jene Spitzenpolitiker, die gekommen waren, nicht mehr in der ersten Reihe saßen, sondern sie waren im ganzen Saal verteilt, um insgesamt offen zu signalisieren, dass die Partei nicht mehr so elitär war wie zuvor. Gespannt warteten alle auf den Beginn der Hauptveranstaltung.

Der offizielle Teil des Parteitages begann mit dem Einzug von Sebastian Kurz unter den Klängen der Bundeshymne und anhaltendem Applaus. Außerdem wurde ein Video über die Ereignisse seit dem Abgang des ehemaligen Parteichefs Reinhold Mitterlehner gezeigt. Es herrschte Aufbruchsstimmung. Mitterlehner, der im Mai seinen Hut genommen hatte, war beim Parteitag anwesend und wurde auf dem Podium ebenfalls mit reichlichem Applaus bedacht. Der oberösterreichische Landeshauptmann (Ministerpräsident) Thomas Stelzer sowie Sebastian Kurz bedankten sich bei ihm. Bei seiner Ansprache unterstrich Mitterlehner seine Beweggründe für seinen Rückzug aus der Politik: »Ich bin dabei, mich zu resozialisieren«, und zum aktuellen Klima in der Koalition meinte er: »Momentan gönnt die eine Seite der anderen nicht einmal einen Beistrich.« Er empfahl der Volkspartei mehr Gelassenheit im Umgang mit ihren Obleuten. Man dürfe nicht bei jedem Umfrageausschlag nach unten in eine Depression verfallen.[145]

Sebastian Kurz hatte neben seiner Freundin Susanne Thier Platz genommen. Neben ihnen saßen seine Eltern Josef und Elisabeth Kurz. Nach Mitterlehners Rede stieg der Außenminister auf das Podium. Er begann seine Ansprache und versuchte den Anwesenden zu erklären, was seine Beweggründe und Ziele für die Zukunft seiner Partei seien. Er versuche »einfach das zu machen«, was er »für richtig erachte«, doch »tun, was richtig ist, [...] das ist nicht immer das Leichteste«. Der Parteitag sei auch nicht dazu da, dass sich die Volkspartei abfeiere, sondern um die Weichen dafür zu stellen, was vor ihnen läge. Er habe intensive sechs Wochen hinter sich, aber die nächsten Wochen würden noch härter werden. Österreich seit Weltmeister im »Weiterwursteln« und schlecht darin, Fehler zuzugeben. Es gebe zu wenig Veränderungsbereitschaft.

Mehrmals während seiner Rede fand Sebastian Kurz persönliche Worte, möglicherweise auch aus dem Wunsch heraus, sich dadurch bodenständig zu zeigen. So dankte er etwa seiner Mutter, die öfter innerhalb einer Woche von Wien Richtung Niederösterreich pendle, um sich um die Großmutter zu kümmern und sie zu pflegen. »Meine Eltern haben mir immer ein unfassbares Gefühl der Geborgenheit gegeben, egal, wie es gerade gelaufen ist. Aber sie haben gleichzeitig auch versucht mir beizubringen, dass in der Familie jeder seinen Beitrag leisten muss«, dankte er seiner Familie. Die Vision, die er nun für Österreich habe, baue genau auf diesen Grundzügen seiner Familie auf: »auch in einem Land [muss] jeder seinen Beitrag leisten.«[146]

## Wahlkampf – der Weg ist das Ziel

Schließlich wurde der Außenminister in Linz mit 98,7 Prozent zum jüngsten Bundesobmann der Volkspartei gekürt, und außerdem wurde die von ihm geforderte Statutenänderung, die ihm sowohl personell als auch inhaltlich die innerparteiliche Macht in die Hand gab, abgesegnet. Er feierte danach vor dem Design Center mit rund 5000 Gästen, viele unter ihnen verewigten sich mit ihm gemeinsam etwa zwei Stunden lang auf Selfies. Kurz blieb stets sachlich und höflich und versprach, dass so auch der Wahlkampf ablaufen werde.

Von nun an befand sich Österreich im Wahlkampf. Man spürte an jedem Tag in der Alpenrepublik, dass sich das Land im totalen Umbruch befand. Dazu gehörte das komplette Aufpolieren des politischen Images der Volkspartei. Und Sebastian Kurz ließ dabei keinen Stein auf dem anderen. Mit dem Türkis als neuer Logofarbe wurde ein Zeichen in Richtung Moderne gesetzt. Dabei stellte diese plötzliche Umfärbung der Partei vor allem Medien vor Probleme. Aber auch auf Wikipedia wurde heftig über die neue Farbe diskutiert – so wurden offenbar auch Wahlresultate aus den Vorjahren einfach von Schwarz auf Türkis umgefärbt. Tony Barber, Europa-Korrespondent der *Financial Times*, kommentiert diese Marketingstrategie so: »Sebastian Kurz ist offensichtlich ein talentierter Politiker. Er hat die ÖVP vor den Bundestagswahlen 2017 geschickt umbenannt. In Großbritannien haben wir daran erinnert, dass es seit William Pitt dem Jüngeren (1759–1806), der unser Land zum Sieg in den französischen Revolutionskriegen geführt hat, keinen so jungen und dynamischen Staatschef mehr gegeben hat.«

In einem neuen Wahlkampfvideo betonte Kurz das innige Verhältnis zu seinen Eltern, während Familienangehörige von seiner Liebe zu Tieren sprachen aber auch von seiner Bescheidenheit.[147] Mit dem Satz »Ich wollte definitiv nie Berufspolitiker werden«, hob er sich von vielen seiner Mitstreiter, vielleicht auch den internationalen, sehr ab.

Er ist einerseits kein Intellektueller, wie etwa Bruno Kreisky oder Wolfgang Schüssel, aber auch kein ausgefuchster Jurist, der wie viele Politiker die Jurisprudenz für den Eigenzweck bis an die Grenzen auslotete.

Er ist aber auch kein Populist, der sich gerne auf Bühnen stellt und die Massen hypnotisiert und mit Volksreden fesselt. Sebastian Kurz setzte in seinem Wahlkampf vor allem auf Understatement und Pragmatismus, wie kein anderer Politiker das vor ihm getan hat. Er wurde daraufhin als ein Techniker der Macht mit einem freundlich-höflichen Antlitz gesehen. Er überzeugte durch seine Höflichkeit, aber auch durch den Respekt, den er vermittelte bei der Interaktion mit seinen Wählern und die Überzeugungskraft, die er auf sein Team ausstrahlte.

Er sei »ein Sympathieträger«, der zuhören könne, schrieben die Medien.[148] Das war etwas noch nie Dagewesenes in der österreichischen – ja man kann vielleicht sogar sagen – in der europäischen und in der Weltpolitik. Das aufmerksame Zuhören wurde ab diesem Wahlkampf zu seinem Markenzeichen. Er hörte den anderen zu, egal ob diese ihn wählen würden oder nicht. Er konnte auf sie eingehen, war niemals aggressiv, immer freundlich, manchmal verbindlich und manchmal sogar unverbindlich.

Der politische Korrespondent der *FAZ* Stephan Löwenstein schildert heute seine ersten Eindrücke von Sebastian Kurz: »Ich habe zunächst von ganz vielen Leuten gehört, dass ihnen auffällt, wie gut er zuhört und wie rasch er Sachen versteht und auffasst. Und dass er verlässlich darauf eingeht, wenn er etwas zusagt. Das scheint eine wichtige Begabung in der Politik zu sein, denn das ist auch eine gute Managementbegabung. Im Grunde genommen ist Politik nicht so unterschiedlich von anderen Führungsaufgaben.«

Er sei ein Stratege und ein Organisationstalent. Das hat auch Manfred Juraczka, Klubobmann der ÖVP Wien, beobachtet, der Sebastian Kurz schon seit vielen Jahren kennt. Juraczka sagt heute über ihn: »Mich begeistert, dass Sebastian Kurz auch bei den heißesten Diskussionen und kontroversesten Interviewführungen in sich ruhend und lächelnd Fragen beantwortet. Dieses In-sich-Ruhen und diese unglaubliche Gelassenheit, die er ausstrahlt, sind seine besonderen Kennzeichen. Denn er sagt oft Sachen in einer Schärfe, die nicht so scharf klingen, wie sie eigentlich formuliert sind.«

## Wahlkampf – der Weg ist das Ziel

Der Journalist Stefan Aust analysiert treffend die Strategie von Sebastian Kurz Politik: »Ich glaube ehrlich gesagt, Intelligenz und Pragmatismus sind keine Altersfrage. Im Gegenteil vielleicht. Ich finde das ganz gut, wenn jemand noch nicht so glatt geschliffen ist von den politischen Ränkespielen, den Intrigen und dem ganzen Mechanismus, sondern mit den Beinen auf dem Boden geblieben ist. Ich will Sebastian Kurz nicht in den Himmel loben, aber ich finde es angenehm, wie er die Realität zur Kenntnis nimmt und wie er versucht, die Politik des Möglichen zu machen.« Und Aust erklärt: »Politik ist ja immer die Politik des Möglichen. Aber das Mögliche muss man ja zumindest auch mal in Angriff nehmen.«

Unterdessen berichteten einige Medien – darunter die *Kronen Zeitung* und *Der Standard* – dass seit 21. Juli 2016 ein Dokument über die »strategische Grundlage und Positionierung« einer neuen Bewegung innerhalb der Volkspartei mit Sebastian Kurz an der Spitze in einem Schreibtischfach im Hauptquartier der Volkspartei liege. Dort gehe es um die Übernahme der ÖVP und den Einzug ins Kanzleramt. Die meisten Passagen, die hier vorkamen, erinnerten jedoch genau an die Politik von Sebastian Kurz.[149]

Eine der Thesen in diesem Papier lautete etwa: Die Große Koalition sei »Sinnbild für ›das System‹, und in der Bevölkerung bestehe eine enorme ›Systemverdrossenheit‹. Diese Atmosphäre müsse von Sebastian Kurz in der Kampagne aufgenommen werden.« Vorgeschlagen wurde unter anderem »die Abschaffung der Pflichtmitgliedschaften« in den Wirtschaftskammern. Außerdem solle der künftige »Wahlkampf klar auf Kurz abgestellt, die Marke ÖVP beim Wahlkampf spärlich verwendet [werden], weil sie für ›alt‹ steht«. Der Wahlkampf solle zudem in der Thematik »›nicht von inhaltlichen Fragen, sondern von der Stilfrage, Österreich zu verändern‹, geprägt sein. Analysiert werden auch Bundeskanzler Christian Kern (›Karriere im staatlichen System, das personifizierte System‹) sowie sein parteilicher Kontrahent Heinz-Christian Strache (›Zündler, Populist‹).«[150]

In der Zentrale der ÖVP-Partei wurde zunächst abwehrend reagiert und man erklärte, die Papiere würden nicht aus Sebastian Kurz' Büro stammen. Als mögliche Erklärung wurde angeführt, es seien »ungefragte Ratschläge übermotivierter Personen, aber es ist auch nicht auszuschließen, dass es sich um eine Erfindung handelt.«[151]

Und Kurz selbst wurde nicht müde, ständig in Gesprächen mit Journalisten und der Bevölkerung zu erklären, dass für ihn eine moderne Partei wie die Volkspartei, »Breite, Vielfalt und Weltoffenheit« brauche und sie müsse gleichzeitig »fest in den eigenen Grundwerten sein: Leistung, Eigenverantwortung, eine christlich-soziale Verantwortung gegenüber dem Nächsten«.[152]

Tatsächlich gingen seit dem Beginn der Flüchtlingskrise im Jahr 2015 die Umfragewerte der FPÖ in lichte Höhen, während die beiden anderen Parteien – also die Sozialdemokraten und die Volkspartei – in den Erhebungen immer mehr an Zustimmung verloren. Das Einschwenken der Regierung auf einen restriktiveren Kurs in der Flüchtlingsfrage brachte vor allem der SPÖ starke innerparteiliche Spannungen. Mit der Ernennung Christian Kerns zum neuen Parteichef im Jahr 2016 keimte zwar neue Hoffnung in der Sozialdemokratie auf, und es wurden große Erwartungen geweckt, doch der Friede währte nur kurz. Während Kern sich auf Arbeitszeitverkürzungen konzentrierte, verschärfte Kurz seine Linie bei der Flüchtlingsfrage.

Bereits im Jahr 2016 hatten zwei Drittel der Österreicher den Eindruck, es laufe etwas falsch in der heimischen Politik. »Die Asylkrise war zum ›epochalen Krisenthema geworden, das alles andere verdrängte‹«.[153] Ein Jahr später zeigte sich in einer Umfrage, dass erstmals in der Geschichte der Republik eine Mehrheit der Wähler mit der Art und Weise, wie die Demokratie in Österreich funktionierte, extrem unzufrieden waren.

Einige Zahlen dieser Umfrage, die auch der österreichische Politologe Fritz Plasser in den Medien veröffentlichte, verdeutlichen diese Analyse: Lediglich 44 Prozent der Österreicher waren im Jahr 2017 mit dem Funktionieren der Demokratie in der Alpenrepublik zufrieden, die restlichen 54 Prozent waren unzufrieden. Unter den Wählern der Freiheitlichen Partei (FPÖ) waren sogar 75 Prozent sehr unzufrieden. Von den mit dem Funktionieren der österreichischen Demokratie Unzufriedenen wählten 39 Prozent die FPÖ. Das Misstrauen gegenüber politischen Eliten war groß, nur mehr 21 Prozent vertrauten Politikern und Parteien voll und ganz, und rund 60 Prozent hatten in diesem Jahr nur wenig Vertrauen. 18 Prozent standen dem politischen Establishment gänzlich misstrauisch gegenüber.[154]

Die Taktik von Sebastian Kurz, sich auf dieses Thema zu konzentrieren, ging auf. Während die Sozialdemokarten bis zum heutigen Tage noch immer ihre Schwierigkeiten haben, eine Positionierung zu finden, habe Kurz ganz einfach effektiv »FPÖ-Monopole besetzt«, erklärte der österreichische Politologe Fritz Plasser.[155] Der Außenminister verquickte einerseits die Flüchtlingsfragen mit sozialen und mit arbeitsmarktpolitischen Problemen, und er versah andererseits die bisher den Freiheitlichen vorbehaltenen Themen, wie die ablehnende Haltung gegenüber Flüchtlingen, mit einem jungen, intelligenten Gesicht. Nämlich mit seinem eigenen.

»Kennen Sie Ihre Werte und gestalten Sie die Debatte« zählt zu den Empfehlungen des amerikanischen Bestsellerautors und kognitiven Linguisten George Lakoff, des Spezialisten für das »Re-Framing« (das »Einrahmen«). Denn ein Großteil menschlicher Entscheidungen komme durch unbewusste Prozesse und Emotionen zustande. Lakoffs These lautet, dass jede Informationsverarbeitung in unserem Gehirn innerhalb von Frames – also von »Deutungsrahmen« – stattfinden. Und welche dieser Rahmen sprachlich aktiviert sind, entscheiden wesentlich darüber, wie man Dinge bewertet, welche Lösungsmöglichkeiten man in Betracht zieht und wie man entscheidet. »Framing« ist ein grundlegender Ansatz zum Verständnis menschlicher Kommunikation und insbesondere der politischen Auseinandersetzung. Es kann für gute und für schlechte Ziele eingesetzt werden. Zur politischen Mündigkeit gehört es nach Lakoff, diesen Mechanismus zu erkennen. Dabei geht es beim Framen um ein strategisches Vorgehen im Gespräch, um seinem Gegenüber ein Denkmuster anzubieten und einen Rahmen vorzugeben. Oder anders ausgedrückt: »Der Mensch könne nicht nicht framen.«[156]

## 3. Kapitel

Außenminister Kurz positionierte die ÖVP erstmals weit außerhalb ihres Markenkerns. Als Außenminister hatte er sich der Imagepflege als Erneuerer der Volkspartei gewidmet, und er propagierte mit seiner wiederholten Forderung nach einer Schließung der Mittelmeerroute eine harte Linie in der Migrationsfrage. Hinzu kamen zahlreiche Berichte und Fotos von ihm auf dem internationalen Politparkett, die seiner Partei einen Umfragenhöhenflug sicherten. Beim österreichischen Wähler kam das jedenfalls gut an: War die FPÖ bis zu Kurz' Antritt als ÖVP-Chef in allen Umfragen vorn, drehte sich das Blatt alsbald. Fritz Plasser »spricht von einer ›beispiellosen Wanderung‹ von etwa 500.000 Wählern« zur Volkspartei.[157]

Dabei waren die Positionen der beiden einst stärksten Parteien, nämlich der Sozialdemokraten und der Volkspartei, klar unterscheidbar. Sie lagen sogar inhaltlich so weit auseinander wie schon lange nicht mehr. Auf der einen Seite der 50-jährige dunkelhaarige ehemalige Chef der Österreichischen Bundesbahnen und Bundeskanzler Christian Kern, der mit seinem Humphrey-Bogart-Charme auf den Wahlplakaten mit dem Slogan »Hol Dir, was Dir zusteht« lockte. Und auf der anderen Seite der 30-jährige, jüngste Parteichef und gleichzeitig jüngste Kanzlerkandidat in der Geschichte der Volkspartei, der nicht nur sein Ministeramt, sondern auch schon das Staatssekretariat dazu nutzte, um sich als neue Führungsfigur im Land zu positionieren. Doch Sebastian Kurz war außerdem der Mann, der die Balkanroute schloss und der im Umgang mit der Türkei deutliche Worte fand: Seine Partei rückte er nach rechts, setzte auf Migration und Islam als Themen. Und das brachte Stimmen. Laut den Umfragen lag die Volkspartei plötzlich vorne – ein Erfolg wie schon seit Langem nicht mehr.

Und so begannen die Meinungsforscher, die Bevölkerung den Sommer hindurch in kurzen Abständen zu befragen. So prognostizierte etwa die Kommunikations- und Consultingfirma Akonsult, dass die ÖVP unter Sebastian Kurz auf 32 Prozent der Stimmen kommen würde. Dahinter lagen die SPÖ und FPÖ mit jeweils 25 Prozent. Auf die Frage »Mit wem würden Sie gern auf einen Kaffee gehen?« wurden

## Wahlkampf – der Weg ist das Ziel

Interesse und Sympathie für einen Politiker ausgelotet. Auch hier führte Kurz, gefolgt von Strache und Kern. Kurz verfügte über exzellente Imagewerte, während der Kanzlerbonus Christian Kern bisher kaum zu helfen schien: Seine SPÖ lag deutlich hinter der Kurz-ÖVP. »Bisher war Bundeskanzler Kern eher in der Rolle des Herausforderers zu beobachten. Persönlich sehr angriffig gegenüber Außenminister Kurz und anderen ÖVP-Ministern und mit häufig wechselnden Themen«, so Akonsult-Chefin Kristin Allwinger.[158]

Während Christian Kerns Partei auf traditionelle sozialdemokratische Themen setzte wie etwa den Ruf nach einer Erbschaftssteuer ab einer Million Euro, lagen die Schwerpunkte des Programms von Sebastian Kurz bei Themen, die die Menschen betrafen, wie etwa die Steuersenkung, die Förderung von Eigentum, der Stopp der Zuwanderung ins Sozialsystem sowie der Stopp der illegalen Migration.

Ein wirklich bezeichnendes Erlebnis war für den Geschäftsführenden Direktor des Europäischen Fonds für strategische Investitionen und ehemaligen Vizekanzler Wilhelm Molterer ein Tag Anfang August, an dem ihn Sebastian Kurz anrief und ihn fragte, ob er »Zeit habe«. Molterer antwortete mit »Ja« und wurde gebeten, noch am selben Tag zu Kurz ins Außenministerium zu kommen. Dort nahm er im Büro des Außenministers Platz, sichtlich gespannt, was Sebastian Kurz mit ihm besprechen wollte. Die erste Frage von Kurz lautete: »Was kann in einem Wahlkampf alles geschehen? Du hast doch viele Wahlkämpfe auf dem Buckel, selber gestaltet, selber organisiert, warst selber Spitzenkandidat. Was kann in einem Wahlkampf wirklich passieren?« Molterer sah ihm in die Augen und begann auszuführen. Das Gespräch dauerte drei Stunden. Als Molterer dem Außenminister gegen Ende zu verstehen gab, dass jetzt im Sommer bereits Wahlkampfzeit sei, entgegnete Kurz: »Nein. Jetzt ist Sommer. Jetzt machen wir den Wahlkampf mit medialer Unterstützung. Ich bereite mich indessen auf die heiße Phase im Herbst vor, die mir eine Werbeagentur nicht liefern kann.« Molterer war sprachlos. Er beobachtete eine faszinierende Professionalität bei Sebastian Kurz und dessen »Feuerprobe bei der Wahl zum Bundeskanzler«, die ihm auch diese Stärke in der Politik gab.

Der Wahlkampf zur Nationalratswahl in Österreich befand sich bereits in der Schlussphase, als er plötzlich durch eine gezielte Dirty-Campaigning-Affäre überschattet wurde. Ende September wurde bekannt, dass der langjährige SPÖ-Berater Tal Silberstein – der seit 2001 immer wieder für Wahlkämpfe beschäftigt worden war – unter falscher Urheberschaft anonyme Facebook-Seiten geführt hatte, auf denen er und sein Team Sebastian Kurz gehörig anpatzten. Die Facebook-Seiten »Wir für Sebastian Kurz« und »Die Wahrheit über Sebastian Kurz« sollten zunächst einmal den Eindruck erwecken, von der ÖVP oder aber von Fans der ÖVP betreut zu werden. In Wahrheit jedoch wurden sie von Tal Silberstein in Zusammenarbeit mit einem hochrangigen Mitarbeiter des SPÖ-Kampagnenteams namens Paul Pöchhacker, der in alle Koordinierungsaktivitäten des Kanzleramtes um Silberstein eingebunden war, betrieben. Auch Politikberater Peter Puller spielte eine wichtige Rolle: Er hatte ein israelisch-österreichisches Team im Politbüro in Wien aufgebaut, das sich aktiv dem Dirty Campaigning widmete. Deren Strategie war es, durch diese Facebook-Seiten die mit Kurz sympathisierenden Wähler gehörig abzuschrecken. Als der Skandal publik wurde, ging man in der Partei daran, die involvierten Mitarbeiter bei der SPÖ zu suspendieren.

Unterdessen lief der Wahlkampf auf vollen Touren: Die Oppositionsparteien machten sich angesichts der Dirty-Campaigning-Affäre Hoffnungen, Stimmen von den Sozialdemokraten, aber auch von der ÖVP abzuziehen. Die FPÖ setzte vor allem auf ein Thema: den Kampf gegen Rot-Schwarz. Aus diesem Grund bemühte sich ausgerechnet Parteichef Heinz-Christian Strache um ein staatstragendes Auftreten – vor allem wenn er in TV-Konfrontationen zu sehen war. Hinzu kam, dass die FPÖ erst mit dem Ende August präsentierten Wirtschaftsprogramm ihre neue Linie offiziell skizzierte. Sie präsentierte ihr Motto »Fairness«, und man konnte beobachten, dass es mit einem Mal sanftere Töne von der FPÖ zum Thema Migration zu hören gab. Sie zielte mit dieser neuen Maßnahme vor allem auf die Wähler der SPÖ ab. In der Schlussphase des Wahlkampfs setzte die FPÖ dann wieder auf klare Konfrontation mit Sebastian Kurz, der von Strache auch als Kopierer blauer Ideen und als »Spätzünder« in der Flüchtlingskrise präsentiert wurde.[159] Das Ziel der Freiheitlichen Partei war es, die Glaubwürdigkeit des ÖVP-Spitzenkandidaten gezielt zu hinterfragen.

## Kein politisches Anhängsel mehr

Österreich hatte sich jahrzehntelang als Anhängsel Deutschlands gesehen. Doch Sebastian Kurz wollte, sobald er Kanzler wäre, das Land kategorisch umbauen. Seine politische Zielformulierung, die er vor den Medien ständig wiederholte, stand in einem rund 250 Seiten umfassenden Wahlprogramm der ÖVP, das er innerhalb mehrerer Wochen in drei Teilen den Medien präsentierte. Kurz bekräftigte, dass er einerseits den »Wirtschaftsstandort« verbessern wolle, darüber hinaus wolle er eine »Neue Gerechtigkeit« mit einer neuen Steuer- und Abgabenquote, die er auf 40 Prozent senken wolle, um die Menschen, die wenig verdienen, zu entlasten. Eines seiner Ziele sei es auch, das Gesundheitsthema zu überarbeiten und das Thema Mindestsicherung weiter zu betreuen: Einen ausgeprägten Sozialstaat und unbegrenzte Zuwanderung solle es künftig nicht mehr geben. Der dritte Teil seines Wahlprogramms umfasste den für Sebastian Kurz wichtigsten Bereich, nämlich »Sicherheit und Migration«, und wurde mit »Ordnung in Österreich und Europa« überschrieben.

Ein Ziel, bei dem Sebastian Kurz durchaus an die Politik von Altbundeskanzler Wolfgang Schüssel anknüpfte, war, dass Kurz Österreich wieder zum »besseren Deutschland« machen wollte. Das Ausbildungswesen solle ebenfalls verbessert werden. Beim Wirtschaftsstandort Österreich setzte Kurz auf Regulierung – oder besser Deregulierung – beide Themen sollten eine wesentliche Rolle spielen. Es gebe zu viele Vorschriften. Österreich müsse insgesamt besser werden, etwa was die

Verringerung der Arbeitslosigkeit betreffe. Man müsse »aufhören, Dinge schön zu reden«, sagte er mehrmals. Natürlich sei es ein Problem, wenn jeder dritte Abgänger einer Volksschule nicht sinnerfassend lesen könne.[160]

Dass die Präsentation des Programms erst im Herbst, konkret im September, stattfand und damit lange auf sich warten ließ, lag vor allem an der aufwendigen Erstellung. »Wir haben ganz bewusst nicht drei Leuten in der Parteizentrale den Auftrag gegeben, das Programm zu schreiben«, erklärte Sebastian Kurz den Journalisten. Vielmehr habe es sich um einen längeren Prozess gehandelt, bei dem auch viele Anregungen aus der Bevölkerung aufgenommen worden seien, und es sei auch bewusst die persönliche politische Note von Kurz mit eingeflossen.

Für Sebastian Kurz war das Programm »ambitioniert, aber machbar«. Als sein Ziel stellte er dar, die »Menschen zu entlasten, damit ihnen auch von ihrem Verdienten mehr bleibt«. Vor allem kleine und mittlere Einkommen wolle er unterstützen. Er versprach, dass er sich dafür starkmachen wolle, den ländlichen Bereich zu stärken. Es solle einen Breitbandinternetausbau geben und zeitgleich die Rahmenbedingungen für bäuerliche Direktvermarktung verbessert werden. »Um das Land als Tourismusstandort wieder ›wettbewerbsfähig‹ zu machen, soll[te] es eine Reduktion des Mehrwertsteuersatzes für Übernachtungen von 13 Prozent auf 10 Prozent und einen bundesweiten Wettbewerb zur ›Identifizierung von sinnlosen Regulierungen und Vorschriften‹ geben.« Auch in der Gesundheitsvorsorge gab es Pläne seitens der ÖVP: Kurz wollte »Landarzt-Stipendien einführen und österreichweit attraktivere Rahmenbedingungen für Hausärzte schaffen«.

Die ÖVP trat für die Reform des Krankenanstalten-Finanzierungssystems ein und forderte »gleiches Geld für gleiche Leistung und Zusammenlegung und Reduktion der Anzahl der Sozialversicherungsträger. Um die Pflege von Angehörigen zu sichern, sollten One-Stop-Shops zur Förderung und Unterstützung Angehöriger von pflegebedürftigen Menschen eingerichtet werden.« In den Medien war zu lesen, dass der ÖVP-Plan insgesamt 11,7 bis 12,7 Milliarden Euro kostete. Gegenfinanziert werden sollte das »Kurz-Modell« mit 12 bis 14 Milliarden Euro durch folgende Maßnahmen: »Wirtschafts- und Beschäftigungswachstum (4–5 Mrd.), Ausgabenbremse (4–5 Mrd.), Systemeffizienz (4 Mrd.), Zuwanderungsstopp-Sozialsystem (1,5 Mrd.), Sozialversicherung (0,7 Mrd.), öffentliche Verwaltung (1 Mrd.) und Steuerfluchtbekämpfung (0,8 Mrd.).«[161]

## Der Weg zur anderen Europapolitik

»Zeit für Neues« war, wie bereits angemerkt, der neue Slogan von Sebastian Kurz und somit der Slogan seiner Partei. Damit wurde suggeriert, er wolle die alte, verstaubte ÖVP modernisieren. Es ging zeitgleich um einen neuen jungen Parteichef und eine neue verjüngte Partei. Kurz erklärte den Medien immer wieder, er sei davon überzeugt, dass es eine Veränderung brauche. Es werde auch nicht die letzte Veränderung für die ÖVP sein. »Wenn sich die Partei verändert, kann man wieder so stark werden, dass man das Land verändern kann«, stellte Kurz indirekt über die Medien den Kanzleranspruch. »Die Bundespolitik sei derzeit vor allem davon geprägt, dass man ›sich gegenseitig anpatzt und versucht, den anderen schlecht zu machen‹, befand Kurz. Er sei ›nicht naiv‹, [...] glaube aber, es sei richtig,« sich nicht an Schmutzkübelkampagnen zu beteiligen.[162]

Dass er sich nicht nur Gedanken um Österreich, sondern auch in weiterer Folge Gedanken um Europa machte, wurde anlässlich eines Hintergrundgespräches klarer, das Kurz mit Journalisten führte.[163] Ihm schwebten zunächst einmal ein Kurswechsel in der EU und konkret ein »Subsidiaritätspakt« vor, dessen Ziel es sein sollte, öffentliche Aufgaben möglichst bürgernah auf der Ebene der Nationalstaaten zu regeln. Erst wenn ein bestimmtes Problem zu groß sei oder dort nicht gelöst werden könne, solle laut Kurz die Regelungskompetenz – also eine Ebene höher – von der EU übernommen werden. Infrage dafür kamen laut Kurz die Außen-, die Sicherheits- und die Verteidigungspolitik, der gemeinsa-

## 3. Kapitel

me Schutz der Außengrenzen, aber auch Fragen des Wettbewerbs und internationalen Handels. Sozial-, Gesundheits-, Gesellschafts- und Familienpolitik sollten dagegen nationale Themen bleiben. »Dort, wo kein Mehrwert durch europäische Regelungen entsteht, sollen EU-Kompetenzen nicht ausgedehnt werden«. Laut Sebastian Kurz benötige es aber mehr eine »Fokussierung auf zentrale große Fragen«.

Ein weiteres Thema des ÖVP-Spitzenkandidaten war die Niederlassungsfreiheit innerhalb der EU. »Niederlassungsfreiheit soll bedeuten, dass jeder überall in Europa arbeiten darf.« Das solle jedoch, so Kurz, nicht bedeuten, dass man sich das beste Sozialsystem aussuchen kann. »Unser Ziel ist daher, dass es einen Anspruch auf Mindestsicherung für Zuwanderer geben kann, aber erst nach fünf Jahren.« Dafür sollte die Familienbeihilfe für im Ausland lebende Kinder an das Niveau des jeweiligen Landes angepasst werden. Zum Ausscheiden der Briten aus der Europäischen Union, dem »Brexit«, befragt, plädierte Kurz dafür, eine »erträgliche Situation« für alle Beteiligten zu schaffen. Europa brauche die Zusammenarbeit mit Großbritannien. Er ließ aber auch wissen, dass die Verhandlungen »hart und schwierig« würden.[164]

Mit dem Wahlkampfauftakt in der Wiener Stadthalle ging die ÖVP Ende September in die Intensivphase des Wahlkampfs. Rund 10.000 Unterstützer und Anhänger wurden zur Parteiveranstaltung erwartet, die nach dem Vorbild von bekannten US-Parteikonventen organisiert worden war. Die sozialen Medien und insbesondere Facebook, waren im Wahlkampf zu einem wichtigen Werkzeug für die Parteien geworden. Sie boten Politikern und Parteien die Möglichkeit, ihr Programm zu bewerben, dabei dienten die Spitzenkandidaten als die großen Zugpferde im Social-Media-Wahlkampf.

Und dann kam der »Tag X«, der 15. Oktober 2017. Die Österreicher wählten. Um 17:10 Uhr flimmerte die erste offizielle Hochrechnung der Wahl über die Fernsehschirme Österreichs. Demnach lag die konservative Volkspartei von Sebastian Kurz klar auf Platz eins und erreichte 31,5 Prozent. Die rechtspopulistische FPÖ landete auf Platz drei mit 26,0 Prozent und die bisher regierende SPÖ lag nur knapp darüber mit

## Wahlkampf – der Weg ist das Ziel

26,9 Prozent.[165] Es wurde nun die ÖVP-Wahlkampfzentrale eingeblendet: Man sah unzählige junge Leute in türkisfarbenen T-Shirts neben gut gekleideten applaudierenden Unterstützern von Sebastian Kurz stehen. Der luxemburgische Außenminister Jean Asselborn gab ein Interview, in dem er seiner ernsten Sorge über das erwartete Wahlergebnis Ausdruck verlieh: »Das bedeutet einen Rechtsruck.« Und er schloss interessanterweise gleich darauf an: »Wenn die FPÖ in die Regierung kommt, kann sie zeigen, dass sie nicht auf einer Linie mit der AfD ist.«[166]

Unterdessen betrat Ex-Bundeskanzler Christian Kern das Festzelt seiner Partei und richtete erste Worte an seine Fans, die ihn feierten, als ob er der Wahlsieger wäre: »Das ist nicht das Ergebnis, das ich mir für euch gewünscht habe«,[167] sagte er mit einem Lächeln, das gequält wirkte. Kurz vor 19 Uhr gab Sebastian Kurz dann sein allererstes Statement ab: Der künftige Kanzler Österreichs sagte zu seinen Anhängern, er sei überglücklich und bemerkte, dass mit dem Wahlergebnis die Weichenstellung für die Volkspartei erreicht worden sei: »Wir haben das Unmögliche möglich gemacht.« Sein Wahlsieg sei eine wahre Chance auf eine Veränderung in Österreich, und dafür wolle er kämpfen. Für ihn sei klar, es gelte nun, »einen neuen politischen Stil in diesem Land zu etablieren«.[168] Und Manfred Weber, Chef der Europäischen Volkspartei im EU-Parlament, schickte umgehend per Twitter Wünsche an Sebastian Kurz: »Ein starkes Ergebnis. Die ÖVP ist wieder da. Es braucht einen Aufbruch für Österreich.«[169]

Heute analysiert Sebastian Kurz diesen Tag und das Geheimnis seines damaligen Erfolges mit diesen Worten: »Ich glaube zunächst einmal, dass wir in einer Zeit leben, wo jeder politisch einen Beitrag leisten darf. Egal, ob er männlich oder weiblich, jung oder alt, ist. Das war früher sicher anders. Und zum Zweiten haben wir ganz bewusst versucht, auch die traditionellen Strukturen zu öffnen und uns als Partei zu öffnen. Personen haben gewonnen, die früher für das politische Amt sich engagiert haben, aus Wissenschaft, Zivilgesellschaft oder Wirtschaft. Diese unglaubliche Verbreiterung, wo gleichzeitig aber auch das Erbringen von zusätzlichem Know-how zusätzlicher Expertise hinzukam,

## 3. Kapitel

hat mich wesentlich stärker gemacht. Und zum Dritten: Inhaltlich versuchen wir eigentlich etwas unvoreingenommener heranzugehen und einfach gute Lösungen für Herausforderungen zu finden.«

## Blitzartige Sondierungsgespräche

In Windeseile verhandelte Sebastian Kurz ab dann mit möglichen Regierungspartnern. Einer der möglichen Partner für eine Regierungskoalition war Heinz-Christian Strache von der FPÖ: Dieser soll großes Interesse an einer Zusammenarbeit mit Kurz gehabt und ihm das auch persönlich mitgeteilt haben. Bereits drei Tage nach der Wahl soll Kurz von Strache zu einem rund dreistündigen Gespräch in dessen Wohnung nach Klosterneuburg eingeladen worden sein – noch vor dem Auftrag zur Regierungsbildung. Dieses Geheimgespräch wurde aus der ÖVP-Zentrale folgendermaßen kommentiert: »Wir bestätigen, dass es informelle Gespräche mit allen Parteien gibt. Sollte Kurz den Regierungsbildungsauftrag erhalten, wird es auch formale Annäherungsgespräche geben.« Die FPÖ verlautbarte: »Wir sprechen mit allen Parteichefs. Da es noch keinen Regierungsbildungsauftrag gibt, handelt es sich um keine offiziellen Gespräche. Gibt es einen Regierungsbildungsauftrag, wird es auch offizielle Gespräche geben.« [170]

Fünf Tage nach der Wahl erhielt Sebastian Kurz schließlich den offiziellen Auftrag zur Regierungsbildung von Bundespräsident Alexander Van der Bellen am Freitag um 11 Uhr in den Amtsräumen der Hofburg. Im Anschluss daran traf Sebastian Kurz um 16 Uhr den Parteichef der NEOS, Matthias Strolz, um mit ihm potenzielle Zwei-Drittel-Materien auszuhandeln, mit denen die NEOS die Mehrheit sicherstellen könnten. Dieses erste Sondierungsgespräch fand im ÖVP-Klub statt. Strolz zeigte sich nach dem einstündigen Gespräch vor den anwesenden Medien erfreut darüber, dass es »eine Art Arbeitsübereinkommen« mit der Opposition in ausgewählten Sachthemen geben solle.[171] Kurz und er hätten vereinbart, weiter in Kontakt zu bleiben. Als die

## Wahlkampf – der Weg ist das Ziel

Journalisten sich bei Sebastian Kurz jedoch erkundigten, ob er eine Dreierkoalition mit der pinken Fraktion ausschließen würde, erklärte er ihnen, dass gar nichts ausgeschlossen sei. Der junge Regierungschef ließ sich nicht von den Medien in die Karten blicken und wiederholte mehrmals, er wolle die weiteren Gespräche mit den anderen Parteichefs abwarten.[172]

Am Samstagvormittag traf er um elf Uhr den Ex-Listengründer der Grünen Peter Pilz, dessen Partei nach der Wahl den Einzug ins Parlament nicht geschafft hatte. Pilz positionierte sich vor dem Gespräch mit Kurz vor den wartenden Journalisten als »politischer Gegenpol« zu einer erwartbaren türkis-blauen Regierung. Die beiden Männer unterhielten sich über die Fortsetzung des Eurofighter-Untersuchungsausschusses, aber auch über Klimapolitik als zentrales Anliegen der Liste Pilz. Dieser warnte Kurz auch vor einem Umweltminister aus den Reihen der FPÖ: »Ich möchte nicht, dass jemand mit Aluhut im Umweltministerium sitzt und erzählt, dass es keinen Klimawandel gibt.«[173]

Am Samstagnachmittag kam es schließlich zum ersten offiziellen Gespräch im Rahmen der Sondierungsverhandlungen mit dem Chef der Freiheitlichen Heinz-Christian Strache. Bereits im Vorfeld notierten einige Medien: »Die Zeichen stehen auf Schwarz-Blau«, denn es schien, als zeigten sich »ÖVP-Chef Sebastian Kurz und FPÖ-Chef Heinz-Christian Strache [...] nach einem ersten formalen Annäherungstreffen voneinander angetan«. Sebastian Kurz sprach nach diesem Treffen von einem »äußerst positive[n] und gute[n] Gespräch«. Strache wiederum erklärte, er sei »guter Dinge«, dass er zu Koalitionsverhandlungen eingeladen werden würde. Sebastian Kurz erklärte nach der Unterredung vor den Medien, dass Strache eine Partei vertrete, die am Wahltag ebenfalls deutlich gestärkt worden sei. Man habe weniger über die Vergangenheit und den Wahlkampf gesprochen, sondern »den Blick in die Zukunft gerichtet«. Und dann präzisierte Sebastian Kurz, dass es darum gegangen sei, »ob es die Möglichkeit zu einer Zusammenarbeit gibt«. Kurz hatte jedenfalls – so äußerte er sich vor den Medien – »das ›sehr starke Gefühl‹, dass bei der FPÖ Veränderungs- und Gestaltungswille,

## 3. Kapitel

aber auch ›Verantwortungsbewusstsein‹ herrsche«. Er habe daher mit dem Chef der FPÖ vereinbart, die Gespräche fortzuführen. Kurz betonte aber auch vor den Journalisten, dass er die Freiheitlichen zu diesem Zeitpunkt noch nicht offiziell als ›Wunschpartner‹ bezeichnen wolle, sondern verwies auf ein weiteres formelles Gespräch mit dem Chef der Sozialdemokraten Christian Kern, am Sonntagabend. Das Verhältnis zwischen Kurz und Kern galt in dieser Zeit als abgekühlt. Die Frage, ob er sich mit Kern als Parteichef überhaupt noch irgendeine Zusammenarbeit vorstellen könne, wollte Kurz nicht beantworten.[174] Mit dem Bundespräsidenten hatte er aber vereinbart, dass in den kommenden Tagen und Wochen ein regelmäßiger Informationsaustausch stattfinden solle. Bis zur Bildung der ersten schwarz-blauen Regierung hatte es im Jahr 1999/2000 knapp 124 Tage gedauert. Kurz hatte vor, nicht so lange zu verhandeln.

Nach dem Sonntagsgespräch mit Kern wurde es langsam zur Gewissheit, in welche Richtung eine neue Regierung in Österreich unter einem Kanzler Sebastian Kurz gehen würde. Denn während Christian Kern, der Chef der SPÖ, noch von einem guten Gespräch mit Kurz berichtete, war vieles bereits sonnenklar. Vor allem auch, da Kern bereits vor dem Treffen kryptisch gegenüber den Medien angemerkt hatte: »Ich erwarte mir ein vernünftiges Gespräch. Danach sehen wir klarer.« Auf die konkrete Frage ob er weiterarbeiten wolle, antwortete Kern schließlich: »Ich mache auf alle Fälle im Parlament weiter.«[175] Sebastian Kurz jedoch sagte den wartenden Journalisten die Wahrheit: Er habe nicht den Eindruck gewonnen, dass Kern als Juniorpartner in eine Regierung mit der ÖVP wolle.[176] Ehrlicher konnte man es nicht sagen. Ab diesem Wochenende schien klar zu sein, welchen Weg die Volkspartei nach der Wahl wirklich einzuschlagen beabsichtigte: Sie strebte eine Koalition mit den Freiheitlichen von Heinz-Christian Strache an. Denn mit denen, so Kurz, gebe es »inhaltlich einiges, das verbindet«, aber auch manches, das die potenziellen Partner trennen würde.[177]

Jedoch strebte der ÖVP-Chef partout keine Minderheitsregierung an. Das sei zwar »eine Variante, aber definitiv nur ein Plan B«, meinte er.

»Das Ziel« sei für ihn eine »stabile Regierung, um die notwendigen Veränderungen und Reformen anzugehen«.[178]

Erstmals nannte Sebastian Kurz nach diesem Wochenende auch seine drei Bedingungen, unter denen er eine neue Regierung anstrebe. Dies war eine regelrechte Premiere auf dem österreichischen politischen Parkett. Außerdem forderte Kurz einen neuen Umgangston und einen respektvollen Umgang miteinander. Des Weiteren verlangte er, dass seine neue Regierung den Willen und die Kraft haben müsse, die notwendigen Veränderungen vorzunehmen und drittens – und das sei seine Überzeugung –, müsse eine neue Regierung eine klare proeuropäische Ausrichtung haben. Dazu gehöre, so Kurz, eine aktive Mitgestaltung der Europäischen Union.

»›Wichtig ist mir, dass wir eine neue politische Kultur und einen neuen Stil etablieren.‹ Nach diesem Wahlkampf brauche man einen ›respektvollen und würdevollen‹ Umgang miteinander. Auch in der Regierung sollten alle an einem Strang ziehen. Er wolle eine Koalition bilden, ›die auch den Mut hat, eine echte Veränderung zu schaffen‹, denn: ›In einigen Bereichen sind verkrustete Strukturen aufzubrechen.‹«[179]

In Wahrheit bereitete Sebastian Kurz zu diesem Zeitpunkt die Bevölkerung und auch die anderen EU-Länder auf die Entscheidung vor, die er schon längst getroffen hatte: eine Koalition mit der FPÖ. Denn einig war man sich mit der FPÖ im Wunsch nach Veränderungen und Reformen in und für Österreich, und das führe schließlich genau in die Richtung von Kurz' Strategie.

## Die Regierung steht

Am Samstag, den 15. Dezember wurden die österreichischen Journalisten und ihre Kollegen, die in Österreich tätigen Auslandskorrespondenten, gebeten, sich am frühen Nachmittag am Kahlenberg einzufinden. Der Grund dafür lag darin, dass die beiden Verhandlungspartner FPÖ und ÖVP am Freitagabend gegen 21 Uhr schon kurz vor die Medien getreten waren und ihnen mitgeteilt hatten, dass die Koalitionsverhandlungen abgeschlossen seien und sie sich auf ein gemeinsames Regierungsabkommen für die kommenden fünf Jahre geeinigt hätten. Mehr wurde an diesem Freitagabend nicht mitgeteilt. Und so ging es einen Tag danach mit Bussen, Motorrädern und Autos zu dem nahen, traditionellen Ausflugsziel und wohl bekanntesten Aussichtspunkt der Stadt Wien. Die Weinberge, die Donau und die gesamte Stadt liegen einem dort zu Füßen. Nur wenige Plätze in Wien bieten eine ähnlich phantastische Aussicht wie der Kahlenberg. Bekannt ist dieser Berg übrigens auch für eine Schlacht im 17. Jahrhundert, die die zweite Türkenbelagerung beendete.

Die irritierten Journalisten fuhren also gemeinsam auf den rund 500 Meter hohen Kahlenberg, um sich im Kellergeschoss der Skyline Lounge zu versammeln und auf die Neuigkeiten des Tages zu warten. Sämtliche Korrespondenten deutschsprachiger Medien saßen in der zweiten Reihe nebeneinander und harrten neugierig aber geduldig gemeinsam aus, auf das, was nun verlautbart werden würde. Insgesamt waren knapp 100 Medienvertreter anwesend und vielleicht noch einmal halb so viele Fotografen und Kameramänner. Einige saßen an kleinen Tischen und hatten ihre Laptops vor sich, um die Neuigkeiten des Tages dort einzutippen und sofort ihren Redaktionen zu senden.

Und dann betraten zwei Männer den Raum. Sebastian Kurz und Heinz-Christian Strache marschierten zügigen Schrittes zum Podium, flankiert von ihren beiden Sprechern und einigen Kameramännern und Fotografen. Harmonie lag in der Luft, denn sie trugen beide dunkelblaue Anzüge. Sebastian Kurz hatte eine dunkelblaue Krawatte mit kleinen silbernen Punkten ausgesucht, während Heinz-Christian Strache für diesen wichtigen Tag ein bordeauxrotes Gegenstück gewählt hatte. Beide Männer blickten souverän in den Raum, während die Journalisten neugierig auf die nun folgenden Nachrichten warteten.

Dann begann Sebastian Kurz mit seiner Erklärung: »Es ist uns – anders als in anderen Ländern ... und wenn wir nach Deutschland schauen, muss man sagen, ist das ja auch keine Selbstverständlichkeit – in

## Wahlkampf – der Weg ist das Ziel

konstruktiven Gesprächen zügig gelungen, uns auf eine Regierungszusammenarbeit zu einigen.« Sie hätten beide den Bundespräsidenten über das Programm, aber auch über das Team informiert, und sie hätten sich auch schon in den Parteigremien damit befasst. Bundespräsident Van der Bellen und auch die Parteigremien hätten ihre Zustimmung erteilt. Daraufhin bedankte sich Sebastian Kurz für das Vertrauen. Man sei somit heute »einen weiteren Schritt vorangekommen«. Strache hob hervor, dass beide Politiker wüssten, dass sie »keine Zauberer und Wunderwuzzis seien«, und dass sie diese Arbeit in Demut in Angriff nehmen würden. Er hob hervor, dass es ihm eine Ehre gewesen sei, Kurz auch privat kennenzulernen, und dass er erkannt habe, dass es sich bei dem ÖVP-Chef »um eine wirkliche Persönlichkeit« handele mit »einer menschlichen Qualität«.[180] Und so trivial das bisweilen klingen mag: In der Politik gibt es wohl keine wichtigere Währung als Loyalität und Vertrauen.

Kurz wiederum versicherte, es gebe eine klare proeuropäische Ausrichtung dieser neuen Regierung. Europarecht gelte zu 100 Prozent. Man werde in der EU für die eigenen Überzeugungen eintreten, aber akzeptieren, wenn es andere Mehrheiten gebe. Und er erklärte, dass er die EU-Politik vom Außenministerium mit ins Bundeskanzleramt nehmen würde. Nominell bleibe die Europa-Sektion im Außenministerium zwar bestehen, allerdings werde sie stark ausgedünnt. Das hatte den Grund, dass während der Koalitionsverhandlungen ein FPÖ-Verhandler (Reinhard-Eugen Bösch) darauf gepocht hatte, dass eine Abstimmung über einen EU-Austritt möglich gemacht werden müsse, da dieser auch im EU-Vertrag festgelegt sei.[181] Kurz war jedoch der Meinung, dass die Freiheitlichen keine Chance erhalten sollten, einen EU-Austritt zu planen – und so sicherte er sich strukturell sofort geschickt ab. Die Taskforce zur Vorbereitung der österreichischen EU-Ratspräsidentschaft 2018 wanderte außerdem in den Ballhausplatz. Darüber hinaus nahm Kurz auch die beiden Koordinationsabteilungen für die österreichische EU-Politik ins Kanzleramt mit. Dort wurde die sich mit europäischen Fragen beschäftigende Sektion IV ebenso stark aufgewertet.

## 3. Kapitel

Das Außenministerium wurde an die Freiheitliche Partei nur mit den Abteilungen für EU-Grundsatzfragen, Erweiterung und bilaterale Beziehungen weitergereicht. Den Posten der Außenministerin bekam die ehemalige Journalistin und Mitarbeiterin des Außenministeriums und neutrale von der FPÖ nominierte Kandidatin Karin Kneissl. Des Weiteren wurden der FPÖ das Innen-, das Verteidigungs-, das Gesundheits- und das Verkehrsministerium zugeteilt. Die Volkspartei wiederum behielt ihre Hand auf dem Finanz-, dem Justiz-, dem Landwirtschafts-, dem Bildungs-, dem Wirtschafts- und dem Familienministerium. Es gab auch einen Kanzleramtsminister, der für Kultur, Medien und Europa-Angelegenheiten zuständig und der Volkspartei zugeteilt war.

Österreich würde somit ab den kommenden Wochen von einer ÖVP-FPÖ-Koalition, die konservative und rechtspopulistische Ideen miteinander vereinte, regiert werden. Der künftige Kanzler und auch der Vizekanzler blickten vertrauensvoll in die Menge auf die anwesenden Journalisten und waren gespannt, wie diese auf das schon mit Bundespräsident Van der Bellen vereinbarte Regierungsbündnis reagieren würden.

Als Erstes hob ein Auslandskorrespondent die Hand und fragte, warum die beiden Politiker den Kahlenberg als Ort für die Pressekonferenz gewählt hätten. Kurz schmunzelte und antwortete: »Das müssen Sie mein Team fragen, es hat den Ort hier ausgewählt.«

Die Fragen, die danach folgten, waren auf Details des Regierungsabkommens abgestimmt. Das Regierungsabkommen wurde nach dem Pressegespräch an die Medien verteilt. »Zusammen. Für unser Österreich. Regierungsprogramm 2017–2022« stand vorne auf dem rund 180-seitigen Konvolut. In Grundzügen waren alle »Mantrapunkte« von Sebastian Kurz darin enthalten, denn es enthielt von Beginn an Sätze wie: »Mit großem Respekt und tiefer Dankbarkeit haben wir den Auftrag der Wähler angenommen« und »Veränderung muss auf einem soliden Fundament dort Entwicklungen vorantreiben, wo die Politik in den letzten Jahren zu schwach war, um zu handeln. Dieses Fundament setzt sich zusammen aus der Österreichischen Verfassung, der immerwährenden Neutralität, den Grundprinzipien der Europäischen Union, aber auch den Grund- und Menschenrechten, den bürgerlichen Freiheiten sowie den Rechten von Minderheiten.« Darüber hinaus ist darin zu lesen: »Nur in einem starken Europa kann es auch ein starkes Österreich geben, in dem wir in der Lage sind die Chancen des 21. Jahrhunderts zu nutzen« sowie »Auch die Politik braucht ein neues Grundverständnis. Wir müssen wegkommen vom falschen Stil des Streits und der Uneinigkeit und einen neuen Stil des positiven Miteinanders leben. Statt Bevormundung von oben herab, geht es darum, einen echten Dienst an den Österreichern zu leben, der die Bürger ernst nimmt und sie einbindet.«[182]

All diese Zeilen klangen nach etwas Außergewöhnlichem und in dieser Form noch nie Dagewesenes in der Politik, nämlich nach Harmonie. Sie scheinen sich an jenem Modell zu orientieren, nach dem Sebastian Kurz bisher eine typische Beziehung zu Menschen – egal ob im Privaten oder in der Arbeit – definierte.

Der Politologe Tilman Mayer von der Rheinischen Friedrich-Wilhelms-Universität Bonn analysiert: »Es war klar, dass die FPÖ ein Gegner war und Herr Strache ein politischer Konkurrent, doch das hat Kurz nicht dazu verführt, ihn deswegen nicht zu respektieren. Eher im Gegenteil hat Kurz ihn respektvoll behandelt. Das schien eine Art von Anerkennung für Strache zu sein, er schien nicht mehr eine ›Persona non grata‹ zu sein und wurde nicht länger abgewertet. Andererseits bestand die Leistung von Sebastian Kurz darin, Strache regelrecht zu verhindern. Die FPÖ war ja drauf und dran, erneut als stärkste Formation das Rennen zu machen und die Kanzlerschaft beanspruchen zu können. Es ist Sebastian Kurz jedoch gelungen, die FPÖ zu regelrecht zu deklassieren, aber als Juniorpartner zu gewinnen. Das große Kunststück – viel zu wenig im Ausland wahrgenommen und anerkannt – war jedoch, dass Kurz die Schlacht gewonnen und damit die FPÖ zurückgedrängt hat. Das muss man erst mal machen und erreichen können. Es wird leider oft im politischen Rückblick übersehen, dass dieses wählerpolitische Manöver durch die neue Strategie von Kurz ja vorausgegangen

## 3. Kapitel

war. Denn wäre es anders gekommen, sähe ja Österreich noch mal ganz anders aus.«

Im nächsten Schritt musste der österreichische Bundespräsident die neue Regierung absegnen. Er hatte die Möglichkeit, einzelne Minister abzulehnen; das wurde jedoch nicht erwartet, denn er war ja über alles ständig informiert worden. Immerhin waren die Koalitionsverhandlungen in engem Kontakt mit dem Präsidialamt abgelaufen, und Kurz sowie Strache waren regelmäßig bei Van der Bellen gewesen, um ihn über Inhalte und Personalien zu benachrichtigen und sich mit ihm zu besprechen.

Und so wurde die Regierung am Montag, den 18. Dezember 2017 vom Bundespräsidenten vereidigt. Im Jahr 2000, bei der ersten schwarz-blauen Koalition unter Wolfgang Schüssel, war die Regierung durch unterirdische Gänge zu der Vereidigung gelangt, um den oberirdischen Demonstranten zu entgehen. Doch 2017 gingen die neuen Regierungsmitglieder, obwohl es auch dieses Mal Proteste gab, zu Fuß vom Kanzleramt über den Ballhausplatz in die Präsidentschaftskanzlei in den Leopoldinischen Trakt der Hofburg. Alexander Van der Bellen zeigte eine durchaus fröhliche Miene und versicherte den anwesenden Journalisten, er habe Kurz und Strache als »kooperativ und lösungsorientiert erlebt«, und so müsse eine Bundesregierung auch arbeiten. Er versuchte die Contenance zu behalten und scherzte sogar kurzzeitig: »Ich verrate ein Geheimnis, wir haben doch eine sehr unterschiedliche politische Herkunft.« Er als Präsident von Österreich, müsse jedoch das Wohl aller Bürger im Auge behalten. Wichtig sei es, Verantwortung für die Geschichte zu tragen – auch für die dunklen Seiten. Außerdem war Van der Bellen »Achtsamkeit beim Gebrauch unserer Sprache« und »Respekt vor Andersdenkenden und vor Minderheitenrechten«, wichtig.[183]

Während der Vereidigung (in Österreich auch »Angelobung« genannt) verzichtete der Präsident darauf, die Titel der Regierungsmitglieder vorzulesen und wechselte mit jedem einzelnen Regierungsmitglied einige persönliche Worte. Beides steht so nicht im Protokoll und war ungewöhnlich. Ein kleiner Fauxpas passierte ihm jedoch, als er irrtümlich vergaß, Heinz-Christian Strache die Hand zu geben und ihn um das Gelöbnis zu ersuchen, und ein weiteres Mal hätte er beinahe die Unterzeichnung der Bestellungsurkunden der Minister vergessen. Doch sonst lief alles nach Plan. Vor den Türen demonstrierten etwa 5500 Menschen gegen die neue Regierung, doch die Demonstrationen verliefen ohne Zwischenfall, dafür sorgten die rund 1500 anwesenden Polizisten. Das nahmen die beiden Koalitionspartner zur Kenntnis.

Tilman Mayer, Professor für Politische Theorie, Ideen- und Zeitgeschichte, erklärt das politische Phänomen Sebastian Kurz so: »Er ist schon ein ganz klares politisches Talent, denn in diesem Alter es zunächst so weit gebracht zu haben, an die Spitze der Regierung, ist natürlich schon ein Alleinstellungsmerkmal. Da wüsste ich kaum jemanden, der Vergleichbares geleistet hat. Die Art und Weise seines Vorankommens mit der ›Liste Sebastian Kurz‹, das wirft ein besonderes Licht auf ihn. Sein Auftreten ist auch souverän, sei es im Umgang mit Präsident Van der Bellen oder sei es im Umgang mit einfachen Mitgliedern der politischen Parteien.«

In seinem ersten Interview mit dem Sender *Puls 4* nach der Angelobung, antwortete Kurz auf die Frage der Moderatorin, in welcher Stimmung er ins Kanzleramt gekommen sei: »Die Stimmung ist eine klare, wir haben uns viel vorgenommen und es gibt viel zu tun und insofern bin ich in den Gedanken vor allem natürlich schon in den nächsten Tagen, bei der ersten Ministerratssitzung, bei all dem, was es jetzt zu tun gilt.«[184]

Einen Tag später fuhr der neue 31-jährige Bundeskanzler Österreichs nach Brüssel, um sich dort vorzustellen und um etwas klarzustellen.

## 4. KAPITEL

# BESUCH BEI DEN VERBÜNDETEN

Es war EU-Ratspräsident Donald Tusk, den Sebastian Kurz bei seiner ersten offiziellen Auslandsreise als Bundeskanzler in Brüssel am 19. Dezember 2017 als Ersten traf. Fünf Tage davor hatte Kurz öffentlich erneut darauf aufmerksam gemacht, dass es »einen Systemwechsel« brauche, denn ohne funktionierenden Schutz der EU-Außengrenzen werde Europa das Problem der illegalen Migration nicht in den Griff bekommen.[185] Er war sich sicher, dass Donald Tusk und einige Europäische Staaten sich vor allem für einen ordentlichen Außengrenzschutz und den Einsatz von mehr EU-Mitteln dafür einsetzen würden. Und obwohl Tusk seinerseits selbst noch eine Woche zuvor die Flüchtlingsquote als »spaltend« und als »höchst unwirksam« bezeichnet hatte,[186] vermerkte er in einem Tweet, dass er knapp nach dem Treffen mit Bundeskanzler Kurz versandte, dass er eine sehr positive und konstruktive Diskussion mit ihm geführt habe und er in ihm eine energische, entschlossene und proeuropäische Führungspersönlichkeit sehe.[187] Ein größeres Lob konnte sich Sebastian Kurz nach seiner Bestellung zum Bundeskanzler nicht erwarten. Ein Treffen mit Jean-Claude Juncker fand nach jenem mit Tusk statt. Ihm bestätigte Sebastian Kurz, dass »Österreich ein proeuropäisches Land ist, das aktiv in der EU mitgestalten möchte«. Und Juncker, der sonst als schwieriger, weil aneckender Präsident galt, da er ständig nach Kompromisslinien mit den Staats-

und Regierungschefs suchen musste, äußerte sich im Bezug auf die Zusammenarbeit mit Kurz sehr zuversichtlich. Er wandte sich gegen Vorverurteilungen wegen der Regierungsbeteiligung der FPÖ und sagte, man werde »Österreichs Regierung wie alle Regierungen an ihren Taten messen«. Er sei hoffnungsvoll, dass die Taten so ausfallen würden wie angedacht – noch dazu, wo Österreich im zweiten Halbjahr 2018 den EU-Ratsvorsitz innehaben würde.[188]

Im Januar 2018 führte der erste Auslandsbesuch den österreichischen Bundeskanzler nicht nach Deutschland oder die Schweiz, wie in den Jahren davor, sondern in die französische Metropole Paris. Das war aus dem Grunde interessant, da es sich einerseits um den ersten bilateralen Besuch von Sebastian Kurz handelte, und er ihn für den französischen Präsidenten reserviert hatte, obwohl sich die beiden Männer in Bezug auf die Werte und das europäische Projekt a priori widersprachen. Andererseits gab es sehr wohl Ähnlichkeiten zwischen dem jüngsten Staatschef und dem jüngsten Regierungschef Europas. Denn beide Männer hatten die älteren Politikerriegen in ihren Ländern einfach überrumpelt. Der flamboyante junge Staatspräsident Emmanuel Macron trug ein charmantes Lächeln auf den Lippen, als Sebastian Kurz der schwarzen Renault-Limousine entstieg. Er klopfte ihm mehrmals freundschaftlich auf die Hand, und man hatte den Eindruck, dass Macron sich über den Besuch des jungen Kanzlers riesig freute. Denn Macrons wirtschaftspolitische Reformen hatten eine ähnliche Stoßrichtung wie die Bestrebungen von Kurz. Bei der Abschreckung und Rückführung von Migranten vertrat die Staatsführung um Macron eine Auffassung, die die französische Caritas und andere NGOs empörte und – da lag vermutlich auch der Unterschied zu Türkis-Blau – sogar unter Macrons eigenen Parlamentariern für Verstimmungen sorgte. Beim Verzicht auf die (in Osteuropa) misslungene Quotenaufteilung für Migranten war Emmanuel Macron somit ziemlich nahe bei Sebastian Kurz. Beide sprachen sich für verdichtete und noch stärker vernetzte Außengrenzen der EU aus. Und auch was die angestrebte EU-Außen- und Verteidigungspolitik betraf, hatten beide ähnliche Ansichten.[189]

## Besuch bei den Verbündeten

Macron wollte außerdem eine Konferenz zur freiwilligen Verteilung von Flüchtlingen für das erste Quartal 2018 organisieren. Sicherheit war gerade ein wichtiges Thema in Frankreich – vor allem nach den letzten Terroranschlägen im Bataclan-Theater und bei der Wochenzeitung *Charlie Hebdo*. »Unser Ziel ist es, eine starke und selbstbewusste Europäische Union zu schaffen, und da ist gerade er [Emmanuel Macron] ein ganz wichtiger Ansprechpartner«, erklärte Sebastian Kurz in einem der Videos, die er unter anderem auf Twitter gepostet hatte, bevor er zum Elysée Palast fuhr.[190] Er plante außerdem noch, mit Macron die stärkere Besteuerung der Internetriesen Google und Facebook sowie den gemeinsamen Schutz der europäischen Außengrenzen zu besprechen.

Ob Macrons Vorstellung von einer wirtschafts- und sozialpolitischen Vereinheitlichung in der Euro-Zone mit Kurz' Idee von »Subsidiarität« und Straches Ablehnung des »Brüsseler Zentralismus« vereinbar sei, war eine der großen Fragen, die sich die Journalisten an diesem Tag stellten.[191] Doch für Sebastian Kurz war der Besuch in Paris durchaus zufriedenstellend verlaufen.

Erst nach dem Macron-Besuch in Paris folgte eine Reise nach Deutschland zu Bundeskanzlerin Angela Merkel, zu Bundespräsident Frank-Walter Steinmeier und zu Wolfgang Schäuble, dem Präsidenten des Deutschen Bundestages. Kurz habe Merkel in der Flüchtlingskrise kritisiert, nun wolle er nach Berlin zum Antrittsbesuch kommen und dort für ein gutes Klima sorgen. »Leicht wird das nicht« schrieb schon einmal vorab der *Spiegel* kritisch. Denn in Berlin wolle er über die EU-Finanzen sprechen, die er gerne so gestaltet hätte, dass Österreich in Zukunft nicht mehr einzahlen müsse als bisher, vermuteten die deutschen Journalisten.[192]

Doch Kurz hatte auch einen Wahlerfolg im Rücken, und im Gegensatz zu Angela Merkel eine zwar im Ausland kritisch gesehene, aber immerhin stabile Koalition zustande gebracht. Merkel hatte es nach vier Monaten Koalitionsverhandlungen noch immer nicht geschafft, eine Regierung zu bilden. Kurz galt zu diesem Zeitpunkt schon als politisches Gegenmodell zum »System Merkel«. Zumindest sagten das die Konservativen in Deutschland, die sich schon länger nach einem rechteren Kurs der Union sehnten. Dass Merkels CDU-Finanzstaatssekretär Jens Spahn bei Kurz' Wahlsieg anwesend war und das in den sozialen Netzwerken auch beschrieb, war eine Spitze gegen seine Chefin, ebenso wie das Verhalten der CSU, die den jungen Kanzler hofierte.

In ihrem bilateralen Gespräch ging es vor allem um europäische Fragen. Die Unterredung dauerte rund 40 Minuten länger als ursprünglich eingeplant. Anschließend gab Merkel vor der Presse bekannt, dass sie beide die illegale Migration in die EU verringern und die Grenzen verstärken wollten und dass es wichtig sei, die Partnerschaft mit den Herkunftsstaaten der Flüchtlinge zu verstärken, aber nicht Schlepper und Schleuser zu unterstützen.[193] Und man erkannte, wer hier das Sagen hatte. Es war zumindest nicht Angela Merkel.

Am Abend war Kurz zu Gast im Fernsehstudio bei Sandra Maischberger in der ARD, über zwei Millionen Zuseher verfolgten die Sendung, die ihm die Moderatorin widmete. »Jung«, »forsch«, »wohlerzogen«, »stets freundlich«, machthungrig«, »politischer Hardliner« und »Überflieger« – in Maischbergers Sendung wurden mit unterschiedlichen Attributen nicht gespart, um dem Publikum den Bundeskanzler von Österreich den deutschen Zuschauern zu präsentieren. Sie stellte ihn einleitend als die »zarteste Versuchung seit es Populismus gibt« vor. Obwohl Maischberger die Sendung ebenso scharf betitelte mit »#Kanzler Kurz: Wunderknabe oder politischer Scharfmacher«, wird die überwiegende Mehrheit der Medien seinen Auftritt hernach als »souverän und besonnen« beschreiben. Kurz überzeuge beim Polittalk »mit viel Ruhe«, er sei in seiner Rhetorik stets vorsichtig und dennoch klar in der Sache«. Er »präsentiere sich als Diplomat durch und durch« und konnte von der Moderatorin nicht aus der Reserve gelockt werden.[194] Etwa als sie ihn mit der Vergangenheit von Heinz-Christian Strache konfrontierte, konterte er damit, dass man »Jugendsünden als solche, was sie sind, nämlich Jugendsünden« sehen sollte, und er verneinte, dass die FPÖler die »Erben des Nationalsozialismus« seien, sonst wäre er

»diese Koalition auch nicht einge[gangen]«. Kurz gab aber im Laufe des Gesprächs auch zu, dass es für ihn rote Linie gebe »und die gibt's nicht nur nach rechts gehen, sondern auch in andere Richtungen.«

Als in den letzten 20 Minuten der Grünen-Bundestagsabgeordnete und Außenminister Jürgen Trittin zur Diskussion hinzustieß und den Einzug von Vizekanzler Strache beim Tiroler Wahlkampfauftakt mit den martialischen Trommlern mit einem Auftritt der SS verglich, wich Kurz auch in diesem heiklen Punkt gekonnt aus: »Ich bin auch keiner, der so viel auf die Inszenierung schaut, ich schau immer ein bisschen mehr auf den Inhalt.«

Auf Twitter allerdings musste Maischberger hernach einen Shitstorm über sich ergehen lassen, denn ihre Fragen sorgten für großen Unmut bei vielen Zusehern. Die Zuschauerin @TinaSchwarzer schrieb: »Man muss ja den @sebastiankurz nicht mögen. Aber Respekt vor dem Gesprächspartner sollte [...] eine Moderatorin schon haben. #Maischberger«,[195] und ein anderer Zuseher namens @oskar_adler schrieb: »Wie unfreundlich #Maischberger mit dem Bundeskanzler eines befreundeten Staates spricht, ist schon ziemlich respektlos. Unterbrechen, suggestive Fragen, Unterstellungen. So würde sie mit #Merkel niemals reden. Na ja.«[196] Wahr aber ist, dass an diesem Abend Sebastian Kurz erstmals ein durchaus professionelles Bild eines seriösen österreichischen Politikers in Deutschland abgab. Dies sollte ihm in den folgenden Monaten nutzen, um seine Popularität über die Grenzen hinaus zu steigern.

Am nächsten Tag folgte noch ein Interview mit Dunja Hayali vom Morgenmagazin des ZDF. Die Moderatorin fragte ihn, sich etwas verhaspelnd, ob er bei der Koalition mit der FPÖ »das Schaf im Wolfspelz gekauft habe«, worauf Kurz geschickt antwortete: »Nein. Immer wenn man eine Koalition bildet [...], gibt es [...] Parteien, die eine Koalition bilden und somit auch Inhalte durchsetzen und sich einbringen.« Er habe den Kurs in dieser Regierung in Österreich für eine Europapolitik vorgegeben, und die FPÖ habe sich in anderen Bereichen durchgesetzt.[197] Kurz erklärte somit öffentlich, wie die Karten in der österreichischen Politik aufgeteilt seien.

4. Kapitel

# 526 Tage im Amt: trotz Stolpersteinen – ein Mann mit strategischem Weitblick

»Nicht nur beim Skifahren, sondern auch in der Politik stellte die Alpenrepublik gerne Rekorde auf«, schrieb das *Handelsblatt* im Jahr 2013, als Sebastian Kurz gerade Außenminister wurde.[198] Nachdem er im Dezember 2018 zum Bundeskanzler aufgestiegen war, wurde der journalistische Ton – im *Handelsblatt* – etwas fordernder: »Er machte europaweit Furore mit seiner Haltung zu Flüchtlingen. Sebastian Kurz hat als Österreichs Außenminister oft den diplomatischen Mainstream verlassen. Jetzt muss sich der 31-Jährige als Regierungschef beweisen.«[199]

Doch in Wahrheit hatte der junge Politiker seine Kür schon längst gewonnen. Und was dabei noch viel erstaunlicher war: Im Nachbarland Deutschland blickte manch bürgerlicher Wähler bereits neidisch nach Österreich hinüber. Dort sah er einen jungen Mann als Kanzler, der sein Land verändern wollte – und es auch mit einer gewissen ihm eigenen Rasanz tat. Einen jungen Mann, der in der auch für Deutschland so wichtigen Migrationsfrage eine harte Linie vertrat, die beim gleichsprachigen Nachbarn in dieser Form unter der damaligen politischen Konstellation nicht möglich erschien. Der Wunsch, selbst einen derartigen Bundeskanzler zu haben, lag aber für die deutschen Wähler nicht in greifbarer Nähe. Also schrieben die Journalisten weiter an ihren Lobeshymnen, wie etwa unter dem Titel »So geht Regieren«.[200] Und man hörte bereits im Unterton heraus, dass die österreichische Regierung ihr Programm erfolgreich umsetzte, während sich die Koalition in Deutschland bis aufs Blut bekämpfte.

ARD-Österreich- und Südosteuropa-Korrespondent Till Rüger analysiert die politische Situation wie folgt: »Sebastian Kurz ist die personifizierte positive Ausstrahlung Österreichs im Ausland. Österreicher lieben es, im Ausland auf ihn angesprochen zu werden und um ihn beneidet zu werden. Und dieses Positive-Image-Gesetz wird die nächsten 10 bis

15 Jahre anhalten. Egal, wie lange die Politik hier in Österreich läuft, er kann ja den Partner wechseln, das ist ja kein Problem. Ob SPÖ oder FPÖ, da sehe ich überhaupt kein Problem. Auch wenn er in der 2. Reihe wäre, also nicht mehr Kanzler wäre, dann wird er trotzdem die österreichische Politik prägen, weil er Außenwirkung hat, und die hält dagegen, wenn die Politiker der Österreicher in Deutschland positiv gesehen werden und sie auf diese Politiker angesprochen werden. Und man wird natürlich – wenn man als Österreicher in Deutschland ist – auch auf Sebastian Kurz angesprochen. Und dann wird auch scharf unterschieden zwischen FPÖ und ÖVP. Es heißt dann in Deutschland: ›Ja, ja, der, der hat sich mit der FPÖ ins Bett gelegt, aber er hält doch ganz gut dagegen.‹ Und um solche Dinge geht es dann. Da wird ganz klar unterschieden zwischen der Person Sebastian Kurz und in der Politik, die seine Koalition vertritt. Die Person Sebastian Kurz ist hoch angesehen und wird auch in Deutschland verehrt. Das muss man ganz ehrlich sagen«.

Das Hauptproblem der deutschen Koalition schien der schwache Zusammenhalt zu sein. Die Kräfte wurden nicht gebündelt, sondern in immer neuen Konflikten vergeudet: Mal gab es einen kleinlichen Streit, ein andermal gab es wiederum einen großen Knall. Die Idealisierung des österreichischen Nachbarstaates war jedoch beim genaueren Vergleich der beiden Regierungen etwas weit hergeholt, denn in Deutschland regierte 2018 ja eine große Koalition von Union und SPD, die ausgelaugt wirkte und nicht mehr viel zustande brachte, mit einer Angela Merkel, die seit dem Jahr 2005 Kanzlerin war und sich zu dieser Zeit bereits im »Herbst ihrer Kanzlerschaft« befand. Im Vergleich dazu wirkte der in seinen Dreißigern stehende Sebastian Kurz vor allem frisch, mutig und unverbraucht.

Doch man darf nicht vergessen, dass diese Zustände auch den Österreichern nur zu bekannt waren. Die große Koalition zwischen der sozialdemokratischen SPÖ und der konservativen ÖVP stellte für Österreich über mehrere Jahrzehnte hinweg eine Normalität dar. Etwa in der Nachkriegszeit, denn gerade in dieser Zeit hatte diese Koalition zwischen Sozialdemokraten und Konservativen sich bedeutende

## 4. Kapitel

Verdienste um das Land erworben. Doch in den letzten Jahren vor der Kurz-Regierung wurde diese Koalition fast als ebenso behindernd empfunden, wie dies nun bei den Nachbarn in Deutschland der Fall war. Die rot-schwarzen Regierungspartner in der Alpenrepublik hatten zuletzt immer häufiger wie ein zerrüttetes Ehepaar agiert, statt wie zwei willige Regierungspartner in einer mutigen neuen Koalition.

Und so wurde mit einem Schlag der junge Bundeskanzler Sebastian Kurz zu einem Idol deutscher Konservativer. Und das, obwohl Sebastian Kurz im Laufe seiner Karriere immer wieder Stolpersteine in den Weg gelegt wurden. Doch im Vergleich zu vielen anderen Politikern war Sebastian Kurz immer weiter aufgestiegen: zunächst als Staatssekretär, dann als Außenminister und zum Schluss als Bundeskanzler.

Anlässlich des Festaktes zum hundertjährigen Jubiläum der Gründung der Republik Österreich betonte Sebastian Kurz in seiner Rede, »dass der demokratische Diskurs der respektvolle Umgang miteinander ist. Ein Diskurs, der stets respektvoll stattfinden sollte, auch wenn die Zugänge höchst unterschiedlich sind«.[201] Und die österreichischen Medien, die oftmals negativ reagiert hatten und ziemlich streng analysierten, gaben dem jungen Kanzler und seinem Koalitionspartner ihren Sanktus. Denn der Grundtenor bei den österreichischen Medien, ein Jahr nachdem Sebastian Kurz Bundeskanzler geworden war und mit der FPÖ eine Koalition gebildet hatte, lautete, dass Sebastian Kurz mit der »türkis-blaue[n]-Regierung nach ihrem ersten Jahr recht entspannt in die Zukunft blicken« könne.[202]

Die ersten inhaltlichen Details der neuen Regierung zum Koalitionspakt lauteten: Man wolle Österreich besser machen, es solle weniger Regeln und Regulierungen geben, es solle aber auch ein Land der Vielfalt werden und Grundwerte haben, die für alle gelten sollen und auch eingehalten werden müssten.[203]

Die Rechnung, so der Bundeskanzler, der bereits nach 100 Tagen im Amt von interessierten Journalisten befragt wurde, sei aufgegangen: Denn Österreich sei angesichts der weltweiten Krisen weiterhin eine »Insel der Seligen«. Man habe eine »Trendwende« geschafft.[204]

## Besuch bei den Verbündeten

Doch in Wahrheit sei der Wettbewerb im 21. Jahrhundert härter, als man denke, beteuerte Kurz anschließend, um die Eckpunkte ins richtige Licht zu rücken: »Einige Länder holen uns ein, andere überholen uns.« Er sei mit einem wichtigen Versprechen an die Spitze des Landes gekommen, sagt er. Er wolle Österreich nach vorn bringen. Jeder Bürger solle sich selbst entfalten und auf Sozialleistungen zurückgreifen können, wenn er sie benötige. Kurz erklärte, die Regierung habe das für die Bürger auch geschafft. Der Bundeskanzler kommunizierte demnach den Bürgern, dass er sich an seine Versprechen gehalten habe.

Kurz erzählte auch, dass er in den ersten Monaten bereits positiv erlebt habe, »dass es möglich ist, Veränderungen einzuleiten und auch einen Kurswechsel zustande zu bringen, wenn man sich anstrengt, wenn man möchte und wenn auch der politische Wille da ist«. Die Wahrheit war: Kurz hatte mit seiner Regierung in den zentralen Fragen, die auch die Bevölkerung schon länger beschäftigten, eine ganz klare Richtung eingeschlagen. Diese lautete: mehr Sicherheit, weniger Steuerlast und mit einem Zwei-Jahres-Budget gab es »erstmals seit über 60 Jahren ein Ende der Schuldenpolitik in Österreich«.[205]

Manche Medien feuerten die Regierung in den jeweiligen Berichten sogar an, wie bei einer Sportveranstaltung, bei der man die Sportler der gegnerischen Gruppe bejubelt. So stark wie Sebastian Kurz sei »in Österreich schon lange kein Kanzler mehr« gewesen, kommentierten einige beobachtende Journalisten bereits im Frühjahr 2018. Denn, so ihre Analyse, bereits in den ersten 100 Tagen habe Sebastian Kurz seine Macht noch stärker ausgebaut. Was dabei aber erstaunlich war, sei, dass die vielen Skandale beim Rechtsaußen-Koalitionspartner FPÖ ihm zu dieser Zeit international nicht schadeten.[206]

Denn anders als bei der schwarz-blauen Regierung von Wolfgang Schüssel, die im Jahr 2000 von Bundespräsident Thomas Klestil vereidigt wurde und die ganz Europa in Aufruhr versetzte, woraufhin sie mit sieben Monaten Eiszeit und Sanktionen gestraft wurde, blieben Sebastian Kurz und seiner Regierung diese Erfahrungen erspart.

## 4. Kapitel

Die neue ÖVP-FPÖ-Regierung, so war in den Medien zu lesen, surfe »ohne Störwellen in ihre ersten Wochen, freundlich begrüßt in Brüssel und Paris begleitet von medialem Wohlwollen«. Selbst die erbittertsten Kontrahenten und Gegner der Kurz-Regierung hätten sich lediglich zu Kleindemonstrationen aufgerafft. Mehr Aufbegehren gab es nicht.[207] Das war es, und so blieb es auch.

Allerdings hatten der Kanzler und sein Vizekanzler bereits nach den ersten 100 Tagen gemeinsam einen Interviewmarathon absolviert: In mehreren Fernsehsendungen und in den Medien standen sie gemeinsam Rede und Antwort und blickten dabei ständig freundlich und höflich in die Kameras. »[P]ositiv ist, wie schnell wir überhaupt zu arbeiten begonnen haben«, erklärte Kurz einem Chefredakteur aus Vorarlberg. Deutschland habe vor Österreich gewählt, sein Vizekanzler und er seien sei jetzt seit 100 Tagen im Amt und Deutschland starte die Regierungsarbeit »gerade erst jetzt«. Ein zweiter Punkt, den Kurz positiv herausstreichen wollte, sei, dass »wir nicht gegeneinander arbeiten, sondern miteinander. Wir sind zwei verschiedene Persönlichkeiten, zwei verschiedene Parteien. Natürlich gibt es zahlreiche Unterschiede, aber wir verlieren uns nicht im täglichen medial ausgetragenen Streit miteinander, sondern arbeiten unser Regierungsprogramm ab, auf das wir uns geeinigt haben und für das wir gewählt sind.« Und drittens sei es der neuen Koalitionsregierung bereits in den ersten hundert Tagen gelungen, »einen Kurswechsel vorzunehmen, keine neue Schulden, eine Senkung der Steuern und Abgabenbelastung – vor allem für die Klein- und Mittelverdiener und Familien – und Veränderungen auch bei Punkten, wo [...] die Republik in die falsche Richtung ging«.[208]

Elizabeth Schumacher, Redakteurin des US-Nachrichtenmagazins *Newsweek,* vermerkte, der ehrgeizige Kurz habe als Reaktion auf die wirtschaftliche Stagnation und die syrische Flüchtlingskrise seine harte Einwanderungsagenda vorangetrieben. Doch, so kommentiert die Dame, seine Jugend und sein politisches Glück hätten seinen Status und seine Ideen über die Grenzen Österreichs hinaus erhöht. »Sein Aufstieg fiel mit dem Übergang der EU-Ratspräsidentschaft nach Österreich zusammen, einer sechsmonatigen Amtszeit, die im Dezember endete und ihm eine Plattform bot, um die liberale Ordnung Europas und ihre gelebte Tradition offener Grenzen in Frage zu stellen.«[209]

Doch die größte Errungenschaft der Regierung Kurz lag zunächst einmal ohne Zweifel in der Atmosphäre, die die beiden Parteien – welche gegensätzlicher nicht sein konnten – dem Bürger zu vermitteln versuchten: Sie strahlten Harmonie und Geschlossenheit aus, und dieser Eindruck blieb auch über lange Zeit gewahrt. Es schien so, dass »Harmonie« das wichtigste Mantra der Regierung war: Denn wenn man sich die politische Bilanz der »Regierung Kurz« ansah, die meisten Artikel über die beiden Koalitionspartner las und zusätzlich mit Journalisten und Politikexperten sprach, dann herrschte überall der Grundtenor, dass die beiden Parteien diese Feuerprobe der Politik ohne auch nur einen Hauch von Meinungsverschiedenheiten oder gar Unfrieden bestanden hätten. Es sah vielmehr nach einem durchaus »sauber choreografierten Paarlauf ohne Fehler« aus, notierten die Medien.[210]

Auch der Vizekanzler lobte immer wieder seinen Koalitionspartner und die gemeinsame Regierungsarbeit: So betonte Heinz-Christian Strache bei Pressegesprächen oftmals das harmonische Klima in der Regierung: Man arbeite professionell und ohne Zwietracht zusammen und habe so schon weit mehr zustande gebracht als Regierungen zuvor, erklärte er. Seine Begründung dafür lautete, dass man gewählt worden sei, um zu regieren und zu reformieren – »und wir werden dem Vertrauen gerecht«. Die Opposition, insbesondere die Sozialdemokratie, agiere mit falschen Behauptungen und Unterstellungen, schade sich damit letztlich aber nur selber.[211]

Der politische Korrespondent der *FAZ* in Österreich, Stephan Löwenstein, kommentiert den Beginn der neuen Regierung in Österreich folgendermaßen: »Am Anfang war die Große Koalition mit all ihren sedierenden und ausgleichenden Gewohnheiten. Interessant daran war für mich als deutschen Beobachter hauptsächlich zu sehen, wie sich es entwickelt, wenn eine Koalition glaubt, nur noch miteinander zu können und dass alle aufeinander angewiesen seien. Denn dann wird die

Große Koalition praktisch naturgesetzlich zu einer Kleinen Koalition. Und das habe ich als kostenloses Labor für die Berliner Politik aufgefasst, die sich davon nicht beeindrucken hat lassen.« Doch Löwenstein geht noch tiefer mit seiner Beobachtung: »Es war frühzeitig zu spüren, dass da Bewegung und Zug drinnen ist. Und Fliehkräfte. Der Regierungswechsel zu Schwarz-Blau – oder, wenn man das neue Branding mitmachen möchte Türkis-Blau – hat natürlich viele Neuerungen mit sich gebracht, und die Beobachtungen waren interessant.«

Es sei insgesamt der neuen Bundesregierung gelungen, nach außen ein wichtiges Bild zu vermitteln: nämlich dass die Regierung nicht streite. Von der Öffentlichkeit werde dieses Bild der Harmonie sehr goutiert. Doch hinter den Kulissen gebe es selbstverständlich – wie in jeder Regierung – Konflikte. Ein Beispiel dafür war etwa eine durch Vizekanzler Heinz-Christian Strache an enge Vertraute verschickte SMS-Nachricht im Tauziehen um die Neuaufstellung und Postenbesetzung der Österreichischen Nationalbank und der Finanzmarktaufsicht. Ein Wiener Landespolitiker der FPÖ bekam schließlich den 285.000-Euro-Job in der Nationalbank – obwohl »dieser keine Arbeit mehr hat«, wie Strache in der geleakten SMS offen zugab. Konkret handelte es sich dabei um Eduard Schock, dessen Qualifikation als Nationalbanker als eher bescheiden eingeschätzt wurde.[212] Der FPÖ-Landespolitiker hatte Wirtschaft und Jura studiert, war seit 1991 Bankangestellter und wurde später Wiener FPÖ-Politiker. Auch der frühere Nationalbank-Präsident Claus Raidl bezeichnete Schock im Magazin *profil* als »ungeeignet«. Die Anforderungen an einen Nationalbank-Direktor seien – so Raidl – klar definiert: »Mehrjährige Erfahrung im Bereich Währungs- und Finanzmarktpolitik, langjährige Managementerfahrung, ausgezeichnete Englischkenntnisse sowie die Fähigkeit zur Mitwirkung in nationalen und internationalen Gremien.« Doch der Karriereverlauf von Schock zwischen Bezirks- und Kommunalpolitik wich für Claus Raidl »eklatant von den Ausschreibungsbedingungen« ab. Raidl erkannte hier, wie er den Medien gegenüber offen beteuerte, einen »Postenschacher in Reinkultur«.[213]

## Besuch bei den Verbündeten

Insgesamt jedoch bezeichneten auch befragte Politologen die Kommunikationsarbeit der Bundesregierung als »unbestritten professionell«: Es sei eine Zentralisierung gelungen – weder einzelne Ministerinnen oder Minister noch die Parteizentralen würden getrennt und mit Positionen, die konträr zur Regierungslinie sind, an die Öffentlichkeit gehen.[214]

»Ich glaube, dass diese Harmonie ein Stabilisierungsfaktor für Sebastian Kurz ist«, kommentiert heute Erhard Busek, Vorstand des Instituts für den Donauraum und Mitteleuropa, ehemaliger Vizekanzler und ÖVP-Urgestein. Für Busek ist Politik jedoch »kein Harmoniegeschäft, denn der Themenwechsel findet heute ungeheuer rasch statt, und die Zyklen werden immer kürzer. Als Politiker erreicht man seine Halbwertszeit heute auch viel früher, weil die Fragestellungen in der Politik sich rasch und konstant verändern.«

Dabei hatte Sebastian Kurz bereits nach den ersten 100 Tagen eine »Richtungskorrektur in der österreichischen Politik vorgenommen, die notwendig war«, wie in der Presse zu lesen war. Er versuche »genau das umzusetzen, was« er »auch im Wahlkampf versprochen« habe: »mehr Investitionen in die Sicherheit, die Senkung der Steuerlast für arbeitende Menschen, vor allem für kleine und mittlere Einkommen und Familien und das Ende der Schuldenpolitik«, um damit das »Sozialsystem auch langfristig absichern und finanzieren« zu können.[215]

Ein positiver Wandel war der Umgang der Regierungskoalition mit der Schuldenpolitik der vergangenen Jahre. Kurz verwies auf das ausgeglichene Budget für das Jahr 2019. Auch die Reform der Rot-Weiß-Rot-Card (einer Karte, die qualifizierte Arbeitskräfte aus Drittstaaten beantragen müssen, wenn sie in Österreich leben und arbeiten möchten, Anm. d. Red.), die Entlastung im Tourismus und der Familienbonus, »der die größte Familienentlastung in der Geschichte der Zweiten Republik darstellt«, seien – in seinen Augen – beachtliche Meilensteine der Regierung. Der Kanzler unterstrich, dass auch die Reformen im Bildungsbereich, bei den Sozialversicherungsträgern und beim Arbeitszeitgesetz wichtige Errungenschaften seien.[216]

Sebastian Kurz' Anhänger sahen in dem Bundeskanzler einen »mutigen Modernisierer, der das von Bürokratie gelähmte Land« rasch umgekrempelt habe, seine Gegner verurteilten ihn als einen »neoliberalen Kahlschläger, der den Schwachen das soziale Netz unter den Füßen« wegzieht.[217] Doch welche Spuren hinterließen seine Taten nun wirklich in der österreichischen Politik?

Wie bereits erwähnt, gab es in den internationalen Medien nach dem ersten Jahr viele Befürworter, doch es gab auch herbe Kritik an der neuen Regierung. Kurz und Vizekanzler Heinz-Christian Strache hätten zwar in ihrem ersten Amtsjahr »kunstvoll den Wandel inszeniert«. Einige Vorstöße würden dabei ja auch in die richtige Richtung zielen. »Aber an Substanz bleibt häufig nicht viel übrig, sobald man unter die Oberfläche des politischen Marketings blickt und sich den tatsächlichen Inhalt der Regierungspläne vergegenwärtigt«, lautete beispielsweise ein negativer Kommentar in der *Neuen Züricher Zeitung*. Das gelte für das Versprechen, mit der langjährigen »Schuldenwirtschaft« aufzuhören und 2019 erstmals seit Langem wieder einen ausgeglichenen Bundeshaushalt zu präsentieren. Dieses Ziel sei für die Regierung vor allem aufgrund der guten Konjunkturlage zu erreichen, ohne dass sie viel dazu beitragen müsse.[218]

Auch die Reform der Sozialversicherungen – die Kranken-, Pensions- und Unfallversicherung umfasst –, die als historische Großtat angepriesen wurde, bringe – laut den Kritikern von Kurz – vor allem eine bürokratische Zentralisierung und verschlimmere die Lage. Konkret werden damit die »verästelten Strukturen«, über die »die Bundesländer und die Sozialpartner viel Einfluss« genossen haben, angegriffen.[219] Es war einer der massivsten Eingriffe: Bis Jahresende 2019 arbeiteten die sogenannten Überleitungsausschüsse zu den bestehenden Gremien in 21 Sozialversicherungsträgern. Doch 2020 soll die Reform abgeschlossen sein. Übrig würden dann nur mehr fünf Krankenkassen bleiben.[220]

Außerdem bemerken die Kritiker, »werden allzu oft Vorstösse plump als solche ›gegen Ausländer‹ verkauft«. Als Beispiel werde immer wieder eine »von der Regierung forcierte Kürzung des Kindergeldes für EU-Ausländer mit Familie im Heimatland«, zitiert. Damit treffe man doch eher »fleissig arbeitende ›Nettozahler‹ des österreichischen Staatswesens« und würde die Regeln des europäischen Binnenmarktes untergraben.[221]

Hingegen seien auf der Positivseite der Regierung Kurz mehrere Punkte zu verzeichnen: etwa eine willkommene Flexibilisierung der Arbeitszeiten, erste Steuerentlastungen oder das Bestreben, das Wirtschaftsleben von Überregulierung zu befreien.

Neben der guten Wirtschaftslage kam ÖVP und FPÖ im ersten Regierungsjahr vor allem dreierlei zugute: In der Bevölkerung hatte die Grundstimmung »alles, nur nicht wieder eine SPÖ-ÖVP-Koalition« geherrscht. Das Migrationsthema war dominant gewesen. Und der EU-Ratsvorsitz hatte keine Zeit gelassen für größere interne Streitigkeiten.

Doch es gab gegen Ende des ersten Jahres auch eine inhaltliche Neuorientierung der Koalition: So ging es weg vom bisherigen »Metathema« Migration und hin zu anderen wichtigen Themenbereichen wie Steuern, Gesundheit, Pflege und Digitalisierung. Eine Erläuterung liefern dazu befragte Politologen: Es sei einfach der Realität geschuldet, da es – anders als im Jahr 2015 – nicht mehr dermaßen viel Zuwanderung gebe.[222]

Allerdings hatte die von ihrer langen Oppositionszeit geprägte FPÖ immer wieder Mühe, in ihrer Regierungsverantwortung anzukommen. Sie fiel ständig durch kleinere, aber auch durch größere Skandale auf, etwa durch rechtsextremistische Vorfälle wie eine Hakenkreuzkeks backende alte Frau, deren Foto auf Facebook mit den Worten »Omas Kekse sind die Besten (sic)« von einem Ex-FPÖ-Politiker und Notfallsanitäter der Wiener Berufsrettung gepostet wurde (der Mann wurde übrigens rasch vom Dienst freigestellt), oder den blauen Vizebürgermeister von Braunau am Inn (dem Geburtsort von Adolf Hitler), der in einem Parteiblatt mit einem Gedicht für Empörung sorgte, in dem er Menschen mit Ratten verglich und von Kanalisationshintergrund schreibt. Der Text mit dem Titel »Die Stadtratte (Nagetier mit Kanali-

## 4. Kapitel

sationshintergrund)« wurde am Osterwochenende in sozialen Medien publiziert, und Sebastian Kurz forderte daraufhin sehr rasch eine Distanzierung der FPÖ Oberösterreich vom Autor.[223]

Außerdem verursachte eine Razzia beim österreichischen Verfassungsschutz einen gehörigen Wirbel innerhalb der Opposition. Zum einen ist eine Hausdurchsuchung beim Inlandsnachrichtendienst generell etwas sehr Ungewöhnliches, doch darüber hinaus sorgte für große Kontroversen, dass die Razzia von einer durch einen FPÖ-Funktionär geleiteten Einheit durchgeführt wurde, die jedoch nicht für diesen Aufgabenbereich zuständig gewesen sein soll. Bei dieser Razzia wurden Unmengen von politisch brisanten Daten beschlagnahmt, die jedoch nicht mit den die Razzia begründenden strafrechtlichen Ermittlungen im Zusammenhang standen, bei denen es um Unregelmäßigkeiten bei Spesenabrechnungen und Veruntreuung ging. Außerdem sollen gewisse Daten nicht – wie vorgeschrieben – gelöscht worden sein. Des Weiteren wurden drei in der Österreichischen Staatsdruckerei produzierte nordkoreanische Passmuster an Südkorea weitergegeben, was eindeutig dem Bereich des Amtsmissbrauches zuzuteilen war. Doch im Juni 2019 wurden die Ermittlungen im Zusammenhang mit den nordkoreanischen Reisepassrohlingen, mit der Reise nach Südkorea und mit den Heurigen-Besuchen eingestellt. Eine Sprecherin der Wirtschafts- und Korruptionsstaatsanwaltschaft bestätigte der Austria Presse Agentur eine »Teileinstellung gegen zwei Beschuldigte« unter anderem wegen der Vorwürfe des Missbrauchs der Amtsgewalt und der Bestechlichkeit – und zwar »mangels Tatnachweis«.[224]

Im Grunde genommen – das stellten auch die Medien fest – sei die Razzia grenzenlos überzogen gewesen, genauso wie die Sicherstellung von Daten des Referats für Extremismus, das auch der FPÖ nahestehende Organisationen geprüft hatte. Daraus resultierten Vorwürfe, die besagten, dass heikle Aufzeichnungen des Verfassungsschutzes über die rechtsextreme Szene in falsche Kreise geraten könnten. Außerdem würde die FPÖ die Affäre nur als Vorwand benutzen, um in Wahrheit ihre Freunde im Verfassungsschutz unterzubringen. Eine

## Besuch bei den Verbündeten

andere Vermutung war, dass die FPÖ die Razzia zur Kontrolle des Verfassungsschutzes nutzen wollte, um verdächtige Unterlagen, die sie im Verfassungsschutz vermutete, an den Tag zu bringen und damit einen Vorfall abzuwenden, der ihr die Koalition mit der ÖVP zunichtemachen könnte. Doch diese Vermutung konnte bislang noch nicht bestätigt werden und wurde nur unter vorgehaltener Hand unter Journalisten vermutet.

Eine weitere Frage zur Koalitionsregierung in Österreich, die sich Politologen und Analysten über Monate hindurch stellten, lautete: Worauf basiert eigentlich die Regierung in Österreich? Die Grundlage der Regierung von Sebastian Kurz schien – so bekannte der Wiener Politologe Peter Filzmaier Ende des Jahres 2018 – vor allen Dingen aus »Tauschgeschäften« zu bestehen. Solche Tauschgeschäfte seien »selbstverständlich« bereits eine Basis für das Finden eines Regierungsprogramms gewesen. So habe die FPÖ auf ihren Widerstand gegen das Handelsabkommen CETA verzichtet, und im Gegenzug war die Volkspartei auf den Prorauchkurs der Freiheitlichen Partei umgeschwenkt. Realpolitisch seien derartige Tauschgeschäfte eine Notwendigkeit in der Politik. Das Kabinett Kurz agiere daher auch in dieser Hinsicht sehr »klassisch«, das sei an sich auch nichts Negatives, meinte Peter Filzmaier. Die SPÖ-ÖVP-Koalition sei letztlich daran gescheitert, dass sie nicht mehr zu einem derartigen Abtausch fähig gewesen sei.[225]

Als es den europäischen Staaten immer mehr um das Durchsetzen machtpolitischer Interessen ging, wurde der Begriff »Realpolitik« im Jahr 1853 vom Journalisten und Politiker Ludwig von Rochau geprägt, der darüber auch das Buch mit dem Titel Grundsätze der Realpolitik schrieb.

In den USA assoziierte man den Begriff »Realpolitik« stets mit der Nixon-Ära (1969-1974). US-Präsident Richard Nixon wurde von seinem brillanten Politikarchitekten Henry Kissinger unterstützt, der den Plan hatte, die Handlungsspielräume der US-Außenpolitik zu vergrößern, ohne damit gleichzeitig Risiken zu erhöhen. Ein besonderes Ziel von ihm war es, die internationalen Beziehungen zu stabilisieren. Die

## 4. Kapitel

Machtbalancepolitik in der Nixon-Ära »weckte [...] sehnsuchtsschwere Erinnerungen an jene Jahre, in denen die Entspannung greifbar zu sein schien und in denen sich Optionen für weitreichende Verbesserungen im Ost-West-Verhältnis abzeichneten.«[226]

Doch leider haben viele Präsidenten der USA sich in ihrer Politik nicht leiten lassen und daher »Politik nicht nach realpolitischen, sondern nach moralisch-idealistischen Vorstellungen betrieben.«[227]

Dass die Regierung in Österreich auf der anderen Seite die Kompromisse im parlamentarischen Prozess mit der Opposition ständig mit dem Argument ablehnte, man mache keine Tauschgeschäfte, interpretierte Filzmaier als einen »Kommunikationsgag«. Damit würde von der Bundesregierung das Bild vermittelt, man »streite nicht«, während sich den Kritikern an der Regierung ein schlechter Stil vorwerfen lasse, obwohl Kritik eigentlich eine Form des demokratischen Diskurses sei. Außerdem komme hinzu, dass dieser Eindruck von Harmonie von der österreichischen Bevölkerung besonders positiv wahrgenommen werde.[228]

Der österreichische Bundeskanzler Sebastian Kurz hatte somit wieder einmal mit seiner Strategie ins »Schwarze« (oder passender gesagt: »ins Türkise«) getroffen. Aber auch die Kommunikationsarbeit der Regierung trug langsam Früchte. Hinter vorgehaltener Hand berichteten Journalisten, kurze Zeit nachdem die Regierung ihre Arbeit gestartet hatte, »dass Regierungs- und Kommunikationsarbeit straff vom Büro Kurz gesteuert werden. Neue Vorhaben müssen von oben abgesegnet, öffentliche Erklärungen im Stil einer Corporate Identity abgestimmt werden. [... Nachrichtenkontrolle] wurde so zum eigentlichen Patentrezept der neuen Volkspartei.«[229]

Die ÖVP-FPÖ-Regierung wurde nach den ersten sechs Monaten unverändert von 60 Prozent der Bevölkerung gutgeheißen. Die Opposition, allen voran die SPÖ, war noch nicht wieder auf die Beine gekommen. Auffällig war auch, dass Vizekanzler Heinz-Christian Strache ständig damit beschäftigt war, die FPÖ von den Auswüchsen am rechten Rand zu säubern. Im Vergleich dazu fand Bundeskanzler Sebastian

Kurz bereits über die eigenen Wählerschichten der Volkspartei hinaus breite Zustimmung für seinen Kurs. Dieser beschäftigte sich im Hinblick auf die bald bevorstehende EU-Ratspräsidentschaft im Herbst mehr mit der Europapolitik als mit inneren Angelegenheiten.

Andererseits fiel einigen auch auf, dass der junge Bundeskanzler bei heiklen Vorwürfen oftmals mit demselben Schweigen reagierte, wie schon 19 Jahre zuvor sein Vorgänger, Wolfgang Schüssel, den man im Jahr 2000 den »Schweigekanzler« genannt hatte. Kurz schwieg jedoch vor allem, um den Koalitionsfrieden nicht zu gefährden. Das Kabinett von Bundeskanzler Kurz kämpfte zu Beginn seiner Amtszeit damit, eine gewisse Routine zu entwickeln, die es noch nicht gab, da der Kanzler als ehemaliger Außenminister der Einzige mit Regierungserfahrung im Regierungsteam war. Die Taktik des jungen Bundeskanzlers sei die eines »Schweigekanzler[s]« geworden, analysierte der österreichische Historiker Oliver Rathkolb, denn Sebastian Kurz habe es blendend verstanden, dass die Öffentlichkeit einen Streit in der Politik jederzeit entschieden ablehnen würde. Aus diesem Grund versuche er, nach außen zu vermitteln: »Das ist die erste Koalition, die arbeitet und nicht streitet«, sagte Rathkolb. Genau diese Strategie komme bei den Österreichern gut an – trotz einiger Ausreißer durch die FPÖ.

Bei einem etwas genaueren Blick hinter die Fassade sah es jedoch nach Ansicht des Historikers anders aus, als Kurz die Öffentlichkeit glauben lassen wolle. Bundeskanzler Kurz lasse der FPÖ bewusst »eine lange Leine. Dafür [stehe] sie ihm nicht im Weg.« Die ÖVP setze unterdessen ihre konservative und wirtschaftsfreundliche Politik um. Umweltauflagen würden gelockert, Sozialleistungen gekürzt und Unternehmer gestärkt, während sich die FPÖ mit einer wahren »Symbolpolitik« begnüge. Dazu zähle unter anderem die Erhöhung des Tempolimits auf Autobahnen. Doch die Klima- und die Bildungspolitik der neuen Regierung seien rückwärtsgewandt. Gleiches gelte für Migrationsfragen, bei denen es laut Rathkolb, einen »klaren Rechtsruck – und viel Effekthascherei« gebe, während auf der anderen Seite eine tatsäch-

## 4. Kapitel

liche Integrationspolitik fehle: »[...] stattdessen verabschieden sie ein Kopftuchverbot für Mädchen in Kindergärten oder lehnen den Migrationspakt der UN ab.«[230]

Gewiss, die Ablehnung des Migrationspaktes durch die USA, Ungarn, die Tschechische Republik, Polen, Israel, Australien, die Schweiz, Italien und Bulgarien sowie Österreich stieß international auf viel Kritik.[231] Es ging der österreichischen Regierung jedoch darum, die Entstehung von Gewohnheitsrecht zu verhindern, und darum, dass europäische Gerichte dieses Gewohnheitsrecht als geltendes Recht in ihren Urteilen auslegen könnten.

Gegen Ende des Jahres 2018 hatte die FPÖ nach Mordfällen in Innsbruck und Steyr, bei denen afghanische Asylbewerber unter Tatverdacht standen, ein Ausgangsverbot ab 20 Uhr gefordert. Sebastian Kurz selbst hatte jedoch darauf hingewiesen, dass ein solches Ausgangsverbot rechtlich nicht möglich sei.

## Die EU-Ratspräsidentschaft 2018 – und ihre Kritiker

Ab dem Juli des Jahres 2018 war die Regierung mit dem aufwendigen EU-Ratsvorsitz beschäftigt. Es war bereits das dritte Mal nach 1998 und 2006 – man hatte somit schon einiges an Erfahrung gesammelt. Dieser Ratsvorsitz stand diesmal unter dem Motto »Ein Europa, das schützt«. Die österreichische Bundesregierung hatte sich auf das Thema Sicherheit gestürzt, aber auch, wie Kurz im Parlament im Juli 2018 erklärte, auf »das Thema des Wohlstands – das Absichern unseres Lebensstils – unseres Wohlstands in Europa«. Damit wurde der Fokus deutlich auf den Außengrenzschutz gelegt. Denn, so Kurz weiter, »Sicherheit in der Europäischen Union kann es nicht nur geben, wenn militärische Sicherheit gewährleistet ist, sondern für die innere Sicherheit ist es auch notwendig zu wissen, wer zuwandern darf und wer nicht; ist es notwendig sicherzustellen, dass die Regierungen entscheiden, wer nach

## Besuch bei den Verbündeten

Europa kommt, und nicht die Schlepper diejenigen sind, die diese Entscheidungen treffen«.[232]

Bei einem »Gipfeltreffen« auf dem Planai-Gipfel in der Steiermark an einem Ort auf 1906 Meter Höhe unter dem Titel »Servus Europa« fand zunächst eine hollywoodähnlich inszenierte symbolische Übergabe des EU-Ratsvorsitzes von Bulgarien an Österreich statt. Angereist waren EU-Ratspräsident Donald Tusk und der bulgarische Premierminister Bojko Borissow. Der österreichische Bundeskanzler Sebastian Kurz sowie die Mitglieder der Bundesregierung nahmen die beiden Männer in Empfang. Kurz sagte, dies sei eine »große Ehre [...], aber auch eine große Verantwortung«.[233] Und Donald Tusk fügte hinzu: »Zunächst einmal möchte ich dem Kanzler für seine Gastfreundschaft danken und ihm alles Gute für den österreichischen EU-Vorsitz wünschen. Es gibt enorm viel zu tun, und das in einem begrenzten Zeitraum. Aber ich glaube, wir könnten nicht in besseren Händen sein.« Denn, so Tusk weiter: »Durch seine Lage befand sich Österreich stets im Herzen Europas – ein Knotenpunkt zwischen Ost und West, Nord und Süd. Dank dieser zentralen Rolle ist Österreich zu einem wichtigen Brückenbauer in der EU geworden; nicht nur wirtschaftlich und kulturell, sondern auch politisch. Und ich weiß, dass Sie, Sebastian, aufgrund Ihrer eigenen Erfahrung und Vergangenheit einen ausgeprägten Sinn dafür haben werden – im Herzen wie im Kopf –, diesen Vorsitz als Brückenbauer zu einem Erfolg für ganz Europa zu machen.«[234]

Es könne »ein Vorgeschmack sein auf eine Inszenierung, die das kleine Land und seinen jungen Kanzler in den kommenden sechs Monaten als frische europäische Führungskraft zeigen soll«, hetzte die Presse im benachbarten Deutschland. Und legte auch gleich nach beim journalistischen Zündeln: »Das Thema Migration dominiert im Kurzschen Kosmos alle anderen europapolitischen Themen wie zum Beispiel den Brexit.«[235]

Dass dem aber nicht so war, würde sich bald zeigen. Denn Sebastian Kurz hatte wieder einmal einen Plan. Zu oft hatte er die Spannungen zwischen den EU-Beitrittsländern bereits als Außenminister hautnah verfolgen können. Dies missfiel ihm zusehends, und er fasste daher

## 4. Kapitel

einen Entschluss. Er agierte in diesem Moment, wie wohl jeder wohlerzogene Österreicher als Hausherr reagieren würde, um die jederzeit möglichen Missstimmungen tunlichst auf ein Minimum zu reduzieren: Er und sein Team spielten die perfekten Gastgeber während der sechs Monate andauernden EU-Ratspräsidentschaft in Österreich. Dies sollte einerseits die Spannungen wieder abbauen und andererseits Kurz erstmals internationales Lob einbringen. Es war ihm außerdem besonders wichtig, das Vertrauen in die Europäische Union wieder zu stärken und sicherzustellen, dass die EU ihre großen Aufgaben lösen konnte. Österreich war, historisch bedingt, ein bekannter Vermittler, und Sebastian Kurz erfüllte diese Rolle auch beim EU-Ratsvorsitz 2018.

Zu den Schwerpunkten und größten Herausforderungen des österreichischen EU-Ratsvorsitzes gehörten einerseits die Abwicklung des EU-Austrittes des Vereinigten Königreiches (»Brexit«) und andererseits die Erstellung des mehrjährigen EU-Finanzrahmens nach 2020. Im außenpolitischen Bereich war einer der Kernpunkte das Heranführen der Länder Südosteuropas an die EU. Für den EU-Vorsitz wurden insgesamt Kosten in Höhe von 43 Millionen Euro veranschlagt. Im Juni 2018 wurde bekannt gegeben, dass laut Anfrage an die Ministerien die Sachkosten 92,8 Millionen Euro betragen sollten, ohne die noch zusätzlich entstehenden Personalkosten.[236] In den Ministerien fielen Kosten von insgesamt rund 56,7 Millionen Euro an, die aus den Mitteln der Ressorts bestritten wurden.[237] Laut einer Analyse des Instituts für Höhere Studien hatte der EU-Ratsvorsitz letztendlich etwa 136,9 Millionen Euro zum österreichischen Bruttoinlandsprodukt beigesteuert.[238]

Der Kanzler wiederholte im Rahmen der EU-Präsidentschaft vor den Medien immer wieder, dass Österreich ein »Brückenbauer« sein wolle, um die Spannungen in der EU wieder abzubauen. Auch war ihm sehr daran gelegen, eine Brücke nach Russland zu schlagen, das seit der Annexion der Krim mit EU-Sanktionen belegt wurde.[239] Das politische Umfeld beschrieb er im Hinblick auf Russland, die unberechenbare Situation in den USA sowie den »Brexit« als herausfordernd. Doch sei man nur erfolgreich, wenn es eine gute Zusammenarbeit zwischen allen EU-Staaten und -Institutionen gebe.[240]

Er ließ auch im August 2018 während des Europäischen Forums Alpbach anklingen, dass es seiner Meinung nach »ganz besonders entscheidend ist, dass wir [...] nicht vergessen, was die Europäische Union eigentlich ist. Nämlich das größte Erfolgsprojekt des 20. Jahrhunderts. Ein Erfolgsprojekt, das 500 Millionen Menschen in einer einzigartigen Art und Weise Friede, Freiheit und zumindest einen bescheidenen Wohlstand garantiert [...].«[241]

Der Slogan »Ein Europa, das schützt!«, unter den die österreichische Regierung ihre Präsidentschaft gestellt hatte, war – so merkte ein kritischer *ZEIT*-Redakteur an – offenbar »vom französischen Präsidenten Emmanuel Macron abgekupfert« worden. Jedoch – so ist im weiteren Verlauf des Artikels zu lesen – war das Motto vom schützenden Europa eher »als österreichischer Gegenentwurf zur vermeintlich deutschen Willkommenskultur gedacht«. Auf dieses Signal hin soll Jean-Claude Juncker einen Vorschlag auf den Tisch gelegt haben, laut dem die europäische Grenzschutzagentur Frontex auf 10.000 Personen ausgebaut werden sollte. Das österreichische Europa, das schützt, bedeutet nämlich in erster Linie »ein Europa, das vor Migranten geschützt wird«. Die Zahl der Migranten war jedoch bereits von alleine zurückgegangen, bevor die Österreicher die EU-Präsidentschaft übernommen hatten. Im Anschluss wäre es also sinnvoll gewesen, »sich der Innendimension der Migration anzunehmen«, beispielsweise einer Reform des europäischen Asylsystems. Doch, schlussfolgerte der *ZEIT*-Redakteur, »da ist in den vergangenen Monaten nicht viel passiert«.[242] Ein weiterer Verweis auf die eingeleitete Trendwende war, dass es 95 Prozent weniger illegale Ankünfte in der EU im Vergleich zu Oktober 2015 gab. Laut den Schlussfolgerungen bei einer Tagung des EU-Rates vom 18. Oktober 2018 wurde dies so protokolliert: »Der Europäische Rat hat den Stand der Umsetzung seiner Schlussfolgerungen vom Juni bewertet und ruft dazu auf, im Rahmen seines umfassenden Migrationskonzepts die Arbeit an sämtlichen Elementen fortzusetzen. Während sich die Zahl der

## 4. Kapitel

festgestellten illegalen Grenzübertritte in die EU seit ihrem Höhepunkt im Oktober 2015 um 95 % verringert hat, muss einigen der internen und jüngsten externen Migrationsströme anhaltende Aufmerksamkeit gewidmet werden.«[243]

Seit etlichen Jahren streiten die EU-Mitgliedstaaten darüber, wie sie mit den Migranten und Flüchtlingen an ihren Küsten und Grenzen umgehen sollen und wie das richtige Verhältnis aus Verantwortung den Flüchtlinge gegenüber und Solidarität zu den anderen aussehen soll.

Sebastian Kurz war vermutlich der erste österreichische Kanzler, für den die EU eine Selbstverständlichkeit darstellt. Denn im Unterschied zu den älteren Politikern kennt er seit Kindheitstagen nichts anderes. Stellt man dann die Frage: »Wo steht Kurz? Wo positioniert er Österreich innerhalb der 28 Mitgliedsländer Europas?«, dann antworten er oder seine engsten Vertrauten mit: »Natürlich in der Mitte: geografisch, weltanschaulich, wirtschaftspolitisch.« Wenn man jedoch einen seiner Kontrahenten befragt, dann lautet die Antwort: »rechts« manchmal sogar »sehr rechts«.[244]

Das österreichische Verhalten innerhalb Europas war sicherlich bereits seit dem Beginn des EU-Beitritts durch einen Hang zum Kleinkarierten und eine deftige Prise Anti-EU-Populismus geprägt, und auch heute existiert nach wie vor eine hohe EU-Skepsis in dem Alpenland. Erschwerend kam hinzu, dass der EU-Beitritt Österreichs einst in die Zeit zunehmender Globalisierung fiel, wodurch es plötzlich Konkurrenz durch Billiglohnländer, unsichere Jobs und Reallohnverluste gab. Vielleicht wäre dies auch ohne den Beitritt so gekommen, doch wurde diese Entwicklung vor allem der Europäischen Union angelastet. Nicht zuletzt von österreichischen Politikern, für die sich »Brüssel« als Schuldiger für vieles anbot. Aber es gab auch viele Regierende, die zum hemmungslosen Schönreden der EU neigten.

Wahr ist jedoch, dass alle Regierungen viel Geld und Energie in einen EU-Vorsitz stecken. Es geht den meisten dabei vor allem um Prestige. Und sie wollen die Wähler zu Hause überzeugen und mit dem Glanz ihrer internationalen Auftritte beeindrucken.

Und so fiel aus technisch-diplomatischer Sicht die Bilanz zu Österreichs EU-Ratspräsidentschaft ebenfalls imposant aus. Insgesamt fanden 2722 Veranstaltungen und Sitzungen statt, hinzu kamen 50 EU-Ministerräte, davon fanden 14 informell in Österreich statt. Es gab vier EU-Gipfel der Staats- und Regierungschefs, darunter einen im September in Salzburg. Es kam zu 75 Einigungen im Ministerrat und 53 politischen Einigungen in 161 sogenannten paritätisch zusammengesetzten Dreiertreffen, sogenannte Trilogen, zwischen der Kommission, dem Rat und dem EU-Parlament. Das waren zahlenmäßig mehr Meetings und Zusammentreffen als unter den ehemaligen EU-Ratsvorsitzen von Bulgarien, Estland oder Malta.[245] Es war daher auch »kein Wunder, wenn man sich auf Beamtenebene darüber freut[e], dass das in EU-Dingen einflussreiche Infoportal *Politico* in einem Resümee zur Arbeit der Österreicher zu dem Schluss [... kam], ›wahnsinnig viele Brocken‹ seien ›weggeschafft‹ worden.«[246]

Das Magazin *profil* notierte, dass »nüchtern betrachtet noch kein österreichischer Bundeskanzler auf der EU-Bühne eine solche Hauptrolle spielte wie Kurz«.[247] Andererseits wurde von der Zeitung *Der Standard* sogar ein »Überblick auf welche Themen sich der Kanzler während der Ratspräsidentschaft konzentrieren« solle, geliefert mit dem Hinweis: »Damit andere wichtige Probleme nicht liegen bleiben.«[248]

180 Tage dauerte der EU-Vorsitz, doch die inhaltliche Endbilanz war gemischt. Ein Vorwurf, der Österreich häufiger gemacht wurde, war seine Rolle beim UN-Migrationspakt. Der Ausstieg der Regierung in Wien aus dem rechtlich unverbindlichen Pakt stand zwar in keinem direkten Zusammenhang mit dem Vorsitz, doch dass Österreich ausgerechnet in dieser Position diesen Schritt wagte, wurde aus Brüssel heftig kritisiert. Dadurch verfestigte sich innerhalb der Medien der Eindruck, dass Österreich weniger ein »Brückenbauer« war als vielmehr zahlreiche Themen des EU-Ratsvorsitzes hauptsächlich für die Profilierung in der eigenen Innenpolitik nutzte. Das schmälerte die vielen Erfolge, die Österreichs Beamte und Diplomaten in monatelangen Verhandlungen zustande gebracht hatten.

## 4. Kapitel

Ein positives Beispiel, welches international sehr gelobt wurde, war das neue Reduktionsziel beim PKW. Die EU-Staaten einigten sich darauf, dass Neuwagen in elf Jahren um 35 Prozent weniger Kohlendioxid ausstoßen müssen. Und auch die erfolgreiche Vorbereitung der schwierigen Detailverhandlungen für den kommenden EU-Haushalt brachte Österreich viel Anerkennung ein.

Doch ausgerechnet beim Thema Migration, dem wichtigsten Versprechen, hatte Österreich sein Ziel verfehlt. Sebastian Kurz hatte die schnelle Stärkung der europäischen Außengrenze versprochen, doch letztendlich sollen erst im Jahr 2027 rund 10.000 zusätzliche Frontex-Soldaten zum Dienst an Europas Außengrenzen antreten. Unter diesem Aspekt war der Slogan »Ein Europa, das schützt« eher unglücklich gewählt worden.

Im Büro von Finanzminister Hartwig Löger betonte man, dass man bei den Verhandlungen über das EU-Budget 2019 die finanziellen Voraussetzungen für die Frontex-Aufstockung auf 10.000 Mann bis 2020 geschafft habe.

Vernichtend fiel das Urteil der Sozialdemokraten aus. Sie sagten öffentlich, Österreich sei zum »Bremser in der EU geworden« und ganz Europa sei am Ende des Jahres »gespalten wie noch nie zuvor«. Die Regierung habe beim Migrationspakt sogar selbst dafür gesorgt, »dass dieser Spalt größer wird«. Es gebe »keinen einzigen Beitrag, der Gerechtigkeit oder Sicherheit in der Gesellschaft« stärke.

Kritisch bilanzierte auch der langjährige Delegationsleiter der Volkspartei Othmar Karas den EU-Vorsitz. Er fand bedauerlich, dass es bei Frontex »keine Lösung« gebe. Insgesamt, so Karas, habe Österreich »die Rolle der Ratspräsidentschaft überhöht«. Die Ratspräsidentschaft sei als »Dienstleister an der EU« zu verstehen, jedoch nicht als ein »innenpolitisches Projekt«.

Was blieb nach dem Ende von Österreichs EU-Präsidentschaft? »Sie begann pompös und endete prosaisch«, war in der Presse zu lesen. »Es war nicht hässlich, aber auch nicht schön. Es gab keine Wunder, aber auch keine Katastrophen.«[249]

## Besuch bei den Verbündeten

Ein halbes Jahr lang war der 32-jährige Sebastian Kurz EU-Ratspräsident und führte nicht nur die Regierung Österreichs, sondern vertrat gleichzeitig auch die 28 Mitgliedsstaaten der Europäischen Union. Als seine Ratspräsidentschaft sich dem Ende zuneigte, waren jedoch ein paar EU-Diplomaten in Brüssel nicht ganz so traurig darüber. An mangelndem Ehrgeiz lag das nicht, sondern vielmehr daran, dass Europas jüngster Regierungschef sehr viel von den Ländern und deren Beamten gefordert hatte. Das war man in Europa nicht gewohnt. Jedes Land hing an seiner Struktur und seinen Gepflogenheiten und gab nicht gerne Verantwortung ab – schon gar nicht an die EU.

Sebastian Kurz kommentierte seine Arbeit folgendermaßen: »Wir bemühen uns einen aktiven Beitrag zu leisten. Ich glaube, es wird auch kein Weg daran vorbeiführen, eine Veränderung in der EU zustande zu bringen. Denn wenn die EU so bleibt, wie sie ist, wird sie an Kraft verlieren.«

Sebastian Kurz orientierte sich »ausgerechnet am größten Helden der Sozialdemokraten«, dem einstigen Bundeskanzler Bruno Kreisky. Während des Kalten Kriegs hatte Kreisky Österreichs Neutralität genutzt, um außenpolitisch die Rolle eines aktiven Vermittlers einzunehmen. Am Wiener Ballhausplatz bezog Kurz das holzvertäfelte »Kreisky-Zimmer«. »Seine SPÖ-Vorgänger hatten lieber vom sogenannten Metternich-Zimmer aus regiert.« Kurz zeigte sich also ein weiteres Mal als großer Inszenierer, auch wenn die Rolle des ausgleichenden Mittlers sich möglicherweise nicht immer mit seiner doch sehr konkreten und bestimmten Agenda vertrug. Um die Flüchtlingspolitik in der EU in die gewünschten Bahnen zu lenken, hatte er sich jedenfalls mehr auf die Bildung belastbarer Allianzen gestützt, als auf neutrale Vermittlung – und entwickelte sich so »zum Gegenspieler der deutschen Kanzlerin Angela Merkel.«[250]

EU-Kommissionspräsident Jean-Claude Juncker lobte jedoch am 14. Dezember den österreichischen EU-Vorsitz bei der Abschlusspressekonferenz im Dezember und erklärte, Kanzler Sebastian Kurz habe »konsequent, umsichtig, zuhörend und einfühlend« gearbeitet. »Das kann man nicht von allen Vorsitzen sagen. Aber diesmal war das so.« und dann fügte Juncker noch hinzu, er sei sehr zufrieden über die künftige Finanzplanung, die Österreichs Ratsvorsitz erarbeitet habe. Noch nie habe eine Kommission ihre Vorschläge so früh vorgelegt »und noch nie hat ein Ratsvorsitz so schnell gearbeitet«.[251]

Heute kommentiert Sebastian Kurz jedoch seine Arbeit als EU-Ratspräsident folgendermaßen: »Mir war zum ersten Mal wichtig, professionell die Aufgabe als Ratsvorsitzender zu erfüllen. Das ist eine herausfordernde Arbeit, eine mit viel Koordinationsaufwand. Uns war es wichtig, es gut für Europa und Österreich zu machen. Thematisch gab es viele Projekte. Von der Einleitung einer Trendwende in der Migrationspolitik bis hin zur Vorbereitungsarbeit des mehrjährigen Finanzrahmens des EU-Budgets.«

Nach der EU-Wahl, die vom 23. bis 26. Mai 2019 stattfand, kommentierte Sebastian Kurz enttäuscht, die EU habe sich in den vergangenen Tagen massiv geschadet. »Im Vorfeld begrüßte er zwar die Designierung von der Leyens durch die EU-Staats- und -Regierungschefs, kritisierte allerdings den Prozess der Entscheidungsfindung für die EU-Spitzenpositionen. Wörtlich sprach Kurz von einem ›unwürdigen Schauspiel‹, das dem Image der EU geschadet habe. Derartige ›Hinterzimmerdeals‹ lehne er ab.«[252]

Das habe natürlich das Vertrauen vieler in die EU als Institution weiter reduziert, sagte Kurz weiter. Kurz hatte für Manfred Weber gestimmt und ihn auch während des Wahlkampfes unterstützt. Insofern sei es ihm wichtig, dass es endlich eine Reform der EU gibt. Konkret sprach er sich für einen »Umbau der Europäischen Union« aus. Kurz erklärte er verlange »ein ›Update‹ des EU-Vertrags«. Er betonte: »Seit dem Lissaboner Vertrag« habe sich »in Europa viel verändert. [...] Wir hatten eine Schuldenkrise, eine Eurokrise, die Migrationskrise, die Klimakrise, das Brexit-Chaos.«[253]

Kurz bekräftigte, er wolle weiter dafür kämpfen gemeinsam mit der neuen Kommissionspräsidentin Ursula von der Leyen, die er auch voll und ganz unterstützt, mit dem Ziel, »die EU grundlegend zu reformieren, um sie bürgernäher, transparenter und demokratischer zu gestalten«.[254]

## 2018 – ein Resümee des ersten Regierungsjahres

Laut den ersten Zahlen, die man dazu nutzte, die Analyse zum ersten Regierungsjahr zu schmücken, konnte die Volkspartei nach den 31,47 Prozent vom Wahltag 2017 eine leichte Tendenz nach oben verzeichnen, vor allem seit Übernahme des EU-Ratsvorsitzes im Jahr 2018. Einige Umfragen wiesen sogar Werte bis zu 35 Prozent aus, die FPÖ kam in etwa auf ihre 25,97 Prozent vom Urnengang oder rangierte etwas darunter.

Dass sowohl die ÖVP als auch die FPÖ recht stabil in der Wählergunst lagen, konnte an mehreren Punkten festgemacht werden, erklärte Meinungsforscher Wolfgang Bachmayer vom OGM. Als positiv fiel auf, dass diese Koalition im Gegensatz zu Rot-Schwarz in den Jahren davor ihre Differenzen niemals öffentlich austrage: »Es gibt keinen Streit, keine gegenseitige Blockade, und daher gibt es in der Wahrnehmung keinen Stillstand, sondern genau das Gegenteil.«[255] Das gefiel der Bevölkerung, denn Streit und Disharmonie in der Politik sind für die Wähler ein Zeichen von Versagen. In der Politik schätzt man jedoch Loyalität, alternatives Denken und die abweichende Meinung – all das zeichnet einen Sieger in Wahrheit aus. Dass der Sieger jedoch »nicht unbedingt der [sei], der am härtesten draufhaut«, erklärte die ehemalige Präsidentin des Deutschen Bundestages Rita Süssmuth, bereits in einem Gespräch mit der Wochenzeitung *Die ZEIT* im Jahr 2012.[256]

Als wichtig erschien auch, dass die österreichische Regierung regelmäßig neue Vorhaben präsentierte. Dies sah etwa Peter Hajek von *Public Opinion Strategies* so: »Sie wickeln ihr Programm ziemlich klar ab.« Und dies wurde dank »sehr professioneller Kommunikation« auch sichtbar. Auch für den Politologen Peter Filzmaier lag in der Kommunikationsarbeit und der so demonstrativ nach außen getragenen Harmonie ein Teil der hohen Zustimmungsraten zu Türkis-Blau begründet. Mit Bundeskanzler Sebastian Kurz gab es eine klare Nummer eins und mit Vizekanzler und FPÖ-Chef Heinz-Christian Strache eine klare Nummer zwei, eine eindeutige Rollenverteilung, die es unter der ersten schwarz-blauen Regierung so nicht gegeben habe.

Auch die Minister hätten sich der Regierungslinie klar untergeordnet. »Die FPÖ wiederum begnüge sich mit der Regierungsbeteiligung und dem Vizekanzleramt.« Das wahre Ziel der Freiheitlichen sei eine Fortsetzung der Koalition nach der laufenden Legislaturperiode gewesen. Zum Erfolg der Regierung hätte außerdem beigetragen, dass sich Sebastian Kurz und Heinz-Christian Strache persönlich gut verstanden hätten und das auch kommunizierten: »Die Chemie zwischen den beiden Spitzenkräften passt.« Das bedeute aber nicht, dass es keine Diskussionen innerhalb der Koalition gegeben habe, man habe sie jedoch nie nach außen getragen.

Zurückhaltend agierte die ÖVP, laut Filzmaier, bei »rechtsrechten ›Einzelfällen‹« innerhalb der FPÖ. Seitens des Bundeskanzlers gab es zunächst Schweigen und danach »dürre Wörter«. Als Beispiele dafür nannte Filzmaier etwa die NS-Liederbuch-Causa der Burschenschaft ›Germania‹. »Man schweigt sich den Partner schön und sagt möglichst nichts mehr dazu«, sagte Filzmaier.[257]

Parallelen zum Aufkommen nationalsozialistischer Tendenzen in den 1930er-Jahren sah Historiker Oliver Rathkolb zu diesem Zeitpunkt allerdings noch nicht, obwohl es genau aufgrund dieser Befürchtungen zu Demonstrationen gegen die rechts-konservative Regierung in Österreich gekommen war. »Wir leben im 21. Jahrhundert, wir haben eine funktionierende Justiz und eine kritische Zivilgesellschaft. Was nicht bedeutet, dass man nicht hellhörig sein muss.«[258]

»Die Grenze ist das Strafrecht«, so lautete bei näherer Beobachtung immer wieder das Mantra von Sebastian Kurz für die vielen Einzelfälle, die in den ersten 100 Tagen für Schlagzeilen gesorgt hatten. Immerhin hatte Sebastian Kurz Jura studiert und sich mit einem Beraterzirkel umgeben, der ihn zusätzlich in allen Belangen den Rücken stärkte oder ihn auf Lücken und herannahende Fehler aufmerksam machte.

Sein Glück, sagte der Wiener Politikberater Yussi Pick, sei die »Schwäche der Opposition« in Österreich: »Sie schafft es nicht, Kurz die Verantwortung dafür zu geben, dass er eine rechtsextreme Chaostruppe in die Regierung geholt hat.« [259]

Geht es um die Konjunktur in Österreich, so tragen laut dem Geschäftsführer des Meinungsforschungsinstitutes OGM Wolfgang Bachmayer zum guten Stand bei der Wählerschaft Rahmenbedingungen bei, »die man sich nur wünschen kann«. Die Wirtschaft entwickle sich gut, und die Arbeitslosigkeit sinke – das seien jedoch bestimmte Themenfelder, auf die eine Regierung freilich nur bedingt Einfluss nehmen könne. Zusätzlich schaffte es Sebastian Kurz jedoch, die EU-Ratspräsidentschaft gut für seine Imagepflege zu nutzen. Die dadurch entstehenden internationalen Kontakte lieferten ihm und seiner Regierung »schöne außenpolitische Bilder«. [260]

## Rigoroser Hardliner: Respekt, Takt und Zielstrebigkeit

Sebastian Kurz ist ein Kommunikationsass, denn die Skandale und Skandälchen seines Koalitionspartners färben offensichtlich nicht auf ihn ab: Er lebt von den Erfolgen. Die ersten 100 Tage hatte er unbemerkt für einen Umbau im Staatsapparat genutzt, der ihm für einen österreichischen Kanzler eher ungewöhnliche Freiheiten verschaffte. Der Wiener ORF-Journalist Armin Wolf erlaubte sich in seiner persönlichen Bilanz des schwarz-blauen Starts sogar einen wagemutigen Vergleich: Sebastian Kurz »sei der mächtigste Kanzler seit Bruno Kreisky« [261] – dem legendären Wiener Sozialdemokraten, der in den 1970er-Jahren mit absoluter Mehrheit regierte und den sie den »Sonnenkanzler« nannten. Mit dem Ausdruck »Sonnenkanzler« wird ein Vergleich zum Sonnenkönig Ludwig XIV. von Frankreich gezogen, der ein absolutistischer König war und für den Satz »L'État c'est moi« (»Der Staat bin ich«) berühmt war. Der Absolutismus war eine Herrschaftsform, in der ein Monarch alleine, ohne Opposition und ohne Beteiligung von Institutionen oder einem Parlament, regiert hatte. Der absolutistische Herrscher setzte seinen Willen zu großen Teilen durch, ohne dass andere an der Entscheidung Anteil hatten oder ihm hereinredeten. Doch mit dem Begriff »Sonnenkanzler« war diesmal gemeint, dass ein Bundeskanzler dominant und durchsetzungsfähig sei und dass er seine Macht stets ausbaue. Dafür wird der Staatsapparat umgebaut und Gesetze angepasst, damit sie dem Sonnenkanzler und seiner Partei nutzen.

Sebastian Kurz hat mit seinen knapp über 30 Jahren bereits das Auftreten eines erfahrenen, 65-jährigen Diplomaten: Er ist rhetorisch geschickt und von natürlicher Freundlichkeit. Er besitzt ein großes Talent, den Menschen zuzuhören. Er arbeitet hart und ist eloquent. »Diese klassischen Schubladen – links, rechts, konservativ, liberal – machen heute keinen Sinn mehr. Man kann in einer Frage konservativ sein und in der anderen liberal«, sagte er einmal in einem Interview.[262] In der heutigen internationalen Politik gilt es zu beobachten und zu analysieren, welche politischen Schritte in anderen Ländern getan werden, wie das Team der jeweiligen Präsidenten und Kanzler aussieht, aber auch welche Maßnahmen in anderen Ländern geschlossen werden, um dann entsprechend darauf zu reagieren.

Der Politologe Tilman Mayer analysiert auch hier: »Sebastian Kurz ist jemand, der dialogorientiert ist und der damit gewinnt. Er diskutiert nicht ewig, sondern versucht gesprächsorientiert voranzukommen, er macht das mit Methode. Man muss ja auch als Politiker fähig sein, sich auf eine derartige Methode einzulassen, nämlich die des Dialogs, und nicht einfach befehlen. Das hat gezeigt, dass bei ihm ein gewisses Auftreten da ist. Und das macht Eindruck. Wie gesagt, auch im Konflikt mit anderen Parteien. Man sollte Kollegen auf gleicher Ebene gut behandeln.«

Bundeskanzler Sebastian Kurz hat oftmals staatstragende Reden gehalten. Das brachten Amt und Verantwortung mit sich. Doch im Ver-

## Besuch bei den Verbündeten

gleich zu seinen Anfangszeiten standen seine Reden als Bundeskanzler nun auf dem internationalen Prüfstand. Dabei ging Kurz mit dem Zeitgeist. Und dieser Zeitgeist war sachlich und kalt. Doch wer auch immer dem Kanzler seinen Pragmatismus vorgehalten hatte, wurde von ihm belehrt: Der bisherige Weg in der Migrationspolitik »klingt menschlich und beruhigt das Gewissen«, führe jedoch zu Tausenden Toten im Mittelmeer und vielleicht noch mehr in der Sahara, klärte Kurz auf. Dessen ungeachtet vermissten selbst seine Anhänger manchmal sein Mitgefühl.

Kurz kennt sich sehr gut mit Deeskalationen aus, wirkt höflich, wohlerzogen, ehrlich und hat somit ein authentisches Image. Und er glaubt nicht an Programme. Es gehe »in der Politik und im Leben um etwas anderes, sagte er beim Wahlkampfauftakt in der Wiener Stadthalle [...] nämlich um Tatkraft, Standfestigkeit und Ausdauer.« Übrigens stellte Kurz bei dieser Veranstaltung wohl einen persönlichen Rekord auf: »gleich neunmal hintereinander« habe er sich beim Publikum dafür bedankt, dass es gekommen sei, notierte ein Journalist und fügte hinzu: »Geplant war dieser Dankbarkeitsrausch bestimmt nicht, so etwas steht in keinem Manuskript.«[263]

Wenn man sich bei Sebastian Kurz danach erkundigt, ob es für ihn in der Politik bislang einen »Lernprozess« gegeben habe, den er durchlaufen musste, so antwortet er ohne zu zögern mit: »Ja, natürlich«, um dann weiter zu erklären: »Ich habe als Staatssekretär die wahrscheinlich wichtigste Lektion gelernt, nämlich: Gegenwind auszuhalten, nicht Politik nach Meinungsumfragen oder um den Kommentatoren in den Medien gefallen zu wollen, sondern einfach das zu tun, was richtig ist. Das musste ich lernen, weil es damals keine andere Option gab. Ich bin Staatssekretär geworden, und es gab irrsinnig viel Gegenwind, weil ich so jung war. Ein guter Freund hat mir dann den Tipp gegeben: ›Schau nicht so viel in die Zeitungen, schau nicht so viel in die Umfragen, mach einfach das was du für richtig erachtest.‹« Also agiere er, Sebastian Kurz, als Politiker manchmal auch nach seinem Bauchgefühl? Auch diese Antwort kommt sehr rasch: »Genau. Diesen Tipp habe ich mir

## 4. Kapitel

sehr zu Herzen genommen. Und der Freund hat dann ein Jahr später, wie es besser gelaufen ist, zu mir gesagt: ›Das, was ich dir damals gesagt habe, das gilt noch immer‹, was sehr richtig ist. Auch nicht dem Lob hinterher zu folgen. Und ich habe einfach für mich das Gefühl entwickelt, dass ich viel persönlich lernen durfte in dieser Phase. Als Außenminister durfte ich Österreich in der ganzen Welt vertreten, und da war sicherlich der große Lerneffekt, dass mein Team und ich ganz unterschiedliche Kulturen und Herangehensweisen gesehen haben. Dann dachten wir uns, das können wir uns abschauen. Und wir haben andere Dinge gesehen, bei denen wir uns dachten: Da müssen wir verhindern, dass sich Österreich in diese Richtung hin entwickelt. Insofern würde ich schon sagen, habe ich in den Jahren sehr viel mitnehmen dürfen, um das auch in meine Arbeit immer einfließen zu lassen.«

Matthias Winkler, ehemaliger Pressesprecher und Kabinettchef im Finanzministerium und heute CEO der Sacher-Gruppe, hat als Unternehmer immer wieder Kontakt zu Sebastian Kurz gehabt. Er erzählt anhand eines Erlebnisses, wie man sich den neuen politischen Weg von Kurz und seinen Umgang mit Unternehmern vorstellen kann: »Ich hatte einige faszinierende Begegnungen, darunter folgende: Es gibt einen kleinen Kreis an Touristikern, die sich mit strukturellen Fragen der Branche für ›Übermorgen‹ beschäftigen. Das Ganze spielte sich vor der Nationalratswahl 2017 ab. Damals waren zwei Spitzenpolitiker nacheinander bei uns zu Gast: Der eine war Christian Kern, und der andere war Sebastian Kurz. Beide haben fast wortident begonnen, nämlich mit dem Satz: ›Ich bin gekommen, um euch zuzuhören.‹ Und dann war es so unterschiedlich, wie es nur sein konnte: Nämlich der eine hat zugehört, und der andere hat – wie es Politiker oft so tun – seine Sicht der Politik geschildert. Ich glaube dieses Beispiel zeigt am besten, wie ich Sebastian Kurz erlebte, also als jemanden, der wirklich und ernsthaft zuhört, wirklich und ernsthaft das Interesse hat Themen zu erkennen und sie auch zu lösen, weit ab von Ideologie. Und das ist eine Erfahrung, die ich anhand dieses Beispiels sehr konkret, aber natürlich auch in zahlreichen anderen Treffen gemacht habe. Nämlich, dass er und seine Mitarbeiter den Grundzugang stets gewählt haben: ›Wie mache ich es möglich, wie kann ich es verändern, wie kann ich es tun.‹ Also nicht Veränderung um der Veränderung willen, sondern weil wir alle wissen – und das weiß halt diese Generation an Akteuren, also die 30 bis 40-Jährigen eher –, dass für die Veränderung eine Bereitschaft ›angenehme Pfade zu verlassen und sich auf neue Wege zu machen‹, so notwendig ist, wie nie zuvor. Da heißt auch, dass ich Sebastian Kurz nicht nur kennengelernt habe als jemanden, der zuhören will und es auch tut und daraus seine Schlüsse zieht, sondern als jemanden, der aufgrund seines Alters selbst erfahren hat und auch daraus richtig schließen kann, dass die alten Wege nicht mehr zu denselben Zielen führen werden. Also letztlich, dass man neue Wege gehen muss, um die neuen Ziele zu erreichen. Das tut er. Das habe ich so bei keinem anderen Politiker je erlebt.«

## Das Geheimnis seiner Politik: Überzeugungsarbeit und Marketingstrategie

Sebastian Kurz sei zu einem »Strahlemann« der Koalition geworden, schrieben die Medien bereits im März 2018. Mit einem Sympathiewert von 66 Prozent erreichte er einen Spitzenwert, nur jeder vierte Wähler fand ihn unsympathisch.[264] Neue Werte, neue Slogans, neue, junge Politik: »Jeder einzelne Politiker [...] ist aufgefordert, Verantwortung zu übernehmen und die Dinge, für die er zuständig ist, zum Besseren zu verändern, statt sich auf das ›System‹ herauszureden«, sagte Kurz einst in einem Interview.[265] Für den jungen Kanzler muss Politik »nahe am Leben« sein. Es geht um Information der Bürger über Auslandsreisen, politische Neuigkeiten, Staatsbesuche. Kurz gewann außerdem auch zahlreiche prominente Unterstützer für seinen ersten Wahlkampf für das Kanzleramt 2017, darunter fanden sich Niki Lauda, Arabella Kiesbauer und Arnold Schwarzenegger. Vier Fragen drängen sich hier auf: Handelt der junge Politiker dabei nach amerikanischem Vorbild? Wer sind seine Ratgeber? Was wird ihm suggeriert? Und inwieweit unterscheidet er sich von den ehemaligen österreichischen Kanzlern? Wenn man sich in seinem Umfeld erkundigt, dann erfährt man, dass Sebastian Kurz vor allen Dingen durch sein Netzwerk geworden ist, was er heute ist. Bettina Rausch, die Teil dieses Netzwerks ist, erzählt: »Er hat 2011 noch kein großes Netzwerk gehabt, aber er hat es rasch geschafft, die richtigen Leute in sein Netzwerk zu holen. Es haben einige mitgeholfen. Ich habe auch mitgeholfen und habe ihn immer wieder vertreten bei Terminen, wo er nicht hinkommen konnte, in enger Abstimmung mit ihm.«

Sebastian Kurz ist es besonders wichtig zu erfahren, ob er bei den Wählern auch ankommt und ob in dem ihm unterstehenden Ministerium (als Außenminister) und im Kanzleramt (als Bundeskanzler) seine Mitarbeiter ihm auch folgen und ihn unterstützen. Bettina Rausch erklärt es so: »Es ist ihm wichtig zu wissen, dass das, was er tut, auch ankommt. Erreicht er seine Standards, und passen die auch? Passt das, was er tut?« Für Bettina Rausch reflektiert Sebastian Kurz sehr viel, und er justiert auch nach. »Er hält auch gerne inne und schaut, ob wir auf dem richtigen Weg sind, er fragt sich: Wie kommt das an? Er justiert besonders dann nach, wenn er merkt, es ist hier zu viel und dort zu wenig. Für ihn ist seine Arbeit einfach eine große Aufgabe. Ehrlicherweise muss man sagen, Politiker zu sein ist auch eine große Aufgabe. Und wenn man Minister ist oder Bundeskanzler, dann wird die Aufgabe noch viel größer.« Die Aufgabe eines Bundeskanzlers sei groß. Und es sei wichtig, viele Aspekte in dieser Funktion unterzubringen, da man ja für alle Ministerien verantwortlich sei. Das alles unter einen Hut zu bringen, kann spannend sein, sagt Rausch. »Es gelingt nur, wenn man während dieser Aktivität immer wieder innehält und hinterfragt: Passt das wirklich?« Wichtig sei es auch, sich nicht zu verlaufen. Deshalb seien Feedbackschleifen sehr wichtig. »Die gehören für Sebastian Kurz automatisch dazu. Und die dreht er auch immer wieder.« Hinzu komme die Arbeit mit seinem engsten Team, und die verlaufe freundschaftlich, aber bestimmt. Jeder könne sich auf jeden verlassen, bringe Ideen ein,

## Besuch bei den Verbündeten

und diese würden diskutiert. Sebastian Kurz »schafft beides: Er schafft die Wertschätzung gegenüber seinen Mitarbeitern und Politikerkollegen, er ist ein guter Partner und freundschaftlicher Chef. Gleichzeitig hat er aber auch gewisse Qualitätsstandards und Ansprüche an das Amt, die ich als Staatsbürgerin auch sehr schätze – ehrlicherweise«, erzählt Rausch.

Wenn man Sebastian Kurz fragt, auf welchen Rat er am allermeisten höre, denkt man als Interviewer meist an die Granden der Politik als »geheime Einflüsterer« des Kanzlers. Doch in Wahrheit ist es etwas anders, denn Sebastian Kurz hört vor allen Dingen »auf den Rat meines Teams, weil ich mit dem schon viele Jahre gemeinsam arbeiten darf. Ich bin ein absolutes Rudeltier. Ich kann nicht alleine arbeiten und muss immer im Team arbeiten. Große Entscheidungen diskutieren wir im Team. Wir hinterfragen und hinterfragen auch das, was wir für richtig erachten und diskutieren es so lange, bis wir für uns die beste Lösung haben – oder bis wir den besten Weg gefunden haben.«

Der ARD-Fernsehkorrespondent für Österreich und Südosteuropa Till Rüger, analysiert: »Ich finde ihn schon beeindruckend und auch überzeugend. Also, ich bin sicherlich ein Kurz-Fan. Wie Sebastian Kurz es hält und wie er es macht, ist sehr gut, weil er sich auch mit sehr guten Leuten umgeben hat. Er hat ein Team, das ihm zuarbeitet, das absolut fähig ist und dem er vertraut und das ihm vertraut und in dem auch Überzeugungstäter sind. Also allesamt Mitarbeiter, die nicht gekauft worden sind, die wirklich aus Überzeugung und mit Herz für ihn arbeiten. Das muss man schon sehen. Und deshalb funktioniert auch vieles.«

Sein persönlicher Terminkalender, heißt es in den Medien, werde oftmals unter dem Gesichtspunkt geführt, ihm eine dichte Kommunikation im ganzen Land zu ermöglichen. Sebastian Kurz ist auch kein arroganter Politiker, sondern vielmehr ein aufmerksamer Mensch. Denn egal, wen man aus seinem Umfeld befragt, ob es Parteileute oder Unternehmer oder aber auch die anfangs durchaus skeptischen, mittlerweile aber weit mehr als ehrlich von ihrem jungen Chef schwärmenden

## 4. Kapitel

Diplomaten und Ministeriumsbeamten sind, von ihnen allen hört man, dass Sebastian Kurz überhaupt nicht abgehoben handele, sondern dass er im Gegenteil vor allem sehr gut zuhören und danach auch auf das Gehörte eingehe.

Es ist bekannt, dass im Jahr 2014, als Sebastian Kurz Reinhold Mitterlehner für den Posten des Vizekanzlers den Vortritt gelassen hatte, er zum Ausgleich die Führung der Politischen Akademie der Volkspartei erhielt. Und so wurde Kurz im Juli 2015 Präsident der Politischen Akademie, und Bettina Rausch, die zu diesem Zeitpunkt die Obfrau der Niederösterreichischen Jungen Volkspartei war, wurde seine Vizechefin. Drei Jahre später, im März 2018, war sie dann die neue Präsidentin. Bei der Politischen Akademie handelt es sich um eine innerparteiliche Ideenschmiede, die sich in einem 40.000 Quadratmeter großen Parkareal mit einer bombastischen Villa, dem Springer Schlössl, befindet, welches als Tagungs- und Seminarort auch mit einem Hotel ausgestattet ist. Sebastian Kurz kennt diese Akademie seit seiner Kindheit, denn er ist in der Umgebung aufgewachsen, und seine Eltern fuhren bereits mit ihm in seinem Kinderwagen jeden Tag daran vorbei. Seitdem Sebastian Kurz dort die Führung innehatte, hat sich die Akademie verändert und das dort tätige Team sehr verjüngt. Bettina Rausch erklärt dies wie folgt:

»Uns war wichtig zu entwickeln, wie Politik künftig sein wird. Also die Entwicklung der Menschen, der Politikinteressierten, auf der Höhe der Zeit und dass diese Akademie den Ansprüchen und den Anforderungen der Zeit gerecht wird. Weiters die Entwicklung von Themen sowie die Zuarbeit und auch die Vorarbeit für Regierungsarbeit.« Zu den wichtigsten Themen zählt etwa der Bereich »Demokratie«. Wichtig sei es, »unterschiedlich denkende Menschen zusammenzubringen«. Und die Ausbildung solle zielgerichtet sein: »Wir versuchen die Interessen der Menschen zu sondieren und dadurch einfach dieses Institut weiter zu professionalisieren und immer wieder viele Ideen zu holen.«

Damit verschaffte Kurz sich programmatischen Einfluss und verbreiterte seine innerparteiliche Basis. Nicht von ungefähr fand auf dem Tagungsgelände der Politischen Akademie nach Mitterlehners Rücktritt jene Sitzung der Parteigremien statt, auf der Kurz als Nachfolger bestimmt und seinen weitreichenden Forderungen nachgegeben wurde.

Die Partner im Netzwerk der Politischen Akademie sind österreichische Institute und Thinktanks, aber auch deutsche Institute. »Wir wollen nichts kopieren«, sagt Rausch. »Unsere Themen, die in den Expertenkreisen herausgearbeitet wurden, gehören abgearbeitet und umgesetzt. Wir versuchen etwa das Thema ›Werte‹ immer wieder zu behandeln, weil Themen wie dieses, ständig am tagespolitischen Geschehen abgearbeitet werden.«

So oder so ist Sebastian Kurz auch ein besonderer Marketingcoup geglückt. Just er, als Chef einer Mitte-rechts-Regierung kündigte an, was keiner der sozialdemokratischen Kanzler bislang umgesetzt hatte: eine Gedenkstätte, die jedes einzelne österreichische Shoah-Opfer namentlich würdigt. Die Medien schrieben daraufhin: »Wieder lässt Schüssel grüßen, der seine Regierung mit dem Washingtoner Abkommen zur Entschädigung von NS-Opfern gegen Kritik zu immunisieren versuchte.« Doch in Wahrheit war es vielmehr so, dass beim Marketing, so bemerkte auch der Politologe Anton Pelinka, »dieser Kanzler ziemlich perfekt« ist.[266] Und dass Sebastian Kurz aus echter Überzeugung die bisherige Nahostpolitik modifizierte, indem er eine neue Israelpolitik begann und von einer Politik der Äquidistanz abrückte. Dass er »noch stärker als andere die alte Kreisky-Doktrin über Bord wirft, mit der schon der österreichische Altkanzler Franz Vranitzky & Co gebrochen hatten und mehr Verständnis für Israel aufbringt«, schrieb auch Michael Jungwirth von der *Kleinen Zeitung*.[267]

Wenn Sebastian Kurz bei einer Veranstaltung auftritt, dann fällt zunächst auf, dass er sich zunächst wohlerzogen bei den klatschenden Gästen bedankt. Nicht nur einmal, sondern mehrmals. Sebastian Kurz versucht selbst in den wenigen Minuten auf einer Bühne eine gute Beziehung zu seinen Unterstützern aufzubauen. Auch das ist ein Merkmal seines Umgangs mit seinem Gegenüber: respektvoll im Ton, extrem freundlich, immer taktvoll bleiben. Es ist aber auch etwas Neues:

Denn ein Politiker, der sich bei den Gästen einer Veranstaltung für ihre Euphorie bedankt, ist nur sehr selten anzutreffen.

Zu den engsten langjährigen Mitgliedern seines Teams gehört Philipp Maderthaner, der auf den Bereich Kundenbindung spezialisiert ist. Er ist Chef der Wiener Kommunikationsagentur Campaigning Bureau. Maderthaner beschäftigt sich täglich mit der Frage, wie man als Unternehmen nachhaltig Beziehungen zu Menschen aufbauen kann, und stellt dieses Wissen dann Firmen zur Verfügung, die sich eine bessere Kundenbindung wünschen. Was Maderthaner tut, erklärt er Journalisten, das tut er im Normalfall für Brands, aber auch für Non-Profit-Organisationen oder für NGOs. Bei Sebastian Kurz hat er einst ein »starkes Motiv« gespürt, sagt er. Der junge Politiker sei für ihn eine »politische Ausnahmeerscheinung« für die er aus Überzeugung arbeite. Maderthaner selbst und sein Team stehen hinter der digitalen Kurz-Kampagne, einer, wie sie in Europa eher eine Seltenheit ist. Vor allem ist deren Strategie sehr interessant. Denn Maderthaner hat teilweise den Ansatz des ehemaligen US-Präsidenten Barack Obama übernommen. Dessen Kampagne war damals etwas völlig Neues: ein Wahlkampf, der hauptsächlich auf Social-Media-Plattformen geführt wurde, die zu dieser Zeit noch neu waren oder gerade erst gegründet wurden. Über E-Mail, SMS, Twitter und Facebook wurden damals Nachrichten versendet mit der Unterschrift von Obama. Noch wichtiger war aber die Erkenntnis, dass ein potenzieller Wähler nicht mehr nur ein Empfänger von Informationen war, er konnte selbst zum Sender gemacht werden, denn er sendete Nachrichten, die ihm gefielen, einfach weiter an seine Freunde und Kontakte. Diese Strategie wurde in Österreich übernommen. Konkret ging es darum, politisch begeisterte Menschen mit Affinität zur Kampagne aktiv zu involvieren.[268]

Das Ergebnis war die digitale und höchst professionelle Kampagne »Kurz2017«. Maderthaners Agentur entwickelte eine besondere Software, die Kunden verschiedene Tools zur Verfügung stellte, um deren User zum Mitmachen zu animieren, zum Beispiel eine Art Page-Generator, mit dem sich leicht Abstimmungen oder Veranstaltungen erstellen ließen und der darüber hinaus User Generated Content zuließ. All das war gekoppelt an eine lernende Datenbank und lange E-Mail-Listen. Mit bestimmten Slogans wurden an dem Politiker Sebastian Kurz Interessierte animiert, Videos von sich auf die Plattform zu laden, in denen sie ihre Unterstützung bekundeten. Über eine App konnte innerhalb weniger Minuten ein Video erstellt werden, das mit anderen vernetzten Usern auf Wunsch geteilt werden konnte. Auf dem Youtube Channel von Sebastian Kurz wurden regelmäßig Imagefilme und Infohäppchen geteilt.

Was ebenso interessant erscheint, ist, dass seit der Wahl von Sebastian Kurz zum Bundeskanzler im Jahr 2017 dieses System fortgesetzt wurde. Wann immer Sebastian Kurz auftritt bei einer Veranstaltung, einem Vortrag, einem Ministerrat, einer Pressekonferenz, wird er gefilmt. Der Wähler erfährt in Echtzeit über Facebook, wie Sebastian Kurz Politik macht. Wenn er auf eine Dienstreise fährt, dann wird der Wähler von ihm davor persönlich informiert, was das Ziel der Reise ist, und danach, wie die dort geführten Gespräche ausgefallen sind. Kurz hat diese Art der Mitteilung bei seiner ersten Reise nach Brüssel eingeführt und sie dann kontinuierlich fortgesetzt. Danach werden diese Kurzfilme gepostet: auf Facebook, Twitter oder auf Instagram. Ergänzt werden diese Filme von Fotoshootings durch seine beiden Fotografen. Das »Best of« der Fotostrecken wird dann auf Instagram auf den Accounts von Sebastian Kurz, seiner Fotografen und seiner Mitarbeiter gepostet und gestreut. Die Wähler, aber auch an der österreichischen Politik interessierte Menschen aus dem Ausland folgen diesen Plattformen, und so entsteht eine Kette an Reaktionen. Meist sind diese Reaktionen positiv, selten mischen sich negative Kommentare bei Facebook oder Twitter dazwischen.

Kristina Rausch erzählt: »Ich bin seit März 2019 wieder in die Partei zurückgekehrt und leite den Digitalbereich, den ich auch schon im Wahlkampf 2017 geleitet habe. Ich bin für die Europawahl zurückgekehrt. Der Bereich Social Media ist im Grunde genommen fast zufällig passiert. Das hatte ich nie beabsichtigt. Denn als ich 2009 begonnen habe, hatte bereits jeder ein Facebook-Profil, hat ein bisschen getwittert und auf Facebook in der 3. Person von sich geschrieben. Es gab auch eine Website, die ich betreut habe.« Rausch gefällt es vor allem, die Kommunikation zu organisieren und einen Inhalt zu produzieren. »Instagram ist für mich eine wirklich schöne Plattform, weil sie wirklich Spaß macht.« Dabei richtet sich gerade diese Plattform innerhalb Sebastian Kurz' Zielgruppe an Menschen zwischen 18 und 25. Das sei die Hauptgruppe von Instagram, so Rausch. »Das sind sehr viele Junge und bewusst Jüngere plus Junggebliebene, die in der Sprache gerne mit ›Du‹ angeredet werden. Man darf aber nie vergessen – egal, was man online macht –, es ersetzt nie persönliche Kontakte mit Menschen.« Einen Brief zu schreiben sei ja »mittlerweile antiquiert«. Aber dennoch, und das erstaunt jetzt, meint Kristina Rausch, dass das persönliche Gespräch »einfach das Wichtigste sei im Wahlkampf«. Natürlich involviere man dabei die klassischen Medien ebenso wie Social Media, und man organisiere zahlreiche unterschiedliche Veranstaltungen, und man versende Briefe. Aber die Wähler seien erst »wirklich zu 100 Prozent überzeugt [...], wenn man sie anspricht und sich mit ihnen fotografiert«. Am besten komme es an, wenn man mit Sebastian Kurz gemeinsam ein Foto, ein Selfie, machen dürfe.

Daraus ergibt sich, dass Sebastian Kurz einige interessante Erlebnisse mit seinen »Politikfans«, die nicht immer nur aus Österreich stammen, hat. So berichtete der *Kurier* im Februar 2019 von einer Reise des Bundeskanzlers nach Amerika: »Am Flughafen Wien war die Aufregung ob des ungewohnten Fluggastes kurz vor dem Abflug Richtung Washington groß – zahlreiche amerikanische Fluggäste umringten Kurz für ein Erinnerungsfoto am Gate.«[269] Im Dezember 2018 war Sebastian Kurz auf einer dreitägigen Ostafrikareise, die in Äthiopien startete, und besuchte einen Start-up Incubator in der Hauptstadt Addis Abeba, wo er sogleich zu einem Selfie mit afrikanischen Start-up-Entwicklern gebeten wurde. Auf seinem Instagram-Account schrieb er anschließend: »Spannende Termine in Äthiopien! Bei dem Besuch eines Start-up Incubators in Addis Abeba darf ein Selfie natürlich nicht fehlen.«[270] Das

## Besuch bei den Verbündeten

Foto zeigt ihn umringt von begeistert dreinblickenden jungen Mitarbeitern des Start-ups.

So etwa auch, als er im Juni seine Promotiontour durch Österreich unter dem Slogan »Kurz im Gespräch« begann, bei der er alle neun Bundesländer besuchte. In Salzburg startete er mit seiner Tour und landete am Abend in einem bestens gefüllten Wirtshaussaal in Seekirchen im Flachgau. Dort hielt er eine Rede und beantwortete geduldig eine Vielzahl an Fragen aus dem Publikum. Nach der Fragerunde ging Sebastian Kurz noch von Tisch zu Tisch und wechselte ein paar Worte. Höhepunkt für viele war dann aber das obligate Selfie mit »ihrem Sebastian«,[271] zumindest schien es so.

Peter Michael Lingens, der Doyen der Journalisten in Österreich, langjähriger Herausgeber und Chefredakteur des Nachrichtenmagazins *profil* und heute Kolumnist bei der politischen Wochenzeitung *Falter*, analysiert anhand einiger wirtschaftspolitischer Beispiele die Form des Marketings von Sebastian Kurz: »Mit Sicherheit ist Sebastian Kurz im Bereich der Selbstvermarktung – wie der Vermarktung seiner Partei – der begabteste österreichische Politiker seit Bruno Kreisky. Wie Kreisky glaubt er, gleichzeitig durchaus an die von ihm vertretenen politischen Thesen. Die erste, auch europaweit bekannteste von ihm vertretene politische These – dass die EU nämlich ihre Außengrenze dicht machen und ausschließlich für Konventionsflüchtlinge öffnen möge – wird von mir geteilt. Und zwar bis hin zu seiner jüngsten Aussage, dass man im Mittelmeer vor dem Ertrinken Gerettete nach Afrika zurückbringen müsse, weil sonst der Umstand, dass sie durch das Besteigen fahruntauglicher Boote in die EU gelangen, dazu führt, dass mehr Menschen solche Boote besteigen.« Lingens führt weiter aus: »Meine Gründe für diese, meine Haltung: Erstens kann die EU unmöglich alle Menschen aufnehmen, die Afrika aus noch so begreiflichen Gründen verlassen wollen. Sie muss sich darauf beschränken, diejenigen aufzunehmen, die Verfolgung fürchten müssen, also Flüchtlinge im Sinne der Genfer Konvention sind. Und zweitens tut man den Ländern, aus denen die Wirtschaftsmigranten kommen, nichts Gutes, indem man sie aufnimmt, denn sie stellen den am besten ausgebildeten, ökonomisch potentesten, initiativsten Teil der Bevölkerung dar. (Ich sage das als jemand, der selbst zeit seines Lebens Konventionsflüchtlinge in der eigenen Wohnung aufgenommen hat.) Mit Kurz oder George Soros teile ich die gleichzeitige Forderung, Möglichkeiten legaler Zuwanderung zu schaffen und vor allem Entwicklungshilfe ›vor Ort‹ zu leisten, um den Ausreisedruck zu mindern.« Was Lingens jedoch an Sebastian Kurz irritiert, ist, »dass er gleichzeitig das ohnehin extrem niedrige österreichische Entwicklungshilfebudget gekürzt hat und die Integration von Migranten in Österreich eher erschwert als erleichtert hat.« Jedoch teile er, Peter Michael Lingens, in keiner Weise die zentrale These von Sebastian Kurz in der Wirtschaftspolitik, »wonach ›Sparen‹ des Staates (anders als Sparsamkeit des Staates) eine Tugend« sei. Lingens wird deutlicher: »Als theoretisches Gegenargument führe ich die Saldenmechanik ins Treffen: Es kann aus Gründen der Logik wie der Mathematik keinen Verkauf ohne gleich großen Einkauf geben. Wirtschaftswachstum – also einen erhöhten Verkauf von Gütern und Leistungen – kann es daher nur geben, wenn gleichzeitig mehr Güter und Leistungen eingekauft werden. Einkäufer innerhalb einer Volkswirtschaft sind 1. Konsumenten, 2. Unternehmen, 3. der Staat. In der aktuellen Situation nehmen die Einkäufe der Konsumenten kaum zu, weil die Reallöhne großer Teile der Bevölkerung sogar gesunken sind und der schmale Teil der Bevölkerung, bei dem sie gestiegen sind, sein Geld eher auf die hohe Kante legt. Wenn in dieser Situation auch der Staat seine Einkäufe reduziert, weil er spart, wären Unternehmer schwachsinnig, wenn sie ihre Kapazitäten ausweiteten, also ihrerseits mehr einkauften. Unternehmen sind daher erstmals in der Geschichte Nettosparer. Sparen des Staates, wie Kurz es in Schlepptau des deutschen Ex-Finanzministers Wolfgang Schäuble predigt, mindert also das Wirtschaftswachstum. (Das gilt auch dann, wenn Staaten wie Österreich oder Deutschland einen Teil dieses Mindestwachstums im eigenen Land und innerhalb der EU durch Mehrverkäufe nach China, Russland oder Südamerika kompensieren – der Nachteil fällt dann nur etwas geringer aus.)

Empirisch wurde diese meine saldenmechanische Analyse bereits 2017 durch den IWF bestätigt, dessen Volkswirte erklärten, dass ›Austerity‹ mehr Schaden als Nutzen (›more harm than good‹) angerichtet habe. Jüngere Untersuchungen von Oxford Economics oder dem IIF (dem Internationalen Institut für Finanzwirtschaft, in dem die Großbanken der führenden Industrienationen ihre ökonomische Kompetenz gebündelt haben) kommen zu noch eindeutigeren Ergebnissen: Die staatlichen Ausgabenkürzungen hätten die EU ein BIP in der Größenordnung Spaniens gekostet und die Staatsschuldenraten erhöht statt verringert.«

Zu einem überzeugenden Marketing gehört auch eine gute Körpersprache um den Kunden – in diesem Fall den Wähler – zu überzeugen. Interessant erscheint auch, was der Experte für die Körpersprache von Politikern Stefan Verra, der seit Jahren die unterschiedlichsten Politiker bei ihren Wahlkämpfen begleitet, analysiert: »Keiner«, so Verra, sei in Wahrheit in der Körpersprache »so alt wie Sebastian Kurz«. Oberflächlich betrachtet sei er »ein junger Mann, der für Veränderung steht. Seine Körpersprache sagt aber etwas anderes: Seine Frequenz und seine Amplitude sind niedrig.« Kinder würden mit ihrem Körper in einem hohen Tempo sprechen und mit einem großen Umfang. Doch, je älter man werde, desto mehr reduziere man beides. Ausgerechnet der Bundeskanzler habe die ›älteste Körpersprache‹« von all den Politikern, die von Verra analysiert wurden. Er mache »ganz kleine Bewegungen vor seinem Bauch« und vermittle den Wählern damit etwas Positives und Angenehmes. Nämlich, »dass er den Status quo beibehalten« werde.[272]

Vergessen darf man beim Thema Marketing übrigens auch nicht das Videoelement. So wurden zwei bezeichnende Videofilme über Sebastian Kurz gedreht: Der unter dem Titel »Was mich geprägt hat«, als er sich noch im Wahlkampf 2017 befand, zeigt seinen Lebenslauf und die wichtigsten Personen in seinem Leben: nämlich seine Familie.[273] Der zweite Videofilm unter dem Titel »Österreich zurück an die Spitze führen« zeigt ihn, während er auf einen Berg steigt und den Gipfel erklimmt. Interessant erscheinen dabei die Sätze, die Sebastian Kurz dazu spricht. Das Video beginnt mit: »Politik kann manchmal ein ganz schönes Durcheinander sein. Eine Umfrage hier, eine Attacke dort. Lautes Streiten, wohin man schaut. Das war nie meines. Da geht ja der Sinn verloren. Das, worum es eigentlich geht. Politik ist dazu da, den richtigen Weg zu finden und die richtigen Entscheidungen zu treffen, damit am Ende alle etwas davon haben.«[274]

Erkundigt man sich bei ihm, welche Eigenschaften in der Politik von heute gefragt seien, so erklärt er: »Das Wichtigste ist, als Politiker Menschen zu mögen. Es gibt natürlich vieles andere, was man mitbringen soll. Die Grundvoraussetzung ist in der Politik, Menschen wirklich zu mögen. Politiker, die das nicht tun, die können zwar auf Zeit erfolgreich sein, aber niemals über eine längere Dauer hinaus.« Ob das eigentlich viele Politiker können, war die nächste Frage, auf die er wie folgt antwortete: »Es gibt ganz unterschiedliche Politiker. Darunter gibt es viele, die Menschen wirklich mögen und gerne unter Leuten sind, gerne für andere Menschen da sind. Und bei manchen hat man das Gefühl, da fehlt ein bisschen diese Herangehensweise.«

## Offenheit, Zielstrebigkeit, Kontrolliertheit

»Auch Bürgernähe, Demokratie und Wahlrecht sind Schwerpunkte für die ÖVP Wien. Der richtige Weg #vpw12«, twitterte Sebastian Kurz am 25. Februar 2012.[275] Er ist zu dem Zeitpunkt Integrationsstaatssekretär. Das Wort »Demokratie« leitet sich von den griechischen Wörtern »demos« und »kratein« ab und bedeutet wörtlich übersetzt »Volksherrschaft«. Die Bedeutung von demos ist: »Das Volk«, und umfasst die Bürger, die in einer Demokratie mitbestimmen dürfen. Die Aufgabe der Politik besteht jedoch vor allem darin, für eine problemlose Interaktion der Bürger miteinander verbindliche Regelungen zu beschließen. Personen, die diesen Regeln unterworfen sind, dürfen sich bei deren Erstellung beteiligen. Zu einem der wichtigsten Merkmale einer Demokratie gehört das Vorhandensein eines Parlamentes, das diese erarbeiteten Gesetze beschließt. In Österreich sind dies der Nationalrat, der Bundesrat sowie die neun Landtage.[276]

Dazu passt ein Ereignis vom Mai 2019. Als der österreichische Autor Daniel Kehlmann, der mit seinem Roman *Die Vermessung der Welt* Berühmtheit erlangte, eine Dankesrede bei der Verleihung des Anton-Wildgans-Literaturpreises der Österreichischen Industrie hielt, erregte er mit seiner Ansprache große Aufmerksamkeit, da er sagte: »Die Demokratie ist in Gefahr in der westlichen Welt«. Seine Befürchtung lautete: »Sie ist besonders in Gefahr in Österreich«. Und dann führte Kehlmann seinen Gedanken weiter aus. Wenn Politiker immer wieder versicherten, die letzte Instanz sei das Wahlergebnis, so stimme das nicht ganz, meinte der Autor »Die letzte Instanz ist das Urteil der Nachwelt. [...] Und darum möchte ich unseren schweigenden Kanzler ganz sachlich fragen, ob er sich darüber klar ist, dass künftige Geschichtsbücher ihn als den Mann bewahren werden, der es einer rechtsextremen Partei ermöglicht hat, diesem Land in seinem äußeren Bild und seinem inneren Gefüge Schaden zuzufügen, der so bald nicht mehr in Ordnung zu bringen ist. Draußen in der Welt wird Österreich inzwischen zuverlässig neben Trumps Amerika, Orbáns Ungarn und Bolsonaros Brasilien genannt.« Das störte Kehlmann, und er wollte daher an diesem Abend im Haus der Industrie in Wien in seiner Rede den Kanzler persönlich fragen: »Möchten Sie [...] wirklich der Mann sein, der das bewirkt hat, möchten Sie tatsächlich von künftigen Historikern beschrieben werden als jener Regierungschef, der einen das parlamentarische System, den Rechtsstaat und die Pressefreiheit offen verachtenden Innenminister ermöglicht und neben sich einen ehemaligen Neonazi als Vizekanzler geduldet hat? Sie sind jung genug. Sie werden diese Geschichtsbücher noch lesen können. Wollen Sie die Farce nicht beenden?«[277]

Eine zweite Episode entspann sich aus einem Gespräch mit dem österreichischen Schriftsteller Michael Köhlmeier, der im selben Jahr nach einer Rede in der Hofburg ebenso für heftige Debatten sorgte. In einem späteren Interview von Journalisten befragt, ob die Demokratie in Gefahr sei, antwortete er:

»Die US-Demokratie hält Donald Trump aus, und die unsere hält Blau-Türkis aus. Demokratie stellt man sich offenbar als ein Haus vor, in dem wüste Partys gefeiert werden – bis dieses windschiefe Gebäude völlig auseinanderbricht. In Österreich herrscht jedoch ein reifes demokratisches Bewusstsein, das via parlamentarische und zivilgesellschaftliche Opposition gegen jede antidemokratische Maßnahme von Blau-Türkis aufsteht.« Für Köhlmeier ist die Demokratie nicht deshalb stabil, nur weil ihr quasi gute Demokraten vorsitzen, sondern ausschließlich, weil nach seinem Empfinden eine Zivilgesellschaft existiert, die einen Blick auf das Tun und Walten illiberaler Demokraten hat. Auf die Bemerkung, dass Beobachter den schleichenden Demokratieabbau im Land beklagen würden, replizierte Köhlmeier:

»Gesetze werden nicht mehr lang und streitend diskutiert, sondern von Machern am Parlament vorbei manövriert. Tag für Tag werden, in feinen Schnitten, demokratische Rechte und Gepflogenheiten eliminiert. Wenn man bestimmten Kräften innerhalb der FPÖ freien Lauf ließe, sähe die Sache tatsächlich zappenduster aus. Dann wäre es vorbei mit jeder Form von liberaler Demokratie, wenn nicht gar jeder Form von Demokratie. Es wäre dann auch nicht ausgeschlossen, dass wir in fünf Jahren dastünden und bass erstaunt feststellten: Wir haben die Demokratie auf dem Weg verloren und gar nicht gemerkt, wo und wann es passiert ist.«[278]

Mit strengen Kritiken wie denen von Kehlmann und Köhlmeier kann Sebastian Kurz sehr gut umgehen. »Etwas Neues polarisiert immer. Ich glaube, es tut auch der Spitzenpolitik gut, wenn junge Menschen die Möglichkeit haben mitzuarbeiten. Das wirkt gegen Politikverdrossenheit«, erklärte Sebastian Kurz einmal in einem Interview, als er noch Staatssekretär war. »Ich habe immer vorgehabt, einen Lebensabschnitt der Politik zu widmen, weil ich den Gestaltungswillen dafür habe.«[279]

Das wahre Geheimnis von Sebastian Kurz' Erfolg scheint seine Offenheit für den Dialog zu sein und gleichzeitig auch die Offenheit für einen Ratschlag. Sein Auftreten schwankt meist zwischen Lässigkeit und Beherrschtheit. »Ich bin auch gewohnt, manchmal frech und sehr hartnäckig zu sein«, erklärte er damals im selben Interview. Er hatte bereits einmal den stürmischen Gegenwind überstanden, als er Staatssekretär war. Damals hatte er miserable Vorauskritiken wegen seiner Jugend und Unerfahrenheit. Als Kanzler wollte er Österreich – trotz des im In- und Ausland argwöhnisch betrachteten Freiheitlichen Koalitionspartners und einiger damit einhergehender negativer Kritiken durch die Medien – politisch in eine neue Ära führen.

Kurz wiederholte ständig, er wolle »Politik für das Volk und durch das Volk machen« und setze dem Begriff »mehr direkte Demokratie« ein Denkmal auf seine subtile Art, um gegen grassierende Politikverdrossenheit anzukämpfen. Sein Ziel sei es, die Wähler und an seiner Politik interessierten Bürger via Videos – durch persönliche Liveinterviews mit dem ehemaligen Ö3-Wecker-Radiomoderator Peter Eppinger –, die auf Facebook weltweit angesehen werden können und zusätzlich mit zahlreichen Mitteilungen via Social Media ständig zu informieren ... das ist die neue Form der politischen Kommunikation. Eppinger ist Sprecher der »Liste Kurz« und sozusagen die Stimme, das Gesicht und das Sprachrohr der Bewegung. Er begleitet Sebastian Kurz bei Treffen mit seiner Fangemeinde in den Bundesländern und bei den »Bergauf, Österreich«-Touren, bei denen Kurz mit an Politik interessierten Menschen wandern geht. Eppinger sorgt bei diesen Wandertouren für gute Stimmung und führt – ganz der alte Radiomoderator, der er war – durch die Vormittage am Berg. In 20-minütigen Interviews diskutiert er mit Sebastian Kurz immer wieder politische Themen, die Tagesgespräch sind, um sie für die Bürger anschaulicher zu machen: etwa die Steuerreform, ein Jahr Kanzlerschaft in Österreich mit einem Vizekanzler der FPÖ und wie Sebastian Kurz damit umgeht, oder das Ergebnis der Landtagswahlen, ein Papst- sowie ein Russlandbesuch.

Das Team der politischen Kommunikatoren des Kanzlers befindet sich auch bei jedem Ministerrat an jedem Mittwochmorgen und beobachtet die Journalisten, Fotografen und Kameramänner.

Wenn man Sebastian Kurz in seiner Rhetorik beobachtet, fällt auf, dass er offensichtlich ein ausgeprägtes Kontrollbedürfnis besitzt. Diese

Eigenschaft sorgt dafür, dass er nach außen hin immer souverän wirkt. Der Bundeskanzler lässt sich außerdem nicht allzu leicht provozieren. Selbst wenn es in ihm brodelt, wenn er sich ungerecht behandelt fühlt, oder wenn er in Kommentaren kritisiert wird, bleibt er betont freundlich und – extrem höflich seinem Gesprächspartner gegenüber.

Im Wahlkampf 2017 konnte er mit dieser Art punkten und damit nach seinem Wahlerfolg die Koalitionsverhandlungen mit der FPÖ rasch abschließen. Er versuchte, sein Kontrollbedürfnis zum Regierungsprinzip zu erklären. Er versucht, die Themen vorzugeben, will sich nicht treiben lassen. Er meldet sich zu Wort, wenn er es für richtig hält.

Er selber sagt dazu: »Ich glaube, dass es richtig ist, dass man sich auch in der Politik in einem würdevollen Ton begegnet, und daher leben wir den neuen Stil. Wir patzen andere nicht an und machen andere nicht schlecht. Und bemühen uns einfach, ordentlich mit anderen politischen Mitbewerbern umzugehen. Als Regierungschef habe ich es immer als Verantwortung gesehen, es zu versuchen, dass in der Regierung Konflikte intern ausgetragen werden und nicht die Bevölkerung oder die europäische Ebene, oder unsere Nachbarn, von diesem Streit belästigt werden.«

Seine engsten Mitarbeiter setzen dieses Vorhaben perfekt um. Die Geübtheit seiner Minister erwies sich als Vorteil. Die Ressortchefs erhielten aus dem Kanzleramt klare Vorgaben. Welches Thema wird zu welchem Zeitpunkt präsentiert, wer meldet sich wann und wie zu Wort? Schon frühere Koalitionsregierungen hatten versucht, Nachrichten so perfekt zu steuern, doch erst unter Kurz funktionierte dies wirklich reibungslos. Er selber sieht sich nicht als »Message Controller«:

»Nein. Was wir getan haben als Regierung, würde ich immer wieder so machen. Denn ich glaube, dass das auch gut für ein Land ist: nämlich alles zu versuchen und dass die Regierung mit einer Stimme spricht. Dass es keinen öffentlich zelebrierten Streit gibt und dass, wenn ein internationaler Gast nach Österreich kommt und mit dem Wirtschaftsminister, dem Außenminister und dem Bundeskanzler spricht, er nicht drei verschiedene Antworten auf ein- und dieselbe Frage bekommt. Oder drei verschiedene Meinungen zu demselben Thema hört. Jede Institution muss wenn sie professionell sein möchte, versuchen, Konflikte und Streitereien intern zu lösen und anschließend nach außen mit einer Stimme sprechen. Das gilt genauso für ein Land, wie die Republik Österreich.«

Sebastian Kurz ist in Wahrheit ein Teamplayer. Es ist ihm wichtig, seine Regierung als Einheit zu zeigen. Dabei trägt er mit Sicherheit den größeren Nutzen davon. Es ist ihm klar, dass er in der Öffentlichkeit an Ansehen verliert, wenn sich auf der Regierungsbank Misstrauen und Zwietracht breitmachen. Es war daher seine Entscheidung, anlässlich der ersten 100 schwarz-blauen Regierungstage Vizekanzler Heinz-Christian Strache mit vor das Scheinwerferlicht zu führen.

In sämtlichen Vorgängerregierungen hatte man sich davor gehütet, Doppelinterviews zu geben. Wer möchte sich schon in ungemütliche Widersprüchlichkeiten verlieren? Kurz und Strache hingegen suchten die Offensive – und gaben mehrere Doppelinterviews, die auch bei der österreichischen Bevölkerung gut ankamen.

Sebastian Kurz erreichte damit zweierlei. Einerseits dokumentierte er nach außen hin Geschlossenheit zwischen seiner Partei, der ÖVP und den Freiheitlichen. Außerdem signalisierte er seinem Koalitionspartner Unterstützung und dieses Signal benötigte Heinz-Christian Strache. Mit einer besonderen Rhetorik und wohlformulierten Sätzen, versuchten Kurz und Strache die Kritik einzufangen und sich damit auseinanderzusetzen, um gleichzeitig den Blick auf die Arbeit der Regierung zu lenken und die Arbeit zu loben. Die Regierungsspitze lieferte den Medien Überschriften, und viele der Journalisten übernahmen hungrig diese wohlgewählten Häppchen.

Die österreichische Bundesregierung hat die ersten 100 Tage dazu verwendet, um ihren »New Deal« zu markieren, der Bevölkerung zu zeigen, wie man in kürzester Zeit einen Erfolgsweg einschlagen konnte. Dabei verwiesen Kurz und Strache mit Stolz auf das von ihnen vorgelegte Doppelbudget. Und lobten sich selber: Statt der Fortschreibung

## 4. Kapitel

der Politik der vergangenen Jahrzehnte, neue Schulden anzuhäufen, sollte im kommenden Jahr ein Überschuss ausgewiesen werden. Im Wochenrhythmus wurden in den ersten 100 Tagen Pflöcke eingeschlagen, mit denen auch bereits der künftige Weg abgesteckt wurde: mehr Investitionen in die Sicherheit, Förderung der Familien, Senkung der Arbeitslosenversicherungsbeiträge, Steuererleichterung im Tourismus, Deutsch vor Schuleintritt, Universitätsfinanzierung, Ankündigung von Verschärfungen im Strafrecht.

Die nächsten Projekte waren immer schon auf der Schiene oder zumindest in Vorbereitung. Jede Woche setzte Kurz einen Themenschwerpunkt. Dabei ging es unter anderem um die Reform – also in Wahrheit um die Kürzung – der Mindestsicherung, die Verschärfung im Asylgesetz, Änderungen im Arbeitsmarktservice, die Zusammenlegung der Sozialversicherungen und die Intensivierung der ORF-Debatte. Kurz besitzt ein »besonderes politisches Gespür«. Er weiß, dass eine politische Stimmung, eine Welle, nicht erzeugt werden kann. Also versucht er, es einem Wellenreiter gleichzutun, nämlich sich von dieser Welle tragen zu lassen, solange es irgend geht.

Der Kanzler versteht sich als politischer Handwerker, der das Gefühl vermittelt, dass das Haus Österreich so umgebaut wird, wie es sich die meisten der Bewohner auch erhoffen.

Für seine Umbauarbeiten hat er lange die FPÖ studiert. Er sah, dass sie mit ihrer Form der Ausländerpolitik immer mehr Zulauf bekam und wie Rot-Schwarz ihr immer mehr Wähler zutrieb. Und dann kam das Jahr 2015: jenes Jahr in dem Hunderttausende Menschen sich Richtung Europa in Bewegung setzten. Die Stimmung in der EU rückte damals nach rechts. Die Verunsicherung nahm zu. Und Sebastian Kurz übernahm plötzlich die Rolle eines »Mahners«. Er verwendete von der FPÖ immer mehr Forderungen, er verpackte sie sympathischer – und bereitete sich auf den Tag vor, an dem er von seiner Partei gerufen würde. Er ließ sich darüber hinaus mit Vollmachten ausstatten, die keiner vor ihm hatte, dann baute er die ÖVP um – und wurde Bundeskanzler und eroberte so den Ballhausplatz.

Längst arbeitete er an einer bürgerlichen Wende. Diese konnte man mit den Themen Steuersenkungen und Umbau des Sozialstaates umschreiben. Die Rahmenbedingungen passten. Unterdessen befand sich die SPÖ noch in einer Selbstfindungsphase, die Grünen und die Liste Pilz lagen jedoch bereits besiegt am Boden. Die Wirtschaftsdaten wiesen nach oben, die Arbeitslosigkeit sank. Im zweiten Halbjahr übernahm Österreich zudem den EU-Ratsvorsitz – so kam der Bundeskanzler in die Rolle eines Gastgebers. Europaweit wurden Bilder von dieser Rolle des charmanten aber fordernden Mannes verbreitet. Bis zum Jahresende 2018 galt es als sein Ziel die bürgerliche Hegemonie abzusichern. Das Jahr 2019 wurde für Kurz zum Schlüsseljahr.

Mit schlechten Umfragen brauchte er nicht zu rechnen, auch nicht seine Parteifreunde in anderen Bundesländern. Nur die FPÖ blieb ihm als Unsicherheitsfaktor erhalten.

Bevor ihn jedoch Strache & Co. in Turbulenzen bringen könnten, würde er die Reißleine ziehen. Er konnte sich dann – wie es einst sein politischer Vorgänger Wolfgang Schüssel getan hatte – vor den Kameras aufstellen und der Bevölkerung erklären, dass er gerne mit der FPÖ Österreich verändert hätte, doch die FPÖ sei leider nicht regierungsfähig. Eine vorzeitige Nationalratswahl wäre die Folge.

Nach 100 Tagen ließ sich aber auch rasch eine – in Wahrheit – realisierbare Hypothese formulieren. Mit Sicherheit würde die ÖVP bei einer vorgezogenen Wahl auf Kosten der FPÖ gewinnen.

## 5. KAPITEL

# 2019 – SEIN ZWEITES REGIERUNGSJAHR

Das Jahr 2019 versprach eine Bewährungsprobe für den Jungkanzler zu werden, da nun von ihm erwartet wurde, dass er einige weitere noch unerfüllte Versprechen einlöste. Doch wie sah der Ausgangspunkt der Regierung aus? Noch Ende 2011 betrug die Steuer- und Abgabenlast in Österreich mehr als 42 Prozent der Wirtschaftsleistung – sie war damit die sechsthöchste innerhalb Europas.[280] Der Plan von Sebastian Kurz sah vor, sie mindestens auf 40 Prozent zu reduzieren. Dazu musste die Regierung einen wirklich überzeugenden Weg präsentieren, wie sie ihre Bürger – besonders bei der Einkommenssteuer – entlasten würde. Die von Sebastian Kurz und seiner Regierung geplante Steuerreform würde jedoch der einfachere Teil der ganzen Übung, denn um den österreichischen Staat auch über mehrere Jahre schlank zu halten, müssten in der Folge auch sämtliche Ausgaben gekürzt werden.

Eine zweite große Herausforderung war das mangelhafte Preis-Leistungs-Verhältnis des Staates. Das rührte davon, dass sich der österreichische Föderalismus zu viele zweifache Nutzungen und unklare Zuständigkeiten zwischen Bund, Ländern und Gemeinden leistete. Zu viele Menschen sprachen bei jedem und allem mit, aber in Wahrheit wollte keiner von ihnen für die Resultate verantwortlich zeichnen. Genau aus diesem Grund versickerten bei der Bildung, der Gesundheit oder den Förderungen viele Milliarden von Euro.

## 5. Kapitel

Dabei schien es so einfach zu sein: Man musste nur das System entflechten und neue Kompetenzen verteilen. Die Regierung Kurz hatte sich daher vorgenommen, diesen Bereich im Jahr 2019 anzupacken. Doch es gab Zweifel, ob es möglich sein würde dies gegen den großen Widerstand der mächtigen Landeshauptleute aus den eigenen Reihen durchsetzen zu können. Eine solche Staatsreform konnte so zu einer Richtungsentscheidung darüber werden, ob Sebastian Kurz wirklich dazu imstande war Österreich entscheidend zu verändern.

Die dritte Herausforderung war, dass die neue schwarz-blaue Regierung für das Jahr 2019 eine Neuordnung der Arbeitslosen- und Sozialhilfe versprochen hatte. Diese Reform war wichtig, denn Österreich war erstmals seit langer Zeit mit einer beträchtlichen Langzeitarbeitslosigkeit konfrontiert. Auch in diesem Bereich war es interessant zu sehen, wie groß der Mut zum Reformieren in der Alpenrepublik war.

Zu guter Letzt sollten andere Sozialsysteme im Land auf eine neue Grundlage gestellt werden. Positiv erschien dabei, dass das Kabinett von Kanzler Kurz einen Plan vorstellen wollte, wie in den nächsten Jahren die Pflege in Österreich organisiert und auch wie sie finanziert werden solle. Bei der Gesundheits- und Krankenpflege handelte es sich um eine drängende Zukunftsfrage. Wenig Reformmut zeigte die Regierung von Sebastian Kurz jedoch in der Rentenpolitik. Der Fürsorgestaat stieß an seine Grenzen, die diskutierte Hinaufsetzung des Pensionsalters war nur einer der Stellhebel, die man bewegen musste. Die staatliche Altersversorgung fußte auf dem Prinzip, dass die erwerbstätige Generation die Pensionen der Alten finanziert. Doch die Österreicher wurden immer älter, das Verhältnis zwischen aktiven und Pensionsjahren war schon länger aus dem Gleichgewicht geraten. Die Finanzierung des nicht tragfähigen Pensionssystems stellte eine tickende Zeitbombe dar und daher drängte auch hier die seit Jahren eingemahnte Reform.

Ab Januar 2019 fange für Sebastian Kurz und seine Regierung die schwerste Arbeit ihrer Regierungszeit an, wetterten die Medien. »Der Zauber des Anfangs ist verflogen, der Glanz der EU-Präsidentschaft passé. Im kommenden Jahr wird man mit inhaltlich gut gemachten

## 2019 – sein zweites Regierungsjahr

Reformen überzeugen müssen. Sonst werden die Österreicherinnen und Österreicher dem Jungkanzler das Versprechen der Veränderung irgendwann nicht mehr abnehmen.«281 Außerdem stünden wichtige wirtschaftspolitische Weichenstellungen an, die rückblickend das Urteil über die Kanzlerschaft Kurz' prägen konnten.

Auf einer Bilanzpressekonferenz zum ersten Regierungsjahr im Dezember 2018 bezeichnete Sebastian Kurz Österreich als »eine Insel der Seligen«. Die *Süddeutsche Zeitung* schrieb daraufhin: »Der Kanzler dieses alpinen Inselreichs betont allerdings auch, dass dies ›keine Selbstverständlichkeit‹ sei, vor allem angesichts der wogenden Welt ringsum. Die ›politische Unsicherheit‹ in Deutschland nennt er, die ›gefährliche Schuldenpolitik‹ in Italien, die ›Gewalt‹ in Frankreich und dann noch all die anderen Krisen von drohenden Handelskriegen bis zu drohenden wirklichen Kriegen.« Danach fasste das Medium die Liste der Erfolge zusammen, die Kurz für »das glückliche Österreich« parat hatte: Ausgleichung des Staatshaushalts, finanzielle Entlastung von Familien, Flexibilisierung der Arbeitszeiten und Reformen der Sozialversicherungen, wobei er allerdings die Proteste gegen letztere unerwähnt ließ. Stattdessen versprach er, dass die Reformen auch im folgenden Jahr fortgesetzt werden sollten, namentlich im Pflegebereich, im Steuersektor durch eine Steuerreform im Jahr 2020 und auch weitere Verbesserungen im Bereich der Digitalisierung versprach Kurz. Die erste Bilanz der Kurz-Regierung war also durchaus eine positive, doch angesichts der offensichtlich gezeigten Harmonie zwischen Kurz und Strache konnte sich der Verfasser des Artikels nicht die folgenden kritischen Worte verkneifen: »Sie kommen zusammen, sie gehen zusammen, und wenn sie vorne stehen, Seit' an Seit' und Ton in Ton, dann passt kaum ein Blatt Papier zwischen Österreichs Bundeskanzler Sebastian Kurz und seinen Vize Heinz-Christian Strache.«[282]

Doch bereits im Januar 2019 erregte der Kanzler bei der Regierungsklausur in Mauerbach mit einem Kommentar zur Mindestsicherung die Aufmerksamkeit der Medien. Diese Sozialleistung wurde 2010 in Österreich eingeführt und ersetzt – je nach Bundesland – unterschied-

## 5. Kapitel

lich geregelt die Sozialhilfe, die aus einer Bargeldleistung und einer unentgeltlichen Krankenversicherung besteht, im Schnitt 838 Euro 12-mal jährlich für Alleinstehende. In der Bundeshauptstadt Wien gebe es 13 Prozent Arbeitslose, das seien gleich dreimal so viele wie in Tirol und doppelt so viel wie in den anderen Bundesländern, sagte Kurz. Es sei, so meinte er, »keine gute Entwicklung, wenn immer mehr Menschen keine Arbeit haben und von der Mindestsicherung abhängig« seien, und weiter führte er aus: »Ich glaube nicht, dass es eine gute Entwicklung ist, wenn immer weniger Menschen in der Früh aufstehen, um zu arbeiten, und in Wien in immer mehr Familien nur mehr die Kinder in der Früh aufstehen, um zur Schule zu gehen.« Daraufhin gingen die Wogen bei den Oppositionsparteien und auch den Medien ziemlich hoch. Auf dem Kurznachrichtendienst Twitter reagierten viele Bürger mit dem Hashtag #wienstehtauf. Die Tweets reichten von »Gerade aufgestanden – gemerkt, das ist nichts für mich – wieder hingelegt«, bis zu »Ich lebe von der Mindestsicherung aber bin trotzdem schon auf. Jetzt auf die Bibliothek und dann eine Runde schwimmen, danach Therapie«. Die Medizinische Universität kam dem Kanzler zu Hilfe und publizierte daraufhin eine Studie, die besagte, dass die Österreicher pro Nacht rund 7,5 Stunden schliefen.[283] Allerdings leide knapp die Hälfte an nicht erholsamem Schlaf. Und die Kronen Zeitung befragte Österreicher zu ihren »Aufsteh-Gewohnheiten.«[284]

Der Bundeskanzler erklärte ein paar Tage später, dass seine Kritik sich nicht an Sozialhilfebezieher gerichtet habe, sondern es sich dabei um eine »Kritik am System der Stadt Wien« gehandelt habe. »Es ist ja gerecht, allen, die fleißig arbeiten und unser Sozialsystem erhalten, mehr zu geben als jenen, die zugewandert sind, die Sprache nicht gelernt haben und Mindestsicherung beziehen.« Um schließlich wieder auf dem »Terrain der Gerechtigkeit zu punkten«, erwähnte der Kanzler schließlich gegenüber der *Kronen Zeitung* ein Detail der Steuerreform, das bei der Regierungsklausur noch verschwiegen wurde. Konkret ging es um die bisher lediglich sehr vage angekündigte Senkung der Sozialversicherungsbeiträge. Sie werde, so Kurz, vor allem Pensionisten

## 2019 – sein zweites Regierungsjahr

zugutekommen. Rund eine Million Pensionisten – das ist fast jeder zweite in Österreich – sollen ab dem Jahr 2020 weniger Sozialversicherungsbeiträge einzahlen müssen. Pro Jahr könne diese Entlastung einige Hundert Euro betragen. Somit hatte Sebastian Kurz es wieder geschafft, seine Wähler hinter sich zu sammeln.[285]

Ende Januar flog Bundeskanzler Kurz nach Davos zum Weltwirtschaftsforum, um dort eine Rede zu halten. Diesmal ging es um ein »europäisches Selbstbewusstsein«, das der Kanzler forderte, sowie »Reformen sowohl auf nationalstaatlicher als auch auf europäischer Ebene.« Der Europäischen Union müsse es gelingen, die Entscheidungsfindung zu erleichtern, ebenso sollten sich alle an gemeinsam gefasste Beschlüsse halten, etwa im Bereich der Budgetpolitik, beim Dublin-Abkommen oder auch bei der Rechtsstaatlichkeit.[286] Doch was Kurz nicht wusste, war, dass sich in Wien der Innenminister mit einer zweifelhaften Aussage in die Öffentlichkeit drängte. Konkret stellte der Freiheitliche Minister Herbert Kickl während eines Fernsehinterviews im ORF-»Report« die Europäische Menschenrechtskonvention und das rechtsstaatliche Prinzip in Frage. Er erklärte im Gespräch mit der Redakteurin, dass er immer noch glaube, »dass der Grundsatz gilt, dass das Recht der Politik zu folgen hat und nicht die Politik dem Recht.«[287] Kickl ist zwar als Minister Teil der Verwaltung, die Gesetze macht aber das Parlament. Bei seinen Wünschen nach strengeren Regeln für Asylwerber sei Kickl vor allem die Europäische Menschenrechtskonvention im Weg.

Sofort schaltete sich Bundespräsident Alexander Van der Bellen ein und verurteilte es scharf, wenn an der Europäischen Menschenrechtskonvention gerüttelt werde. Das sei eine »Aufkündigung des Grundkonsens der Zweiten Republik« schrieb er auch auf Twitter.[288] Sebastian Kurz sprach noch in Davos mit dem Innenminister und versicherte den Medien, er habe dem Innenminister »sehr klar« seine »Meinung gesagt und glaube, die akzeptiert er auch«. Die Verfassung und internationale Vereinbarungen müssten gültig bleiben, betonte der Kanzler. »Klar ist, dass die Verfassung, die Grundprinzipien der Europäischen Union sowie die Grund- und Menschenrechte Gültigkeit haben und dass diese im

## 5. Kapitel

Regierungsprogramm klar verankert sind«, bestätigte Kurz den Medien. Was die Abschiebung straffällig gewordener Asylbewerber angehe, prüfe die Bundesregierung alle Möglichkeiten im Rahmen des Rechtsstaats.[289] Somit hatte er mit Unterstützung des Bundespräsidenten wieder die Oberhand gewonnen. Unterdessen kündigte die Oppositionspartei NEOS einen Misstrauensantrag gegen Minister Herbert Kickl an.

Besonders stolz waren der Bundeskanzler und der Vizekanzler am 24. April über das Budget 2019, das einen ausgeglichenen Haushalt brachte und die Regierungsspitzen von einer »Trendwende« sprechen ließ. Erreicht wurde das Nulldefizit dann sogar schon 2018, wie sich nachträglich herausstellte – was möglicherweise auch der guten Konjunktur geschuldet war.

Nach dem Ministerrat am selben Tag, zeigten sich die beiden Politiker wegen des beschlossenen Stabilitätsprogramms hocherfreut. Der Bundeskanzler sprach im Pressefoyer nach der Regierungssitzung davon, »was ein Staat seinen Bürgern [...], was er den nachfolgenden Generationen antun« könne, und er ergänzte: »Es gab schon viele Jahre in der Geschichte, wo die Konjunktur gleich gut oder besser war als im vergangenen Jahr – und trotzdem wurde immer mehr ausgegeben. Insofern kann man stolz sein, dass es uns als Bundesregierung gelungen ist, diese 60 Jahre andauernde Schuldenpolitik zu stoppen«, noch dazu, bei ›gleichzeitiger Steuerentlastung.‹«[290]

Sechs Tage später, nämlich am 30. April 2019, legte die Koalition die Details ihrer lang angekündigten Steuerreform vor, eine ›ehrliche, wirksame und spürbare‹ Reform ›mit Hausverstand‹, die der österreichische Finanzminister Hartwig Löger gemeinsam mit Vizekanzler und Bundeskanzler vor Journalisten präsentierte. Diese Steuerreform war bereits bei der Regierungsklausur im Januar in Mauerbach mit Superlativen angekündigt worden, am Tag der Präsentation zeigte sich Löger froh darüber, an »einem ausgewogenen Gesamtpaket« gearbeitet zu haben, das ohne Schulden auskomme.[291]

Die Reform sollte in Summe 6,5 Milliarden Euro schwer sein (mit Familienbonus, der ab 2019 gelten würde sogar 8,3 Milliarden Euro). Profitieren sollten dadurch vor allem Geringverdiener. Ab 2020 sollten die Krankenversicherungsbeiträge reduziert werden unter dem Stichwort »Sozialversicherungsbonus«. Kernpunkte waren auch eine Senkung der unteren drei Tarifstufen für die Lohn- und Einkommensteuer ab dem Jahr 2021, die gestaffelt in Kraft treten würden. Bringen sollte sie auch niedrigere Körperschaftssteuern für Unternehmensgewinne. Sebastian Kurz sieht, rückwirkend betrachtet, gerade diese Reform heute als seine wichtigste an: »Ich glaube, das Wichtigste war, nach 60 Jahren Schuldenpolitik, diese Schuldenpolitik in Österreich endlich zu beenden und im Jahr 2019 erstmals keine Schulden zu machen, sondern sogar einen Budgetüberschuss zustande zu bringen. Das war sicherlich eine Trendwende in Österreich, die längst überfällig war, weil immer auf Kosten der nächsten Generation Politik gemacht wurde.« Was mich persönlich freut, ist, dass es uns gelungen ist, gleichzeitig die Steuerlast für Kleinverdiener und für Familien durch die Einführung des Familienbonus zu senken und dass mit konsequenter Politik, Politik ohne Schulden gemacht werden kann, ohne dass gleichzeitig die Steuerlast gesenkt werden kann. Das war mein größtes Versprechen im Wahlkampf und es war schön zu sehen, dass es uns gelingt, dieses auch einzulösen.«

Parallel zu den europäischen Vorarbeiten sei auch eine österreichische Digitalsteuer auf Konzerne und Internetgiganten in Planung, vermeldete der Bundeskanzler. Es sei nur gerecht, wenn die Internetgiganten in Europa auch Steuern zahlen würden. Er wolle »zusätzlich zum europäischen Vorgehen einen nationalen Schritt »die großen Internet-Giganten endlich gerecht besteuern«. digitale Wirtschaft zahlt in Europa knapp 9 Prozent Steuern, die traditionelle Wirtschaft jedoch zwischen 20 und 25 Prozent. Laut den Plänen der EU-Kommission könnte eine europäische Digitalsteuer weltweit tätige Internetgiganten mit einem Umsatz von über 750 Millionen Euro betreffen. Die Eckdaten dazu wollte Sebastian Kurz bei der kommenden Regierungsklausur präsentieren.[292]

Im Juni 2019 präsentierte Sebastian Kurz, der zu der Zeit schon nicht mehr Kanzler war, gemeinsam mit der ÖVP-Frauenchefin und der Seniorenbundobfrau ein Pflegemodell der besonderen Art. Im Rahmen der Sozialversicherung möchte er eine Pflegekasse einführen, die Allgemeine Unfall- und Pflegeversicherung, die sich »AUPV« nennt. Diese beabsichtigt er nach der Reduktion der zwölf Sozialversicherungsträger auf fünf einzuführen, nach seiner Neuwahl im Herbst 2019. Da die Pflege in Österreich derzeit auf Bund, Länder und Gemeinden aufgeteilt ist, möchte er eine einzige Pflegekasse als One-Stop-Shop-Anlaufstelle für die Pflegeversicherten und deren Angehörige haben. Kurz erklärte, dass er auf seiner sommerlichen Bundesländertour auf kein anderes Thema dermaßen oft angesprochen werde, wie auf dieses.[293]

## Skeptiker und Kritiker – und wie Sebastian Kurz mit ihnen umgeht

»Wer Kritik übel nimmt, der hat etwas zu verbergen«, sagte einst der deutsche Bundeskanzler Helmut Schmidt.[294] Und der bekannte US-Kampfkünstler und Schauspieler Bruce Lee wagte sogar den provokanten Ansatz, dass ein verbaler Angriff, also eine Kritik, ein gutes Zeichen sein könne. Konkret sagte er: »Wenn du kritisiert wirst, dann musst du irgendetwas richtig machen. Denn man greift nur denjenigen an, der den Ball hat.«[295] Dabei ist das Umgehen mit Kritik nicht gerade die größte Stärke der Menschen. Gerade in der Politik möchte man andere von seinem persönlichen Weg überzeugen, und ärgert sich, wenn die anderen dies mit einem selber versuchen. Doch man vergisst dabei meist, dass einen die Kritik in den Köpfen der anderen Kritiker leben lässt und man dadurch auch irgendwie wichtig sein muss.

Sebastian Kurz hat, seit er in die Politik eingestiegen ist, immer wieder Kritik einstecken müssen, sei es durch andere Politiker, sei es durch Journalisten und Meinungsmacher, sei es durch Wegbegleiter.

Doch obwohl die FPÖ-Regierungsbeteiligung in Österreich international auf Kritik stieß, hat Sebastian Kurz es 2018 geschafft, andere Län-

## 2019 – sein zweites Regierungsjahr

der und somit die Kritiker rasch zu überzeugen und vor allen Dingen zu verhindern, dass, wie einst im Jahr 2000, Sanktionen über Österreich verhängt wurden. Denn er kommunizierte offen, dass die Koalition mit dem Willen zu einem klaren europäischen Engagement antrete. Er fügte allerdings hinzu, dass er sich eine Stärkung der EU insbesondere beim Grenzschutz erhoffe. 33 Stunden nach seiner Vereidigung zum Kanzler traf Sebastian Kurz die EU-Regierungsspitzen, also Ratspräsident Donald Tusk und Kommissionschef Jean-Claude Juncker in Brüssel. Ein Antrittsbesuch mit einer gewissen Signalwirkung, wie man nun weiß: Kurz wollte im Herzen der EU den proeuropäischen Kurs seiner ÖVP-FPÖ-Koalition unterstreichen. Etwaige Zweifel, die es in Brüssel mit Blick auf die Freiheitlichen zu diesem Zeitpunkt gab, sollten durch diese Reise sofort zerstreut werden.

Eines fällt dabei auf: So scheint Kurz im Umgang mit seinen Kritikern eine besondere Gabe zu besitzen: im Ton verbindlich zu bleiben, aber im Inhalt hart und unerbittlich. Außerdem ist Sebastian Kurz sehr fokussiert und setzt seine Ideen in der Politik gekonnt um. Und so gelang es – wie bereits erwähnt – weder ARD-Moderatorin Sandra Maischberger, die Kurz in einem Talk (siehe Kapitel 4 – Besuch bei den Verbündeten) teilweise hart anging, noch Grünen-Politiker Jürgen Trittin, den österreichischen Bundeskanzler wirklich jemals aus der Fassung zu bringen. Brenzlige Themen übergeht Kurz entweder lächelnd, oder er weicht den Fragen und Aussagen der Diskussionsrunde geschickt aus. Die Kritiker sind sich fast alle einig: Der Bundeskanzler verschaffte sich einen besonderen Status für die Überbringung von vorwiegend positiven Nachrichten. Er meldete sich fast ausschließlich dann zu Wort, wenn es etwas Positives zu verkünden gab. Das wurde zwar mancherorts kritisch betrachtet, wirkte sich aber andererseits positiv auf das Regierungsklima aus. Und seine Selbsteinschätzung gab er auch in der Sendung preis: »Ich würde mich nicht als konservativ bezeichnen, sondern als christlich-sozial und liberal.«

Mitte des Jahres 2018, knapp sieben Monate nach Regierungsbeginn, gab es erste große Kritiken aus den eigenen Reihen der Volkspartei, einerseits zum Flüchtlingskurs der Regierung, andererseits im Bezug auf die Sozialpolitik und die Sozialpartnerschaft – beides wichtige Themen in Österreich. Die kritischen Worte über den Flüchtlingskurs der Regierung kamen von dem ehemaligen Flüchtlingskoordinator und einstigen österreichischen Bankmanager der Raiffeisenbank Christian Konrad. Er sehe die ÖVP nicht mehr als christlich-soziale Partei. Kurz habe zwar ein Kreuz im Büro hängen, aber »die Politik zwingt ihn offenbar dazu, in der Frage der Humanität anders zu sein«.

Dann erklärte Konrad, »[s]ein Verhältnis zu Kurz – den er von Anfang an sehr gemocht habe –« sei »»schwieriger geworden««. Denn er sei »irgendwann einmal [...] in der Flüchtlingsfrage auf ein anderes Gleis abgebogen«. Konrad warf der Politik insgesamt vor, »dass sie die – durch die Bilder des Jahres 2015 ausgelösten – Ängste« aufnehme, verstärke, statt zu argumentieren. Konrad kritisierte außerdem, es sei »»schwer kontraproduktiv‹, Mittel für Arbeitsmarktförderung und Deutschkurse zu streichen«. Bezüglich der sozialpolitischen Aktivitäten kritisierte der ehemalige Bankmanager die Vorschläge als »teils haarsträubend«. Als Beispiel nannte er die Kürzung der Familienbeihilfe für Kinder im osteuropäischen Ausland, und er merkte an: »Ohne die ausländischen Seniorenpfleger wäre die Gesellschaft in einem erbärmlichen Zustand«. Konrad meinte, es werde damit »der Neidkomplex geschürt«, und es werde »von Familien geredet, die 3000 Euro Notstandshilfe bekommen«, und dann »stellt sich heraus, es sind nur zehn Fälle«.

Hingegen sprach sich Konrad für die jahrzehntelang bestehende Sozialpartnerschaft aus und nannte sie in Österreich »unverzichtbar«. Er glaube nicht, dass der Bundeskanzler sie auflösen wolle, »aber er treibt sie vor sich her«. Der frühere Bankmanager ging »jedoch davon aus, dass sie ›schon zurückgeschlagen‹ werden, dann gebe es einen Neuanfang«.[296]

Ein weiterer interessanter Kritikpunkt kam vom Landeshauptmann aus Vorarlberg Markus Wallner, der wie Kurz der Volkspartei angehört. Wallner beanstandete im Sommer 2018 bei einem Interview, in der Regierung unter Sebastian Kurz sollte mehr »auf die Sorgfalt der Ausführung und die Einbindung verschiedener Partner« achten. »Zwar sei Bundeskanzler Sebastian Kurz [...] auch deshalb gewählt worden, um Stillstand zu überwinden. Für ein Mehr an Sorgfalt würde Wallner aber auch weniger Tempo in Kauf nehmen.«[297]

Doch nicht nur wie Sebastian Kurz in Österreich selber agiert wird kritisiert, auch wie er in Zusammenarbeit mit der EU handelt, gefällt nicht jedem seiner politischen Kollegen. Als »die Stunde seiner Antagonisten« bezeichnete NEOS-Gründer Matthias Strolz in einem Gastkommentar in der Wochenzeitung *Die ZEIT* im Juni 2018 die fehlende Zusammenarbeit und den fehlenden Zusammenhalt der europäischen Staaten bei Krisen. Zu diesen Antagonisten zählt er Viktor Orbán, Matteo Salvini und Horst Seehofer sowie Sebastian Kurz«, die »professionell und kaltschnäuzig« sowie »[e]loquent und hemmungslos« seien. Strolz geht im Laufe seines Kommentars sogar noch viel weiter, indem er ihnen vorwirft: »Sie haben keine Vision für Europa, aber sie haben Lust auf Macht.« Doch dann kommt Strolz zum Punkt: »Ich zweifle nicht an seinen großen polit-handwerklichen Fähigkeiten. Die sind außergewöhnlich. Ich zweifle an seiner inhaltlichen Vision. Diese, so Strolz, habe Kurz nicht. Und auch Bundeskanzler wurde Sebastian Kurz nur, weil er die Erkenntnis hatte, dass er es werden könne, so der Vorwurf von Strolz.«[298]

Fragt man nun Sebastian Kurz, ob man als Politiker, der ständig der Kritik ausgesetzt sei, eine »dicke Haut bekomme«, dann antwortet er: »Ja, definitiv. Man muss lernen gut zu entscheiden, von wem man Feedback und Kritik annimmt und wer einen nur aufgrund von Parteitaktik kritisiert oder schlechtmacht. Insofern ist es wichtig, nicht abzustumpfen, aber auch, sich nicht jeden Kommentar und jede Kritik sofort zu Herzen zu nehmen.«

Doch ebenso wie die Kritik, sei auch die Lobhudelei über ihn wie etwa die Attribute »Wunderwuzzi«, »Rockstar« und so weiter nicht sein Fall, erklärt Sebastian Kurz. Er geht sogar noch weiter in seinen Ausführungen: »Ich glaube, mit dem Lob oder solchen Bezeichnungen ist es genauso wie mit der Kritik: Auch das sollte man nicht zu ernst nehmen. Ich bemühe mich jeden Tag, meine Arbeit zu machen. Ich bemühe mich jeden Tag, sie möglichst gut zu machen, dem Land und der Bevölkerung zu dienen. Und manchmal gibt es Lob, manchmal gibt es Kritik.« Will man als Politiker eigentlich gelobt werden oder Kritik erhalten? Kurz antwortet sehr rasch und präzise auf diese Frage: »Dafür sollte man es als Politiker nicht machen. Man sollte es weder für das Lob machen, noch sollte man sich die Kritik sehr zu Herzen nehmen.« Als wie wichtig empfinde er eigentlich die Diplomatie in der Politik? »Natürlich ist es nicht unwesentlich, auch diplomatisch agieren zu können. Manchmal ist es aber auch wichtig, die Dinge ganz klar auszusprechen, so wie sie sind.«

## Kurz arbeitet mit den Freiheitlichen zusammen – wie läuft diese Zusammenarbeit?

Ein Jahr nach der Regierungsbildung arbeitete Sebastian Kurz noch immer mit den Freiheitlichen zusammen. Nach den ersten 100 Tagen gaben er und Heinz-Christian Strache dem Fernsehen zahlreiche Doppelinterviews, in denen sie einander weiterhin respektvoll behandelten. Doch in der Freiheitlichen Partei ereigneten sich hinter Kurz' Rücken mit der Zeit immer mehr unerfreuliche Zwischenfälle. Zunächst griff die FPÖ den ORF und das öffentlich-rechtliche Rundfunkrecht in Österreich an.[299] Dann positionierte sie einen jungen Mann als Spitzenkandidaten bei der niederösterreichischen Landtagswahl, der für einen obskuren rechtsaußen Verein warb. Von einem von den Medien erwähnten Liederbuch (welches in der Presse als »Germania-Liederbuch« tituliert wurde) zeigte sich dieser »schockiert«[300] und bekräftigte, »nichts von dem Text gewusst zu haben«.[301] Und sie erlaubte sich ein Ermittlungsverfahren gegen mehrere Beamte des Bundesamtes für Verfassungsschutz und Terrorismusbekämpfung (BVT). Manche Beobachter sahen darin einen Versuch, umfangreiches Datenmaterial des Extremismus-Referats »in ihre Obhut zu bringen«, wie Manfred Seeh

## 2019 – sein zweites Regierungsjahr

von der *Presse* schrieb.[302] Zudem wurde der bisherige Direktor des BVT vom Dienst suspendiert.[303]

Doch wie ging es Sebastian Kurz dabei? Was machte diese Zusammenarbeit mit der rechtspopulistischen Partei mit ihm? Wurde der Bundeskanzler dadurch noch härter in seiner Innenpolitik? Und wie sah es eigentlich mit der Außenpolitik aus? Wie veränderte sich Sebastian Kurz? Was war sein Ziel nach dem ersten Jahr? Wie viel Demokratie hatte in seinem Land noch Platz und war ihm recht? Wie demokratisch war Österreich mit dieser Regierung?

Sebastian Kurz wischte zunächst all diese Skandale mit einer gewissen Eleganz beiseite und führte die Medien geschickt erneut auf seine Seite. Das war seine persönliche Strategie. Er brachte die Journalisten häufig dazu, sich wieder vordergründig auf seine Politik zu konzentrieren. Doch die Volkspartei von Heinz-Christian Strache erledigte offenbar eine gewisse Form der »Hintergrundarbeit«, die in mehreren schlimmen Begebenheiten endete, welche von den Medien natürlich dennoch beachtetet wurden.

Folgende Vorfälle waren besonders prekär: Etwa ein Jahr vor der Regierungsvereidigung, also Ende Oktober 2016, fand im oberösterreichischen Linz ein mehrtägiger Kongress der »Verteidiger Europas« statt. Dieser wurde durch das »Europäische Forum Linz« organisiert und definierte sich als einen Kongress gegen die »ethnokulturelle Verdrängung der europäischen Völker«. Wer jedoch hinter dem »Europäischen Forum Linz« steckte, war bis dahin unbekannt, die Homepage war auch zu diesem Zeitpunkt nicht mehr aktiv. Dafür gab es eine bald eine neue Seite, die für die zweite Auflage des Kongresses im kommenden Jahr warb. Im Impressum wurde eine »Info-Direkt Verlags-GmbH« angegeben. *Info Direkt* war ein aufwendig produziertes Magazin, das sich in Huldigungen des russischen Präsidenten Putin erging, der auch das Cover der ersten Ausgabe des Magazins geziert hatte, dessen Titel »Wir wollen einen wie Putin« lautete. Zur zweiten Ausgabe steuerte der in Wien lebende Globalisierungskritiker Richard Melisch einen Artikel bei. Er referierte regelmäßig bei rechtsextremen und neonazistischen Gruppen wie dem »Deutschen Kulturwerk« und starb im Frühjahr 2017.

Beim Kongress Ende Oktober 2016 war Info Direkt, gemeinsam mit dem Online-Magazin unzensuriert.at der Medienpartner. Letzteres gehört laut Bundesamt für Verfassungsschutz und Terrorismusbekämpfung zum »rechten, nationalistischen Lager« und die »veröffentlichten Inhalte [... sind] »zum Teil äußerst fremdenfeindlich und weisen antisemitische Tendenzen auf«.[304] Es wird darüber berichtet, dass der Freiheitliche Innenminister der neuen Regierung Herbert Kickl, einen der ehemaligen Verantwortlichen von unzensuriert.at in sein Kabinett geholt und ihn zu seinem Kommunikationschef ernannt hatte.[305] Zum Kongress kamen Rechtsextreme und vom Verfassungsschutz beobachtete Leute, und Herbert Kickl hielt die Eröffnungsrede.

Einer der besonders spektakulären Fälle war der von Udo Landbauer im Februar 2018: Der niederösterreichische Politiker der Freiheitlichen Partei musste wegen gefundener NS-Liedtexte bei seiner Burschenschaft vorübergehend aus der Politik ausscheiden. Konkret hatte Landbauer am 1. Februar 2018 im Zusammenhang mit der »NS-Liederbuch-Affäre« bei seiner Burschenschaft Germania all seine politischen Funktionen niedergelegt. Davor war er unter anderem als Stadtrat in der Wiener Neustadt in Niederösterreich tätig gewesen. Doch nachdem die Ermittlungen der Staatsanwaltschaft Wiener Neustadt wegen § 3g Verbotsgesetz 1947 gegen die für die Zusammenstellung und Illustration der sichergestellten Liederbücher der Wiener Neustädter Burschenschaft Verantwortlichen im August 2018 eingestellt worden waren, gab Landbauer am 28. August 2018 seine Rückkehr in die Politik bekannt,[306] im Sommer 2019 avancierte er sogar zum Landesparteiobmann der Freiheitlichen Partei.

Im November 2018, etwa zur selben Zeit, als in der Republik der Novemberpogrome gedacht wurde, nahmen Politiker der Freiheitlichen Partei an einer Ehrenveranstaltung für den NS-Piloten Walter Nowotny teil. Nowotny war als glühender Anhänger Hitlers bekannt und wurde zum »Fliegerhelden« mystifiziert. Auch Rechtsextreme mit Bezügen zum neonazistischen Milieu waren bei der Veranstaltung anwesend.³⁰⁷

Im Vorfeld seines Auftritts beim parlamentarischen Untersuchungsausschuss zur Affäre im Bundesamt für Verfassungsschutz und Terrorismusbekämpfung zeigten Recherchen, dass der Generalsekretär im Innenministerium, Peter Goldgruber, auf Facebook mit antisemitischen Plattformen und Gruppen kommuniziert hatte und virtuell in verschwörungstheoretischen Kreisen unterwegs gewesen war. Das Profil wurde im Dezember 2017 stillgelegt. Er wurde Mitglied der Gruppe »Ken FM nur für Systemkritiker«, einer Plattform des Verschwörungstheoretikers Ken Jebsen, die nach dessen Kündigung beim Rundfunk Berlin-Brandenburg gegründet worden war. In der Sendung Ken FM wurde etwa behauptet, der jüdische Philanthrop George Soros habe die Demonstrantinnen beim »Women's March« bezahlt, um einen Anstieg an Abtreibungen herbeizuführen und um dann am Verkauf toter Embryonen an Pharmahersteller zu verdienen. Goldgruber gab jedoch offiziell an, dass er auf diese Plattform aufmerksam geworden sei, da sie »interessante Dokumentationen über die Firma Thoma aus Salzburg brachte, die spezielle Holzhäuser baut«.³⁰⁸

Im Januar 2019 war der Präsident der NGO Caritas Michael Landau Ziel einer verbalen Attacke durch die Freiheitlichen: Über Facebook hatte der Klubchef der Freiheitlichen und Abgeordnete zum Nationalrat Johann Gudenus ihm »Profitgier« im Zusammenhang mit Flüchtlingen unterstellt. Die FPÖ legte einige Tage später bei ihrer Kritik an der Caritas weiter nach, indem sie gegenüber dem Radiosender Ö1 von einer »Asylindustrie« sprach und betonte, dass mit der angekündigten »Bundesagentur für Betreuungs- und Unterstützungsleistungen« neuerdings die Flüchtlingsbetreuung standardisiert werden solle. Dann erklärte der zweite Generalsekretär der Freiheitlichen Partei Christian Hafenecker, es für wichtig, »gewisse Normen« in der sogenannten »Asylindustrie« einzuhalten, denn »mittlerweile würden NGOs und auch private Unternehmen Flüchtlingspolitik betreiben.« Das Geld müsse effizient verteilt werden und dort ankommen, wo es gebraucht werde: »Dass sich jetzt gewisse NGOs, darunter auch die Caritas, natürlich ein bisschen sorgen um den finanziellen Kuchen an der Asylindustrie, ist ja nachvollziehbar«, erklärte Hafenecker.[309] Daraufhin gingen die Wogen hoch und der Regierungskoordinator der Freiheitlichen Partei und Innenminister Norbert Hofer musste sich in einem Interview mit der ZEIT im Bild2 im Fernsehen den Anschuldigungen stellen und die Situation entschärfen. Vor laufenden Kameras sagte Hofer, er gehe davon aus, dass in der Auseinandersetzung seiner Partei mit der Caritas der Höhepunkt der Debatte »überschritten« sei. Bundeskanzler Kurz hatte die aggressive Wortwahl der FPÖ gegenüber der Caritas verurteilt. Dazu sagte Hofer »es müsse einerseits möglich sein, dass die Caritas politische Maßnahmen lobe oder kritisiere.«[310] Andererseits müsse es aber auch möglich sein, dass die Politik die Caritas kritisiere. Das gehöre zur Meinungsfreiheit dazu. Doch an seinen letzten Sätzen wurde klar, wie die Sache im Hintergrund wirklich gelaufen war und dass Sebastian Kurz sich eingeschaltet hatte. Er, Hofer, habe ein sehr gutes Gespräch mit Caritas-Präsident Michael Landau geführt. Im Grunde genommen würde die Caritas »Großartiges« leisten, so Hofer, in manchen Bereichen sei aber auch Kritik angebracht.[311]

Außerdem wurde im Februar 2019 aufgrund einer Beschwerde der Organisation SOS Mitmensch bekannt, dass der Freiheitliche EU-Spitzenkandidat Harald Vilimsky über großflächige Inseratenschaltungen, die »rechtsextreme Szene in Österreich« finanzierte. Vilimsky nutze die EU-Gelder seiner eigenen Fraktion, um das Magazin Info direkt mitzufinanzieren.[312]

Nachdem bei einem Terroranschlag in Neuseeland 50 Muslime ermordet worden waren, kam es im Zuge von Ermittlungen im März 2019 zu einer Hausdurchsuchung des Verfassungsschutzes in Wien bei einem Mitglied der rechtsextremen Identitären Bewegung, nämlich dem Sprecher der Bewegung Martin Sellner, der eine Spende des mutmaßlichen Attentäters von Christchurch Brenton T. erhalten hatte. Dabei wurden laut Staatsanwaltschaft zahlreiche Datenträger sichergestellt. Danach wurde wegen der »Gründung oder Mitgliedschaft in einer terroristischen Vereinigung« gegen Sellner ermittelt. Er verbreitete daraufhin ein rund 15-minütiges Video über soziale Medien und räumte darin ein, »eine ›unverhältnismäßig hohe Spende‹ von einer E-Mail-Adresse erhalten zu haben, die im Nachnamen jenen des rechtsextremen Attentäters [...] enthielt«. Für die Spende habe er sich ebenfalls per E-Mail bedankt, denn »ein Dankes-E-Mail bekommt jeder, der mich unterstützt«, begründete er. Und dann fügte er hinzu: »Zwar habe er die Spende melden wollen, da er gewusst habe, dass auch in Österreich Ermittlungen liefen, [...] doch sei es dazu vor der Hausdurchsuchung nicht mehr gekommen.«[313] Und so standen die Verbindungen zwischen der Identitären Bewegung und der FPÖ im Fokus der Medien. In den Tagen danach wurden mehrere Verflechtungen zwischen der FPÖ und den Identitären bekannt. Bundeskanzler Sebastian Kurz reagierte umgehend und bezeichnete die Bewegung als »widerlich«. Darüber hinaus forderte er eine klare Distanzierung der Freiheitlichen von den Identitären.[314] Es war das erste Mal, dass der Kanzler seinen Koalitionspartner in aller Öffentlichkeit hart anging und unter Druck setzte.

Parallel dazu beriefen die SPÖ und die ehemalige Grünen-Partei jetzt den Nationalen Sicherheitsrat ein, um auch die aufgedeckten internationalen rechtsextremen Netzwerke im Nahbereich der Sicherheitsapparate durchleuchten zu lassen. Beide Parteien wiederholten, dass die Regierung den Bedrohungen durch Rechtsextreme zu wenig Beachtung geschenkt habe.[315]

Ab dann wurde plötzlich klar, dass es den Freiheitlichen nicht gelungen war, den Wahnsinn als solchen zu erkennen und sich davon mit Mut abzugrenzen. Sebastian Kurz konnte dies nicht mehr einfach so hinnehmen. Zu groß war in diesen Tagen der Anspruch, eine christlich-soziale Tradition hochzuhalten, aber auch zu stark die Reaktion der Öffentlichkeit, die mit Entsetzen die Verschränkung zwischen einem Terrorakt in Neuseeland und einer der FPÖ nahestehenden Gruppierung beobachtet hatte. Die Medien gingen ab nun mit den Freiheitlichen noch viel härter ins Gericht. So schrieb beispielsweise der *Standard*: »Wenn die Freiheitlichen [...] ernst genommen werden wollen, müssen sie sich von jenen Leuten in ihren Reihen trennen, die offensichtlich mit den Identitären verbunden sind, das gilt für alle Ebenen und besonders für die Ministerbüros.«[316]

Nachdem Ende März bekannt geworden war, dass sich Identitäre und Funktionäre der Freiheitlichen Partei in Linz in Oberösterreich ein Haus namens Villa Hagen teilten, reagierte Sebastian Kurz sofort darauf, und forderte eine klare Abgrenzung aller politischen Verantwortlichen von extremen und radikalen Gruppierungen wie den Identitären. Das Haus gehörte einem Verein, dessen Mitglieder teilweise FPÖ-Funktionäre waren. Außerdem war dort auch die Burschenschaft Arminia Czernowitz eingemietet, der einige namhafte Mitglieder der Freiheitlichen Partei angehörten. »Rechtsradikale sind um nichts besser als islamistische Extremisten. Beide radikalen Ideologien stellen für unser Land eine Gefahr dar und haben in unserer freien und liberalen Gesellschaft keinen Platz«, stellte Bundeskanzler Kurz, empört über die Schamlosigkeit einzelner Mitglieder seines Koalitionspartners, klar.[317]

Im April 2019 sorgte dann Christian Schilcher mit seinem Gedicht für Empörung, in dem er Menschen mit Ratten verglich und von »Kanalisationshintergrund« schrieb (vgl. auch Kapitel 2). Der Bundeskanzler forderte auch in diesem Fall umgehend eine Distanzierung der FPÖ Oberösterreichs vom Autor und vom in den Medien fortan als »Rattengedicht« bezeichneten Schriftstück. Der Autor entschuldigte sich zunächst und meinte, er wolle niemanden beleidigen, doch einen Tag später trat er zurück.

Fünf Tage später, am 6. April zeigte die Aussage von Sebastian Kurz auf dem oberösterreichischen Landesparteitag der Freiheitlichen Partei eine erste Wirkung: Heinz-Christian Strache grenzte sich von den Rechtsextremen offiziell ab. »Wir wollen mit der Identitären Bewegung nichts zu tun haben«,[318] verlautbarte er und betonte zusätzlich auch noch in einer Presseaussendung, dass es »keine personellen, funktionellen und aktionistischen Überschneidungen« in Zukunft geben könne. Dabei verwies er auf einen Beschluss des Bundesparteivorstandes, aufgrund dessen personelle Verflechtungen mit der Identitären Bewegung fortan ausgeschlossen seien.[319] Der Bundeskanzler bezeichnete diese Aussagen danach als einen »wichtigen und notwendigen Schritt«. Und weiters verlautbarte Kurz wiederum: »Dieses widerliche Gedankengut hat in unserer freien und liberalen Gesellschaft keinen Platz. Es ist daher wichtig, dass klare Grenzen gegen jede Form von Extremismus zu ziehen sind.«[320]

Kurz darauf schalteten sich auch die Spitzenvertreter jüdischer und antifaschistischer Organisationen sowie KZ-Überlebende ein und forderten Kanzler Sebastian Kurz in einem offenen Brief zur konsequenten Haltung gegenüber rechtsextremen Tendenzen in der Regierung auf. Sollte er nicht durchsetzen können, dass sich die FPÖ glaubwürdig von den rechtsextremen Identitären trenne und sonstige rechtsextreme Aktivitäten einstelle, wäre eine weitere Zusammenarbeit für sie »untragbar«, merkten sie an. Diese Spitzenvertreter jüdischer und antifaschistischer Organisationen sowie zahlreiche KZ-Überlebende verwiesen auf das zu diesem Zeitpunkt existierende Rekordniveau an rassistischen und antisemitischen Übergriffen in Österreich. »Neu und bedrohlich sei, dass rechtsextreme Aktivitäten aus einer Regierungspartei kommen«, heißt es in dem offenen Brief. Das Mauthausen-Komitee habe seit 2013 über 100 »Einzelfälle« von FPÖ-Politikern dokumentiert.[321]

Fünf Tage später erklärte der Vizekanzler Heinz-Christian Strache allfällige Spenden von Mitgliedern der Freiheitlichen an die rechtsextremen Identitären in der Vergangenheit seien für ihn persönlich »kein Verbrechen«. Generell habe er keinen Einfluss darauf, was jemand als Privatperson mache. Zuvor hatten die Medien berichtet, dass Mitglieder der FPÖ aus Wien und der Steiermark an die Identitären gespendet hätten. Die FPÖ habe jedoch klargestellt, so der Vizekanzler, dass es keine Überschneidungen von Funktionären mit den Identitären geben dürfe und dass es nicht erwünscht sei, dass Funktionäre »mit diesem Verein Kontakt pflegen«. Wie viele FPÖ-Mitglieder auf einer angeblich von Justiz und Verfassungsschutz bei einer Hausdurchsuchung beschlagnahmten Spenderliste der rechtsextremen Identitären zu finden seien, könne der FPÖ-Chef nicht sagen: Er sei »ja nicht die Stasi«. Auch solle es keine Konsequenzen wie etwa einen künftigen Parteiausschluss geben, da er schlecht jemanden für etwas ausschließen könne, was dieser als Privatperson gemacht habe, meinte der Vizekanzler. Jeder Bürger könne frei entscheiden, für wen er spende. Vonseiten seiner Partei, den Freiheitlichen, seien jedenfalls keine Gelder geflossen.[322]

Doch dann leistete sich der Vizekanzler Heinz-Christian Strache am 28. April 2019 einen weiteren Fauxpas mit Folgen: In einem Interview mit der *Kronen Zeitung* gebrauchte er einen von den rechtsextremen Identitären verwendeten Begriff, nämlich den des »Bevölkerungsaustauschs«, provokant. Er sagte wörtlich, dass die Freiheitliche Partei »den Weg für unser Heimatland Österreich, den Kampf gegen den Bevölkerungsaustausch, konsequent weiter [gehe], wie es die Menschen von uns auch erwarten«. Auf den Einwand der interviewenden Journalistin, dass das Wort »Bevölkerungsaustausch« ein Begriff der rechtsextremen Szene sei, entgegnete er in einem Schlusssatz zum Interview: »Das ist ein Begriff der Realität. [...] Nur dort, wo jemand versucht, seine politischen Ziele mit Gewalt durchzusetzen, handelt es sich um Rechtsextremismus, der selbstverständlich in einer Demokratie nichts verloren hat.«[323] Laut des Dokumentationsarchivs des Österreichischen Widerstands definiert sich Rechtsextremismus anders – unter anderem verstehe er sich als »›natürliche‹ bzw. ›biologische‹ Ideologie«, alles Abgelehnte werde als »widernatürlich diffamiert«.[324]

Nachdem das Interview in der Zeitung erschienen war, verbreitete es sich rasant in allen österreichischen und anschließend auch in den internationalen Medien. Besonders nachdem die Nachrichtenagentur Reuters in englischer Sprache darüber berichtet hatte, war auch in der internationalen Berichterstattung viel über den Fall zu lesen. So schrieb ein Journalist von Politico von einem Vizekanzler einer »Rechtsaußen-Partei«, der sich einer Theorie der extremen Rechten bediene, »dass Europas weiße Population durch muslimische Immigranten verdrängt« werde.[325] In der Wissenschaft werde diese Annahme den Verschwörungstheorien zugerechnet, da sie nicht auf Fakten basiere.[326]

## 2019 – sein zweites Regierungsjahr

Zwei Tage später twitterte Bundeskanzler Kurz untertags: »Ich dulde keinen schwammigen Umgang mit den Identitären. Ich erwarte mir v d FPÖ, dass sie klar Position bezieht u wenn es Verbindungen gibt, durchgreift u jede Art der Verflechtung auflöst. Radikale Ideologien haben in unserer Gesellschaft keinen Platz!«[327] Diese Aussage des Bundeskanzlers war eindeutig und klar.

In einem anschließenden Fernsehinterview in den Abendnachrichten des 1. Mai wurde Bundeskanzler Sebastian Kurz schließlich auf eine harte Probe gestellt. Doch er erklärte vor laufender Kamera, dass der von seinem Vizekanzler gewählte Begriff »Bevölkerungsaustausch« »nicht [... seinem] Sprachgebrauch angehört« und auch »sachlich falsch gewählt« sei. Eine konkrete Konsequenz für den Vizekanzler forderte er in diesem Fall zwar noch nicht, je och legte Kurz nach den vielen Verfehlungen der letzten Wochen und Monate rasch und klar öffentlich eine »rote Linie für die Zusammenarbeit mit dem Koalitionspartner« fest. Konkret sagte der Bundeskanzler: »Ich werde immer das Gespräch mit dem Koalitionspartner führen. Wenn es mir notwendig erscheint, Konsequenzen einfordern. Und wenn es die dann nicht gibt, na ja dann ist eine rote Linie überschritten.« Dabei wolle er jede Verfehlung immer für sich beurteilen. Er forderte des Weiteren eine klare Distanzierung des Koalitionspartners von den Rechtsextremen – sowohl bei politischen Funktionsträgern, wie auch bei den Mitarbeitern. Er gehe jedoch nach wie vor davon aus, dass die Koalition mit der FPÖ bis zum Ende der Legislaturperiode 2022 halten werde.[328]

Die spätere Distanzierung Straches von der Identitären Bewegung bezeichnete Kurz als »wichtigen und notwendigen Schritt« und er wurde sogar noch deutlicher, als er sagte: »Dieses widerliche Gedankengut hat in unserer freien und liberalen Gesellschaft keinen Platz.«[329]

Journalisten begannen spätestens seit diesen Skandalen, offen zu fragen, ob Kurz zu einem Rechtspopulisten geworden sei, denn er habe seine Partei, die ÖVP, nach rechts geführt, und »die harte Rechte endgültig salonfähig gemacht.«[330] Die Volkspartei sei daher nicht mehr christlich-sozial, und es gehe Kurz doch in Wahrheit prinzipiell nur darum, an die Macht zu gelangen. Denn unter seinem Vorgänger Reinhold Mitterlehner hatte die Partei bei 20 Prozent gelegen, doch die Freiheitliche Partei hatte in den Umfragen an erster Stelle gestanden, und der Weg in den Untergang schien vorgezeichnet. Mit Kurz stelle die neue ÖVP nun den Kanzler, sie gewinne jedoch in den Umfragen leicht auf Kosten des Koalitionspartners FPÖ, und das zähle. Sebastian Kurz selbst stellte in kleinem Kreis an Kritiker oftmals die besondere Frage, warum sie ihm nicht zugutehalten würden, dass er einen Kanzler Strache verhindert habe.[331]

Es kriselte also wirklich zum ersten Mal nach mehr als einem Jahr zwischen dem Kanzler und dem Vizekanzler – zumindest hatte es den Anschein. Während Bundeskanzler Sebastian Kurz von seinem Koalitionspartner verlangte, sämtliche Verbindungen zu den Identitären zu kappen, bestritt Vizekanzler Heinz-Christian Strache hingegen, dass es derartige Verbindungen überhaupt jemals gegeben habe.

Doch noch etwas lag zu dieser Zeit bereits in der Luft, denn schon am 26. Mai sollten die österreichischen Vertreter für das EU-Parlament gewählt werden. Danach sollte es zu einem Regierungsumbau kommen, denn, so munkelte man zu diesem Zeitpunkt, es sei von Türkis und Blau offenbar ein größerer Umbau innerhalb der Regierung schon angedacht, der nur auf seine Realisierung warte. Und so begannen unter Journalisten die wildesten Spekulationen über Nominierungen, über in Ungnade gefallene Minister, über diverse Hausmächte und über in Zukunft vakante Posten für Minister oder Staatssekretäre, angestellt.[332]

Doch dann stand plötzlich das Osterwochenende vor der Türe, und die Politik verabschiedete sich für ein paar Tage. Der österreichische Bundeskanzler Sebastian Kurz brach am 20. April nach Tirol auf. Allerdings fuhr er nicht aufgrund eines Privaturlaubes in die Alpenregion, sondern für eine private, feine Begegnung. Denn es war ein Treffen mit dem Tiroler Landeshauptmann Günther Platter geplant, der einst Innenminister in der Regierung von SPÖ-Bundeskanzler Alfred Gusenbauer sowie Verteidigungsminister im Kabinett II von Bundeskanzler Wolfgang Schüssel gewesen war. Der Grund für dieses Treffen der beiden Männer war offiziell ein Skiwochenende bei blendenden Wetterverhältnissen, inoffiziell vermutlich jedoch ein besonderer Gedankenaustausch über die Zusammenarbeit innerhalb der Regierung, bei dem Kurz sich ein Feedback von einem erfahrenen Politiker erhoffte.

Die Fotos, die an diesem Osterwochenende gemacht wurden, zeigen die beiden Männer, in unterschiedlichen Blautönen gekleidet, teils nebeneinanderstehend und smart lächelnd, teils in einer kleinen Gruppe den Berg mit ihren Skiern hinaufsteigend. »Durchatmen, Kraft tanken, Natur genießen und ein gemeinsames Ziel vor Augen – zusammen mit Bundeskanzler Sebastian Kurz ging es letzte Woche durch das wunderschöne Riffeltal auf den #Glockturm in den #ÖtztalerAlpen. [...]«, schrieb Günther Platter anschließend auf seiner Facebook-Seite.[333] Die tiefere Bedeutung dieser Aussage lag dabei vermutlich wirklich in dem nebenbei erwähnten Satz »ein gemeinsames Ziel vor Augen«.

Beide Männer tankten eindeutig Kraft beim Aufstieg auf den Gipfel des Glockturms, der sich auf rund 3355 Metern Höhe befindet. Durch seine gute Erreichbarkeit über die Kaunertaler Gletscherstraße ist er ein beliebtes Ziel für Skitourengeher und Bergwanderer. Versüßt wurde ihnen die Mühe durch die Traumkulisse des Bergmassivs im Süden Tirols an der Grenze nach Italien. Der perfekte Schnee machte den Pistenspaß komplett.

Heute kommentiert Günther Platter dieses Treffen gepaart mit einer spannenden Bergwanderung auf den Ötztaler Skipisten mit einem geschulten Bergführer, der sie von Spitze zu Spitze brachte, mit folgenden Worten: »Wir schauen, dass wir mindestens einmal im Jahr eine längere gemeinsame Bergtour machen. Wenn man in kleiner Runde im Gelände unterwegs ist – abseits von Medien und Kameras – dann lernt man Menschen richtig kennen. Ich habe Sebastian Kurz dabei immer als jemanden erlebt, der trotz seines Erfolgs bescheiden geblieben ist, der sich nicht in den Mittelpunkt stellt, sondern der lieber zuhört und versucht, von der Lebenserfahrung anderer zu lernen. Ich halte diese Fähigkeit neben seinem Kommunikationstalent und seiner Entscheidungskraft für seine größte Stärke.«

## 5. Kapitel

# Genug ist genug – das Ende der Regierung

Es war ein ruhiger Freitagabend im Mai, die meisten Österreicher freuten sich schon auf ihr Wochenende. Es war angenehm warm für die Jahreszeit, denn es herrschten nur knappe 20 Grad. Doch plötzlich ging ein innenpolitischer Sprengsatz hoch. Er rief ein Erdbeben hervor in einer Form, die es im kleinen alpinen Österreich bisher selten gegeben hatte, mit teilweise noch unbekannten Ausmaßen. Denn an diesem Freitagabend wurde gleichzeitig auf den Onlineseiten des *Spiegels*, der *Süddeutschen Zeitung* und der österreichischen Wochenzeitung *Falter* der sechsminütige Ausschnitt eines brisanten Videos veröffentlicht, der die Österreicher und auch die Regierung von Sebastian Kurz erstarren ließ.

Dieser Videoausschnitt zeigt Vizekanzler Heinz-Christian Strache gemeinsam mit dem jüngeren Bundesparteiobmann der Freiheitlichen Partei Johann Gudenus in legerer sommerlicher Kleidung bei einem abendlichen Gespräch in einem Haus. Der Ort, an dem das Video aufgenommen wurde, befand sich auf der spanischen Ferieninsel Ibiza. Dort hatten späteren Informationen zufolge die beiden Männer mit ihren Familien ihren Sommerurlaub im Wahljahr 2017 verbracht, als Gudenus plötzlich bei Strache anrief, um ihm zu mitzuteilen, dass einer seiner neuen Kontakte, eine Russin, die sich Aljona Makarowa nannte und sich als Nichte des russischen Öl- und Gasunternehmers Igor Makarow ausgab, mit ihrer Begleitung, die beiden in ihr Haus einladen wolle. Strache willigte sofort ein, und so fuhren die beiden Männer mit Gudenus' Ehefrau zu einer Villa in die Gemeinde Sant Antoni de Portmany in den Ortsteil Sant Rafael, um die russische Oligarchennichte dort zu treffen. Die Finca war im Landhausstil eingerichtet und mit mehreren Schlafzimmern und Badezimmern, einer Terrasse mit Grillplatz und einem großen Pool ausgestattet. Heute kann man sie über Airbnb mieten. Die Villa war vom 22. bis zum 25. Juli gemietet worden. Doch das wussten die beiden Männer zu diesem Zeitpunkt nicht.

## 2019 – sein zweites Regierungsjahr

Die Urheber dieser Falle gingen professionell vor, andererseits machten es die beiden Politiker den Drahtziehern auch nicht gerade schwer, kompromittierendes Material von ihnen zu erstellen, denn die beiden Männer tappten im Gleichschritt in die gelegte Falle.

Johann Gudenus und Heinz-Christian Strache sprachen an diesem Tag rund sieben Stunden lang mit der Frau und ihrem Begleiter, dessen Pseudonym Julian Thaler lautete. So diskutierten sie etwa mit ihnen eine mögliche feindliche Übernahme der Kronen Zeitung. Heinz-Christian Strache deutete indirekte Beeinflussung der Berichterstattung durch das »pushen« von drei oder vier Leuten an, während drei oder vier Leute »abserviert« werden sollten und »gleich noch mal fünf neue« aufgebaut werden könnten. Wenn die *Kronen Zeitung* vor der Nationalratswahl 2017 die Freiheitliche Partei »pushen« würde, dann könnte seine Partei auf einen Stimmenanteil von 34 Prozent kommen, machte Strache der vermeintlichen Russin klar.

Strache sprach aber auch über daraus folgende staatliche Aufträge im Gegenzug für Parteispenden an die Freiheitliche Partei, die man über Vereine verteilen könne. Generell gab er in diesem Gespräch an, man könne bei einem Wahlsieg der Freiheitlichen »über alles reden«. Er fügte außerdem hinzu, es »müsse alles rechtskonform und legal sein« und mit dem Programm seiner Partei, der FPÖ, »übereinstimmend sein«.[334]

Er wolle sich auch ein bestimmtes Szenario überlegen, denn wenn man kompromittierendes Material aus dem Privatleben seiner politischen Rivalen beschaffen und danach im Ausland lancieren würde, dann würde niemand wissen, dass die FPÖ dahinterstecke. Stattdessen, so war Straches Hoffnung zu diesem Zeitpunkt, würde als Rache von Sozialdemokraten und Konservativen nur weiteres Material über den jeweils anderen ans Licht gebracht werden. Wörtlich meinte der Politiker im Video: »Würde es uns gelingen, von einer Seite Fotos zu organisieren, die wir übers Ausland spielen, würde die andere Seite glauben, die andere war's, und der atomare Krieg geht los. Es muss uns das Kunststück gelingen, eine Seite sichtbar zu machen, damit die andere losschlägt.«

## 5. Kapitel

Dabei gab sich Heinz-Christian Strache im Video als weltläufiger bestens vernetzter Mann, der genau weiß, wie die Welt funktioniert. Er berichtete in diesem Video von seinem Kontakten zu Künstlern und Unternehmern und von hohen Spendengeldern, die seine Partei über verdeckte Wege bekommen habe. So erzählte er auch von hohen chinesischen Funktionären der Kommunistischen Partei, die angeblich Kontakt zu ihm suchten: »Die Hunde haben dicke Kohle.« Im Grunde genommen, schien es, als ob der Freiheitliche Politiker sich in diesem Video in einem Machtrausch befand, in dem er eine Regierungsbeteiligung als Möglichkeit dazu sah, die Republik Österreich nach seinem Gusto zu führen und umzugestalten.[335]

Die Medien merkten später an, dass »neben der Geringschätzung für demokratische Prinzipien« auch in diesen Ausschnitten im Video deutlich werde, dass »ausgerechnet der selbsterklärte ›Österreich zuerst‹-Politiker Strache« bereit sei, einer angeblich kremlnahen Oligarchin erheblichen Einfluss auf die politischen Entwicklungen zuzugestehen – »zu einem Zeitpunkt, als die Gefahr einer Destabilisierung Europas durch Putin längst offenkundig« gewesen sei.[336]

Johann Gudenus, der als junger Mann in Russland studiert hatte, übernahm in Teilen des Gespräches mit der vermeintlichen Russin die Rolle des Dolmetschers. »Es gibt ein paar sehr Vermögende, die zahlen zwischen 500.000 und eineinhalb bis zwei Millionen«, sagte Strache in dem Video. Daraufhin sprang Gudenus kurz auf, während Strache damit begann, frei von der Leber weg von Sponsoren zu sprechen und konkret den Namen des österreichischen Waffenherstellers Glock nannte. Nun simulierte Gudenus das Schießen mit einer Waffe und sprach dabei gleichzeitig mehrmals laut den Namen Glock aus. Strache wies im Gespräch auch auf die deutsch-österreichische Milliardärin Heidi Goess-Horten hin sowie auf René Benko und die Novomatic-Gruppe. Ungeniert sprach Strache dann konkret über den österreichischen Immobilienmilliardär René Benko. Stolz gab er offen im Video preis, dass er Benko vor Kurzem auf dessen luxuriöser Jacht besucht habe: »Der Benko ist gerade da auf der Insel, ich war bei ihm am Schiff.«[337]

Die angebliche Oligarchin entpuppte sich im Mai 2019 als Lockvogel, und es stellte sich heraus, dass das Gespräch der vier Personen im gesamten Haus gefilmt worden war. Der Auftraggeber ist bis heute unbekannt. Es seien nicht die zahlreichen rechtsextremen Fehltritte seiner Partei der letzten Monate, die Heinz-Christian Strache zu Fall brachten, sondern vielmehr seine »Präpotenz und Raffgier«, die sich in diesem Video durchaus realistisch widerspiegelten, analysieren heute die Journalisten.[338] Sebastian Kurz hatte die Freiheitliche Partei wieder an die Macht gebracht, und Beobachter hatten ausgeschlossen, dass sich erneut mit der FPÖ das wiederholen würde, was sich bereits unter der ersten schwarz-blauen Regierung unter Wolfgang Schüssel in den Jahren 2000 bis 2007 abgespielt hatte. Diesmal saßen die wichtigsten Parteifunktionäre direkt an den Schalthebeln der Macht in den Ministerien, und Sebastian Kurz hatte ihnen und der Freiheitlichen Partei die Chance gegeben, inhaltlich weit zu kommen, und sie ständig bei Laune gehalten. Angedacht war diese Zusammenarbeit auf zehn Jahre, wie er selber bei Pressegesprächen immer wieder betonte.

Der Europa-Korrespondent der Financial Times Tony Barber analysiert sehr kritisch: »Ich bin der Ansicht, dass Sebastian Kurz hier leider einen fundamentalen Fehler begangen hat, als er die FPÖ in die Regierung berief und dachte, dass er sie unter Kontrolle halten oder dass ihr unerhörtes Fehlverhalten für die Gesundheit der österreichischen Demokratie als irrelevant eingestuft werden könnte. Die Tatsache, dass Kurz Österreichs EU-Politik vor dem störenden Einfluss der FPÖ isoliert hat, ist meines Erachtens keine Verteidigung seiner Taktik. Ich fand es schockierend, dass er der FPÖ das Verteidigungs- und das Innenministerium in die Hände gab. Jedes Mal, wenn ein unappetitlicher Skandal um die FPÖ ausbrach, machte Kurz ein Auge zu und sagte im Grunde: ›Es ist ihr Problem, nicht meines.‹ Ich verstehe jedoch auch, dass das Wahlergebnis von 2017 es Sebastian Kurz schwer machte, die FPÖ nicht als Koalitionspartner zu betrachten. Die Tatsache, dass er sich in dieser Position befand, zeigt, dass das politische System der österreichischen Parteien zunehmend hinter den

Standards zurückblieb, die für eine starke, wettbewerbsfähige und korruptionsfreie liberale Demokratie erforderlich sind. Diese Mängel sind heutzutage übrigens typisch für die meisten europäischen Demokratien. Die FPÖ ist jedoch eine ausgesprochen österreichische politische Pathologie.«

Nicht nur die Bevölkerung sah sich das Kurzformat des Videos an, auch Sebastian Kurz hat es sich angesehen. Die ÖVP wurde sogar einen Tag zuvor von Heinz-Christian Strache darauf hingewiesen, dass »etwas kommt«. Der Ex-FPÖ-Chef Heinz-Christian Strache und der Ex-FPÖ-Klubchef Johann Gudenus wussten über die Existenz des Videos schon vor der Veröffentlichung Bescheid, schließlich verfügten die deutschen Medien Süddeutsche Zeitung und Spiegel bereits über eine Bestätigung der beiden, dass das Ibiza-Treffen mit der vermeintlichen Oligarchennichte stattgefunden hatte. Die beiden wurden nach *Spiegel*-Angaben bereits am Mittwoch um eine Stellungnahme gebeten – eine Antwort erfolgte schließlich via WhatsApp.[339]

Als er die ersten Minuten des Videos ansah, war Sebastian Kurz fassungslos: »Zunächst einmal: Es hat mich entsetzt, als ich es gesehen habe. Ich habe mir gedacht: ›Um Gottes willen, das gefährdet nicht nur HC Strache politisch, sondern es gefährdet auch die Regierungsarbeit als Ganzes.‹ Warum es genau zu diesem Zeitpunkt gespielt wurde, wer die Hintermänner sind – all das kommt hoffentlich irgendwann noch einmal ans Licht.«

Kurz war in diesen ersten Minuten nach der Ansicht des Videos vor allem von der Unprofessionalität entsetzt, die das Video offenbarte: etwa die Namensnennungen vermeintlicher Unterstützer völlig ohne Not, oder die Kampfansage ausgerechnet gegen die Kronen Zeitung, die als eines der wenigen Medien positiv über die FPÖ berichtet hatte. Darüber hinaus war zu diesem Zeitpunkt noch nicht klar, was daraufhin noch folgen würde, denn es waren ja erst fünf Minuten von sieben Stunden eines Videos publik gemacht geworden. Die Gefahr, dass die FPÖ-Spitze – und somit auch die Regierung – scheibchenweise vorgeführt werden würde, war riesengroß.

Gefragt, ob es ein Fehler gewesen sei, mit der FPÖ eine Koalition einzugehen, antwortet Sebastian Kurz heute: »Ich würde gerne in zwei Teilen darauf antworten: Zum Ersten, es gab damals nur diese Konstellation. Jeder, der etwas anderes behauptet, betreibt Geschichtsfälschung. Die SPÖ war nicht bereit, mit uns in eine Koalition einzutreten, sondern wollte eine Koalition mit der FPÖ an uns vorbei bilden. Alle anderen Parteien waren zu klein, und insofern gab es nur eine Option. Das ist einmal wichtig grundsätzlich. Und darüber hinaus kann ich nur sagen: Inhaltlich gesehen war diese Regierung sehr erfolgreich. Es war mit der FPÖ oftmals nicht einfach, wenn ich an manche Einzelfälle und Skandale denke und zuletzt auch an das Ibiza-Video. Aber in der inhaltlichen Arbeit haben wir sehr viel Positives bewegt. Über die Schuldenpolitik, über die Reduktion der Steuerlast bis hin zum erfolgreichen Kampf gegen illegale Migration. Diese Arbeit hat Österreich gutgetan.«

Am Samstag, den 18. Mai ging Sebastian Kurz sehr früh ins Bundeskanzleramt. Er hatte seine vertrauten Mitarbeiter um sich, und auch seine Lebensgefährtin Susanne Thier war bei ihm. Er sprach an diesem Vormittag abwechselnd mit Heinz-Christian Strache persönlich in seinem Büro und telefonierte dazu parallel auch mit den Landeshauptleuten. Sebastian Kurz besann sich aber auch auf das, was nun getan werden musste. Und was das sein würde, war für ihn von Anfang an klar.

Ab 10 Uhr am Vormittag nahmen Journalisten aus Österreich und die in Wien ansässigen Auslandskorrespondenten direkt vor dem Eingang zum Bundeskanzleramt Aufstellung und warteten auf eine erste Pressekonferenz. Auf der gegenüberliegenden Straßenseite befanden sich um diese Uhrzeit noch Touristen und wunderten sich über die ungewöhnliche Menschenansammlung mit Fotoapparaten und Videokameras. Viele von ihnen blieben ebenfalls stehen und warteten gemeinsam mit den Medien ab, ihre Handys zum Filmen und Fotografieren gezückt. Gegen 11 Uhr hatte sich schon eine größere Menschenmenge angesammelt, manche hatten auch Schilder dabei. »Anklagebank statt Regierungsbank«, »Korruption hat Tradition«, »Verantwortung statt Chaos – Schluss mit der gekauften Politik – SPÖ«, oder »FPÖ, die asoziale Oligarchenpartei« stand auf den Transparenten, die die Demonstranten in die Höhe hielten. Und es wurden immer mehr. Schließlich rückte die Polizei aus und sperrte den Platz vor dem Bundeskanzleramt weitläufig ab. Doch die Menge ließ sich davon nicht abhalten. Sie revoltierte und skandierte Parolen gegen die Regierung.

Gegen Mittag bat Heinz-Christian Strache erstmals die Journalisten in sein Büro am Minoritenplatz, der sich hinter dem Bundeskanzleramt befindet. Die aufgeregten Journalisten mussten zunächst vor dem Eingang warten, denn auch hier hatte die Polizei alles abgesichert und abgesperrt. In kleinen Grüppchen durften zunächst die Kameramänner und Fotografen eintreten, danach folgen die Journalisten. Sie wurden im Stiegenhaus von Sicherheitsleuten begleitet. Oben im Empfangsraum herrschte große Aufregung, bei den Medienleuten ebenso wie bei den Mitarbeitern des Vizekanzlers.

Dann erschien Heinz-Christian Strache gemeinsam mit der Gesundheitsministerin, der Außenministerin, dem Infrastrukturminister und dem Innenminister. Er stellte sich vor die Journalistenmeute und begann mit versteinerter Miene seine Rede: »Das Gerücht lag schon länger in der Luft, dass über das Ausland wahlbeeinflussendes Dirty Campaigning oder geheimdienstlich gesteuerte Aktionen zu befürchten sind.« Man habe in der Vergangenheit schon, so Strache weiter, »des Öfteren versucht, mich zu Fall zu bringen [...] und auf unterschiedlichen Ebenen zu diskreditieren«. Er habe in den letzten drei Jahren »viel an Verleumdungen und Diffamierungen, aber auch an Bösartigkeiten erleben müssen. Was aber hier vor zwei Jahren inszeniert wurde, hat eine völlig neue Dimension. Hier wurde in Silberstein-Manier eine Schmutzkübel- und Desinformations-Kampagne gestartet, die an Perfidie und auch an Niederträchtigkeit nicht zu übertreffen ist.«

Abschließend sagte Strache: »Ja, das war dumm, unverantwortlich und ein Fehler«, und erklärte offen, dass er Sebastian Kurz »seinen Rücktritt von der Funktion des Vizekanzlers der Republik Österreich angeboten habe und er diese Entscheidung annehmen« werde. Er tue dies aufgrund seiner »Verantwortung einen weiteren Schaden« von seiner Familie, seiner Partei und dem Amt »abzuwenden«.[340] Dass Strache in Wahrheit seinen Posten nicht räumen wollte und von Sebastian Kurz überzeugt werden musste, blieb in den nächsten Tagen ein hartnäckiges Gerücht.

Danach wurden die Journalisten mit Polizeieskorte wieder vor das Bundeskanzleramt gebracht. Dort warteten sie nun mehrere Stunden auf ein Statement des Bundeskanzlers, während vor ihren Augen die Menge immer lauter wurde und Parolen skandierte. Um 19:45 Uhr wurden sie schließlich in das Kanzleramt gebeten. Die Eingangskontrollen waren zu diesem Zeitpunkt extrem rigide, die Journalisten durften nur einzeln das Gebäude betreten. Sebastian Kurz hatte zu diesem Zeitpunkt bereits mit Bundespräsident Alexander Van der Bellen gesprochen. Seine Ansprache war textgenau vorbereitet, es kam auf die Formulierung an.

Seine Rede begann er wie immer mit einer höflichen Begrüßung. Doch dann setzte er mit ernster Miene, die nur seinen engsten Mitarbeitern und Vertrauten bekannt war, seine Rede fort: »[...] nach dem gestrigen Video muss ich sagen: Genug ist genug. Auch wenn die Methoden, die an Silberstein erinnern, verachtenswert sind: Der Inhalt ist, wie er ist. Was über mich in diesem Video gesagt wurde, Beschimpfungen und Unterstellungen, ist dabei noch das geringste Problem. Wirklich schwerwiegend sind die Ideen des Machtmissbrauchs und der Umgang mit dem Steuergeld und der Umgang mit der Presse.«

Er forderte außerdem die Ablöse von Innenminister Herbert Kickl, denn laut Informationen aus ÖVP-Kreisen an diesem Tag, gab es »zwei Varianten, wobei Herbert Kickl in jedem Fall das Innenministerium verlassen muss«. Die Ablöse wurde damit begründet, dass er »nicht gegen sich selbst ermitteln« könne. »Denn im Ibiza-Video deutete Heinz-Christian Strache auch eine verdeckte Finanzierung der FPÖ an. Und Herbert Kickl war zu dem Zeitpunkt, als das Video aufgenommen wurde, »im Sommer 2017, Generalsekretär der FPÖ« und hatte somit die Budgetverantwortung innerhalb seiner Partei.[341]

Kurz ließ die Bevölkerung jedoch an diesem Abend auch wissen: »Nur wenn die Volkspartei nach den Wahlen so stark ist, dass wir eindeutig den Ton angeben, kann unser Kurs der Veränderung konsequent fortgesetzt werden.«[342] Das war eine klare Ansage. Die Journalisten nickten. Den meisten war bereits am Vormittag klar gewesen, dass Kurz die Regierung auflösen würde. Danach wurden die Medien erneut mit einer Polizeieskorte zum Amtssitz des Bundespräsidenten über die Hintertür des Leopoldinischen Traktes in der Hofburg geleitet. Es war ein Moment wie in einem Film. Auch die Journalisten schienen betreten zu sein, keiner wagte zu sprechen. Die Einsatzkräfte waren voll konzentriert.

Der österreichische Bundespräsident Alexander Van der Bellen stand bereits in der Präsidentschaftskanzlei und erwartete die Journalisten in seinen Empfangsräumen. Er stand gedankenversunken vor seinem Pult und war gerade dabei, die Mikrofone zu überprüfen, als die ersten Fotografen und Kameramänner den Saal betraten. Da er noch kein Sakko anhatte, verschwand er rasch in sein Büro, um ein paar Minuten später wieder vor das Rednerpult zu treten und mit seiner Stellungnahme zu beginnen: »Die Bilder, die uns seit gestern erreichen, zeigen ein verstörendes Sittenbild, das unserem Land, unserem Österreich nicht gerecht wird. [...] Ich möchte das in aller Deutlichkeit sagen: So sind wir nicht! So ist Österreich einfach nicht!« Das Sittenbild zeige, laut dem Bundespräsidenten, »eine dreiste Respektlosigkeit den Bürgerinnen und Bürgern [...] gegenüber«. Damit hatte Van der Bellen sehr rasch auf den Punkt gebracht, was sich jeder der Journalisten an diesem Tag bereits gedacht hatte. So war Österreich wahrlich nicht. Die Rücktritte des Tages seien »ein erster Schritt«, es dürfe aber »kein Zweifel zurückbleiben, dass nicht einzig das Wohlergehen unseres Landes im Zentrum aller politischen Bemühungen der Verantwortungsträger stehe«. Es bedürfe einer klaren und schonungslosen Aufklärung durch die Exekutive und die Justiz. Die »vierte Macht« (die Medien) hätten »ihre Verantwortung voll wahrgenommen«.[343]

Am Montag darauf hieß es, dass der Übergang der gescheiterten Koalitionsregierung sich schwierig gestalten und der Bundespräsident alles tun würde, um das Vertrauen in seinem Land wiederherzustellen.[344]

## 2019 – sein zweites Regierungsjahr

Bundeskanzler Kurz wollte zunächst die Übergangsregierung mit der FPÖ weiterführen, während die Oppositionsparteien sich bereits im Wahlkampf befanden und sich einander die Schuld am Zerbrechen der Koalition zuwiesen.

Auch der deutsche Satiriker Jan Böhmermann wurde von den Medien zitiert: Er habe bereits vor der Veröffentlichung des Ibiza-Videos von der Causa gewusst und dies auch in seiner Ansprache anlässlich des österreichischen Film- und Fernsehpreises Romy Gala erwähnt. Es gab den Verdacht, dass Böhmermann von den Hintermännern des Videos kontaktiert worden war. Manche Medien vermuteten sogar, dass er zu den Drahtziehern gehöre, doch das erwies sich nach seiner Befragung als falsch.[345]

Unterdessen begannen wilde Machtkämpfe innerhalb der Freiheitlichen Partei. Herbert Kickl, der Innenminister aus der Regierung Kurz, wollte unbedingt Heinz-Christian Strache als Parteiobmann nachfolgen. Aber auch der frühere Verkehrsminister Norbert Hofer wollte das. Gleichzeitig wurde an einer Übergangsregierung gearbeitet, die zunächst von Sebastian Kurz vorgeschlagen werden sollte. Die Parlamentsfraktionen verständigten sich darauf, dass eine Woche später, nämlich am darauffolgenden Montag, also nach der Europawahl, in einer Sondersitzung des Nationalrats ein gemeinsamer Neuwahlantrag eingebracht werden sollte. Im Anschluss daran wollte Sebastian Kurz dem Nationalrat die neuen Regierungsmitglieder vorstellen.

Parallel dazu arbeitete die Opposition an einem Misstrauensantrag gegen den Bundeskanzler. Allen voran preschten die Sozialdemokarten unter deren Chefin Pamela Rendi-Wagner vor. Sie wussten bereits, dass Kurz nur die neuen Regierungsmitglieder vorstellen konnte, wenn er den angekündigten Misstrauensantrag überstand. Und das, obwohl er selbst über die Medien hatte verlautbaren lassen, dass er der Opposition Zugeständnisse machen würde: »Meine Hand ist ausgestreckt. Ich habe alle Punkte, die beim Bundespräsidenten deponiert wurden, bereits aufgegriffen. Ich habe versucht, hier klarzustellen, wie ich die Aufgabe einer Übergangsregierung sehe. Ich bin auf alle zugegangen.«[346]

## 5. Kapitel

Dann kam der Montag, und in der Nationalratssitzung wurde dem Bundeskanzler wahrhaftig das Misstrauen seitens der Sozialdemokraten und der Freiheitlichen Partei ausgesprochen. »*Versagen des Vertrauens gegenüber der Bundesregierung und der Staatssekretärin*« nennt man das in Österreich.[347] Die Abstimmung war binnen zwei Minuten erledigt. Der Antrag war in kürzester Zeit angenommen, der Österreichische Nationalrat hatte der Bundesregierung das Vertrauen versagt. Sebastian Kurz sah in diesem Augenblick sehr gefasst aus, mit einem stoischen Gesichtsausdruck verfolgte er die Rede der zweiten Nationalratspräsidentin Doris Bures.

Kurz war lediglich 526 Tage im Amt und damit der kürzest dienende Bundeskanzler seit dem Jahr 1945, und ab diesem Montag war er auch der erste Kanzler, der per Misstrauensvotum von zwei Parteien abgewählt wurde. Er beschloss instinktiv in diesem Augenblick, aus seinem Sessel aufzustehen und verabschiedete sich gemeinsam mit seinem Team, seinen ehemaligen Ministern, winkend vom Plenum. Erhobenen Hauptes schritt er aus dem Plenarsaal. Er wusste, dass er sich in den nächsten Tagen intensiv auf den Wahlkampf vorzubereiten hatte. Fürs Aufgeben hatte er jetzt keine Zeit.

# 6. KAPITEL

# SEBASTIAN KURZ UND SEINE ROLLE IN DER INTERNATIONALEN POLITIK

## Sein internationales, politisches Netzwerk

Sebastian Kurz hat sich seit er Außenminister war, international ein Netzwerk aus jüngeren und wesentlich älteren Politikern aufgebaut: Dieses Netzwerk reicht vom deutschen Bundespräsidenten Frank-Walter Steinmeier, dem Generalsekretär der CDU Paul Ziemiak und dem deutschen Gesundheitsminister Jens Spahn über den schwedischen Ministerpräsidenten Stefan Löfven und den holländischen Ministerpräsidenten Mark Rutte bis hin zum französischen Präsidenten Emmanuel Macron und dem US-Politikwissenschaftler Henry Kissinger. Doch was nutzen ihm diese politischen Kontakte wirklich? Er versuchte, eine rigorose Politik umzusetzen und sich internationale Stimmen in Form eines Beziehungsnetzes – vom ehemaligen US-Präsidenten Harry Truman als »Web of Relationships« bezeichnet – dafür zu beschaffen.

Der Europa-Korrespondent der Financial Times Tony Barber geht sogar noch einen Schritt weiter in seiner Analyse: »Sebastian Kurz' Bilanz als Kanzler zeigt, dass er in den großen nationalen und internationalen Fragen kein Leichtgewicht ist. Und er hat Substanz. Sebastian Kurz gewann zunächst die Bewunderung einiger Konservativer in Westeuropa – insbesondere Frankreichs, Deutschlands und der Niederlande –

dafür, dass es ihm größtenteils gelungen war, die Wahlbedrohung in Österreich durch die extremen Rechten (wie die FPÖ in den meisten Demokratien außerhalb definiert ist) zu neutralisieren. In westeuropäischen liberaldemokratischen Kreisen herrschte 2016 große Besorgnis über den Beinahesieg von Norbert Hofer bei den österreichischen Präsidentschaftswahlen.«

Doch der junge Politiker Sebastian Kurz gab die Linie vor, und diese schien innerhalb der EU auch auf Akzeptanz zu stoßen. Dabei halfen ihm sein ständiges Reisen und Netzwerken mit der internationalen Politik sehr, auch wenn er von den Journalisten immer wieder gerne als »Reisekanzler« bezeichnet wurde. Kurz selber argumentiert das so: »Es ist deutlich mehr, als es andere gemacht haben, aber ich halte es für richtig, und sollte ich wieder gewählt werden, werde ich es auch weiterhin so tun. Österreich ist ein kleines exportorientiertes Land. 6 von 10 Euro verdienen wir im Export. Wir sind auf internationale Zusammenarbeit angewiesen. Und immer mehr politische Fragen lassen sich nur im europäischen und im internationalen Zusammenspiel lösen. Insofern war es für mich immer eine Selbstverständlichkeit, mich international zu engagieren und Österreich in der Welt zu vertreten, sowie Österreichs Wirtschaft in der Welt zu unterstützen.«

Wenn man ihn auf die Bedeutung einzelner Länder anspricht, ist eines für Sebastian Kurz ganz klar, und man spürt in seiner Antwort eine gewisse Form der Diplomatie und der Weisheit: »Ich glaube, man kann das nicht so einfach beantworten. Deutschland ist sicher unser größter Nachbar und daher in vielen Fragen unser wichtigster Partner. Wenn man auf das Wesen unseres Staates schaut, und die Qualität, dann gibt es eine starke Gemeinsamkeit mit der Schweiz. Wir haben einen guten Kontakt nicht nur nach West, sondern auch nach Ost. Dann gibt es aber auch Staaten, die nicht direkte Nachbarn sind, aber die in vielen Bereichen Ähnlichkeit haben, weil sie auch wirtschaftsstark und Exportnationen sind, wie die Niederlande und andere.«

## Frankreich und Emmanuel Macron: Manager-Präsident und Start-up-Kanzler

Als Sebastian Kurz am 12. Januar 2018 nach Paris flog, waren alle Augen auf ihn gerichtet. Er hatte ja nicht wie seine Vorgänger im Amt Deutschland oder die Schweiz für seinen ersten Staatsbesuch gewählt, sondern es waren Frankreich und der 40-jährige Emmanuel Macron, der genauso wie er selbst, als »Millenial Leader« galt. Die Symbolik dieses Treffens war eindeutig. Kurz wollte zeigen, dass Österreich aus historischer Sicht nach wie vor enge Bande mit Frankreich besitzt und diese auch wiederaufleben lassen würde. Die Dynamik der beiden politischen Jungstars bildete einen Kontrast zur Großen Koalition in Deutschland. Die beiden Männer wurden bereits von den Journalisten als »politische Komplementäre«[348] beschrieben und ähnelten sich in verschiedensten Bereichen: Beide waren hochintelligent, strategisch und hatten ihre Agenden voll im Griff. Beide wollten verkrustete Strukturen in ihrem Land aufbrechen und ihren Ländern eine neue Richtung geben.

Macron war ein distinguierter Absolvent der noblen französischen Eliteschmiede, der École nationale d'administration (ENA), und früherer Banker beim Pariser Investmentbankhaus Rothschild & Cie, der aufgrund dessen auch von den französischen Medien »Finanz-Mozart« genannt wird. Kurz galt hingegen als der freundliche Jurastudent, der das alte österreichische politische System aufbrach und mit einem neuen politischen Businessmodell zu einem Start-up-Kanzler mutierte, wie österreichische Journalisten feststellten.[349] Doch Kurz war zu diesem Zeitpunkt bereits bei den internationalen Medien dafür bekannt, dass er »dem traditionellen, schwerfälligen Image von Politikern« trotze und »meist ohne Krawatte« gehe, »hinter einem Schreibtisch« arbeite und »in der Economy-Klasse« fliege, berichtete etwa die US-Agentur Associated Press.[350]

Dieses Treffen im prunkvollen Élysée-Palast war zwar eine Gegenüberstellung zweier Kulturen, doch die beiden jungen Männer verstanden sich auf Anhieb gut. Parallel dazu fanden in Berlin die Sondierungsgespräche für die Große Koalition im Willy-Brandt-Haus statt. Doch während dort eine deutlich ältere Garde auftrat, die beschlossen hatte, noch einmal miteinander regieren zu wollen, saßen sich in Frankreich zwei dynamische, gut aussehende Männer gegenüber, die gemeinsam über die europäische Zukunft diskutierten.

Und jeder der beiden jungen Männer hatte seine politische Vision. Die Unterschiede zwischen den beiden waren groß: Auf der einen Seite war da Emmanuel Macron, der in seiner Rede an der Pariser Sorbonne mit emotionalen Worten eine detaillierte mutige Vision von Europa entworfen hatte. Er ließ seine Zuhörer wissen, dass der Kontinent durch politische Integration zu einer neuen weltpolitischen und wirtschaftlichen Stärke geführt werden könne.

Ihm gegenüber saß Sebastian Kurz, der mit seinem Freiheitlichen Koalitionspartner FPÖ und den osteuropäischen Visegrad-Staaten Polen, Ungarn, Slowakei und Tschechien sowie Ländern wie Dänemark oder den Niederlanden immer wieder für ein Europa der Subsidiarität warb, das den Nationalstaaten und den Regionen möglichst viel Entscheidungsmacht belassen sollte, und zwar in Bezug auf alle Fragen, die sie selbst besser regeln können, während sich die EU um alle großen Fragen wie etwa den Schutz der Außengrenzen oder die Wettbewerbsfähigkeit kümmern sollte.

Kurz betonte vor Macron wie »proeuropäisch« Österreich sei: Er wollte dem französischen Präsidenten damit signalisieren, dass dieser fest mit der Unterstützung Österreichs rechnen könne, denn Österreich werde die Entscheidungen in der EU immer voll mittragen und sich nicht in Brüssel-kritische Frontstellungen einlassen. Dass Kurz den »Willen zu einer Agenda« bekundet hatte, die »absolut den europäischen Werten entspricht«, wurde vom französischen Präsidenten an diesem Tag sehr goutiert. Beide Länder verband der Wille zu einer positiven Veränderung in der Europäischen Union. Und es war klar, dass die Visegrad Staaten mitgenommen werden mussten, wenn man in Europa politisch vorankommen und zu neuer Stärke finden wollte.

Sebastian Kurz entwickelte sich durch Besuche wie den in Frankreich zunehmend zu einer Schlüsselfigur der Politik.[351]

Matthias Winkler, CEO der Sacher-Gruppe, beurteilt die Vergleiche Sebastian Kurz' und Emmanuel Macrons folgendermaßen: »Wenn ich mir die Parteienlandschaft im In- und Ausland anschaue, dann hat man am Anfang Sebastian Kurz mit Macron verglichen. Derartige Vergleiche erachte ich für schwierig. Denn wenn man sich ansieht, wo welche Politiker womit Erfolg haben, dann ist eine gewisse Authentizität schon ein Erfolgskriterium. Ich glaube, dass Menschen es merken, wenn etwas nicht echt ist. Und natürlich stecken bei Sebastian Kurz da perfektes Marketing und eine perfekte PR-Maschinerie dahinter. Das ist meines Erachtens das Minimum an Handwerkszeug.« Matthias Winkler erklärt was Authentizität in der Politik bedeutet: »Wenn es das nicht gäbe, dann ist das eher ein Kriterium, jemanden nicht gut zu finden. Ich finde, guter Verkauf, gutes Marketing, gehört zu jedem guten Unternehmen dazu. Und in der Politik ebenso. Schwierig wäre es, wenn man etwas verkauft, was man gar nicht ist. Und genau das ist bei Sebastian Kurz nicht der Fall.«

## Die Bedeutung Osteuropas

Zu den wichtigsten Regionen in Europa zählen für Österreich Mittel- und Südosteuropa. Einerseits liegt der Grund dafür in der Geschichte und somit der Monarchie, andererseits zählt gerade Österreich zu den großen Investoren in diesen Ländern. Bei seinem Besuch bei EU-Kommissionspräsidentin Ursula von der Leyen im Juli 2019 hat Sebastian Kurz nach eigenen Angaben auch den Wunsch Österreichs geäußert, »eine aktive Rolle in Europa spielen zu wollen. Er habe für ein stärkeres Miteinander in der EU und auch für eine Versöhnung mit den osteuropäischen Staaten plädiert. Dies bedeute einen Umgang auf Augenhöhe mit diesen Ländern, aber nicht einen Stopp der Vertragsverletzungsverfahren gegen Ungarn und Polen.«[352]

## 6. Kapitel

Er plädierte dafür, die Spaltung zu Osteuropa zu überwinden und präzisierte: »Wir sollen bei Demokratie, Umgang mit Medien und Korruptionsbekämpfung eine klare Linie haben. Aber der Umgang mit Osteuropäern soll auf Augenhöhe sein«, stellte er bei dem Treffen fest. Dies bedeute allerdings nicht, europäische Grundsätze zu opfern.[353]

Wenn Sebastian Kurz in Osteuropa auftritt, dann wird er respektiert und geschätzt.

Immerhin liegt Österreichs Investorenanteil in Bosnien-Herzegowina etwa bei mehr als 19 Prozent, in Kroatien bei mehr als 20 Prozent, in Mazedonien bei mehr als 12 Prozent und in Serbien bei 11 Prozent.[354] Österreich hat sich über die Jahre den Ruf eines fairen und transparenten Gegenübers in Osteuropa erarbeitet.

So hatte beispielsweise der Ministerpräsident Sloweniens Marjan Šarec im Dezember 2018 für seinen Antrittsbesuch Wien gewählt und sich dort mit Sebastian Kurz getroffen. »[...] #Österreich & #Slowenien sind sehr eng, ua ist Ö d größte Investor in Slowenien – 1000 österr. Unternehmen sind vor Ort aktiv«,[355] twitterte der Kanzler an diesem Tag.

Šarec erinnert sich auch heute noch gut an das Treffen, bei dem unterschiedliche Themen wie die Verlängerung der Grenzkontrollen um ein halbes Jahr und die Indexierung der österreichischen Familienbeihilfe besprochen wurden, über welche die beiden Seiten unterschiedlicher Meinungen waren. Šarec zeigte sich sehr diplomatisch und versöhnlich, er lobte die politische und wirtschaftliche Zusammenarbeit zwischen den beiden Ländern und fügte bei der Pressekonferenz hinzu: »Natürlich gibt es offene Fragen, wie zwischen allen Nachbarländern, aber nichts, was nicht gelöst werden könnte.« Dass er mit Sebastian Kurz als Bundeskanzler »in die Zukunft« blicken wolle, »nicht [...] in die Vergangenheit«, war ihm ein großes Anliegen.[356] Er erinnert sich noch heute an das Zusammentreffen mit Freude: »Zum ersten Mal hörte ich von Sebastian Kurz, als er als jüngster Außenminister aller Zeiten vereidigt wurde. Zu der Zeit gab es viele Kommentare zu seinem Alter, aber sehr bald erwies er sich als ein sehr geschickter Politiker.« Es sei daher kein Zufall, dass er zum Parteivorsitzenden gewählt und dann österreichischer Bundeskanzler wurde, setzt Šarec fort. »Zu diesem Zeitpunkt hatte ich in der Tat keine Ahnung, dass wir uns als Kollegen aus den Nachbarländern treffen würden. Er hat mich sofort beeindruckt, weil er sehr konzentriert und verantwortungsbewusst ist und ein hohes Maß an Verständnis für den Willen des Volkes zeigt. Er vertritt konsequent die Interessen Österreichs und ist, auch wenn einige unserer Positionen unterschiedlich sind, ein sehr angenehmer Gesprächspartner.« Als Šarec Sebastian Kurz in seinem Büro in Wien besuchte, hatte er den Eindruck, »dass sowohl die Räumlichkeiten als auch sein Team ordentlich waren«. Es schien offensichtlich, dass jeder mit seinen Aufgaben vertraut war und ihn respektierte. »Dies ist von größter Bedeutung für die Führung und Entscheidungsfindung. Sebastian Kurz ist kein Mann der Extreme.« Er wisse, dass »die Politik die Kunst des Möglichen ist« und dass man nur durch Kompromisse demokratische Lösungen finden kann, was bedeutet, dass nicht jeder sie immer verstehen werde. Dies bedeute jedoch nicht, dass er jede Handlung dulde, wie im Fall der Affäre, die das Scheitern der Regierung zur Folge hatte, offensichtlich war. Šarec wagt auch eine Prognose für die Zukunft: »Ich glaube, Sebastian Kurz wird die österreichische Politik noch entscheidend prägen und gute Lösungen für bestehende und zukünftige Probleme finden.«

Im Juni 2018 fand an einem Sonntag ein EU-Minigipfel zur Migration in Brüssel statt. Dieser wurde jedoch von den Visegrad-Staaten boykottiert. Der ungarische Ministerpräsident Viktor Orbán hatte mit seinen Amtskollegen aus Tschechien, der Slowakei und Polen gesprochen und teilte der Kommission mit: »Der Europäische Rat, nicht die Europäische Kommission sollen EU-Migrationsgipfel organisieren.« Kurz war ebenfalls zum Visegrad-Treffen gereist, vor allem auch um in seiner Rolle als künftiger EU-Ratspräsident als Vermittler zu agieren. Kurz und die Visegrad-Vertreter waren sich in dem Punkt einig, dass die EU den Fokus auf die Abschirmung der Außengrenze legen solle, anstatt weiter über die interne Verteilung von Flüchtlingen zu diskutieren.

Orbán sagte im Hinblick auf Kurz' Schlüsselrolle als künftiger Ratsvorsitzender in der EU bei Themen wie Migration und Budget: »Wir hoffen, dass die EU nach der Präsidentschaft eine fairere und sicherere Gemeinschaft sein wird als jetzt.« Kurz fügte außerdem noch hinzu, dass er für die Stärkung des Binnenmarkts und der sozialen Sicherheit eintreten wolle und ein Europa wolle, »das an einem Strang zieht«, intern auf Augenhöhe diskutiere und in keine Klassen eingeteilt sei. Aus diesem Grund habe er auch gerne an dem Treffen mit den Nachbarländern teilgenommen.[357]

Politologe Tilman Mayer meint, dass der Bundeskanzler europapolitisch viel vorangebracht habe: »Sebastian Kurz ist europapolitisch sehr sichtbar gewesen. Nicht nur weil die EU-Präsidentschaft Icon ihm zu gestalten war, sondern auch in der Kooperation mit den Visegrad-Staaten hat er eine interessante k.u.k.-Retrospektive, könnte man sagen, geliefert: Österreich hat, was Ost- und Mitteleuropa angeht, verdienstvollerweise eine vermittelnde Rolle eingenommen und Kurz hat zum Ausdruck gebracht, dass er Verständnis für diese osteuropäischen Staaten an den Tag legen will. Insofern war er im Kreis der vier parteipolitisch unterschiedlich regierten Staaten durchaus respektiert und angesehen – ohne dass sich dort Bedenken gegenüber Österreich angedeutet hätten. Rückblickend war auffallend, dass die Spaltung zwischen Ost- und Westeuropa unter seiner Führung ein Stück weit zurückgedrängt wurde.«

Der tschechische Premierminister Andrej Babiš besuchte Kurz am 18. Mai 2018 in Wien. In einem Radiointerview auf Ö1 ließ er anklingen, dass er sich gegen eine weitere Annäherung der Mitgliedsländer innerhalb der Europäischen Union ausspreche, wie sie Frankreichs Präsident Emmanuel Macron zu diesem Zeitpunkt vorschwebte. »Wir brauchen keine weitere Integration«, er lehne auch eine EU der zwei Geschwindigkeiten ab. Es sei schwer zu messen, welche Länder dann welcher Gruppe angehören sollten, argumentierte er. Sein Land habe eine niedrige Arbeitslosigkeit und ein hohes Wirtschaftswachstum. Dass nur die Länder der Eurozone als die Besten betrachtet würden, stellte der Unternehmer und Multimillionär damals infrage. Er sehe sich aber nicht als EU-Skeptiker, sondern halte die EU für »ein Superprojekt«.[358]

Beim Zusammentreffen mit Sebastian Kurz war für ihn als Premierminister der Tschechischen Republik vor allem eines wesentlich: »Sebastian Kurz blickt stets über den Tellerrand hinaus und denkt in gesamteuropäischen Zusammenhängen. Das ist wichtig, denn unsere beiden Länder sind nur dann erfolgreich, wenn ganz Europa erfolgreich ist.« Kurz sei, so der tschechische Premierminister, in der europäischen Politik »eine Ausnahmeerscheinung und eindeutig der erfolgreichste Politiker seiner Generation«. Als junger Mensch präge er »einen neuen politischen Begriff – er schafft es, alte Parteistrukturen aufzubrechen, um seinen Wählerinnen und Wählern möglichst nah zu bleiben. Dadurch hat er ein gutes Gespür dafür, was die Menschen in seinem Land bewegt, und den Mut, oft auch schwierige Maßnahmen umzusetzen.« Sebastian Kurz habe es geschafft, »durch konkrete Arbeitsergebnisse einen großen Teil der Bevölkerung für seine Vision zu gewinnen. Dazu ist er ein talentierter Redner, der pointiert und überzeugend auch komplexe Sachverhalte erklären kann. Es ist erstaunlich, wie erfahren er in seinem Alter bereits ist.« Babiš sagt auch, er freue sich, dass er Sebastian Kurz seinen Freund nennen dürfe: »Ich hatte mehrmals die Gelegenheit, mit ihm auch privat Zeit zu verbringen und ihn immer als scharfsinnigen, offenen und ehrlichen Menschen zu erleben.«

## Deutschland lobt

Es gibt kaum einen Staat, der mit Österreich so eng verbunden ist, wie Deutschland. Jenseits von Klischees und politischen Absichten gibt es auch eine gemeinsame Geschichte und somit Vergangenheit, die die beiden Länder miteinander verbindet. Als Sebastian Kurz mit 31 Jahren seinen zweiten Antrittsbesuch als Bundeskanzler bei Angela Merkel am 17. Januar 2018 in Berlin absolvierte, zeigten die beiden nur »[E]in bisschen Einigkeit«, wie die Medien beobachteten.[359] Die deutschen

Zeitungen hatten ihn zuvor den »Anti-Merkel« getauft, und laut ihnen gab sich Angela Merkel große Mühe, »die Fassade zu wahren«.[360] Die Kanzlerin wiederholte im Laufe der anschließenden Pressekonferenz mehrmals, dass Deutschland und Österreich gute Nachbarn und starke Partner und sich in so vielem einig seien. Der Aufstieg von Sebastian Kurz wurde in den deutschen Medien aufmerksam verfolgt, und der junge Regierungschef wurde als Vertreter einer neuen Generation wahrgenommen, die die deutsche Kanzlerin alt aussehen ließ.

Und so erklärte die Bundeskanzlerin vor den Medien im Beisein von Kurz, die EU-Außengrenzen stärken und die illegale Migration in der Union reduzieren zu wollen. Es sei darüber hinaus aus ihrer Sicht notwendig, die Partnerschaften mit den Herkunftsländern zu stärken. Bei der Frage der Aufnahme von Flüchtlingen müsse es mit den Herkunftsländern »Formen einer neuen Zusammenarbeit« geben, Schlepper und Schleuser dürften hingegen nicht unterstützt werden. Keine Annäherung gab es jedoch im Streit um die Umverteilung der Flüchtlinge. Nach dem Treffen mit Merkel bekräftigte Sebastian Kurz seine Haltung, indem er sagte, dass in der EU »die Diskussion über die Quoten etwas zu viel Raum« einnehme. Er sei jedoch davon überzeugt, dass »die Lösung der Migrationsfrage in einem ordentlichen Außengrenzschutz und einer stärkeren Hilfe vor Ort« liege. Seiner Ansicht nach dürfe Österreich nicht der Vorwurf gemacht werden, unsolidarisch zu sein, da es überproportional viele Flüchtlinge aufgenommen habe.[361]

Nach diesem Treffen war auf Sebastian Kurz' Social Media Accounts ein interessanter Zuwachs an deutschen Facebook-, Instagram- und Twitter-Posts zu beobachten. So baten ihn einige sogar, »nach Deutschland zu übersiedeln« oder aber seine Strategie fortzusetzen, indem sie ihm schrieben: »Bleiben Sie Ihrer Linie treu. Viel Erfolg« oder »Warum haben wir nicht so einen?« Laut einer Umfrage des Meinungsforschungsinstituts Insa im Auftrag des Magazins Focus nach dem Besuch in Berlin, hätten 32,5 Prozent der Deutschen Sebastian Kurz auch gewählt, wenn er in Deutschland als Kanzlerkandidat mit einer »Liste Kurz« angetreten wäre. Jeder fünfte aktuelle Wähler von SPD und Lin-

## Sebastian Kurz und seine Rolle in der internationalen Politik

ke hätte für Kurz votiert, und selbst 13 Prozent der Grünen-Wähler hätten für den 31-jährigen Kanzler abgestimmt.[362]

Lob gab und gibt es nach wie vor auch seitens des deutschen Bundestagspräsidenten Wolfgang Schäuble von der CDU. So sagte Schäuble bereits Mai 2018 in einem Interview mit der *Süddeutschen Zeitung*, Kurz habe »›bislang relativ gut‹ Macron'schen Schwung in die österreichische Politik gebracht und das Land zugleich auf einem pro-europäischen Kurs gehalten. ›Kurz hat mit hinreichender Brutalität den Schwung erzeugt, wie wir ihn eigentlich dringend brauchen.‹«[363]

Auch Gesundheitsminister Jens Spahn, der als Hoffnungsträger der Konservativen in der CDU Deutschlands gilt, zeigte sich bereits im Herbst 2017 auf Twitter mit Sebastian Kurz, als er mit Kurz dessen Wahlsieg feierte.[364] Spahn war mitten im Getümmel der Wahlparty dabei und nahm die gute Laune aus Österreich mit nach Deutschland, wo man sie offenbar dringend benötigte. Befragt zu Sebastian Kurz, sagt er heute, wie er ihn wirklich sieht. Kurz habe »die Führung der ÖVP in einer für die Partei schwierigen Phase übernommen. Es hat mich nicht überrascht, dass er es trotzdem geschafft hat, sie zum Wahlerfolg zu führen. Der Druck und die Erwartungen, die auf einem Bundeskanzler lasten, sind besonders hoch. Seine große Beliebtheit unter den österreichischen Bürgern zeigt, dass er dem gerecht wird. Er hat sich der Verantwortung gestellt, eine dem Wählerwillen entsprechende Regierungskoalition zu bilden. Nach den Verfehlungen der FPÖ hat er entschlossen gehandelt. Viele Österreicher sind zu Recht froh, dass er an der Spitze ihres Landes steht.« Für Jens Spahn ist eines klar: Kurz ist eine starke Stimme in Europa: »Sebastian Kurz ist als überzeugter Europäer eine starke Stimme in der EVP. Als österreichischer Bundeskanzler gibt er auf vielen Feldern wichtige Impulse für eine erfolgreiche Zukunft der Europäischen Union. Er bereichert die EVP mit seiner Zuversicht und seiner Bereitschaft für Veränderung. Mit seiner Mittlerrolle zwischen West- und Osteuropa trägt er entscheidend zum Zusammenhalt der europäischen Partner bei. Ich kenne ihn seit vielen Jahren als besonnenen und pragmatischen Politiker der bürgerlichen Mitte. Er hat eine beeindruckende politische Karriere gemacht und dabei bewiesen, dass er auch Gegenwind aushalten kann. Gegenüber politischen Gegnern bleibt er auch dann noch respektvoll, wenn er selbst hart angegangen wird. Seine sachliche Art tut jeder politischen Debatte gut.«

Interessant ist der Kontakt, den Sebastian Kurz zum Spitzenkandidaten der Europäischen Volkspartei, dem Bayern Manfred Weber, pflegt. Der CSU-Mann prägt die konservative europäische Politik seit Jahren und ist sehr gut vernetzt. Ihn verbindet eine jahrelange Freundschaft mit Sebastian Kurz. Er twittert darüber, postet auf Facebook Videos über ihre Treffen und hat die Kampagne von Sebastian Kurz als »Maßstab für seinen Wahlkampf« genommen. Der Hintergrund dafür ist, dass es dem Kollegen aus dem benachbarten Deutschland imponiert, dass Sebastian Kurz so viele Wähler aus dem rechten Spektrum abwerben konnte. Denn für die Europawahl 2019 wurde ein starker Zuwachs der Rechtsparteien erwartet. Manfred Weber sagt heute über Sebastian Kurz, er habe mit Sebastian Kurz »seit vielen Jahren engen Kontakt. Die Zusammenarbeit ist vertrauensvoll und funktioniert reibungslos. Seine Karriere, aber vor allem auch seine Persönlichkeit sind außergewöhnlich. Er ist bürgernah, verwurzelt, steht für Zukunft und verkörpert einen neuen Typ Politiker, der mit seinem Stil sehr erfolgreich ist. Ich kann mich absolut auf ihn verlassen. Und zwar in guten Zeiten wie in schwierigeren Zeiten.« Kurz sei für Weber keiner, »der nach dem kurzfristigen Profit sucht, sondern dem an langfristigen Bindungen und kontinuierlicher Zusammenarbeit gelegen ist. Sein Wort hat Handschlagqualität.« Das zeichne Österreicher ja nicht nur in unternehmerischen Belangen international aus, sondern nun auch in der internationalen Politik. International gesehen, habe für ihn die Wahl von Sebastian Kurz zum Bundeskanzler 2017 »neuen Schwung« gebracht. Denn, so erklärt Weber: »In der EU wächst eine Gruppe an Führungskräften einer neuen Generation heran, die bereit ist, die EU neu zu denken. Das ist notwendig, weil die Menschen einen neuen Aufbruch und eine Reform der EU erwarten. Zu dieser Generation gehört Sebastian Kurz genauso wie der neue griechische Premier Kyriakos Mitsotakis oder Irlands Taoiseach Leo Varadkar. Viele in der EU waren zunächst kritisch, als die türkis-blaue Regierung 2017 zu arbeiten begann. Sebastian Kurz hat durch sein entschlossenes Handeln, eine klar proeuropäische Ausrichtung der Regierung und durch sein persönliches Auftreten rasch viele Zweifel zerstreut – vor allem durch eine gelungene österreichische EU-Ratspräsidentschaft im Herbst 2018.«

Interessant erscheint an dieser Stelle, was die beiden deutschen Kollegen und Pendants der Oppositionsparteien in Österreich – der SPÖ und der Grünen –, also die SPD und das Bündnis 90/Die Grünen, zu Sebastian Kurz sagen. So erklärt SPD-Mann Karl-Heinz Brunner, der Mitglied des Deutschen Bundestages sowie des Verteidigungsausschusses und stellvertretendes Mitglied der Parlamentarischen Versammlung der NATO ist: »Ich sehe Sebastian Kurz zunächst einmal mit Sicherheit als ein politisches Talent, wenngleich ich als ›Agenda‹ bisher lediglich seinen autoritäreren Umgang erkennen konnte. Für Kurz ist Macht nicht nur Mittel der Politik, sondern auch Teil seiner Selbstbestätigung.« Befragt man Brunner zu Kurz' Politik innerhalb der EU, dem Positivem und dem Negativen, so antwortet er: »Als positiv empfand ich die Thematisierung der Afrikapolitik Europas, die Balkanperspektiven und die östlichen Partnerschaften, während ich seine Migrationspolitik zu sehr auf Abschottung und zu wenig auf Partnerschaft mit anderen EU-Ländern ausgerichtet sah.« Als Ergebnis meint Brunner, dass »die Differenzen nicht verringert, sondern verfestigt wurden«.

Hingegen sagt Grünen-Politiker Omid Nouripour, der ein Mitglied des Deutschen Bundestages ist, Sebastian Kurz sei »mit einem immensen Instinkt ausgestattet, sowie mit Macht und einem politischen Momentum«. Die Frage, so Nouripour sei jedoch, ob »er dabei rücksichtslos ist, oder nicht«. Nouripour habe Kurz als jungen Außenminister in sehr großer Runde erlebt. Damals fand er ihn »eloquent und ein bisschen sehr steril«. Es habe ihn daher auch ein wenig »überrascht, mit welcher Leichtigkeit und Härte er Politik machen könne und sich durchsetze. Das Bündnis Grüne erwartet nicht viel von Leuten, die mit der FPÖ koalieren. Natürlich ist da aber eine allgemein wichtige Erwartung, die ich an alle habe, die in Österreich regieren. Genauso wie ich eine Erwartung habe, an alle, die in Deutschland regieren, oder in Ungarn oder in Frankreich. Wir erwarten, dass der Zusammenhalt der Europäischen Union auf Platz eins steht. Denn diese Union hat uns Frieden und Prosperität gebracht auf eine historisch einmalige Art und Weise. Insofern erwarte ich mir so viel von Sebastian Kurz, wie ich mir auch von Angela Merkel erwarte.«

## England, Brexit und Theresa May

Bereits im Januar 2018 lud die britische Premierministerin Theresa May Sebastian Kurz, nachdem er von Paris zurückgekehrt war, zu sich nach England ein. Sie hatte ihn angerufen, und Kurz hatte die Einladung akzeptiert. Er wusste, dass das Hauptthema der British-Exit – »Brexit« –, Großbritanniens Austritt aus der Europäischen Union, sein würde und die Behandlung des Themas in der bevorstehenden EU-Präsidentschaft Österreichs. Als er May am 9. Juli nach einem Besuch beim irischen Premierminister Leo Varadkar in der Downing Street zu einem Abendgespräch traf, sandte er davor noch ein Video an seine Twitter-Follower: »Für unseren Ratsvorsitz sind die Brexit-Verhandlungen ein ganz zentrales Thema, unsere erste bilaterale Auslandsreise hat uns daher nach Irland geführt. Von da geht es weiter nach Großbritannien zu Gesprächen mit Premierministerin Theresa May.«[365] Kurz erklärte dazu in einem Gespräch mit einem Journalisten der britischen Tageszeitung *Daily Express*: »Wir in der EU müssen den Brexit respektieren«. Der Brexit sei sehr wohl ein Thema »für Irland und für alle EU-Mitgliedsländer«, deshalb müsse »man nun einen Weg finden, um den Brexit so zu organisieren, dass Irland keinen Schaden daraus ziehen würde«. Es sei daher wichtig und nur möglich »zu verhandeln, wenn man die Position derjenigen kenne, mit denen man verhandle. Kurz schlug daher vor, »eine Lösung nicht nur für Irland zu finden, sondern auch für Großbritannien und die im Interesse der 27 Mitgliedsländer stehe.«[366]

## Sebastian Kurz und seine Rolle in der internationalen Politik

Auch während der EU-Ratspräsidentschaft, die ja schon am 1. Juli begonnen hatte, betonte der Bundeskanzler, dass er vorhabe, Theresa May »den Rücken [zu] stärken bei ihrem Kampf, eine Mehrheit für diesen Deal zu organisieren«. Europa erlebe gerade im November 2018 »die heiße Phase auf dem Weg zum Brexit. Es gab einen Deal zwischen Großbritannien und der Europäischen Union. Dieser muss jetzt aber noch die Zustimmung in den Parlamenten – vor allem auch im britischen Parlament – finden«, sagte der Kanzler gegenüber Medienvertretern.

Er reiste also erneut nach London, doch diesmal als Vertreter der österreichischen EU-Ratspräsidentschaft, um dort – vor Ort – ein »realistisches Bild zu bekommen, wie groß die Chancen sind, dass es eine Mehrheit für diesen Deal gibt«.[367] Die Bemühungen seitens Österreichs waren da, doch das Austrittsdatum wurde bis ins Jahr 2019 mehrmals verschoben. Sebastian Kurz sagte den Medien schließlich: »Hoffen wir, dass sie die Abgeordneten im Unterhaus überzeugen kann und vielleicht doch noch einen Ausweg findet, um einen ›Hard Brexit‹ zu vermeiden.«[368] Die britische Premierministerin lobte Kurz für seine konstruktive Rolle beim Brexit mit den Worten: »Kurz sei ›sehr hilfreich‹ mit seinem positiven Ansatz in den Verhandlungen gewesen«. Kurz wolle, dass es für beide Seiten einen guten Deal gebe. Österreich habe »eine sehr gute Präsidentschaft« hingelegt, sagte May nach dem EU-Gipfel im Dezember 2018. »Es war sehr positiv«, sagte sie über Kurz.[369]

### Die USA des Donald Trump: erster Empfang seit 20 Jahren

Es war ein früher Sonntagmorgen im Juli 2014, als John Kerry, seines Zeichens US-Außenminister, nach Wien kam. Der Grund für seinen Besuch waren die Atomgespräche in Wien und ein Treffen mit seinen Außenministerkollegen. Es war Catherine Ashton, die Außenminister aus Deutschland, Frankreich und Großbritannien nach Wien gebeten hatte, um mit deren iranischen Amtskollegen Javad Zarif und mit John Kerry eine Lösung im Konflikt zu suchen. Wichtigster Punkt war das Beharren des Iran auf Zentrifugen zur Urananreicherung. Die Vetomächte Russland und China waren bei der Gesprächsrunde nicht dabei. Es sollte nicht das einzige Gespräch in Wien sein, das der US-Außenminister hier führen würde.

Denn genau ein Jahr später, Ende Oktober 2015, kam Kerry nochmals nach Wien: diesmal auf Einladung von Sebastian Kurz. Hintergrund war, dass Kerry und Russlands Chefdiplomat Sergej Lawrow mit ihren türkischen und saudi-arabischen Amtskollegen über eine Lösung des seit 2011 andauernden Syrienkrieges beraten sollten.

Kerry und Lawrow hatten sich davor im Juli zu den Iran-Atomgesprächen in Wien getroffen. Das Interessante am ausgedehnten Aufenthalt des US-Außenministers in der österreichischen Bundeshauptstadt war, dass, so hieß es, bereits seit Jahrzehnten kein US-Regierungsangehöriger mehr länger zu Verhandlungen in einer ausländischen Stadt geblieben sei.[370] Dem US-Außenminister, der altösterreichische Wurzeln im Burgenland hat, wurde eine große Vorliebe für Wien nachgesagt, aber auch eine große politische Sympathie zum Außenminister. Über diesen sagte er anlässlich eines Gesprächs mit Medien in Washington: »Ich freue mich sehr, meinen Freund Sebastian Kurz willkommen zu heißen, den österreichischen Außenminister, es ist sein erster Trip nach Washington, aber wir haben uns viele Male in Österreich gesehen, aufgrund der großartigen Gastfreundschaft der Österreichischen Regierung, die den Iran- und Syriengesprächen vorstanden. Österreich spielt derzeit auch in Bezug auf die enorme Herausforderung der Migration in Europa eine sehr wichtige Rolle. Dies ist eine Herausforderung von enormer humanitärer, aber auch strategischer und politischer Konsequenz und hat erhebliche Auswirkungen auf jedes betroffene Land. Wir freuen uns daher darauf, heute darüber zu sprechen, auf welche Weise dieser Druck abgebaut werden kann. Österreich war führend dabei, den Strom zu stoppen, um eine Atempause einzuräumen, um Entscheidungen über andere Ursachen – wie zum Beispiel Syrien – und andere wirtschaftliche Herausforderungen treffen zu können, denen sich die Länder gegenübersehen.

## Sebastian Kurz und seine Rolle in der internationalen Politik

Aber es ist ein globales Problem. Es gehört nicht nur zu Europa. Es ist ein globales Problem, und wir müssen alle ein Teil der Lösung sein.«[371] Doch ab November 2016 gab es einen neuen Präsidenten in den USA, und infolgedessen veränderten sich auch für Sebastian Kurz sämtliche Kontakte zu den Politikern in diesem Land.

Es begann mit einem Interview im Juni 2018 des zu diesem Zeitpunkt neuen US-Botschafters in Berlin, Richard Grenell, auf der Webseite des Onlinemagazins *Breitbart*. Grenell hatte ein für einen Diplomaten ungewöhnliches Interview gegeben und erklärt, er interessiere sich für die politischen Angelegenheiten Europas und wolle vor allem die Konservativen in Europa unterstützen und stärken. Doch dann erwähnte er plötzlich Bundeskanzler Sebastian Kurz, sagte dass ihn schon »viele Konservative quer durch Europa‹ kontaktiert [hätten], um ihm zu sagen, dass sie Aufwind verspür[t]en«. Er sehe für sich eine »spannende Zeit« als Botschafter. Und dann platzte aus ihm heraus: »Schauen Sie, ich denke, Sebastian Kurz ist ein Rockstar. Ich bin ein großer Fan.«[372] Zitiert wurde danach, dass Grenell Kurz als »stärksten Befürworter einer Sicherung der Außengrenzen der EU« beschrieben habe.[373] Er empfinde »großen Respekt und Bewunderung«[374] für Kurz und wolle den Bundeskanzler sogar zu einem Abendessen bei seinem nächsten Aufenthalt in Berlin einladen. Doch diese Einladung wurde einige Tage später leider abgesagt, offiziell »aus Termingründen«.[375] Im Hintergrund gab es scharfe Kritik – nicht nur aus Deutschland, wo etwa der SPD-Vorsitzende Schulz den neuen Botschafter »für untragbar« hielt und auf seine »baldige Ablösung« setzte,[376] sondern auch aus den Vereinigten Staaten.[377] Die Aufregung im Nachbarland um Grenell dämmte sich bald wieder ein.

Doch einen Monat später war man in der Alpenrepublik sehr erstaunt, als publik wurde, dass Sebastian Kurz gerade in einer Privatresidenz, die sich über Tausende von Quadratkilometern erstreckte, in den Rocky Mountains einer Einladung von Ex-Google-Chef Eric Schmidt gefolgt war. Konkret befand sich Kurz im Juli 2018 im Yellowstone Club in Big Sky und traf dort die Tech-Elite und globale Leader in den Bergen von Montana zu einem streng von der Öffentlichkeit abgeschirmten

## 6. Kapitel

Gedankenaustausch. Die junge Tech-Szene aus den USA hatte echtes Interesse, den jungen Regierungschef aus Österreich näher kennenzulernen. Kurz kommunizierte, er wolle das Thema Digitalisierung auch in Österreich stärker forcieren.[378]

Sebastian Kurz pflegt auch Kontakt zu einem bekannten Auslandsösterreicher, einem Steirer, der sich als früherer »Governor« von Kalifornien und als Hollywoodstar mit dem Kinoerfolg »Terminator« nicht nur in den Vereinigten Staaten, sondern auch international einen Namen gemacht hat: Arnold Schwarzenegger. Die beiden Männer haben seit mehreren Jahren Kontakt. So besuchte Sebastian Kurz den Schauspieler und Klimaaktivisten im Juli 2018 in Kalifornien in dessen Villa in den Hollywood Hills, um unter anderem mit ihm über Klimainitiativen während der EU-Ratspräsidentschaft zu sprechen: »Es war schön, einen der ganz großen Österreicher, den ehemaligen Gouverneur von Kalifornien und Filmstar, in den USA getroffen zu haben«, wird Kurz dazu später bekanntgeben.[379] Bereits ein Jahr zuvor hatten die beiden über das wichtige Thema Klimaschutz und den dazu in der Hofburg stattfindenden Klimagipfel gesprochen. Im Januar 2019 kam Arnold Schwarzenegger ins Kanzleramt nach Wien, um über den Klimawandel und den im Mai in Wien stattfindenden R20 Austrian Summit zu sprechen, aber auch um Skier der Marke Head vorbeizubringen, die extra für diese Konferenz produziert worden waren. Schwarzenegger betonte, wie wichtig es sei, dass sich »jeder Einzelne in Sachen Klimawandel sowie Umweltverschmutzung engagiert«. Auch Sebastian Kurz gab ein klares Bekenntnis für den Klimaschutz ab, bevor er und Schwarzenegger sich zu einem privaten Gespräch in sein Büro zurückzogen.[380]

Doch der spannendste Kontakt zu den Vereinigten Staaten blieb für den Bundeskanzler vermutlich sein Besuch am 20. Februar 2019 im Weißen Haus. Denn an diesem Tag erwartete ihn der mächtigste Mann der Welt: Donald Trump. Zwischen den USA und Europa drohte gerade ein Handelskrieg, und auch bei Zukunftsthemen wie dem Klimawandel herrschte offener Streit. Doch der 72-jährige US-Präsident Donald Trump zeigte sich zunächst beeindruckt vom österreichischen Bundes-

## Sebastian Kurz und seine Rolle in der internationalen Politik

kanzler und begrüßte Sebastian Kurz offiziell vor Journalisten mit den Worten: »Sie sind wirklich ein junger Kerl, was ziemlich gut ist.« Der Kanzler erwiderte mit einem Augenzwinkern, »das Problem mit dem Alter wird jeden Tag kleiner«. Trump rechnete schon im Voraus mit einem »großartigen Treffen«, ebenso nannte er anschließend das Verhältnis zwischen den Vereinigten Staaten und Österreich »großartig«.[381]

Einem Redakteur von *phoenix-TV* erschien Sebastian Kurz jedoch zunächst als ein Mann, der »auf einer schier unmöglichen Mission unterwegs ist, er will Präsident Trump zum Umdenken bewegen«. Kurz konterte wie immer gekonnt: »das Verhältnis, wie Sie zu Recht sagen, zwischen den USA und der Europäischen Union war ja schon einmal besser. Ich glaube, gerade deshalb ist es aber wichtig, den Kontakt zu suchen, die USA sind die Supermacht schlechthin. Wir brauchen ordentliche transatlantische Beziehungen, egal, wer gerade amerikanischer Präsident ist. Und für uns in Österreich, als exportorientiertes Land sind die USA, die unser zweitwichtigster Handelspartner nach Deutschland sind, natürlich auch sehr entscheidend. Und der Handelskrieg, der potenzielle, macht uns große Sorgen.«

Sebastian Kurz überreichte Donald Trump als Gastgeschenk ein Fernglas von Swarovski, sehr zur Belustigung des *phoenix-TV*-Moderators: »Wollten Sie ihm damit zu etwas mehr weltpolitischer Weitsicht verhelfen?«, fragte er Kurz lächelnd. Doch Kurz parierte auch hier klar und deutlich: »Nein, das würde ich nie machen. Aber natürlich zumindest helfen bei einem klaren Blick nach Europa.« Er sagt über Trump, dass dieser »klar in seiner Position« sei. Danach erklärte Kurz, dass sich Trump sehr wohl im Klaren darüber sei, dass die Unsicherheit weder der Wirtschaft in den USA noch jener in Europa nütze. Trump wolle einen Deal mit der EU zustande bringen, das Tempo scheine dafür ausschlaggebend zu sein. Trump sei im Gespräch »Es war ein nicht unfreundliches, aber sehr direktes, nicht immer ganz diplomatisches und auch sehr hartes Gespräch«, da beide in den Themen, die sie besprochen hatten, nicht immer derselben Auffassung gewesen seien. »Es war freundlich im Ton und relativ hart in der Sache.« Es gebe

## 6. Kapitel

schon einen klaren Plan, wo die USA hinwolle, und sicherlich auch die eine oder andere Impulsentscheidung. Er, Sebastian Kurz, sehe die Rolle Österreichs als ein kleiner aktiver EU-Mitgliedsstaat. Österreich sei nicht nur proeuropäisch, sondern trete immer für einen europäischen Zusammenhalt und eine gemeinsame europäische Linie ein. Das bedeute nicht, dass sie immer von den großen europäischen Ländern diktiert werden müsse, sondern auch kleine Länder sollten die Möglichkeit haben, mitzusprechen und die Linie mitzugestalten. Im Handel folge Präsident Trump der Linie »America first« (= »Amerika zuerst«).[382]

Da es der erste Besuch eines österreichischen Regierungschefs im Weißen Haus seit 13 Jahren war, wurde er von vielen Beobachtern mit Erstaunen betrachtet. Doch die wenigsten von ihnen – auch nicht die Medien – bemerkten, dass die Stimmung im Weißen Haus zwischen Donald Trump und Sebastian Kurz nicht nur extrem herzlich war, sondern die beiden Männer schmunzelten auch mehrmals. Dies wurde etwa auf den Fotos der beiden Kanzlerfotografen von diesem Treffen klar dokumentiert. Das erschien zumindest außergewöhnlich, denn weder bei Emmanuel Macrons, noch bei Angela Merkels Besuch wurde geschmunzelt, geschweige denn gelacht.

Dieselbe beeindruckend positive Stimmung herrschte übrigens beim Abendessen mit Ivanka Trump und ihrem Mann Jared Kushner, bei dem über österreich-amerikanische Beziehungen gesprochen wurde.

Sebastian Kurz' Nachricht über Twitter an seine Follower lautete an diesem Tag: »Heute habe ich US-Präsident @POTUS Donald Trump im Weißen Haus getroffen. Die #USA sind unser zweitwichtigster Handelspartner – eine gute Gesprächsbasis ist daher trotz aller unterschiedlicher Auffassungen wichtig.«[383]

## Österreich und Israel: Freundschaft mit Netanjahu

Sebastian Kurz hat, wie schon in Kapitel 2 im Gespräch mit Daniel Kapp erwähnt, ein »genuines Interesse und historisches Bewusstsein« bezüglich der Beziehung Österreichs zu Israel und er denkt im »Gesamtinteresse Europas«. Im Juni 2018 reiste Sebastian Kurz erstmals für drei Tage als Bundeskanzler nach Israel, um die bilateralen Kontakte zu intensivieren. Die Reise nach Israel stand im Zeichen des Gedenkjahres 1938/2018 und der Betonung der historischen Verantwortung Österreichs. Das Verhältnis des Kanzlers zum israelischen Premierminister galt als sehr gut, denn Kurz und Netanjahu hatten sich bereits zwei Jahre zuvor, als Kurz noch Außenminister war, kennengelernt. Doch diesmal war er Bundeskanzler und stand in einer Koalition mit einer rechtspopulistischen Partei. Durch deren Regierungseintritt standen die Beziehungen zwischen den beiden Ländern unter einer starken Belastungsprobe.

Dazu gab Adi Kantor, Wissenschaftliche Mitarbeiterin des Instituts für nationale Sicherheitsstudien in Tel Aviv mit einem Fokus auf Europastudien, einen interessanten Einblick in die aktuelle Situation: »Die israelisch-österreichischen Beziehungen sind in einer sehr unbequemen Ecke gelandet.« Denn, so setzte Adi Kantor fort: »Auf der einen Seite will Israel gute Beziehungen mit Österreich beibehalten. Auf der anderen Seite kann Israel nicht über die rechtsextreme, Antimigranten-, Antiestablishment- und europaskeptische Partei in der Regierung mit klaren antisemitischen Wurzeln hinwegsehen.« Die Europaexpertin meinte auch, die »FPÖ habe sich nicht vollständig von ihren judenfeindlichen Ursprüngen gelöst«.[384]

Der Bundeskanzler stellte sich bei dem Treffen voll auf die Seite Israels, indem er offiziell bekannte, die Entscheidung der israelischen Regierung, keine Kontakte mit der FPÖ haben zu wollen, respektiere er. Gleichzeitig erklärte Kurz, die aktuelle österreichische Regierung sei die »proisraelischste Regierung«, die Österreich »jemals hatte. Das Regierungsprogramm ist hier so eindeutig wie noch nie.«

Er machte auch darauf aufmerksam, dass in der gemeinsamen Regierungserklärung stehe, dass die Sicherheitsinteressen Israels auch für Österreich besondere Bedeutung hätten und dass Österreich Israel als jüdischen Staat anerkenne. Darüber hinaus stand im Regierungsprogramm, dass die Staatsbürgerschaft auf Angehörige von Holocaustüberlebenden ausgeweitet werden sollte, was aber bis jetzt noch nicht umgesetzt wurde.[385] Ein Treffen mit Holocaust-Überlebenden fand im Rahmen dieser Reise statt: Kurz lud sie anschließend auch nach Österreich ein. Ein weiterer Besuch galt der berühmten Holocaust Gedenkstätte Jad Vashem in Jerusalem, wo Kurz erstmalig die Verantwortung Österreichs für den Holocaust betonte: »Österreich und die Österreicher tragen die schwere Verantwortung für die schrecklichen und beschämenden Verbrechen, die in der Shoah begangen wurden.« Und weiter betonte der Bundeskanzler: »Wir Österreicher wissen, dass wir für unsere Geschichte verantwortlich sind.« Shoah dürfe nie wieder geschehen und künftige Generationen dürften diese schrecklichen Verbrechen niemals vergessen.[386] Im Anschluss an seinen Besuch von Jad Vaschem besichtigte Kurz das Museum zu Ehren des Begründers des politischen Zionismus Theodor Herzl und legte am Grab des ehemaligen Präsidenten Schimon Peres einen Kranz nieder. Danach besichtigte er die Max Rayne Hand in Hand School der Jerusalem Foundation.

Doch zu den Höhepunkten seines Israelbesuchs und zu einem ehrlichen Bekenntnis gehörte zweifelsohne seine Rede in Jerusalem vor dem Weltforum des American Jewish Committee. In dieser Ansprache anlässlich des AJC Global Forum 2018 würdigte der österreichische Bundeskanzler die Verantwortung Österreichs gegenüber dem jüdischen Volk und erstmals gegenüber dem Staat Israel. »Als Österreicher werden wir Israel unterstützen, wann immer es gefährdet ist«, sagte Kurz. Das sei die moralische Verpflichtung Österreichs als Teil der »Staatsräson, das bedeutet im nationalen Interesse meines Heimatlandes«. Österreich fühle sich der historischen moralischen Verantwortung verpflichtet, »die wir als Österreicher gegenüber der Sicherheit Israels im Rahmen unserer Möglichkeiten als neutrales Land haben. [...] Die Sicherheit von Israel ist für uns nicht verhandelbar.« Österreich verstehe die ernsten Sicherheitsgefahren, denen Israel ausgesetzt sei. »Wir verurteilen jeden Gewaltakt innerhalb Israels, an seinen Grenzen und darüber hinaus.« Die Sicherheitslage sei mit keinem anderen Land vergleichbar. Wenn es zu einem Krieg komme und andere Länder einen oder mehrere Kämpfe verlieren würden, dann könnten sie trotzdem überleben. »Bei Israel ist das anders. Israel ist ein starkes, aber kleines Land. Es kann es sich nicht leisten, selbst einen einzigen Kampf zu verlieren, denn das würde sein Ende bedeuten. [...] Österreich unterstützt Israel in seinem weltweiten Kampf gegen Antisemitismus nicht nur aus politischen Gründen oder aus wirtschaftlichen Gründen, sondern als Teil unserer Freundschaft und moralischen Verpflichtung gegenüber diesem Land, dem jüdischen Volk und aus Menschlichkeit«, betonte der Kanzler. Nur wenn Juden ohne Einschränkung von Frieden und Sicherheit leben könnten, könne der Aufruf »Niemals vergessen« zu einem »Niemals wieder« werden.[387]

AJC-Chef David Harris lief zum Podium, um dem Kanzler für seine Erklärung zu danken und dem Publikum seinen Eindruck des Vortrags zu bestätigen: »Ich wünschte, mein Vater würde diese Rede hören, daher rede ich als sein Sohn. Ihr habt heute etwas Historisches gehört. 46 Jahre nach dem Zweiten Weltkrieg hat Österreich die Schuld an den Verbrechen der Shoah auf sich genommen. Es war Franz Vranitzky, der 1991 im österreichischen Parlament zum Volk sagte: ›Im Namen der Regierung müssen wir unsere historische Verantwortung gegenüber den Juden akzeptieren.‹ Aber er sagte nicht: gegenüber Israel. Und ich habe immer daran geglaubt, dass es einen zweiten Teil zu dieser Diskussion geben würde. Deutschland hat nach dem Krieg verstanden, dass seine historische Verantwortung nicht nur dem jüdischen Volk und dem jüdischen Staat galt und es wurde Teil der deutschen ›Staatsräson‹. Dem nationalen Interesse von Adenauer bis Merkel. Doch zum ersten Mal seit 1945 haben wir soeben einen österreichischen Bundeskanzler gehört, der öffentlich gesagt hat, dass Österreich seine historische Verantwortung akzeptiert. Und dass dies ein Teil der Staatsraison sei. Historie wurde gerade geschrieben, hier auf dem AJC-Global Forum. Und im Namen meines Vaters Eric Albert Löwe möchte ich Bundeskanzler Kurz für seine Überzeugung danken: Er hat 75 Jahre Geschichte verändert.«[388]

Die beiden Männer fielen sich um den Hals. Sebastian Kurz bedankte sich mehrmals. Nicht nur David Harris war bewegt, auch der Bundeskanzler war sichtlich gerührt. Die jüdischen Medien, allen voran die *Jerusalem Post*, schrieben am nächsten Tag, der Bundeskanzler habe in Jerusalem eine Rede gehalten, die den ehemaligen österreichischen Bundeskanzler Bruno Kreisky und den ehemaligen österreichischen Bundespräsidenten Kurt Waldheim erschüttert hätte. Österreich, so Kurz, sei nicht nur ein Opfer des Nationalsozialismus – wie sich das Land bis in die 1990er-Jahre hinein weitgehend dargestellt hatte –, sondern auch ein Täter nationalsozialistischer Verbrechen. Als solches habe das Land nicht nur eine Verantwortung gegenüber »seinen« Juden, sondern auch »gegenüber dem Land der Juden«.[389] Kreisky war ein Jude, der unerbittlich propalästinensisch war und Premierministerin Golda Meir damals nicht einmal ein Glas Wasser anbot, als sie ihn im Jahr 1973 anflehte, den Forderungen der arabischen Terroristen nicht nachzukommen und ein österreichisches Durchgangslager mit sowjetischen Juden zu schließen. Er wäre bei Sebastian Kurz' Aussage über eine österreichische nationale Verantwortung für die Sicherheit Israels zusammengezuckt. Und Bundespräsident Waldheim mit vermuteter NS-Vergangenheit hätte bei Kurz' Äußerungen über die Nazis gelitten.

Seit diesem Tag ist Sebastian Kurz' Ansehen in Israel sehr gestiegen. Und Benjamin Netanjahu hatte einen neuen Verbündeten. Dieser bedankte sich bei Kurz für die starke Unterstützung Israels und sein Engagement für die Bekämpfung des europäischen Antisemitismus. Er bezeichnete den österreichischen Staatschef als »einen wahren Freund Israels und des jüdischen Volkes« und versprach, das Bewusstsein für die besonderen Sicherheitsbedürfnisse Israels in Europa zu schärfen.

Netanjahu lobte außerdem Kurz für seine erklärte Bereitschaft, die Bedenken Israels innerhalb der EU zum Ausdruck zu bringen. Das sei »frischer Wind und Führungskraft (leadership)«, sagte Netanjahu über den 31-jährigen Kanzler.[390]

Für ARD-Österreich und Südosteuropakorrespondent Till Rüger war das ein wichtiger Schritt seitens des Bundeskanzlers, denn davor »fehlte Österreich die Sensibilität für die Vergangenheit, für die Schuld, die wir alle aus dem Nationalsozialismus tragen. Als Deutscher darf ich das sagen, dass ich mich nach wie vor schuldig für den Holocaust fühle, mich auch verantwortlich fühle, dass so etwas nicht mehr passiert. Auch wenn ich spät geboren bin und nie daran teilgenommen habe, ist es trotzdem etwas, was ich persönlich für mich als wichtige ethische Grundlage habe, dass ich mich heute auch noch schuldig fühle für den Holocaust. Und dass es in Deutschland einfach eine viel höhere Sensibilität gab in diesen ganzen Bereichen, was Nationalsozialismus, ›Wehret den Anfängen‹-Propaganda und sonstiges betrifft, fehlte bis dato in Österreich. Es fehlte meiner Meinung nach Sensibilität für Vergleiche mit dem Nationalsozialismus, für viele Dinge aus der ›braunen Vergangenheit‹, die man hier in Österreich das ›Laissez-faire‹ nennt.«

Pinchas Goldschmidt, Oberrabbiner von Moskau und Vorsitzender der Europäischen Rabbinerkonferenz (CER), lernte Sebastian Kurz bereits 2014 in Davos beim World Economic Forum kennen. Kurz sei damals Außenminister gewesen und er gab einen Workshop über die »Sicherheit in Europa«. Er habe, laut Goldschmidt, »sehr, sehr offen und beeindruckend auf Fragen geantwortet. Er hat mich damals schon beeindruckt mit seiner Offenheit und mit seinen sehr genauen Antworten.« Als Sebastian Kurz dann Kanzler wurde, zeigte sich Oberrabbiner Pinchas Goldschmidt erfreut darüber, dass Kurz der nächste Kanzler Österreichs sein würde, ging jedoch auf die Besorgnis der jüdischen Gemeinde über den Erfolg der rechtspopulistischen Freiheitspartei ein, die bei den Wahlen den zweiten Platz belegte. »Wir hoffen, dass Österreich auch in Zukunft die individuellen Freiheiten und vor allem die Religionsfreiheit in Österreich beibehält.« Heute sagt Ober-

## 6. Kapitel

rabbiner Pinchas Goldschmidt: »Als Sebastian Kurz junger Kanzler wurde, wussten wir, dass er sehr zur jüdischen Gemeinde stehen würde – besonders in den Bereichen Sicherheit und Antisemitismus. Und er sollte auch sein politisches Gewicht als Kanzler weiter haben. Das Problem, das er hatte, waren die Partner in der Regierung: Das waren Strache und die FPÖ. Dass die FPÖ in die Regierung hineingekommen ist, ist und war für uns ein Problem.« Doch Sebastian Kurz soll, ein paar Wochen nachdem er seine Regierung aufgebaut hatte, nach Paris gekommen sein und habe sich dort »mit dem Oberrabbiner von Frankreich und dem Vizepräsidenten der Europäischen Rabbinerkonferenz-Haim Korsia getroffen.« Sebastian Kurz, habe »nachdem er eine Koalition mit der FPÖ eingegangen ist, vor den jüdischen Gemeinden in den USA, in Frankreich und in anderen Ländern nicht aufgehört zu betonen, dass die Koalition nicht sein Wunsch und er darüber nicht sehr glücklich sei, doch dass die Notwendigkeit eines Koalitionspartners bestünde und er versuche ohne diese Message Control, die Nachricht in der ganzen Welt zu überbringen.« Das beeindruckte Oberrabbiner Pinchas Goldschmidt wie auch seine Rabbinerkollegen und die Politik. Die meisten Israelis sahen unter Kurz' Kanzlerschaft mit Blick Richtung Europa die FPÖ als eine von vielen rechten, nationalen Kräften im Aufwind.

Oberrabbiner Pinchas Goldschmidt meint, dass man »in der Politik und vor allem in der Koalitionspolitik«, sehr oft mit Leuten aus Parteien zusammensitze, mit denen man nie etwas zu tun haben wollte. Im Englischen gibt es dazu den Spruch vom amerikanischen Essayisten Charles Dudley Warner: »Politics makes strange bedfellows«, übersetzt: »Es ist wahr, dass Politik zu seltsamen Allianzen führt.« »Ebenso wie Religion« – so Oberrabbiner Pinchas Goldschmidt.« Dass Sebastian Kurz eine so enge Beziehung mit dem israelischen Premierminister Benjamin Netanjahu pflege, findet Rabbi Pinchas Goldschmidt gut: »Das ist sehr positiv, denn Israel hat ja ein Problem mit der Europäischen Union: Wenn es um die Anerkennung von Jerusalem als Hauptstadt geht ist die EU nicht sehr glücklich darüber. Netanjahu hat mehr Unterstützung von den osteuropäischen Ländern erhalten als von Europa. Sebastian Kurz stand als Brückenbauer in der Mitte zwischen Osteuropa und Westeuropa. Ich glaube sogar, dass die bilateralen Beziehungen zwischen Österreich unter einem Kanzler Kurz besser waren, als die langjährigen Beziehungen zwischen Europa und Israel.«

Was dem Bundeskanzler auch Sympathiepunkte in Israel einbrachte, war die Organisation einer Konferenz gegen Antisemitismus und Antizionismus in Wien im November 2018 während der EU-Ratspräsidentschaft. Sein Ziel war klar: Er wollte die EU-Staaten zu einer einheitlichen Definition des Antisemitismus bringen. Dies sei für ihn »ein wichtiger Schritt«, damit die Juden in Europa sicher leben könnten. Spitzenvertreter jüdischer Organisationen und EU-Politiker, wie etwa Justizkommissarin Vera Jourova, waren nach Wien gekommen und diskutierten über Strategien, das jüdische Leben in Europa zu sichern.

Der israelische Ministerpräsident Benjamin Netanjahu, der seine Teilnahme an der Konferenz wegen der aktuellen Regierungskrise in Israel absagen musste, hatte sich vor der Rede des Kanzlers in einer Videobotschaft an die Konferenz gewandt und die Initiative des österreichischen EU-Ratsvorsitzes gelobt. Man solle »verhindern [...], dass schlimme Dinge schlimmer werden«, sagte er und rief alle europäischen Regierungen zur Annahme der Internationalen Antisemitismusdefinition auf, wie dies bereits sieben europäische Staaten, darunter Österreich, getan hätten. »Wir kämpfen für unsere gemeinsame Zukunft, für unsere gemeinsame Zivilisation – und wir werden siegen.«[391]

Ein neuerliches Treffen zwischen Netanjahu und Sebastian Kurz gab es, nachdem die Regierung Kurz nach einem Misstrauensantrag gescheitert war, und er aus dem Amt geschickt wurde. Am 10. Juli besuchte Sebastian Kurz als ÖVP-Chef den israelischen Ministerpräsidenten Benjamin Netanjahu in Jerusalem und sprach mit ihm über das Thema Migration. Netanjahu habe den Wunsch geäußert, noch stärker international kooperieren zu wollen, um sicherzustellen, dass die Migration schon innerhalb Afrikas gestoppt werde.

Zu dem Vorwurf, Menschen nicht retten zu wollen, äußerte er sich empört: »Es ist geschmacklos, darzustellen, als sei man gegen Rettung. Die Frage ist einzig und allein, was passiert nach der Rettung?« Auch Israel habe auf dem Sinai das Problem mit illegaler Migration aus Afrika gehabt, deshalb, so schlug Netanjahu vor, sei es am besten, »die Migration aus Afrika schon am Südrand der Sahara zu stoppen«.[392] Es gab danach noch einen Termin zwischen Kurz und dem Minister für öffentliche Sicherheit Gilad Erdan und einen Besuch der israelischen Antiterroreinheit Yamam. In Tel Aviv besuchte er auch Holocaust-Überlebende.

Der israelische Premierminister Benjamin Netanjahu ist mittlerweile ein guter politischer Freund von Sebastian Kurz geworden, er sagt über ihn: »Sebastian Kurz ist eine aufstrebende Führungspersönlichkeit in Europa. Er hat Österreich als Bundeskanzler gut gedient und die Grundsätze der Demokratie und des freien Marktes klug vorangetrieben. Er ist ein wahrer Freund Israels und des jüdischen Volkes, und er hat sich entschieden gegen Antisemitismus ausgesprochen. Ich bin mir sicher, er wird in den kommenden Jahren noch sehr viel zu Österreichs und Europas Erfolg beitragen.«

Die bilateralen Beziehungen zwischen Österreich und Israel sind und bleiben somit ausgezeichnet. Kurz selber erklärt die Bedeutung Israels in seiner Politik mit folgenden Worten: »Ich halte es aufgrund unserer Geschichte für ganz entscheidend, dass Österreich im Großen im Kampf gegen Antisemitismus aber vor allem auch ein Partner für den Staat Israel ist. Insofern war mir ein guter Kontakt zu Israel immer wichtig, und ich bin sehr stolz darauf, dass es uns gelungen ist, in diesen letzten Jahren den Zusammenhalt zwischen Österreich und Israel stetig zu steigern und die Partnerschaft auf ein ganz neues Level zu bringen.« Dass seine politischen Vorgänger als Bundeskanzler aber auch der ehemalige Bundespräsident sich gerade in der israelischen Frage nicht so stark wie er verwendet hatten, erklärt er mit folgenden

Worten: »Es gibt insbesondere unter linken Politikern nicht die Unterstützung für Israel, die dieser Staat verdient, und es gab auch in Österreich – leider Gottes – in der Vergangenheit einige Politiker, die hier einen anderen Zugang haben. Aber dadurch, dass ich als Bundeskanzler die Möglichkeit hatte, die Linie vorzugeben, habe ich das auch getan. Und das war mir persönlich sehr wichtig.«

## 7. KAPITEL

# WAHLKAMPF MADE IN AUSTRIA

Es waren wahrlich politische Extreme, die die kleine Alpenrepublik im Herzen Europas und allen voran deren Regierungschef Sebastian Kurz im Mai 2019 erlebte und die das Land gehörig durchrüttelten. Denn während Kurz noch am Sonntag, den 26. Mai, nachdem die Volkspartei bei der Europawahl glänzend abgeschnitten und ein hervorragendes Resultat erzielt hatte, von seinen Anhängern stürmisch gefeiert wurde, entzog ihm weniger als 24 Stunden später das Parlament das Vertrauen und stürzte – erstmals in der Nachkriegsgeschichte – eine Regierung und kickte sie sozusagen brutal aus dem Rennen.

Die Abwahl von Kurz war historisch: Er war plötzlich mit 32 Jahren der jüngste Altkanzler der Welt. Die Parteivorsitzende der Sozialdemokraten, Pamela Rendi-Wagner, hatte Kurz im Parlament beschuldigt, die »alleinige Verantwortung für das Scheitern der Regierung und für die derzeitige Situation« zu tragen. Außerdem sei das von Sebastian Kurz vorgeschlagene Übergangskabinett, so meinte Rendi-Wagner, in Wahrheit eine »ÖVP-Alleinregierung«.[393]

Nachdem er nun offiziell im Parlament abgewählt worden war, fuhr Sebastian Kurz mit seinem Team sofort in die Parteiakademie nach Meidling. Er hatte seine Krawatte entfernt und die zwei oberen Knöpfe seines Hemdes geöffnet. Im Garten des Springer Schlössls warteten bereits trotz des Regens mehr als tausend seiner Unterstützer auf ihn.

Sie dokumentierten mit ihrer Anwesenheit, dass sie eindeutig auf seiner Seite standen, und sie begrüßten ihn mit stürmischen »Kanzler Kurz«-Sprechchören. Sie waren aus ganz Österreich trotz der schlechten Wettervorhersage aus freien Stücken angereist, und sie bejubelten ihn. Er nahm ein Mikrofon in die Hand und trat vor sie: »Wir haben alles gegeben, um eine gute Regierung zu bilden, und wir haben uns bemüht, die notwendigen Reformen in Österreich auch umzusetzen. Und ein Video mit Ideen des Machtmissbrauchs, mit Ideen der Korruption und der Steuergeldverschwendung hat nicht nur die FPÖ beschädigt, sondern dieses eine Video hat auch die Zusammenarbeit in der Koalition zerstört«, erklärte er ihnen. Natürlich könne man den Misstrauensantrag nach dem Ergebnis der EU-Wahl ungerecht finden, aber »nehmen wir diese Entscheidung zur Kenntnis. Es ist eine demokratische Entscheidung und für Wut, für Hass, und auch für Trauer ist überhaupt kein Platz«, stellte Kurz fest. Man habe in den letzten Tagen ständig bei Wahlveranstaltungen von Sozialdemokratie und FPÖ immer eines gehört: »Kurz muss weg.« Dies sei »das einzige Programm dieser beiden Parteien«, und er könne und wolle den hier Anwesenden nur eines sagen: Er müsse die beiden Parteien enttäuschen. »Ich bin noch immer hier«, sagte er kämpferisch. »Heute hat das Parlament entschieden, aber am Ende des Tages, im September, da entscheidet in einer Demokratie das Volk«, rief er dann als Einstimmung auf den Wahlkampf seinen Unterstützern zu. Denn im September würden die Karten neu gemischt werden.[394]

Unterdessen machte Präsident Alexander Van der Bellen in einer Pressekonferenz klar, wie die nächsten Schritte nach dem Misstrauensantrag aussehen würden. Der Finanzminister aus der Regierung Kurz, Hartwig Löger, sei mit der Führung der Geschäfte betraut worden. Löger nahm sogleich mit den Ministern seine Arbeit auf, während nach einer Übergangsregierung gesucht wurde. Und er reiste zu einem EU-Gipfel nach Brüssel. Es war Van der Bellens Absicht, dass eine neue Regierung bis zum Ende der Woche stehen sollte: »Ob es gelingt, bis zum Freitag diese Einigung zu finden, kann ich nicht sagen, aber ich hoffe, dass es nicht länger als eine Woche dauert.« Die Bestellung einer neuen Bundesregierung sei »keine Angelegenheit, die man leichtfertig und überhastet angehen darf«.[395] Dass der Altbundeskanzler nicht für die interimistische Fortführung zur Verfügung stand, war zwischen dem Präsidenten und ihm akkordiert worden. Sebastian Kurz ließ seinerseits die Medien wissen, er werde auch nicht in den Nationalrat wechseln. Er wechselte also nicht von der Regierungs- auf die Abgeordnetenbank. Kurz werde, so der Regierungssprecher, »alles tun, um eine geordnete Übergabe an die neue Übergangsregierung sicherzustellen«.[396] Dies sollte ihm jedoch im Laufe des Wahlkampfes noch ein besonders scharfes Medienecho einbringen, wie sich später herausstellen würde.

Zunächst wurde ein Wahltermin festgelegt: Die Wahl fiel auf Sonntag, den 29. September. Sebastian Kurz wurde von der ÖVP zum Spitzenkandidaten für die vorgezogene Nationalratswahl nominiert. Und drei Tage nach dem Misstrauensantrag wurde erstmals in Österreich eine Frau zur Übergangskanzlerin nominiert. Präsident Van der Bellen sagte den Journalisten bei seiner Pressekonferenz zur »aktuellen Causa Prima«, der Regierungsbildung: »Besondere Situationen« erforderten »besondere Vorgangsweisen«. Man habe »Neuland« betreten bei der Entlassung von Ministern oder der Amtsenthebung einer ganzen Bundesregierung nach einem Mehrheitsvotum des Nationalrats. Dieses Neuland werde jedoch mit einer »exakten Landkarte« betreten, nämlich der österreichischen Bundesverfassung, die klare Vorgaben gebe. Die Präsidentin des Verfassungsgerichtshofes und nunmalige Kanzlerin Österreichs Brigitte Bierlein sei von einer Zeitung einmal als »stets die Erste« charakterisiert worden. Er fuhr fort: »und sie wird wieder die Erste sein, nämlich die erste Bundeskanzlerin der Republik Österreich.«[397]

Die Bestellung Bierleins in den letzten Maitagen des Jahres setzte vor allem ein Zeichen, dass es bei der Übergangsregierung nicht darum ging, Politik zu machen, sondern dass vordergründig das weitere Funktionieren der Staatsorgane gewährleistet sein sollte. Vor ihrer Ernennung zur Kanzlerin hatte Brigitte Bierlein über ein ÖVP-Ticket im Verfassungsgerichtshof gesessen. Der SPÖ-nahe Clemens Jabloner, ein Jurist, Universitätsprofessor und ehemaliger Präsident des Verwaltungsgerichtshofs, wurde ihr Vizekanzler.

## Bundesländerreisen und Wahlkampfstrategien

Im Juni startete die Tour »Kurz im Gespräch« durch die Bundesländer, was von Kritikern als Wahlkampf bezeichnet und von der ÖVP stets abgestritten wurde. Als Slogan für ein Plakat in Schaukästen hatte seine Partei »Unser Weg hat erst begonnen« gewählt, was suggerieren sollte, dass die große Zeit des ÖVP-Chefs noch bevorstand. Der Zusatz lautete: »Rot-Blau hat bestimmt. Das Volk wird entscheiden.« Der österreichische Wahlkampf würde offiziell ab dem 2. September starten. Der Alt-Kanzler nutzte also die Vorsommerzeit, die er durch den Misstrauensantrag gewonnen hatte, um quer durch Österreich zu reisen und Gespräche zu führen, mithilfe derer er die Wählerwünsche aufnehmen und auch konstruktiver Kritik erhalten konnte.

Als erstes Bundesland war nach den Pfingstferien Salzburg dran. Kurz wolle insgesamt »mehr Zeit für Gespräche, nicht nur zwischen Tür und Angel«, wie einer seiner Mitarbeiter den Journalisten sagte. Und auch Kurz bestätigte, nun könne er Gespräche mit Bürgern führen, zu denen er ohne die Ereignisse der vergangenen Wochen nicht gekommen wäre.[398] Nach den ersten Gesprächen meinte er: »Ich kann sehr viel mitnehmen und es macht mir Freude«.[399] Auch die besuchten Feuerwehrmänner, die Bergretter, die Mitglieder des Hilfswerkes oder die Biobauern empfanden diesen Besuch als wichtig und als direkte Kontaktpflege mit der Politik. Wichtig war jedoch für Kurz auch ein Gespräch in einem Wirtshaussaal in Seekirchen, wo er mit den Anwesenden unter anderem über das mittlerweile als #Ibizagate bekannte Video offen sprechen konnte. Dabei zeigte er sich »besorgt über die breite Dichte an Verschwörungstheorien und den Unsinn, der verbreitet wird«.

Darüber hinaus verkündete er, dass er die Monate bis zur Nationalratswahl im Herbst in zwei Phasen einteilen werde: In der ersten Phase stehe die Unterstützung der Übergangsregierung im Vordergrund. Die zweite Phase sei ab September dem Wahlkampf gewidmet. Als seine Themen nannte er die Bekämpfung der illegalen Migration, die Budgetpolitik und eine mögliche Erleichterung von der Steuerlast.[400]

In Sankt Pölten, der Landeshauptstadt von Niederösterreich, besuchte er den Markt und das Landeskriminalamt und in Lilienfeld den Rot-Kreuz-Stützpunkt. Interessant war, dass er oft von interessierten Bürgern aller Altersgruppen umringt wurde, die mit ihm ein Selfie machen wollten und die offenbar ignorierten, dass der junge Mann aktuell kein Regierungschef mehr war, weshalb viele ihn nach wie vor als »Herr Bundeskanzler« ansprachen. »Sie haben ihn uns weggenommen«, war oft zu hören. Zu den großen Talenten des Wahlkämpfers Kurz gehöre es zweifellos, »Menschen erzählen zu lassen, wovon sie etwas verstehen«, stellte ein Journalist des *Kuriers* fest. Doch egal, zu welchem Thema die Menschen ihm etwas berichten, Kurz versucht auch seine politische Message weiterzugeben: »Wir waren da mitten in der Arbeit. Manches verzögert sich jetzt halt ein bisschen.«[401]

Anfang Juli machte er gemeinsam mit seiner Partei ein Sommerfest der besonderen Art: Rund 28 Kilometer von Wien entfernt, in einer Werft in Korneuburg, startete die Bundespartei mit einem »Unterstützerfest« ihren Sommerwahlkampf unter dem Motto »Wir für Kurz« in Begleitung der gesamten ehemaligen Ministerriege. Ein EU-Kommissar, ein Fußballtrainer, ein Sternekoch und einige andere bekannte Gesichter feierten mit ihm und der Bevölkerung. Insgesamt waren es 1500 Menschen, die seiner Einladung folgten, viele unter ihnen waren der Bitte nachgekommen, etwas Türkises zu tragen. Es gab außerdem an diesem Abend türkis gefärbte Drinks, türkis gefärbtes Eis und Würstel mit Gröstln. Auch hier erklärte Kurz in seiner Sommerrede, dass ihm persönlich nicht nur Menschen begegneten, die empört gewesen seien, sondern auch welche, die ihn fast »mütterlich« behandelten. Von negativen Stimmungen ihm gegenüber wusste er allerdings auch zu berichten.

## 7. Kapitel

So würde ihn JETZT-Gründer Peter Pilz, der ehemalige Chef der Grünen Partei, seit Ende Mai beispielsweise nur noch zynisch als »Altkanzler« begrüßen. Doch trotz des Zynismus der Opposition blieb Sebastian Kurz gelassen und vor allen Dingen siegessicher: »Ich bin überzeugt davon, dass der 29. September ein guter Tag wird«, sagte er seinen Unterstützern. Auch bei dieser Veranstaltung ging Kurz auf seine Wahlkampfthemen ein und erklärte, dass die Schwerpunkte Pflege, »Bewahrung der österreichischen Identität«, Europa und der Klimaschutz seien.[402] Die Medien schrieben später, dass hier nichts »dem Zufall überlassen« werde, und all dies sei »Teil einer politischen Professionalisierung, die hierzulande ihresgleichen« suche und »an US-Wahlkämpfe« erinnere.[403]

Anfang Juli machte Sebastian Kurz eine Wanderung in Seefeld in Tirol mit seinen Fans und Wählern. Sie stand unter dem Motto »Bergauf, Österreich«. Wahlkampftouren dieser Art hatte er bereits im vergangenen Jahr im Sommer gemacht. Trotz des regnerischen Wetters fanden sich einige hundert Menschen ein, die mit ihm und dem Tiroler Landeshauptmann Günther Platter, der ehemaligen Wirtschaftsministerin Margarete Schramböck, sowie der Hoteldirektorin Elisabeth Gürtler auf die Rosshütte in rund 1760 Meter Höhe wanderten.[404] Ende Juli ging es mit 900 Teilnehmern nach Salzburg auf den Kreuzkogel in 2027 Metern Höhe und schließlich Mitte August mit 1200 Menschen ins Südburgenland vom Schloss Kohfidisch durch den Wald auf den Csaterberg.[405] Veranstaltungen dieser Art sind für die Volkspartei ein gutes Mittel zum Austausch mit der Bevölkerung über politische Themen in angenehmer Atmosphäre, nämlich in den Bergen. Auf diese Weise kann die ÖVP sehr gut Werbung für die Partei und ihren Spitzenkandidaten machen.

## Dirty Campaigning, Affären und Verleumdungen im Wahlkampf

Der Wahlkampf wäre kein echter gewesen, wenn es nicht auch zu negativen Erlebnissen in Form von Dirty Campaigning, Affären und damit einhergehenden Verleumdungen gekommen wäre. Eine dieser Affären war im Juli die »Schredderaffäre«, die aus einer Anzeige einer Schredderfirma hervorging. Hintergrund war, dass ein Kanzleramtsmitarbeiter von Sebastian Kurz vor dem Regierungswechsel und dem Misstrauensantrag »nicht veraktete Daten« auf fünf Festplatten bei einer Firma namens Reisswolf dreimal hatte schreddern lassen. Er hatte dabei einen falschen Namen angegeben und nur eine Telefonnummer, und auch die daraus entstandene Rechnung in Höhe von 76 Euro hatte er nicht bezahlt. Das geschredderte Material habe er danach auf Verlangen des IT-Bereichsleiters im Bundeskanzleramt wieder mitgenommen. ÖVP-Generalsekretär Karl Nehammer meinte, dass der Mitarbeiter, nachdem er von der »Soko Ibiza« aus der Zentrale der Volkspartei abgeholt und befragt worden war, sofort erklärt habe, dass ihm die Aktion leidtue, er alles bezahlen würde und er mit den Beamten kooperieren wolle, um den genauen Hergang aufzuklären.[406]

Bei einem Regierungswechsel ist es geregelt, dass Akten und offizieller Schriftverkehr ins Staatsarchiv gegeben werden. Alle Aktenbestände der Kabinette werden von den Festplatten geladen, dann kopiert und schließlich dem Staatsarchiv übermittelt. Da alles darüber hinaus vernichtet werden darf, erscheint dann die IT-Abteilung, die die Datenträger ausbaut und in einer Kassette versperrt, bis sie offiziell vor Zeugen vernichtet werden. Geht es um sensible Daten, dann sollte man diese niemals herumliegen lassen, warnen Kenner des österreichischen Kanzleramts.

Doch die ÖVP hatte offenbar die Befürchtung, dass diese Vorsichtsmaßnahmen nicht ausreichen würden. Besonders die Druckerspeicherplatten waren Sorgenkinder. Auf solchen Platten wird alles gespeichert, was innerhalb eines gewissen Zeitraums ausgedruckt wurde, also auch

## 7. Kapitel

sensible Daten wie E-Mails oder Flugtickets. Und die Volkspartei vermutet, dass ihr schon im Jahr 2017 von den Druckerspeicherplatten im Außenministerium Daten gestohlen wurden. Das Kurz-Strategiepapier »Projekt Ballhausplatz« zur Übernahme von ÖVP und Kanzleramt, das im Nationalratswahlkampf 2017 gegen die Volkspartei verwendet wurde, sei auf diese Weise an die Öffentlichkeit gelangt.[407]

Sebastian Kurz wurde Mitte Juli während einer Reise mit Journalisten in das Silicon Valley in den USA, wo er auf die Chefs von Apple, Uber und Netflix traf, mit der Affäre konfrontiert. Sofort nach seiner Rückkehr stellte er sich einem Gespräch mit einem Journalisten des Senders Servus TV, und erklärte in der Sendung Talk im Hangar-7, dass es sich um ein normales Prozedere im Zuge eines Regierungswechsels handle und dass auch die Übergabe seines Vorgängers im Amt Christian Kern, des SPÖ-Kanzlers, so verlaufen sei.

Am Tag, an dem geschreddert wurde, sei man in seinem Kabinett davon ausgegangen, dass es sehr wahrscheinlich sei, dass man aus dem Bundeskanzleramt ausziehen müsse. Das Schreddern habe sofort geschehen müssen, denn die Mitarbeiter hätten unmittelbar nach dem Misstrauensvotum ihre Zuständigkeit verloren. Deshalb habe sein Team die entsprechenden Vorbereitungen getroffen. Es habe sich jedenfalls um nichts Relevantes gehandelt, das man hätte aufheben müssen. Der fragliche Mitarbeiter habe in guter Absicht gehandelt. Kurz meinte außerdem, dass sein Team übervorsichtig geworden sei, da etliche von ihnen noch gebrannte Kinder vom letzten Wahlkampf seien. Seinem Wissen nach habe es sich um fünf Speicherplatten von Druckern der Kabinettsmitarbeiter gehandelt. Von weiteren auf diesem Weg entsorgten Datenträgern nichts.[408] Kanzlerin Bierlein gab umgehend den Medien bekannt, sie habe eine interne Evaluierung veranlasst, nicht zuletzt im Hinblick auf mögliche parlamentarische Anfragen. Die Datenvernichtung an sich stieß jedoch nicht auf das Missfallen der Kanzlerin. Bierleins Büro erklärte den Medien sogar: »Die Löschung bestimmter sensibler, nicht dem Bundesarchivgesetz unterliegender Daten entspricht der üblichen

Praxis bei Regierungswechseln.«[409] Außerdem stellte sich die Kanzlerin hinter die Beamten des Kanzleramtes und sagte, diese leisteten »ganz hervorragende Arbeit, sind unglaublich loyal und ich stehe hinter diesen Personen«.[410]

Der im Interview genannte ehemalige Bundeskanzler Christian Kern widersprach seinem Nachfolger Sebastian Kurz, dass auch bei Kerns Amtsübergabe Datenträger vernichtet worden seien. Alle Unterlagen seien gesetzeskonform dem Staatsarchiv übergeben worden. »Ein Schreddern von Festplatten fand nicht statt«, kommunizierte Kern auf Facebook. »Dass ein Mitarbeiter meines Kabinetts mit Festplatten zu einer Privatfirma gegangen wäre um diese dort zu zerstören, ist selbstverständlich nicht vorgekommen«, ließ er seinem Nachfolger ausrichten. Kern kündigte über die Medien rechtliche Schritte an, sollte Kurz die Aussagen nicht zurücknehmen.[411] Doch die weiteren Entwicklungen sollten zeigen, dass auch unter Kern sieben Festplatten, darunter drei aus dem Büro von Thomas Drozda, drei aus dem Kanzleramt und eine von der früheren Staatssekretärin Muna Duzdar, geschreddert wurden. Insgesamt soll die Vernichtung 2100 Euro gekostet haben, wie den Medien zugespielte Faksimile der Rechnungen bewiesen.[412]

Dass der Wahlkampf immer mehr zu einer schmutzigen Schlammschlacht verkam, zeigte ein weiterer Vorfall: Mitte Juli 2019 tauchte eine Seite im Internet namens »Gebirgsterror Space – Blog zum Terror in Österreich und Bayern« auf, deren Verfasser behauptete, dass Sebastian Kurz »in den 90er-Jahren als Darsteller für Kinderporno-Filmproduktionen gearbeitet« habe und »als Strichjunge« tätig gewesen sei.[413] Außerdem kursierte eine Mail, die Kurz »Beziehungen zu minderjährigen syrischen oder afghanischen Strichern«, also ganz konkret Kinderpornografie unterstellte.[414]

Einige Tage zuvor war Sebastian Kurz von dem in der Schweiz registrierten »Recherche-Institut Zoom«, das laut eigenen Angaben die »Aufklärung der BürgerInnen« betreibt und dabei »auf Fakten«,[415] und an dem der zunächst anonym agierende und später von Medien enttarnte IT-Unternehmer Florian Schweitzer seine Mitarbeit bestätigt hatte, mit Drogengerüchten in Verbindung gebracht worden. Schweitzer behauptete nach Aussage einiger Medien, dass die Sache »in keiner Weise von einer Partei finanziert« sei, sondern »als zivilgesellschaftliches Projekt« von mehreren Privatpersonen betrieben werde. Der Initiator sei nach eigenen Angaben ein Mitglied des ehemaligen Liberalen Forums.[416] Auf der Seite gab es kein Impressum, stattdessen war die Internetadresse »zoom.institute« vollkommen anonym in Panama registriert worden. Als Medieninhaber auf der Website wurde »Zoom Institute for Research and Analysis«, ein Verein mit Sitz in Genf, angegeben.[417]

Das Selbstvertrauen, das das gesamte Team Kurz noch einige Wochen zuvor ausgestrahlt hatte, schien mit einem Mal durch diese nicht nachvollziehbaren, unfundierten Anschuldigungen etwas angeschlagen zu sein. Nach all diesen Unterstellungen, die es im laufenden Wahlkampf von mehreren Seiten hagelte, war dies Grund genug für Kurz sich selbst via Twitter und noch ausführlicher auf Facebook bei seinen Wählern zu Wort zu melden. Er hatte das Bedürfnis einer Klarstellung, denn »die letzten Tage haben das Ausmaß an Grauslichkeit deutlich gemacht, das dieser Wahlkampf mit sich bringen wird«.[418]

Sebastian Kurz analysierte: Er glaube, dass man damit seine Politik verhindern wolle. Der Wahlkampf 2017 sei offenbar nur ein Vorgeschmack gewesen. »Von links und von rechts hagelt es fast täglich neue Untergriffe, Diffamierungen und Dreck aus der allertiefsten Schublade.« Kurz verwies dabei auf gefälschte E-Mails, wie diejenige, die vom Tiroler SPÖ-Chef Georg Dornauer auf Twitter veröffentlicht wurde, und darüber hinaus »werden auch Gerüchte über Kinderpornografie, Drogenmissbrauch oder Korruption gestreut. [...] [Es] wird nichts unversucht gelassen, uns und damit unseren Weg für dieses Land aufzuhalten.« Es gehe offenbar darum, so vermutet Sebastian Kurz auf Facebook, »die Veränderung, für die wir stehen, mit allen Mitteln zu bekämpfen. Und damit auch all jene, die diesen Weg der Veränderung unterstützen.« Er stellte aus diesem Grund auch via Facebook all seinen Followern konkret eine Frage: »Ist es diese Politik, die wir haben wol-

## Wahlkampf made in Austria

len? Wo Politiker auf tiefster Ebene in den Dreck gezogen werden? Wo Hass und Missmut stärker sind, als politischer Gestaltungswille? Wo manche bereit sind, zu allen Mitteln zu greifen?«

Das, so zog er abschließend sein Resümee, sei nicht sein Verständnis von zeitgemäßer Politik. Kurz erklärte: »Ich bin hier aus einem einzigen Grund: Dem Land zu dienen. Mit einer Politik, die ich für richtig erachte. Und mit Themen, die für das Land entscheidend sind, wenn wir weiter nach vorne kommen wollen. Dafür werden Politiker gewählt und diesem Auftrag werde ich nachkommen. Und euch alle kann ich nur bitten: Die Veränderung, die wir begonnen haben, ist kein Geschenk. Sie ist hart erarbeitet [...] Wenn wir nicht ALLE (!) gemeinsam Farbe bekennen, [...] werden am Ende jene jubeln, die derzeit mit allen Mitteln gegen uns kämpfen. Die Entscheidung liegt bei jedem Einzelnen von euch. Ich habe meine getroffen: Die Veränderung muss weitergehen – für Österreich.«[419]

Bei den meisten seiner 800.000 Facebook-Fans kam dieses Posting sehr gut an. Rund eine Stunde, nachdem es online gegangen war, gab es bereits 1600 Kommentare, es wurde 509 Mal weitergeleitet. Schon um 18 Uhr gab es 4413 Kommentare, und es wurde 1309 Mal weitergeleitet. Und auch die Sozialdemokraten meldeten sich pikiert zu Wort. Sie warfen Sebastian Kurz vor, sich »in die Opferrolle bringen« zu wollen.[420] »Wie tief sinkt die ÖVP gerade? Kurz bewirbt auf Facebook Inhalte von Schmutzseiten gegen sich selbst, nur um skrupellos den Verdacht auf politische Mitbewerber zu lenken«, twitterte etwa der SPÖ-Wahlkampfmanager Christian Deutsch.[421]

Dass der Wahlkampf hart und vor allem schmutzig werden würde, war allen im Team von Sebastian Kurz klar, seit der Misstrauensantrag beschlossen worden war. Dass insbesondere die Oppositionsparteien sich dagegen wehren würden, wenn er bei den Wahlen im Herbst erneut gewinnen würde, war ebenfalls logisch. Doch für Sebastian Kurz war klar, dass er sich all dem stellen würde.

# EPILOG

Was soll einmal in den Geschichtsbüchern über die politische Ära von Sebastian Kurz stehen? Dass er als junger Politiker eine neue Politik des 21. Jahrhunderts geschaffen hat? Dass er einen Umbruch in der EU-Politik schaffte, der wertvoll war und der die Weiterentwicklung eines Landes bedeutete? Und dies, obwohl er lediglich 526 Tage Bundeskanzler war, in einer Koalition mit einer Partei, die nicht jedermanns Sache war. Doch für Sebastian Kurz überwogen die Vorteile der Zusammenarbeit deutlich.

Während der deutsche Kanzler Helmut Kohl seinerzeit das »Aussitzen« praktizierte, US-Präsident Donald Trump einen starken Protektionismus mit »America first« anwandte und die deutsche Bundeskanzlerin Angela Merkel das »Wegharmonisieren« praktizierte, ging Sebastian Kurz gleich mehrere große Schritte voran.

Er selber sieht sich eindeutig als »Veränderer«, der versucht hat, nach dem langen Stillstand der Großen Koalition zwischen Sozialdemokraten und Christdemokraten die Politik und die Strukturen in der alpinen Republik Österreich aufzubrechen und »endlich Reformen zu machen, die lange überfällig waren«. Er sieht sich als »Idealisten, der in der Politik ist, um zu verändern«, aber auch »um etwas Positives beizutragen«. Er versucht aber auch, mit »einem hohen Tempo« diese Veränderungen durchzusetzen, die das Land benötige. Er versucht darüber hinaus zu bewerkstelligen, dass Österreich international seinen Status als wettbewerbsfähiges, erfolgreiches und lebenswertes Land beibehält. Das bedeutet für ihn die Wirtschaftskraft, die soziale Verantwortung und Nachhaltigkeit miteinander in Einklang zu bringen.

# Epilog

In all den Monaten, in denen ich an diesem Buch gearbeitet habe, habe ich über den Mann Sebastian Kurz sehr viel gelernt. Wenn man Mitarbeiter aus seinem Umfeld nach dem »wahren« Sebastian Kurz fragt, abseits der Medienberichte, dann hört man, dass er ein »sehr wertschätzender Vorgesetzter sei, der sehr viel Wert darauf legt, dass es seinen Mitarbeitern gut geht«. Kurz lege aber bei seiner Arbeit mit seinem Team auch einen »enormen Wert auf Ehrlichkeit und Loyalität«. Grundsätzlich brauche er ziemlich lange, bis er einem neuen Mitarbeiter vertraue. Davor beobachte er und höre er auf seinen Instinkt. Harmonie in seinem Team sei ihm wichtig. Entscheidungen treffe er nicht immer sofort, sondern er überlege, und meist »schläft er eine Nacht darüber«, erzählen seine Mitarbeiter. Er sei selbstkritisch, selbstironisch, selbstreflexionsfähig.

Seine Lieblingsbücher seien, laut eigener Aussage, Biographien und die Werke von Yuval Noah Harari, dem israelischen Historiker und Universitätsprofessor an der Hebräischen Universität Jerusalem.

Politik ist für ihn kein Job, sondern eine Berufung. Etwas, was ihn zur Gänze ausfüllt, vom Aufstehen am Morgen, bis tief in die Nacht hinein. Sebastian Kurz ist kein typischer politischer Machtmensch, sondern vielmehr ein bodenständiger Mann, der seine Arbeit als seine Raison d'être sieht. Er bleibt auch in seiner Kommunikation authentisch. Der ausführliche Gedankenaustausch mit all jenen Menschen, denen er bei seiner Arbeit begegnet, liegt ihm als Politiker sehr am Herzen. Sobald er mit ihnen ins Gespräch kommt, diskutiert er aktuelle politische Themen. Das geschieht meist bei Podiumsdiskussionen, bei Vorträgen, die er im In- und Ausland hält, bei den Wanderungen mit seinen Wählern (Stichwort »Bergauf«-Tour) oder aber während seiner Reisen in der Wartehalle am Flughafen.

Sebastian Kurz ist außerdem sehr naturverbunden, er entspannt sich beim Wandern, Snowboarden oder Mountainbiken.

Eines scheint klar zu sein: Die Ibiza-Affäre hat die österreichische Politiklandschaft mit einem Mal verändert. Doch was kann der Bürger bei der Wahl im September 2019 nun erwarten? Wer wird mit wem

## Epilog

koalieren? Wird Sebastian Kurz, so wie einst sein Vorgänger Wolfgang Schüssel 2002 nach Knittelfeld, ein Ergebnis über 40 Prozent schaffen? Wird er mit den NEOS, den Grünen oder doch wieder mit der SPÖ eine Zusammenarbeit versuchen? Und wie wird die FPÖ trotz des Ibiza-Skandals die Wahl abschließen? Oder könnte es gar eine Dreierkoalition zwischen ÖVP, Grünen und NEOS geben? Das wäre eine Premiere.

Doch eines ist gewiss: Die politischen Herausforderungen bleiben bestehen, etwa die Migrationskrise, die Veränderung der EU oder eine mögliche Finanzkrise.

Für die politische Denkerin Hannah Arendt machte Politik den Menschen erst aus. Denn dadurch könne er sich Ziele setzen, sich mit seinesgleichen zusammensetzen und etwas Neues beginnen. Wenn der Staat es zulässt. Jeder Neuanfang eröffne die Chance, neu zu handeln. Gemeinsam zu handeln eröffnet die Chance der Freiheit. Und alle Freiheit liegt in diesem Anfangskönnen beschlossen. Der Sinn der Politik ist Freiheit.[422]

Wenn man Sebastian Kurz als Politiker berechtigterweise fragt, ob er Zeiten erlebt habe, die er heute nicht missen möchte, dann antwortet er rasch und überlegt – und sieht einem dabei in die Augen: »Ich möchte die ganze Zeit in der Politik nicht missen. Auch wenn es herausfordernd und anstrengend ist. In Wahrheit macht es mir jeden Tag aufs Neue Freude, dem Land dienen zu dürfen.«

Sebastian Kurz' politischer Weg hat aus seiner Sicht einmal gut begonnen, er hat in der Tat einige seiner politischen Projekte weitergebracht. Doch nun lautet die große Frage: Kann er diesen Weg auch weiter fortsetzen?

# DANKSAGUNG

Ich möchte hier anmerken, dass ich diejenige war, die Sebastian Kurz den Vorschlag gemacht hat, dieses Buch zu schreiben, und er mir, nachdem ich bei ihm angefragt hatte, seine Einwilligung dazu gegeben hat.

Ich hätte dieses Buch niemals schreiben können, wenn ich nicht in der glücklichen Lage gewesen wäre, ein starkes Netzwerk von Menschen hinter mir gehabt zu haben, die mich vor allem über die letzten Monate sehr unterstützt haben bei diesem Projekt.

Allen voran gilt mein herzlicher Dank Josef und Elisabeth Kurz, den Eltern von Sebastian Kurz, die mir einen Einblick in das Familienleben gaben. Außerdem danke ich dem gesamten Team von Sebastian Kurz, dessen Mitglieder mir großzügig einen Blick hinter die Kulissen ihrer Arbeit mit ihrem Chef gaben und mich mit viel Zeit und Energie unterstützten.

Ich danke außerdem allen Journalistenkollegen, die ich konsultieren durfte und die mir mit ihren Analysen sehr geholfen haben, die politische Situation in Österreich aus mehreren Blickwinkeln zu erfassen.

Ich danke aber auch allen Politikern, die dazu beigetragen haben, mir einen Blick hinter die Kulissen ihrer Arbeit zu geben und die mich mit zahlreichen Informationen, Hintergrund und Zitaten beliefert haben.

Mein weiterer Dank gilt dem FinanzBuch Verlag für das mir entgegengebrachte Vertrauen und die enorme Unterstützung, die ich vom gesamten Team – allen voran von Georg Hodolitsch – mit zahlreichen nützlichen Gesprächen erhalten habe und außerdem bedanke ich mich für die äußerst produktive Zusammenarbeit.

## Danksagung

Ich danke meinem Agenten Lars Schultze-Kossack und seinem Team für die großartigen und vielen Gespräche, die mich in die richtige Richtung gelenkt haben. Vielen Dank, lieber Lars!

Ein großes Dankeschön geht an meine Familie und Freunde im In- und Ausland, die mir – wie bei all meinen Büchern – mit ihrer Weisheit und vielen Ideen, Vorschlägen und politischen Diskussionen geholfen haben.

# ANMERKUNGEN

**Kapitel 1**

1. 21.09.2017, »Niki Lauda unterstützt Sebastian Kurz.«, https://www.youtube.com/watch?v=-y7MeZ_gVAg
2. 20.05.2018, »Kanzler schlägt Entlassung vor. Kurz will ohne Kickl regieren«, *tagesschau.de*, https://www.tagesschau.de/ausland/kurz-schlaegt-kickl-entlassung-vor-101.html
3. April 2016, »Meidling – 12. Wiener Gemeindebezirk«, Magistrat der Stadt Wien, https://www.wien.gv.at/statistik/pdf/bezirke-im-fokus-12.pdf
4. Statistik Austria – Statistik des Bevölkerungsstandes, Berechnung Stadt Wien Wirtschaft, Arbeit und Statistik.
5. »Klassik in Wien«, WIEN, jetzt, für immer, https://www.wien.info/de/musik-buehne/klassik
6. Meyer, Thomas (2010). *Was ist Politik? Lehrbuch (3. aktualisierte und ergänzte Auflage)*. Wiesbaden, S. 37.
7. 18.09.2017, »Wahlkampf-Video: Sebastian Kurz privat«, https://www.youtube.com/watch?v=jD273G4VJyo
8. Homepage der GRG XII, Schulprofil, http://www.erlgasse.at/?page_id=756
9. 23.08.2014, »Ich würde gerne über das Ziel hinausschießen«, Interview mit Marie-Theres Egyed, *Der Standard*, https://www.derstandard.at/story/2000004656105/ich-wuerde-gerne-ueber-das-ziel-hinausschiessen)
10. 10.09.2002, »Schüssel will ÖVP in Neuwahlen führen«, dpa, AP, *Frankfurter Allgemeine Zeitung*, https://www.faz.net/aktuell/politik/oesterreich-schuessel-will-oevp-in-neuwahlen-fuehren-172621.html
11. Homepage Parlament der Republik Österreich, Führungen für SchülerInnen https://www.parlament.gv.at/GEBF/FUEHRUNGEN/FuehrungenSchulklassen/

## Anmerkungen

12  12.05.2017, Sozialistische Jugend Niederösterreich, https://www.facebook.com/watch/?v=10154772081738897

13  19.11.2007, »JVP-Wien Landeskonferenz: Wiens Zukunft ist die Jugend«, Junge ÖVP Wien, APA (OTS), https://www.ots.at/presseaussendung/OTS_20071119_OTS0175/jvp-wien-landeskonferenz-wiens-zukunft-ist-die-jugend

14  13.08.2008, »VP-Jugend: In bestehende Pensionen eingreifen? Ja!«, von Ulrike Weiser und Rainer Nowak, *Die Presse*, https://diepresse.com/home/politik/innenpolitik/406019/VPJugend_In-bestehende-Pensionen-eingreifen-Ja

15  09.07.2009, »›24 Stunden Verkehr‹: Sexismus-Vorwurf gegen Junge ÖVP«, APA, *Die Presse* https://diepresse.com/home/politik/innenpolitik/493798/24-Stunden-Verkehr_SexismuswbrVorwurf-gegen-JVP

16  »About«, U4, https://www.u4.at/about
Sowie:
11.11.2015, »Ich war eine Woche lang jeden Tag im U4«, https://www.vice.com/de/article/rnv4v8/ich-war-eine-woche-lang-jeden-tag-im-u4-253

17  28.11.2009, »KURZGespräch im U4 – Part 1«, Junge ÖVP, https://www.youtube.com/watch?v=HNYfsWEg3tc

18  28.11.2019, »KURZGespräch im U4 – Part 2«, Junge ÖVP, https://www.youtube.com/watch?v=cUmbIhwESKE

19  23.11.2015, »›Schwarz macht Geil‹ – JVP Wahlkampfauftakt 2010«, Martin Thür, https://www.youtube.com/watch?v=SsBWC7zie94&list=PLBsLscMgPtcyj9wyh-CJVvE748KH3t7UzH&index=5

20  27.04.2011, »Integrationsstaatssekretär Sebastian Kurz ÖVP im ORF Interview«, tearsofmountains, https://www.youtube.com/watch?v=nRu8JiVLlkE

21  19.04.2011, »Mit dem ›Geilomobil‹ ins Staatssekretariat«, *Der Standard* https://www.derstandard.at/story/1302745628398/mit-dem-geilomobil-ins-staatssekretariat

22  22.04.2011 (Interview vom 11.09.2009), »Integrationsstaatssekretär Sebastian Kurz im privaten WOMAN-Interview«, von Petra Klikovits und Melanie Zingl, *Woman*, https://www.woman.at/a/integrationsstaatssekretaer-sebastian-kurz-woman-interview-294949

23  Ebenda

## Anmerkungen

24  Die Fibel ist online nicht mehr einsehbar. Eine Zusammenfassung findet sich jedoch unter:
17.04.2011, »Spindeleggers ›Thesen‹ für die ÖVP-Zukunft«, *Burgenländische Volkszeitung*,
https://www.bvz.at/burgenland/politik/spindeleggers-thesen-fuer-die-oevp-zukunft-5014560#

**Kapitel 2**

25  British Council/Migration Policy Group (Hrsg.): »Migrant Integration Policy Index 2011«,
http://www.mipex.eu/sites/default/files/downloads/mipex_iii_de.pdf

26  19.04.2011, »Eine geile Sache, diese Regierung«, Kommentar von Michael Völker, *Der Standard*,
https://www.derstandard.at/story/1302745635031/eine-geile-sache-diese-regierung

27  20.04.2011, »Thema des Tages: Denkfehler«, Claus Pandí, Kronen Zeitung
Sowie: Pressestimmen: Kurz-Wahl »ein PR-Gag«, *Die Presse*,
https://diepresse.com/home/politik/innenpolitik/651928/Pressestimmen_KurzWahl-ein-PRGag

28  20.04.2011, »FRISCH, SAFTIG, KURZ?, Wie die ÖVP ihren Zauberlehrling erklärt«, *Kronen Zeitung*,
https://www.krone.at/258053

29  29.04.2001, »Das Kreuz mit der Jugend«, von Sebastian Loudon, *Horizont*,
https://www.horizont.at/home/news/detail/das-kreuz-mit-der-jugend.html

30  20.04.2011, »Inhalte werden entscheidend sein«, *Niederösterreichische Nachrichten*,
https://www.noen.at/niederoesterreich/politik/inhalte-werden-entscheidend-sein-4939446#

31  01.09.2014, »Nennt mich Sebastian«, von Christoph Scheuermann, *Der Spiegel*,
https://www.spiegel.de/spicgcl/print/d-128977597.html

32  Interview vom 22. April 2011, im RADIO Ö1-Mittagsjournal, Ausschnitte daraus in: 23.04.2011, »Die Person macht das Amt«, news ORF.at,
https://orf.at/v2/stories/2054565/2054552/

33  20.04.2011, »Integration braucht Kompetenz«, *Wiener Zeitung*,
https://www.wienerzeitung.at/nachrichten/politik/oesterreich/23833_Integration-braucht-Kompetenz.html

34  27.04.2011, »Integrationsstaatssekretär Sebastian Kurz ÖVP im ORF Interview«, tearsofmountains,
https://www.youtube.com/watch?v=nRu8JiVLlkE

## Anmerkungen

35  09.08.2011, »Alles gut, Herr Kürz«, von Monika Saulich, *profil*,
https://www.profil.at/home/integration-alles-herr-kuerz-303974

36  30.05.2018, »Integration: Verrät Sebastian Kurz seine Politik von früher?«, von Clemens Neuhold und Christina Pausackl, *profil*,
https://www.profil.at/shortlist/oesterreich/integration-sebastian-kurz-politik-wende-10100385

37  17.05.2017, Integrationsfonds: Tiefschwarzer Staatsapparat, Eine Recherche von Christoph Ulbrich und Sebastian Reinfelds für den Semiosis-Blog, akin-Pressedienst, Semiosis-Blog, http://www.semiosis.at/2017/04/24/integrationsfonds-tiefschwarzer-ideologischer-staatsapparat/

38  12.10.2011, »Sebastian Kurz präsentiert ›Integrationsbotschafter‹«, *Der Standard*,
https://www.derstandard.at/story/1317020063055/namen-sebastian-kurz-praesentiert-integrationsbotschafter

39  23.12.2011, »Sebastian Kurz: ›Er hat sich belehren lassen‹«, Die Presse,
https://diepresse.com/home/politik/innenpolitik/719445/Sebastian-Kurz_Er-hat-sich-belehren-lassen?from=suche.intern.portal

40  07.02.2012, »Sebastian Kurz - ORF Report vom 7.2.2012«, MrGsiberger,
https://www.youtube.com/watch?v=qsKHsP-BYPY

41  Parlamentskorrespondenz Nr. 611 vom 27.06.2013, Homepage Parlament der Republik Österreich,
https://www.parlament.gv.at/PAKT/PR/JAHR_2013/PK0611/

42  29.09.2013, »Die Reaktionen der Parteien«, von Maria Kern, *Kurier*
https://kurier.at/politik/inland/nationalratswahl-2013-die-reaktionen-der-parteien/28.902.309

43  14.12.2013, »Jungspund, Außenminister, Hoffnungsträger«, von Florian Gasser, *Die ZEIT*,
https://www.zeit.de/politik/ausland/2013-12/oesterreich-aussenminister-kurz

44  23.08.2013, »Parallelwahlkampf: Alle wollen Merkel sein«, von Karl Gaulhofer, Ulrike Weiser und Thomas Proir, *Die Presse*,
https://diepresse.com/home/politik/aussenpolitik/1444727/Parallelwahlkampf_Alle-wollen-Merkel-sein

45  17.12.2013, »Kurz: ›Strategie für neue Außenpolitik‹«, von Margaretha Kopeinig und Andreas Schwarz, *Kurier*
https://kurier.at/politik/ausland/neuer-chefdiplomat-kurz-strategie-fuer-neue-aussenpolitik/41.442.490

46  17.04.2014, »Kurz holt sich Gusenbauer ins Beraterteam«, von Margaretha Kopeinig, *Kurier*
https://kurier.at/politik/ausland/europa-von-innen-kurz-holt-sich-ex-kanzler-gusenbauer-ins-beraterteam/61.200.918

## Anmerkungen

47  21.08.2018, »Kanzler Kurz reist ganz volksnah in der Economy Class – Facebook Nutzer staunen«, Sputnik,
https://de.sputniknews.com/panorama/20180821322031104-Kurz-reise-fluggast/
Sowie:
04.01.2015, »Kurz fliegt acht Mal billiger als Vorgänger«, Heute,
https://www.heute.at/s/-18368258

48  20.12.2013, »Kurz: Westbalkan hat wichtige Bedeutung«, Kleine Zeitung,
https://www.kleinezeitung.at/politik/4112427/Reise-nach-Kroatien_Kurz_Westbalkan-hat-wichtige-Bedeutung-

49  20.12.2013, »Außenpolitisches Debüt für Kurz: ›Willkommen im Ministerklub‹«, von Wieland Schneider, Die Presse,
https://diepresse.com/home/politik/innenpolitik/1510180/Aussenpolitisches-Debuet-fuer-Kurz_Willkommen-im-Ministerklub

50  Übersetzt aus dem Französischen von der Homepage von digischool,
https://www.digischool.fr/vie-etudiante/enseignement/2013-etudiants-buzz-18932.html

51  16.01.2014, »Kurz: ›Israel ist ein enger Freund‹, cu, Die Presse
https://diepresse.com/home/politik/aussenpolitik/1547547/Kurz_Israel-ist-ein-enger-Freund

52  26.02.2014, »Kurz sagt Serbien Hilfe bei Weg in EU zu«, Heute
https://www.heute.at/politik/news/story/Kurz-sagt-Serbien-Hilfe-bei-Weg-in-EU-zu-17741987

53  21.04.2014, »Kurz in Israel eingetroffen«, Kurier,
https://kurier.at/politik/ausland/nahost-kurz-in-israel-eingetroffen/61.683.536

54  15.11.2014, »Kampagne #stolzdrauf: Österreichische Zumutungen«, von Stephan Löwenstein, Frankfurter Allgemeine Zeitung,
https://www.faz.net/aktuell/politik/europaeische-union/die-kampagne-stolzdrauf-zur-integration-in-oesterreich-13264691.html

55  17.04.2015, »#stolzdrauf: Für dumm vermarktet«, Kommentar von Maria Sterkl, Der Standard,
https://www.derstandard.at/story/2000014461339/fuer-dumm-vermarktet

56  10.11.2014, »Sebastian Kurz präsentiert gemeinsam mit Integrationsbotschafter/innen ZUSAMMEN:ÖSTERREICH #stolzdrauf«, OIF, APA (OTS),
https://www.ots.at/presseaussendung/OTS_20141110_OTS0078/sebastian-kurz-praesentiert-gemeinsam-mit-integrationsbotschafterinnen-zusammen-oesterreich-stolzdrauf

57  03.08.2015, »Kurz: ›Türkischstämmige Liste in Wien ist Gegenteil von Integration‹«, von Michael Völker, Maria von Usslar und Gerald Zagler, Der Standard,
https://www.derstandard.at/story/2000020165579/kurz-tuerkisch-staemmige-liste-in-wien-ist-das-gegenteil-von

## Anmerkungen

58  21.03.2014, »Kurz will für Österreich neues Islamgesetz«, *Kurier*, https://kurier.at/politik/inland/integrationsminister-kurz-will-fuer-oesterreich-neues-islamgesetz/56.970.664

59  10.06.2015, »Kurz will Sozialgeld für Zuwanderer nicht mehr sofort zahlen«, von Daniela Kittner und Bernhard Gaul, *Kurier*, https://kurier.at/politik/inland/kurz-will-sozialgeld-fuer-zuwanderer-nicht-mehr-sofort-zahlen/135.365.992

60  14.06.2015, »FPÖ und Grüne sehen Kurz bei Sozialleistungen auf FPÖ-Kurs«, APA/Red., *Niederösterreichische Nachrichten*, https://tab.noen.at/in-ausland/fpoe-und-gruene-sehen-kurz-bei-sozialleistungen-auf-fpoe-kurs-eu-soziales-oesterreich-4614038

61  Die Studie ist einsehbar unter: https://www.bmeia.gv.at/fileadmin/user_upload/Zentrale/Integration/Studien/Islamische_Kindergaerten_und_-gruppen-_Ednan_Aslan.pdf
Der zusammenfassende Projektbericht findet sich unter: https://iits.univie.ac.at/fileadmin/user_upload/p_iits/Dateien/Abschlussbericht__Vorstudie_Islamische_Kindergarten_Wien_final.pdf

62  22.12.2015, »Islam im Kindergarten?«, von Stephan Löwenstein, *Frankfurter Allgemeine Zeitung*, https://www.faz.net/aktuell/politik/ausland/europa/religioese-erziehung-wie-viel-islam-darf-es-im-kindergarten-geben-13979348.html

63  Univ. Prof. Dr. Ednan Aslan, »Islamische Kindergärten und -gruppen«, Universität Wien 2017, https://www.bmeia.gv.at/fileadmin/user_upload/Zentrale/Integration/Studien/Islamische_Kindergaerten_und_-gruppen-_Ednan_Aslan.pdf

64  04.07.2017, »Islam Kindergarten-Studie wurde von Sebastian Kurz' Beamten umgeschrieben«, von Florian Klenk, https://www.falter.at/zeitung/20170704/islam-kindergarten-studie-kurz-leak

65  11.12.2015, »Schönborn zu Kindergärten. Religion und Pluralität vereinbar«, kathpress, Katholische Kirche Österreich, https://www.katholisch.at/aktuelles/2015/12/11/religion-und-pluralitaet-vereinbar

66  08.11.2017, »Kindergartenstudie: Kein Fehlverhalten, aber Einfluss des Ministeriums«, von Peter Temel, *Kurier* https://kurier.at/politik/inland/kindergartenstudie-uni-wien-praesentiert-pruefergebnis/296.935.617

67  08.11.2017, »Studie zu Islamkindergärten: Einfluss des Ministeriums laut Prüfern ›außer Streit‹«, von Oona Kroisleitner, *Der Standard*, https://www.derstandard.at/story/2000067405072/kindergartenstudie-uni-wien-praesentiert-heute-pruefergebnis

## Anmerkungen

68 20.06.2015, »Weltweit fast 60 Millionen Menschen auf der Flucht«, UNHCR Deutschland, https://www.unhcr.org/dach/de/6514-weltweit-fast-60-millionen-menschen-auf-der-flucht.html

69 20.04.2015, »Fakten zur Flucht übers Mittelmeer. Wer sind die Flüchtlinge? Woher kommen sie?«, von Anna Reimann, *Der Spiegel*, https://www.spiegel.de/politik/ausland/fluechtlinge-im-mittelmeer-fakten-zu-den-bootsfluechtlingen-a-1029512.html

70 20.06.2016, »Flucht und Vertreibung 2015 drastisch gestiegen«, UNHCR Deutschland, https://www.unhcr.org/dach/de/6483-flucht-und-vertreibung-2015-drastisch-gestiegen.html

71 27.07.2015, »Neuer Rekord: Knapp 4.300 Flüchtlinge in Traiskirchen«, kurier.at, dw, *Kurier*, https://kurier.at/chronik/niederoesterreich/neuer-rekord-knapp-4-300-fluechtlinge-in-traiskirchen/143.701.912

72 15.05.2015, »Retten reicht nicht!«, Kommentar von Florian Willershausen, *WirtschaftsWoche*, https://www.wiwo.de/politik/europa/eu-fluechtlingspolitik-retten-reicht-nicht/11782154.html

73 23.04.2015, »EU verdreifacht Mittel für Seenotrettung«, Zeit Online, dpa, AP, AFP, jbw, *Die ZEIT*, https://www.zeit.de/politik/ausland/2015-04/fluechtlinge-eu-sondergipfel-frontex-triton-mission

74 27.07.2015, »Zahl der Flüchtlinge steigt heuer auf 80.000«, von Patrick Wammerl, *Kurier*, https://kurier.at/chronik/oesterreich/zahl-der-fluechtlinge-steigt-heuer-auf-80-000/143.556.481

75 20.06.2015, »»Diese Menschen werden unser Land nicht mehr verlassen««, Interview mit Hans Rauscher, *Der Standard*, https://www.derstandard.at/story/2000017746218/diese-menschen-werden-unser-land-nicht-mehr-verlassen

76 09.10.2017, »Faktencheck: Wer hat die Balkanroute geschlossen?«, von Marie North, *Kurier* https://kurier.at/politik/inland/wahl/faktencheck-wer-hat-die-balkanroute-geschlossen/274.540.009

77 25.08.2015, »Fünf Punkte gegen die Asylnot«, von Marina Delcheva und Levin Wotke, Wiener Zeitung, https://www.wienerzeitung.at/nachrichten/politik/oesterreich/770665-Fuenf-Punkte-gegen-die-Asylnot.html

## Anmerkungen

78  01.09.2016, »Sigmar Gabriel: Wir schaffen das«, SPD Parteivorstand, Twitter, https://twitter.com/spdde/status/771294780064235521
Sowie:
01.09.2016, »›Wir schaffen das‹ war eigentlich Gabriels Idee«, Die WELT, https://www.welt.de/politik/deutschland/article157920725/Wir-schaffen-das-war-eigentlich-Gabriels-Idee.html

79  Mitschrift Pressekonferenz vom 31.08.2015, »Sommerpressekonferenz von Bundeskanzlerin Merkel. Thema: Aktuelle Themen der Innen- und Außenpolitik«, Homepage der deutschen Bundesregierung, https://www.bundesregierung.de/breg-de/suche/sommerpressekonferenz-von-bundeskanzlerin-merkel-848300

80  19.08.2016, »The phrase that haunts Angela Merkel«, von Janosch Delcker, Politco, https://www.politico.eu/article/the-phrase-that-haunts-angela-merkel/

81  25.08.2015, BAMF, Twitter, https://twitter.com/bamf_dialog/status/636138495468285952

82  22.08.2016, »Grenzöffnung für Flüchtlinge - Was geschah wirklich?«, Die ZEIT, https://www.zeit.de/2016/35/grenzoeffnung-fluechtlinge-september-2015-wochenende-angela-merkel-ungarn-oesterreich/komplettansicht

83  26.08.2015, »Ungarn verstärkt Südgrenze – Flüchtlingsstrom hält an«, Weser Kurier, https://www.weser-kurier.de/deutschland-welt/deutschland-welt-politik_artikel,-Ungarn-verstaerkt-Suedgrenze-Fluechtlingsstrom-haelt-an-_arid,1194921.html

84  23.08.2015, »Sebastian Kurz' Plan gegen die Flüchtlingskrise«, APA/EPA/Julien Warnand, Die Presse, https://diepresse.com/home/politik/aussenpolitik/4804643/Sebastian-Kurz-Plan-gegen-die-Fluechtlingskrise

85  »Westbalkan-Prozess – Gemeinsame Wissenschaftskonferenz«, Leopoldina Nationale Akademie der Wissenschaften, https://www.leopoldina.org/jsc/
Sowie:
28.08.2018, »Pressekonferenz von Bundeskanzlerin Merkel, Ministerpräsident Rama und EU-Kommissionspräsident Barroso am 28. August 2014«, Die Bundesregierung Deutschland, https://www.bundesregierung.de/breg-de/aktuelles/pressekonferenzen/pressekonferenz-von-bundeskanzlerin-merkel-ministerpraesident-rama-und-eu-kommissionspraesident-barroso-am-28-august-2014-846734

86  06.01.2019, »Westbalkan-Konferenz«, Austria-Forum, https://austria-forum.org/af/AustriaWiki/Westbalkan-Konferenz

87  27.08.2015 »Europa, das Paradies?«, von Wolfgang Drechsler, Pierre Heumann, Lars-Thorben Niggehoff und Hans-Peter Siebenhaar, Handelsblatt, https://www.handelsblatt.com/politik/international/fluechtlinge-europa-das-paradies/12235856.html?ticket=ST-766735-KF2dm2MY5ap9xMXHftfJ-ap3

## Anmerkungen

88  28.08.2015, »71 Flüchtlinge im Schlepper-Lkw gestorben«, Burgenland ORF.at, https://burgenland.orf.at/v2/news/stories/2728689/

89  28.08.2015, »Tote Flüchtlinge in Österreich«, dpa/fued/feko/jana, *Süddeutsche Zeitung*, https://www.sueddeutsche.de/panorama/tote-fluechtlinge-in-oesterreich-59-maenner-acht-frauen-vier-kinder-1.2624860

90  27.08.2015, »Flüchtlingstragödie überschattet Balkantreffen«, von Bernd Riegert, *Deutsche Welle*, https://www.dw.com/de/fl%C3%BCchtlingstrag%C3%B6die-%C3%BCberschattet-balkantreffen/a-18677980-0

91  27.08.2015, »Flüchtlinge: Steinmeier kritisiert den Bau von Grenzzäunen«, ZEIT ONLINE, AFP, tst, *Die ZEIT* https://www.zeit.de/politik/ausland/2015-08/fluechtlinge-hilfe-westbalkan-konferenz

92  27.08.2015, »Westbalkan-Konferenz in WienDie Flüchtlingsfrage überlagert alles«, nin/dk, Deutschlandfunk, https://www.deutschlandfunk.de/westbalkan-konferenz-in-wien-die-fluechtlingsfrage.2852.de.html?dram:article_id=329404

93  23.10.2015, »Kurz: Mit Zäunen kann man Grenzen schützen«, *Kurier*, https://kurier.at/politik/inland/aussen-und-integrationsminister-sebastian-kurz-mit-zaeunen-kann-man-grenzen-schuetzen/160.050.505
Sowie:
23.10.2015, »Hochrangiges Syrien-Treffen in Wien«, Radio Ö1, https://oe1.orf.at/artikel/421140/Hochrangiges-Syrien-Treffen-in-Wien

94  11.09.2017, »Warum Merkel nicht wie geplant die Grenze schloss«, von Christian Deutschländer, *Merkur*, https://www.merkur.de/politik/raetsel-aus-september-2015-warum-merkel-nicht-wie-geplant-grenze-schloss-8672972.html

95  22.08.2016, »Grenzöffnung für Flüchtlinge: Was geschah wirklich?«, von Georg Blume, Marc Brost, Tina Hildebrandt, Alexej Hock, Sybille Klormann, Angela Köckritz, Matthias Krupa, Mariam Lau, Gero von Randow, Merlind Theile, Michael Thumann und Heinrich Wefing, *Die Zeit*, https://www.zeit.de/2016/35/grenzoeffnung-fluechtlinge-september-2015-wochenende-angela-merkel-ungarn-oesterreich/komplettansicht

96  30.06.2018, »Angela Merkel. Die Entscheidung ihres Lebens«, von Katharina Schuler, *Die ZEIT*, https://www.zeit.de/politik/deutschland/2018-06/angela-merkel-fluechtlingspolitik-entscheidung-europa-asylstreit-horst-seehofer

97  22.10.2015, »Mikl-Leitner: ›Müssen an der Festung Europa bauen‹«, von Michael Jäger, *Kurier*,

## Anmerkungen

https://kurier.at/chronik/oesterreich/mikl-leitner-muessen-an-der-festung-europa-bauen/159.979.269

98  08.10.2015, »80 Prozent bereitet Flüchtlingssituation Sorgen«, APA. *Der Standard*
https://www.derstandard.at/story/2000023405791/umfrage-80-prozent-der-oesterreicher-bereitet-aktuelle-fluechtlingssituation-sorgen

99  22.08.2016, »Grenzöffnung für Flüchtlinge: Was geschah wirklich?«, von Georg Blume, Marc Brost, Tina Hildebrandt, Alexej Hock, Sybille Klormann, Angela Köckritz, Matthias Krupa, Mariam Lau, Gero von Randow, Merlind Theile, Michael Thumann und Heinrich Wefing, *Die Zeit*,
https://www.zeit.de/2016/35/grenzoeffnung-fluechtlinge-september-2015-wochenende-angela-merkel-ungarn-oesterreich/komplettansicht

100  05.09.2015, »15.500 Flüchtlinge in zwei Tagen – ›Lasst München nicht alleine‹«, *Augsburger Allgemeine Zeitung*,
https://www.augsburger-allgemeine.de/bayern/15-500-Fluechtlinge-in-zwei-Tagen-Lasst-Muenchen-nicht-alleine-id35361522.html

101  20.09.2017, »Umstrittene Entscheidung. Merkels ›Grenzöffnung‹ hatte kaum Auswirkungen auf Flüchtlingszahlen«, von Rajshri Jayaraman, *Focus*,
https://www.focus.de/politik/experten/bundestagswahl-merkels-grenzoeffnung-steht-nicht-am-beginn-der-fluechtlingswelle_id_7612676.html

102  31.10.2015, »Kurz: ›Wir sind bereits heute massiv überfordert‹«, *Kleine Zeitung*,
https://www.kleinezeitung.at/politik/aussenpolitik/4856227/Kurz_Wir-sind-bereits-heute-massiv-ueberfordert

103  23.04.2015, »Sind ZuwanderInnen gebildeter als ÖsterreicherInnen«, Parlamentsdirektion, APA (OTS),
https://www.ots.at/presseaussendung/OTS_20150423_OTS0275/sind-zuwanderinnen-gebildeter-als-oesterreicherinnen

104  13.01.2016, »›Es wird nicht ohne hässliche Bilder gehen‹«, von Silke Mülherr, *Die WELT*,
https://www.welt.de/politik/ausland/article150933461/Es-wird-nicht-ohne-haessliche-Bilder-gehen.html

105  12.03.2016, Plattform für eine menschliche Asylpolitik, Facebook,
https://www.facebook.com/menschliche.asylpolitik/posts/481656715371479/

106  13.03.2016, »Reimon: Kurz ist ›menschenverachtender Zyniker‹«, APA, *Der Standard*,
https://www.derstandard.at/story/2000032823805/reimon-kurz-ist-menschenverachtender-zyniker

107  08.01.2019, »Zahl der Asylwerber befindet sich weiter im Sinkflug«, APA, *Die Presse*,
https://diepresse.com/home/innenpolitik/5557146/Zahl-der-Asylwerber-befindet-sich-weiter-im-Sinkflug

## Anmerkungen

108  09.02.2016, »Flüchtlinge: Kurz am Westbalkan – Serben wollen Grenzen schützen«, APA, *Salzburger Nachrichten*,
https://www.sn.at/politik/weltpolitik/fluechtlinge-kurz-am-westbalkan-serben-wollen-grenzen-schuetzen-1756438 © Salzburger Nachrichten Verlagsges.m.b.H. & Co KG 2019
https://www.sn.at/politik/weltpolitik/fluechtlinge-kurz-am-westbalkan-serben-wollen-grenzen-schuetzen-1756438

109  24.02.2016, »›Kettenreaktion der Vernunft‹ vs. ›Putsch‹«, von Maria Kern, *Kurier*,
https://kurier.at/politik/inland/kettenreaktion-der-vernunft-vs-putsch/183.182.936

110  01.03.2016, »Flüchtlinge in Kälte und Matsch. An Mazedoniens Grenze fehlt es an allem«, n-tv.de, Vassilis Kyriakoulis, AFP, NTV
https://www.n-tv.de/politik/An-Mazedoniens-Grenze-fehlt-es-an-allem-article17118451.html

111  03.03.2016, »Europäische Union: Tusk warnt Migranten vor Reise nach Europa«, ZEIT ONLINE, AFP, dpa, cz, *Die ZEIT*,
https://www.zeit.de/politik/ausland/2016-03/donald-tusk-europaeische-union-wirtschaftsfluechtlinge

112  02.10.2016, »Sebastian Kurz zu Gast bei Anne Will, 03.10.2016, GANZE SENDUNG«, Sebastian Kurz, https://www.youtube.com/watch?v=VMG-JKnnu6o

113  11.06.2016, »Sebastian Kurz: Die Ideenwelten des Außenministers«, von Edith Meinhart, *profil*,
https://www.profil.at/oesterreich/sebastian-kurz-ideenwelten-aussenministers-6411761

114  05.06.2016, »Österreich will Flüchtlinge im Mittelmeer abfangen«, AFP/mol, *Die WELT*,
https://www.welt.de/politik/deutschland/article155967547/Oesterreich-will-Fluechtlinge-im-Mittelmeer-abfangen.html

115  12.08.2016, »Kurz sieht keinen Grund zu Kritik an Ungarn oder Polen«, von Edgar Schütz/APA, *Kleine Zeitung*,
https://www.kleinezeitung.at/politik/aussenpolitik/5067776/Fluechtlinge_Kurz-sieht-keinen-Grund-zu-Kritik-an-Ungarn-oder-Polen

116  17.01.2018, »›Es ist falsch, wenn Schlepper entscheiden, wer in die EU kommt‹«, von Inga Catharina Thomas, *Die WELT*
https://www.welt.de/politik/deutschland/article172569548/Sebastian-Kurz-in-Berlin-Bei-der-Frage-nach-dem-Alter-verzog-Angela-Merkel-den-Mundwinkel.html

117  21.04.2017, »Sebastian Kurz: ›Die Schließung der Balkanroute hat funktioniert.‹«, Goldfinger 200, https://www.youtube.com/watch?v=8OdfnfFxIco

## Anmerkungen

118  03.08.2016, »Österreichs Außenminister Kurz ›Wir dürfen gegenüber Ankara nicht in die Knie gehen‹«, Interview mit Florian Gathmann, *Der Spiegel*, https://www.spiegel.de/politik/ausland/sebastian-kurz-gegenueber-ankara-nicht-in-die-knie-gehen-a-1105993.html

119  01.08.2016, »Kurz: EU darf sich nicht von Türkei erpressen lassen«, APA, *Die Presse*, https://diepresse.com/home/politik/innenpolitik/5060953/Kurz_EU-darf-sich-nicht-von-Tuerkei-erpressen-lassen

120  02.10.2016, »›Politik des Weiterwinkens ist immer noch nicht beendet‹«, von Stefan Aust, Elisalex Henckel, Christoph B. Schiltz, *Die Welt*, https://www.welt.de/politik/ausland/plus158498358/Politik-des-Weiterwinkens-ist-immer-noch-nicht-beendet.html

121  03.01.2017, »Kurz: ›Brauchen mehr Aufmerksamkeit für Ukraine-Konflikt‹«,- *Kurier*, https://kurier.at/politik/ausland/osze-vorsitzender-sebastian-kurz-brauchen-mehr-aufmerksamkeit-fuer-ukraine-konflikt/239.074.129

122  08, 12. 2017, »Kurz zieht positive OSZE-Vorsitzbilanz«, oe24, https://www.oe24.at/welt/Kurz-zieht-positive-OSZE-Vorsitzbilanz/312274552

123  27.12.2017, »Wien übergibt OSZE-Ruder an Rom«, *Wiener Zeitung*, https://www.wienerzeitung.at/archiv/osze/aktuell/937453-Wien-uebergibt-OSZE-Ruder-an-Rom.html?em_cnt_page=2

124  13.02.2017, »Flüchtlinge: Außenminister Kurz an der Balkanroute«, *Salzburger Nachrichten*, https://www.sn.at/politik/innenpolitik/fluechtlinge-aussenminister-kurz-an-der-balkanroute-377902

125  24.03.2017, »Mittelmeer-Mission: Kurz will ›NGO-Wahnsinn beenden‹«, APA, *Der Standard*, https://www.derstandard.at/story/2000054765748/kurz-kritisiert-rettungsaktionen-von-ngos-im-mittelmeer-scharf

126  24, 03. 2017, »Kurz fordert Schließung der Mittelmeerroute«, *Kleine Zeitung*, https://www.kleinezeitung.at/politik/aussenpolitik/5188962/Fluechtlinge_Kurz-fordert-Schliessung-der-Mittelmeerroute

127  24.03.2017, »Kurz fordert in Sizilien Schließung der Mittelmeerroute«, APA, *Die Presse*, https://diepresse.com/home/ausland/eu/5189026/Kurz-fordert-in-Sizilien-Schliessung-der-Mittelmeerroute

128  17.05.2017, »Schnabl/Androsch: Integrationsjahr stellt Integration von Anfang an sicher«, APA (OTS), https://www.ots.at/presseaussendung/OTS_20170517_OTS0099/schnabl-androsch-integrationsjahr-stellt-integration-von-anfang-an-sicher

## Anmerkungen

129 20.09.2017, »Rettungsversuche für das Iran-Atomabkommen«, von Christian Ultsch, *Die Presse*, https://diepresse.com/home/ausland/aussenpolitik/5289202/Rettungsversuche-fuer-das-IranAtomabkommen

130 03.05.2017, »Anti-Kern-Broschüre bringt ÖVP in Bredouille«, von Nina Weißensteiner, *Der Standard*, https://www.derstandard.at/story/2000056910952/soz-art-broschuere-entzweit-spoe-und-oevp

131 »Integrationsbotschafter distanzieren sich von Minister Kurz«, Alpha Plus, http://alphaplus.at/integrationsbotschafter-distanzieren-sich-von-minister-kurz/

132 Schriftliches Transkript des Interviews unter: https://neuwal.com/2017/01/11/transkript-reinhold-mitterlehner-oevp-bei-armin-wolf-in-der-zib2-vom-05-01-2017/

133 09.05.2017, »Kurz will nicht ÖVP-Chef sein; Van der Bellen kritisiert Regierungsstil«, kurier.at, jk, cb, *Kurier*, https://kurier.at/politik/inland/aussenminister-sebastian-kurz-in-diesem-zustand-uebernehme-ich-die-oevp-nicht/262.845.170

134 10.05.2019, »Kurz: Das erste Interview nach Koalitions-Krach«, *oe24*, https://www.oe24.at/oesterreich/politik/Kurz-Das-erste-Interview-nach-Koalitions-Krach/282073403

135 10.05.2017, »Die gesamte Rücktrittsrede von Reinhold Mitterlehner im Wortlaut«, APA., *Der Standard*, https://www.derstandard.at/story/2000057317339/die-ruecktrittsrede-von-reinhold-mitterlehner

136 08.01.2017, »Mitterlehner spricht erstmals über persönlichen Schicksalsschlag«, jk, *Kurier*, https://kurier.at/politik/inland/vizekanzler-und-oevp-chef-reinhold-mitterlehner-ueber-oevp-obmann-debatte-liebe-und-den-familaeren-verlust/239.907.638

137 16.04.2019, Intrigen, Mobbing und Machtstreben: Mitterlehners Abrechnung, *Kleine Zeitung*, https://www.kleinezeitung.at/politik/politikaufmacher/5613347/Neues-Buch_Intrigen-Mobbing-und-Machtstreben_Mitterlehners?offset=75&page=3&jwsource=cl

138 17.04.2019, »Platter, Spindelegger und Pröll: ÖVP-Front gegen Mitterlehner«, T.com, misp, *Tiroler Tageszeitung*, https://www.tt.com/politik/innenpolitik/15554535/platter-spindelegger-und-proell-oevp-front-gegen-mitterlehner

139 11.05.2017, »›Es ist genug‹: Warum Mitterlehner geht, wer kommt«, von Maria Kern, Ida Metzger und Josef Votzi, *Kurier*, https://kurier.at/politik/inland/es-ist-genug-warum-mitterlehner-geht-wer-kommt/263.130.384

## Anmerkungen

140  10.05.2017, »Mitterlehner geht. Jetzt wartet alles auf Sebastian Kurz«, von Michael Jungwirth, *Kleine Zeitung*, https://www.kleinezeitung.at/politik/innenpolitik/5215488/Mitterlehner-geht_Jetzt-wartet-alles-auf-Sebastian-Kurz

141  13.05.2017, »Die sieben Forderungen des Sebastian Kurz«, *Kleine Zeitung*, https://www.kleinezeitung.at/politik/innenpolitik/5217440/OeVPKrise_Die-sieben-Forderungen-des-Sebastian-Kurz

142  14.05.2017, »ÖVP akzeptiert Bedingungen: Kurz neuer Parteiobmann«, von Gerald John, *Der Standard*, https://www.derstandard.at/story/2000057558454/vorstand-designierte-sebastian-kurz-zum-neuen-parteiobmann

143  Umfrage-Beben: Kurz schießt auf 33 Prozent, *Heute*, https://www.heute.at/politik/news/story/Umfrage-Beben--Kurz-schie-t-auf-33-Prozent-57972414

144  14.05.2017, »ÖVP akzeptiert Bedingungen: Kurz neuer Parteiobmann«, von Gerald John, Der Standard, https://www.derstandard.at/story/2000057558454/vorstand-designierte-sebastian-kurz-zum-neuen-parteiobmann

**Kapitel 3**

145  01.07.2017, »Kurz mit 98,7 Prozent zum ÖVP-Chef gewählt«, APA, *Die Presse*, https://diepresse.com/home/innenpolitik/5244763/Kurz-mit-987-Prozent-zum-OeVPChef-gewaehlt

146  02.07.2017, »Rede von Sebastian Kurz am Bundesparteitag der Volkspartei.«, Sebastian Kurz, https://www.youtube.com/watch?v=5N9DHnGP5fw

147  17.09.2017, »Was mich geprägt hat.«, Sebastian Kurz, https://www.youtube.com/watch?v=alqyq7xIKU0

148  16.05.2017, »Die Vermessung des Sebastian Kurz«, von Oliver Pink, *Die Presse*, https://diepresse.com/home/innenpolitik/5218371/Die-Vermessung-des-Sebastian-Kurz

149  13.09.2017, »Seit wann plante Kurz die Machtübernahme«, *Kronen Zeitung*, https://www.krone.at/588415
Sowie:
17.09.2017, »Sebastian Kurz' Masterplan zur Machtübernahme«, von Günther Oswald, *Der Standard*, https://www.derstandard.at/story/2000064163735/sebastian-kurz-masterplan-zur-machtuebernahme

150  13.09.2017, »Dokument aufgetaucht. Seit wann plante Kurz die Machtübernahme?«, von Claus Pándi, *Kronen Zeitung* https://mobil.krone.at/phone/kmm__1/app__CORE/sendung_id__32/story_id__588415/story.phtm

## Anmerkungen

151 Ebenda

152 03.08.2015, »Kurz: ›Türkischstämmige Liste in Wien ist Gegenteil von Integration‹«, Interview mit Michael Völker, *Der Standard*,
https://www.derstandard.at/story/2000020165579/kurz-tuerkisch-staemmige-liste-in-wien-ist-das-gegenteil-von

153 01.03.2018, »Wie Kurz ›FPÖ-Monopole besetzt‹«, von Evelyn Peternel, *Kurier*,
https://kurier.at/politik/inland/neues-buch-ueber-den-aufstieg-von-sebastian-kurz-wie-kurz-fpoe-monopole-besetzt/312.548.591

154 https://austria-forum.org/af/AEIOU/Nationalrat_2017

155 01.03.2018, »Wie Kurz ›FPÖ-Monopole besetzt‹«, von Evelyn Peternel, *Kurier*,
https://kurier.at/politik/inland/neues-buch-ueber-den-aufstieg-von-sebastian-kurz-wie-kurz-fpoe-monopole-besetzt/312.548.591

156 George Lakoff (2004): *Don't Think of an Elephant*,
http://www.tmrussia.org/sites/default/files/file_attach/George%20Lakoff%20-The%20Essential%20Guide%20for%20Progressives%202004.pdf

157 01.03.2018, »Wie Kurz ›FPÖ-Monopole besetzt‹«, von Evelyn Peternel, *Kurier*,
https://kurier.at/politik/inland/neues-buch-ueber-den-aufstieg-von-sebastian-kurz-wie-kurz-fpoe-monopole-besetzt/312.548.591

158 14.08.2017, »Sonntagsfrage: ›Kurz-Effekt‹ schlägt Kanzlerbonus«, *Reginal Medien Austria*,
https://www.ots.at/presseaussendung/OTS_20170814_OTS0011/sonntagsfrage-kurz-effekt-schlaegt-kanzlerbonus-bild

159 08.10.2017, »Blaue Stille, grüner Streit und pinke Hoffnung«, *Wiener Zeitung*,
https://www.wienerzeitung.at/nachrichten/wahlen/nationalratswahl-2019/nationalratswahl-2017/921689-Blaue-Stille-gruener-Streit-und-pinke-Hoffnung.html

160 25.08.2017, »Sebastian Kurz und die ›neue Gerechtigkeit‹«, von Oliver Pink, *Die Presse*,
https://diepresse.com/home/innenpolitik/nationalratswahl/5274803/Sebastian-Kurz-und-die-neue-Gerechtigkeit

161 09.05.2017, »Kurz' Wahlprogramm: ›Das, was mich politisch ausmacht‹«, kurier.at, kob, *Kurier*,
https://kurier.at/politik/inland/kurz-praesentierte-sein-wahlprogramm/284.520.983

162 01.07.2017, »Kurz mit 98,7 Prozent zum ÖVP-Chef gewählt«, *Wiener Zeitung*,
https://www.wienerzeitung.at/nachrichten/politik/oesterreich/901859_Zeit-fuer-Neues-OeVP-kuert-Kurz-zum-Obmann.html

163 23.09.2017, »Kurz fordert Sparprogramm für die EU«, *Kleine Zeitung*,
https://www.kleinezeitung.at/politik/aussenpolitik/5289948/Nach-Brexit_Kurz-fordert-Sparprogramm-fuer-die-EU?offset=25&page=2

## Anmerkungen

164 25.09.2017, »Sebastian Kurz präsentiert Ziele des österreichischen EU-Ratsvorsitzes«, von Herbert Vytiska, Euractiv.de, https://www.euractiv.de/section/europakompakt/news/sebastian-kurz-praesentiert-ziele-des-oesterreichischen-eu-ratsvorsitzes/

165 15.10.2017, »Nationalratswahl 2017 Österreich wählt – alle Ergebnisse«, *Der Spiegel*, https://www.spiegel.de/politik/ausland/oesterreich-alle-ergebnisse-der-nationalratswahl-2017-a-1172061.html

166 15.10.2017, »Luxemburg in Sorge CSU lobt ÖVP, AfD lobt FPÖ, Petry lobt alle«, n-tv.de, jwu/rts/dpa, NTV, https://www.n-tv.de/politik/CSU-lobt-OVP-AfD-lobt-FPO-Petry-lobt-alle-article20084632.html

167 15.10.2018, »Kern will nichts von Rücktritt wissen«, oe24, https://www.oe24.at/oesterreich/politik/wahl2017/spoe/Kern-will-nichts-von-Ruecktritt-wissen/304211496

168 16.10.2017, »Sebastian Kurz (ÖVP), erste Rede nach dem Wahlergebnis (Hochrechnung), Wien«, Politik konserviert, https://www.youtube.com/watch?v=jEPLalegdes

169 https://twitter.com/manfredweber/status/919588137319436288

170 19.10.2017, »Erstes Treffen zwischen Kurz und Strache?«, *Wiener Zeitung*, https://www.wienerzeitung.at/nachrichten/politik/oesterreich/924083_Erstes-Treffen-zwischen-Kurz-und-Strache.html

171 20.10.2017, »Kurz traf Strolz: Erstes Ausloten von Zwei-Drittel-Mehrheiten«, hell, *Die Presse*, https://diepresse.com/home/innenpolitik/nationalratswahl/5306365/Kurz-traf-Strolz_Erstes-Ausloten-von-ZweiDrittelMehrheiten

172 20.10.2017, »Regierungsbildung: Kurz sprach mit Strolz, Kern am Sonntag«, jk, *Kurier*, https://kurier.at/politik/inland/wahl/oevp-chef-sebastian-kurz-startet-gespraeche-mit-neos-liste-pilz-fpoe-und-spoe/293.233.893

173 21.10.2017, »Koalition: Peter Pilz traf Sebastian Kurz zu Sondierungsgespräch«, apa/red, Vienna.at, https://www.vienna.at/koalition-peter-pilz-traf-sebastian-kurz-zu-sondierungsgespraech/5520392

174 21.10.2017, »Die Zeichen stehen auf Schwarz-Blau«, apa, *Wiener Zeitung*, https://www.wienerzeitung.at/nachrichten/politik/oesterreich/924564-Die-Zeichen-stehen-auf-Schwarz-Blau.html

175 22.10.2017, »Kurz empfängt Kern zu Sondierungsgespräch«, *Heute*, https://www.heute.at/s/kurz-empfaengt-kern-zu-sondierungsgespraech-48025747

## Anmerkungen

176 24.10.2017, »Kurz sieht ›Gestaltungswille‹ bei FPÖ«, guti, ORF.at
https://orf.at/v2/stories/2412153/2412154/

177 24.10.2017, »Schwarz-Blau in den Startlöchern«, apa, *Wiener Zeitung*,
https://www.wienerzeitung.at/nachrichten/politik/oesterreich/924979-Schwarz-Blau-in-den-Startloechern.html

178 23.10.2017, »Kurz bei Van der Bellen: Keine konkrete Festlegung«, *Kurier*,
https://kurier.at/politik/inland/wahl/verhandlungen-mit-schwarz-blau-kurz-informiert-heute-van-der-bellen/293.761.794

179 21.10.2017, »Kurz und Strache führten ein ›äußerst positives Gespräch‹«,
*Oberösterreichische Nachrichten*,
https://www.nachrichten.at/archivierte-artikel/wahl2017/Kurz-und-Strache-fuehrten-ein-aeusserst-positives-Gespraech;art204165,2712620

180 Transkript: Präsentation des Regierungsprogramms,
https://neuwal.com/transkript/20171216-praesentation-regierungsprogramm-kurz-strache.php?modus=theater

181 03.12.2017, »FPÖ-Verhandler will Volksabstimmung über EU-Austritt ermöglichen, ÖVP dagegen«m von Nina Weißensteiner, *Der Standard*,
https://www.derstandard.at/story/2000068951991/direkte-demokratie-oevp-und-fpoe-uneins-ueber-volksabstimmungen-zu-eu

182 »Zusammen. Für unser Österreich. Regierungsprogramm 2017–2022«,
https://www.dieneuevolkspartei.at/download/Regierungsprogramm.pdf

183 18.12.2017, »Die neue Regierung ist angelobt, 5500 Menschen demonstrierten«,
kron/cim/APA, *Die Presse*,
https://diepresse.com/home/innenpolitik/5340249/Die-neue-Regierung-ist-angelobt-5500-Menschen-demonstrierten

184 18.12.2017, »Kurz und Strache im Interview«, puls 4,
https://www.puls4.com/pro-und-contra/videos/ganze-folgen/Ganze-Folgen/Kurz-und-Strache-im-Interview

### Kapitel 4

185 15.12.2017, »Gipfel in Brüssel. Kurz und Kern schalten sich in EU-Streit über Flüchtlingsquote ein«, von Thomas Mayer, *Der Standard*,
https://www.derstandard.at/story/2000070366454/fluechtlingspolitik-kern-und-merkel-gehen-auf-distanz-zu-tusk

186 15.12.2017, »Kurz und Kern schalten sich in EU-Streit über Flüchtlingsquote ein«, von Thomas Mayer, *Der Standard*,
https://www.derstandard.at/story/2000070366454/fluechtlingspolitik-kern-und-merkel-gehen-auf-distanz-zu-tusk

187 https://twitter.com/eucopresident/status/943210486237102081?lang=de

## Anmerkungen

188  20.12.2017, »Österreichs neuer Bundeskanzler. Kurz will die EU stärken und mitgestalten«, aev/dpa/AFP, *Der Spiegel*, https://www.spiegel.de/politik/ausland/oesterreich-bundeskanzler-sebastian-kurz-will-die-eu-staerken-und-mitgestalten-a-1184219.html

189  12.01.2018, »Kurz bei Macron: Was sie trennt, was sie eint«, von Danny Leder, *Kurier*, https://kurier.at/politik/ausland/kurz-bei-macron-was-sie-trennt-was-sie-eint/306.190.618

190  12.01.2018, Sebastian Kurz, Twitter, https://twitter.com/sebastiankurz/status/951740083438280704?lang=en

191  12.01.2018, »Kurz bei Macron: Was sie trennt, was sie eint«, von Danny Leder, *Kurier*, https://kurier.at/politik/ausland/kurz-bei-macron-was-sie-trennt-was-sie-eint/306.190.618

192  17.01.2018, »Österreichs Kanzler bei Merkel Kurz mal nach Berlin«, von Hasnain Kazim, *Der Spiegel*, https://www.spiegel.de/politik/ausland/sebastian-kurz-bei-angela-merkel-kurz-mal-nach-berlin-a-1188215.html

193  Mitschrift Pressekonferenz 17.01.2018, Pressekonferenz von Bundeskanzlerin Merkel und dem Bundeskanzler der Republik Österreich, Kurz im Bundeskanzleramt, Homepadge der deutschen Bundesregierung, https://www.bundesregierung.de/breg-de/aktuelles/pressekonferenzen/pressekonferenz-von-bundeskanzlerin-merkel-und-dem-bundeskanzler-der-republik-oesterreich-kurz-842782

194  18.01.2018, »Sebastian Kurz zu Gast bei Sandra Maischberger«, Sebastian Kurz, https://www.youtube.com/watch?v=PcT5QT98BF0

195  https://twitter.com/TinaSchwarzer/status/953761922855432193

196  https://twitter.com/oskar_adler/status/953756785650880512

197  18.01.2018, »Bundeskanzler Sebastian Kurz bei Dunja Hayali im Morgenmagazin am 18.01.2018«, Zeitgeist & Politik, https://www.youtube.com/watch?v=PDwiKsTVPU0

198  15.12.2013, »Youngster am Ruder. Österreich bekommt Europas jüngsten Außenminister«, hps, *Handelsblatt*, https://www.handelsblatt.com/politik/international/youngster-am-ruder-oesterreich-bekommt-europas-juengsten-aussenminister/9221192.html?ticket=ST-7010637-LUQx7dPqRruzsgbOdxWJ-ap2

199  16.12.2017, »Sebastian Kurz' steile Karriere. Kontrollierter Polit-Star als neuer Kanzler«, dpa, *Handelsblatt*, https://www.handelsblatt.com/politik/international/sebastian-kurz-steile-karriere-kontrollierter-polit-star-als-neuer-kanzler/20720568.html

## Anmerkungen

200  16.10.2018, »Koalition in Österreich : So geht Regieren«, von Christian Geinitz, *Frankfurter Allgemeine Zeitung*,
https://www.faz.net/aktuell/politik/ausland/oesterreichs-regierung-setzt-ihr-programm-erfolgreich-um-15839611.html

201  04.10.2018, »100 Jahre Republik«, Die neue Volkspartei,
https://www.dieneuevolkspartei.at/Festakt-im-Palais-Niederoesterreich

202  09.12.2018, »Ein Jahr Türkis-Blau: Derzeit kaum Stolpersteine für Regierung absehbar«, *Kronen Zeitung*,
https://www.krone.at/1823200

203  16.12.2017, »Kurz und Strache präsentierten Regierungsprogramm«, apa, *Salzburger Nachrichten*,
https://www.sn.at/politik/innenpolitik/kurz-und-strache-praesentierten-regierungsprogramm-21792058

204  04.12.2018, »Sebastian Kurz: ›Österreich ist eine Insel der Seligen‹«, *Oberösterreichische Nachrichten*,
https://www.nachrichten.at/politik/innenpolitik/Sebastian-Kurz-OEsterreich-ist-eine-Insel-der-Seligen;art385,3080676

205  25.03.2018, »Sebastian Kurz sieht sich auf Kurs: Umsteuern im Land und Schutz der EU-Grenzen«, web.de,
https://web.de/magazine/politik/sebastian-kurz-kurs-umsteuern-land-schutz-eu-grenzen-32886732

206  26.03.2018, »Kurz 100 Tage an der Regierung – Es lebe der neue Sonnenkanzler«, von Christian Bartlau, ntv,
https://www.n-tv.de/politik/Es-lebe-der-neue-Sonnenkanzler-article20354649.html

207  06.01.2018, »Eva Linsinger: Sebastian Schüssel – oder Werner Kurz?«, von Eva Linsinger, *profil*,
https://www.profil.at/meinung/eva-linsinger-sebastian-schuessel-werner-kurz-8606744

208  22.03.2018, »Kurz und Strache im VN-Interview: 100 Tage im Amt«, VOL.AT - Vorarlberg Online, https://www.youtube.com/watch?v=aOXnjVz2fS4

209  Ins Deutsche übers. von: 17.10.2018, »Sebastian Kurz is Remaking Europe's Future From its Darkest Past«, von Elizabeth Schumacher, *Newsweek*,
https://www.newsweek.com/2018/10/26/sebastian-kurz-young-austrians-see-themselves-their-chancellor-1173607.html

210  26.03.2018, »Kurz 100 Tage an der Regierung Es lebe der neue Sonnenkanzler«, von Christian Bartlau, ntv,
https://www.n-tv.de/politik/Es-lebe-der-neue-Sonnenkanzler-article20354649.html

## Anmerkungen

211 04.12.2018, »Erste Jahresbilanz. Regierung beschwört ›Reformzug‹«, jkla, aloh, beide ORF.at/Agenturen, ORF.at
https://orf.at/stories/3103087/

212 29.01.2019, »Nationalbank: 300.000-Euro-Job für FPÖ-Mann ›ohne Arbeit‹ und ohne Qualifikation«, Kontrast.at,
https://kontrast.at/strache-sms-nationalbank/

213 19.01.2019, »Ex-Präsident warnt vor Postenschacher in Nationalbank«, von Clemens Neuhold, *profil*,
https://www.profil.at/oesterreich/ex-praesident-postenschacher-nationalbank-10602954

214 18.12.2018, »Ein Jahr ÖVP-FPÖ: ›Klassische Koalition‹ der Tauschgeschäfte«, von Guido Tiefenthaler, ORF.at
https://orf.at/stories/3103758/

215 22.03.2018, »Bald 100 Tage im Amt: Kurz zieht positive Bilanz«, red, ORF.at,
https://orf.at/v2/stories/2431328/

216 04.12.2018, »Erste Jahresbilanz. Regierung beschwört ›Reformzug‹«, jkla, aloh, beide ORF.at/Agenturen, ORF.at
https://orf.at/stories/3103087/

217 16.03.2018, »Die ersten 100 Tage des doch nicht so perfekten Kanzlers Kurz«, von Gerald John, *Der Standard,*
https://www.derstandard.at/story/2000076303021/die-ersten-100-tage-des-doch-nicht-so-perfekten-kanzlers

218 18.12.2018, »Österreichs Jungkanzler Kurz steht vor der Bewährungsprobe«, Kommentar von Matthias Benz, *Neue Zürcher Zeitung,*
https://www.nzz.ch/meinung/oesterreichs-jungkanzler-kurz-steht-vor-der-bewaehrungsprobe-ld.1445666

219 19.09.2018, »Die Vorzeigereform der Regierung Kurz beschert Österreich ein neues Zwitterwesen«, von Matthias Benz, *Neue Zürcher Zeitung,*
https://www.nzz.ch/wirtschaft/die-vorzeigereform-der-regierung-kurz-beschert-oesterreich-ein-neues-zwitterwesen-ld.1421196

220 01.04.2019, »Unternehmer dominieren über Beschäftigte: Heute beginnt der große Umbau der Krankenkassen«, *Kontrast,*
https://kontrast.at/krankenkassenreform-oesterreich/

221 18.12.2018, »Österreichs Jungkanzler Kurz steht vor der Bewährungsprobe«, Kommentar von Matthias Benz, *Neue Zürcher Zeitung,*
https://www.nzz.ch/meinung/oesterreichs-jungkanzler-kurz-steht-vor-der-bewaehrungsprobe-ld.1445666

222 08.09.2015, »Deutschland darf Realität nicht länger ausblenden: Wir sind ein Einwanderungsland«, Christoph Butterwegge, *Focus,*
https://www.focus.de/politik/experten/butterwegge/reform-der-

## Anmerkungen

migrationspolitik-ist-noetig-deutschland-darf-die-realitaet-nicht-laenger-ausblenden-wir-sind-ein-einwanderungsland_id_4931069.html

223 23.04.2019, »Hetze gegen Migranten. FPÖ-Vizebürgermeister tritt wegen menschenverachtendem Gedicht zurück«, *Der Tagesspiegel*,
https://www.tagesspiegel.de/politik/hetze-gegen-migranten-fpoe-vizebuergermeister-tritt-wegen-menschenverachtendem-gedicht-zurueck/24245342.html

224 17.06.2019, Ermittlungen zu Nordkorea-Pässen eingestellt, APA, *Salzburg 24*,
https://www.salzburg24.at/news/oesterreich/bvt-affaere-ermittlungen-zu-nordkoreanischen-reisepaessen-eingestellt-71867170

225 18.12.2018, »Ein Jahr ÖVP-FPÖ: ›Klassische Koalition‹ der Tauschgeschäfte«, von Guido Tiefenthaler, ORF.at
https://orf.at/stories/3103758/

226 30.12.1983, »Konservative Reform der Weltpolitik«, *Die ZEIT*,
https://www.zeit.de/1984/01/konservative-reform-der-weltpolitik

227 30.11.2014, »Die westfälischen Prinzipien des Henry K.«, *Süddeutsche Zeitung*,
https://www.sueddeutsche.de/politik/politveteran-kissinger-ueber-weltpolitik-die-westfaelischen-prinzipien-des-henry-k-1.2235794

228 18.12.2018, »Ein Jahr ÖVP-FPÖ: ›Klassische Koalition‹ der Tauschgeschäfte«, von Guido Tiefenthaler, ORF.at
https://orf.at/stories/3103758/

229 14.05.2018, »Das türkise Patentrezept von Sebastian Kurz«, von Herbert Vytsika, Euractiv,
https://www.euractiv.de/section/europakompakt/news/das-tuerkise-patentrezept-von-sebastian-kurz/

230 18.12.2018, »Rechtsruck in Österreich: ›Alle Juristen dieser Republik sind in Alarmbereitschaft‹«, Interview von Leila Al-Serori, *Süddeutsche Zeitung*,
https://www.sueddeutsche.de/politik/oesterreich-kurz-strache-bilanz-1.4256349

231 06.11.2018, «UNO-Migrationspakt ist kein reiner Papiertiger», von Philipp Burhardt, SRF,
https://www.srf.ch/news/schweiz/wie-wirkt-soft-law-wirklich-uno-migrationspakt-ist-kein-reiner-papiertiger

232 14.06.2016, »Bundeskanzler Kurz: Sicherheit, Stabilität und Wohlstand in der EU erhalten«, Homepage Bundeskanzleramt,
https://www.bundeskanzleramt.gv.at/bundeskanzleramt/nachrichten-der-bundesregierung/2017-2018/bundeskanzler-kurz-sicherheit-stabilitat-und-wohlstand-in-der-eu-erhalten.html

233 30.06.2018, »EU-Ratsvorsitz: Kurz beschwört ›Gipfeltreffen‹ Zusammenhalt«, *Salzburger Nachrichten*,
https://www.sn.at/politik/weltpolitik/eu-ratsvorsitz-kurz-beschwoert-auf-gipfeltreffen-zusammenhalt-29834443

## Anmerkungen

234 30.06.2018, »Bemerkungen von Präsident Donald Tusk auf der Veranstaltung zur feierlichen Übergabe des Ratsvorsitzes der EU an Österreich«, Homepage des Europäischen Rates, https://www.consilium.europa.eu/de/press/press-releases/2018/06/30/remarks-by-president-donald-tusk-at-the-opening-ceremony-of-the-austrian-presidency/

235 28.06.2018, »EU-Ratspräsidentschaft Österreichs: Sebastian Kurz will die Weichen neu stellen«, von Peter Münch, *Süddeutsche Zeitung*, https://www.sueddeutsche.de/politik/oesterreich-von-metternich-zu-kreisky-1.4034052

236 03.06.2018, »EU-Vorsitz soll doppelt so viel kosten wie angegeben«, APA, *Der Standard*, https://www.derstandard.at/story/2000080892702/eu-vorsitz-soll-doppelt-so-viel-kosten-wie-angegeben

237 19.03.2019, »Türkis-Blau rechnet Kosten für EU-Ratspräsidentschaft anders«, red, *Der Standard*, https://www.derstandard.at/story/2000099833406/tuerkis-blau-rechnet-kosten-fuer-eu-ratspraesidentschaft-ander

238 15.03.2018, »Ausgaben des Zentralbudgets für den Ratsvorsitz blieben unter Kostenerwartung«, APA OTS, https://www.ots.at/presseaussendung/OTS_20190315_OTS0106/ausgaben-des-zentralbudgets-fuer-den-ratsvorsitz-blieben-unter-kostenerwartung

239 28.06.2018, »EU-Ratspräsidentschaft Österreichs: Sebastian Kurz will die Weichen neu stellen«, von Peter Münch, *Süddeutsche Zeitung*, https://www.sueddeutsche.de/politik/oesterreich-von-metternich-zu-kreisky-1.4034052

240 30.06.2018, »EU-Vorsitz – ›Ich verlasse mich auf dich, Sebastian‹«, spu/kor/hel, Apa, *Die Presse*, https://diepresse.com/home/ausland/aussenpolitik/5456409/EUVorsitz-Ich-verlasse-mich-auf-dich-Sebastian

241 31.12.2018, »Der österreichische Ratsvorsitz 2018 auf einen Blick«, Homepage EU-Ratsvorsitz Österreich, https://www.eu2018.at/de/latest-news/news/01-04-2019-The-2018-Austrian-Presidency--of-the-Council-of-the-European-Union-at-a-glance-.html

242 14.12.2016, »Fünf vor acht / EU-Präsidentschaft: Pompös begonnen, prosaisch geendet«, Kolumne von Ulrich Ladurner, *Die ZEIT*, https://www.zeit.de/politik/ausland/2018-12/eu-praesidentschaft-oesterreich-sebastian-kurz-migration-fluechtlingspolitik

243 18.10.2018, »EUCO 13/8, CO EUR 16, CONCL 5«, Europäischer Rat, https://www.consilium.europa.eu/media/36776/18-euco-final-conclusions-de.pdf, S. 1.

## Anmerkungen

244 03.07.2018, »EU-Vorsitz: Sind wir nach 23 Jahren endlich in Europa angekommen?«, von Gernot Bauer und Eva Linsinger, *profil*, https://www.profil.at/oesterreich/eu-vorsitz-oesterreich-europa-10182173

245 01. 12, 2019, »Ratsvorsitz: Österreich verwaltete die tiefe EU-Krise routiniert weiter«, von Thomas Mayer, *Der Standard*, https://www.derstandard.de/story/2000095059502/ratsvorsitz-oesterreich-verwaltete-die-tiefe-eu-krise-routiniert-weiter

246 01.01.2019, »Ratsvorsitz: Österreich verwaltete die tiefe EU-Krise routiniert weiter«, von Thomas Mayer, *Der Standard*, https://www.derstandard.at/story/2000095059502/ratsvorsitz-oesterreich-verwaltete-die-tiefe-eu-krise-routiniert-weite

247 03.07.2018, »EU-Vorsitz: Sind wir nach 23 Jahren endlich in Europa angekommen«, von Gernit Bauer und Eva Linsinger, *profil*, https://www.profil.at/oesterreich/eu-vorsitz-oesterreich-europa-10182173

248 01.07.2018, »Eine To-do-Liste für den Ratspräsidenten Kurz«, von Nora Laufer, Petra Stuiber und András Szigetvari, *Der Standard*, https://www.derstandard.at/story/2000082535161/eine-to-do-liste-fuer-den-ratspraesidenten-sebastian-kurz

249 14.12.2016, »Fünf vor acht / EU-Präsidentschaft: Pompös begonnen, prosaisch geendet«, Kolumne von Ulrich Ladurner, *Die ZEIT*, https://www.zeit.de/politik/ausland/2018-12/eu-praesidentschaft-oesterreich-sebastian-kurz-migration-fluechtlingspolitik

250 28.06.2018, »Sebastian Kurz will die Weichen neu stellen«, Peter Münch, *Süddeutsche Zeitung*, https://www.sueddeutsche.de/politik/oesterreich-von-metternich-zu-kreisky-1.4034052

251 14.12.2018, »Tusk und Juncker mit breitem Lob für Kurz«, *Wiener Zeitung*, https://www.wienerzeitung.at/nachrichten/politik/europa/1007978-Tusk-und-Juncker-mit-breitem-Lob-fuer-Kurz.html

252 04.07.2019, »Kurz sagt von der Leyen Unterstützung zu«, EU-Gespräche in Berlin, ORF, https://orf.at/stories/3129131/

253 04.05.2019, »›Nicht mehr zeitgemäß‹ Kurz will den EU-Vertrag neu ausverhandeln«, Kleine Zeitung, https://www.kleinezeitung.at/politik/aussenpolitik/5622238/Nicht-mehr-zeitgemaess_Kurz-will-den-EUVertrag-neu-ausverhandeln

254 04.07.2019, »Kurz: Jetzt erst recht ist EU-Reform notwendig!«, *Kronen Zeitung*, https://www.krone.at/1953064

255 09.12.2018, »Ein Jahr Türkis-Blau. Derzeit kaum Stolpersteine für Regierung absehbar«, APA, Salzburg 24, https://www.salzburg24.at/news/oesterreich/ein-jahr-tuerkis-blau-derzeit-kaum-stolpersteine-fuer-regierung-absehbar-62239087

## Anmerkungen

256  23.11.2012, »Streit in der Politik: Geistige Terroristen sind ausgestorben«, von Lisa Caspari, *Die ZEIT*, https://www.zeit.de/politik/deutschland/2012-11/streitkultur-politik-debatten-zeitzeugen/seite-2

257  09.12.2018, »Ein Jahr Türkis-Blau. Derzeit kaum Stolpersteine für Regierung absehbar«, APA, Salzburg 24, https://www.salzburg24.at/news/oesterreich/ein-jahr-tuerkis-blau-derzeit-kaum-stolpersteine-fuer-regierung-absehbar-62239087

258  18.12.2018, »Rechtsruck in Österreich: ›Alle Juristen dieser Republik sind in Alarmbereitschaft‹«, Interview von Leila Al-Serori, *Süddeutsche Zeitung*, https://www.sueddeutsche.de/politik/oesterreich-kurz-strache-bilanz-1.4256349

259  26.03.2018, »Kurz 100 Tage an der Regierung Es lebe der neue Sonnenkanzler«, von Christian Bartlau, ntv, https://www.n-tv.de/politik/Es-lebe-der-neue-Sonnenkanzler-article20354649.html

260  09.12.2018, »Ein Jahr Türkis-Blau. Derzeit kaum Stolpersteine für Regierung absehbar«, APA, Salzburg 24, https://www.salzburg24.at/news/oesterreich/ein-jahr-tuerkis-blau-derzeit-kaum-stolpersteine-fuer-regierung-absehbar-62239087

261  24.03.2018, »Der mächtigste Kanzler seit Kreisky«, Blog von Armin Wolf, https://www.arminwolf.at/2018/03/24/der-maechtigste-kanzler-seit-kreisky/

262  04.03.2017, »Staatssekretär Spahn und Ösi-Minister Kurz: Hier streiten zwei Konservative über den rechten Weg«, Interview mit Miriam Hollstein, Sebastian Pfeffer und Niels Starnick, *Bild am Sonntag*, https://www.bild.de/politik/ausland/jens-spahn/hier-streiten-zwei-konservative-ueber-den-rechten-weg-50701468.bild.html

263  10.07.2017, »Analyse: Warum begeistert Kanzler Kurz mit seinen Reden?«, von Christa Zöchling, *profil*, https://www.profil.at/oesterreich/analyse-kanzler-sebastian-kurz-reden-rhetorik-10200053

264  28. März 2018, »100 Tage im Amt: Kurz hängt alle ab«, von Robert Loy, *Kronen Zeitung*, S.4.

265  03.08.2015, »Kurz: ›Türkischstämmige Liste in Wien ist Gegenteil von Integration‹«, Interview mit Michael Völker, *Der Standard*, https://www.derstandard.at/story/2000020165579/kurz-tuerkisch-staemmige-liste-in-wien-ist-das-gegenteil-von

266  16.03.2018, »Die ersten 100 Tage des doch nicht so perfekten Kanzlers Kurz«, von Gerald John, *Der Standard*, https://www.derstandard.at/story/2000076303021/die-ersten-100-tage-des-doch-nicht-so-perfekten-kanzlers

## Anmerkungen

267 11.06.2018, »Jungwirth bloggt aus Israel«, von Michael Jungwirth, Kleine Zeitung, Scribble Live, https://embed.scribblelive.com/Embed/v7.aspx?Id=2783877&Page=3&ThemeId=25035&overlay=false

268 25.10.2017, »Wahlkampf in Europa: Wenn Marketing Parteiprogramme ersetzt«, von Julian Daum, Business Punk, https://www.business-punk.com/2017/10/sebastian-kurz-nationalratswahl-oesterreich/

269 19.02.2019, »Kurz trifft Trump: Gerangel für Foto mit Kanzler am Flughafen«, kurier.at, Agenturen, mn, kk, *Kurier*, https://kurier.at/politik/inland/kurz-trifft-trump-gerangel-fuer-foto-mit-kanzler-am-flughafen/400411460

270 07.12.2018, »Selfie-Party mit ›Bruder‹ Kurz«, WFR, *oe24*, https://www.oe24.at/oesterreich/politik/Selfie-Party-mit-Bruder-Kurz/358998760

271 11.06.2019,»›Kurz im Gespräch‹ Straffes Salzburg-Programm für Ex-Kanzler«, APA, Salzburg24, https://www.salzburg24.at/news/salzburg/kurz-im-gespraech-ex-kanzler-auf-inoffizieller-wahlkampftour-in-salzburg-71583652

272 16.03.2019, »Körpersprache: Deshalb ist Kurz der ›älteste Politiker‹«, kurier.at, ub, *Kurier*, https://kurier.at/politik/inland/koerpersprache-deshalb-ist-kurz-der-aelteste-politiker/400437067

273 18.09.2017, »Was mich geprägt hat.«, Sebastian Kurz, https://www.youtube.com/watch?v=alqyq7xIKU0

274 24.09.2017, »Österreich zurück an die Spitze führen.«, Sebastian Kurz, https://www.youtube.com/watch?v=KjN_HFn4_-I

275 25.02.2012, Sebastian Kurz, Twitter, https://twitter.com/sebastiankurz/status/173346558950117378

276 Siehe dazu: »Demokratie«, Plattform Politische Bildung, https://plattform-politische-bildung.at/demokratie-lernen/demokratie-kurz-erklaert

277 16.05.2019, »Daniel Kehlmanns Fragen an den Kanzler«, von Daniel Kehlmann, *Der Standard*, https://www.derstandard.at/story/2000103244926/fragen-an-den-kanzler

278 27.12.2018, »Michael Köhlmeier: ›Der Kanzler soll uns nicht für dumm verkaufen‹«, von Wolfgang Paterno, *profil*, https://www.profil.at/kultur/michael-koehlmeier-kurz-kaiser-umbruch-10564071

279 30.04.2011, »Kurz: ›Ich bin gewohnt, manchmal frech zu sein‹«, von Lucian Mayringer, *Oberösterreichische Nachrichten*, https://www.nachrichten.at/politik/innenpolitik/Kurz-Ich-bin-gewohnt-manchmal-frech-zu-sein;art385,609995

# Anmerkungen

**Kapitel 5**

280  28.11.2018, »Steuerquote sinkt in Österreich – und steigt in der EU«, apa, *Die Presse*, https://diepresse.com/home/wirtschaft/economist/5537894/Steuerquote-sinkt-in-Oesterreich-und-steigt-in-der-EU

281  18.12.2018, »Österreichs Jungkanzler Kurz steht vor der Bewährungsprobe«, von Matthias Benz, *Neue Zürcher Zeitung*, https://www.nzz.ch/meinung/oesterreichs-jungkanzler-kurz-steht-vor-der-bewaehrungsprobe-ld.1445666

282  04.12.2018, »›Österreich ist eine Insel der Seligen‹«, von Peter Münch, *Süddeutsche Zeitung*, https://www.sueddeutsche.de/politik/oesterreich-oevp-fpoe-bilanz-1.4239029

283  12.01.2019, »Streit über Arbeitslose in Österreich Bundeskanzler Kurz legt sich mit Wien an«, von Hasnain Kazim, *Der Spiegel*, https://www.spiegel.de/politik/ausland/sebastian-kurz-legt-sich-mit-wien-an-arbeitslose-als-langschlaefer-abgestempelt-a-1247734.html

284  12.01.2019, »Langschläfer-Sager. So lange schlafen wir, Herr Bundeskanzler!«, *Kronen Zeitung*, https://mobil.krone.at/kmm__1/app__1/1841882

285  13.01.2019, »Verspricht Entlastung. Kurz erklärt Sager und kündigt Pensions-Zuckerl an«, von Klaus Knittelfelder, *Kronen Zeitung*, https://www.krone.at/1842461

286  24.01.2019, »Bundeskanzler Sebastian Kurz: ›Europäisches Selbstbewusstsein stärken‹, Homepage des Bundeskanzleramts, https://www.bundeskanzleramt.gv.at/bundeskanzleramt/nachrichten-der-bundesregierung/2019/bundeskanzler-sebastian-kurz-europaeisches-selbstbewusstsein-staerken-.html

287  23.01.2019, Zeit im Bild, https://www.facebook.com/ZeitimBild/videos/490500251354432/?v=490500251354432

288  https://twitter.com/vanderbellen/status/1088091480739246080?lang=de

289  24.01.2019, »Kurz über Kickl: ›Habe ihm klar meine Meinung gesagt‹«, *Kurier*, https://kurier.at/politik/inland/weiter-scharfe-kritik-an-kickl-sager-unertraeglich-und-unwuerdig/400387247

290  24.04.2019, »Kurz: ›Schulden sind das Unsozialste, was ein Staat tun kann‹«, APA, Reuters, *Der Standard*, https://www.derstandard.at/story/2000101968819/oesterreich-will-maastricht-schuldenquote-erstmals-2023-erfuellen

291  30.04.2019, »›Eine Steuerreform für alle, die es verdient haben‹«, von Hellin Jankowski, *Die Presse*,

https://www.diepresse.com/home/innenpolitik/5620358/Eine-Steuerreform-fuer-alle-die-es-verdient-haben?direct=5619908&_vl_backlink=/home/wirtschaft/economist/5619908/index.do&selChannel=

292 29.12.2018, »Die Kanzler-Ansage für 2019«, Interview von Niki Fellner, *oe24*, https://www.oe24.at/oesterreich/politik/Das-grosse-OeSTERREICH-Interview-Die-Kanzler-Ansage-fuer-2019/361707006

293 24.06.2019, Ö»VP-Pläne: Wer die Pflege in Zukunft finanzieren soll«, von Daniela Kittner, *Kurier*, https://kurier.at/politik/inland/kurz-will-geld-aus-unfallversicherung-fuer-die-pflege/400531918

294 http://zitate.net/kritik-zitate

295 https://www.zitate-online.de/sprueche/kino-tv/48/wenn-du-kritisiert-wirst-dann-musst-du-irgend.html

296 27.07.2018, »Konrad über Kurz: ›Irgendwann auf anderes Gleis abgebogen‹«, apa, *Die Presse*, https://diepresse.com/home/innenpolitik/5470757/Konrad-ueber-Kurz_Irgendwann-auf-anderes-Gleis-abgebogen

297 17.07.2018, »›Nicht besonders kompetent‹: Vorarlbergs Landeshauptmann kritisiert Türkis-Blau«, apa, *Die Presse*, https://diepresse.com/home/innenpolitik/5465513/Nicht-besonders-kompetent_Vorarlbergs-Landeshauptmann-kritisiert

298 15.06.2018, »Die neue Achse der Prinzipienlosen«, Gastbeitrag von Matthias Strolz, *Die ZEIT*, https://www.zeit.de/politik/ausland/2018-06/populismus-europa-sebastian-kurz-horst-seehofer-viktor-orban-nationalkonservative-achse

299 29.04.2019, »FPÖ attackiert ORF-Journalisten Armin Wolf«, Deutschlandfunk, https://www.deutschlandfunkkultur.de/rechtspopulisten-fpoe-attackiert-orf-journalisten-armin-wolf.1013.de.html?dram:article_id=447499

300 23.01.2018, »Landbauer stellt ›Germania‹-Mitgliedschaft ruhend«, *Die Presse*, https://diepresse.com/home/innenpolitik/noewahl/5358957/Landbauer-stellt-GermaniaMitgliedschaft-ruhend))

301 01.02.2018, »FPÖ-Politiker tritt nach Burschenschaftsskandal zurück«, *Die WELT*, https://www.welt.de/politik/ausland/article173100642/Oesterreichischer-FPOE-Politiker-Landauer-stolpert-ueber-NS-Liedbuch.html

302 10.03.2019, »BVT-Affäre: Was die Staatsanwaltschaft befahl«, von Manfred Seeh, *Die Presse*, https://diepresse.com/home/innenpolitik/5385689/BVTAffaere_Was-die-Staatsanwaltschaft-befahl

303 13.03.2018, »Fasching übernimmt interimistisch«, ORF.at, https://orf.at/v2/stories/2429970/2429971/

## Anmerkungen

304 19.12.2017, »Unzensuriert-Verantwortlicher im Kickl-Kabinett«, von Thomas Trescher, *Kurier*, https://kurier.at/politik/inland/unzensuriert-verantwortlicher-im-kickl-kabinett/302.774.526

305 20.12.2017, »Ex-›Unzensuriert‹-Verantwortlicher Höferl Kommunikationsleiter im Kabinett«, Red, *profil*, https://www.profil.at/oesterreich/innenministerium-hoeferl-kickl-sprecher-8582023

306 11.12.2019, »Udo Landbauer kehrt in Gemeinderat zurück«, nachrichten.at/ APA, *Oberösterreichische Nachrichten*, https://www.nachrichten.at/politik/innenpolitik/udo-landbauer-kehrt-in-gemeinderat-zurueck;art385,3100559

307 23.04.2019, »Nur Einzelfälle? Die lange Liste rechter Ausrutscher«, *Der Standard*, https://www.derstandard.at/story/2000072943520/nur-einzelfaelle-die-lange-liste-rechter-ausrutscher

308 05.11.2018, »Israel-Kritik: Die Facebook-Aktivitäten von Kickls Generalsekretär«, von Fabian Schmid, *Der Standard*, https://www.derstandard.at/story/2000090699198/israelkritik-die-facebook-aktivitaeten-des-peter-goldgruber

309 02.01.2019 »›Asylindustrie‹: FPÖ kritisiert Caritas erneut«, *Kurier*, https://kurier.at/politik/inland/asylindustrie-fpoe-kritisiert-caritas-erneut/400367054

310 13.01.2019, »Hofer: Höhepunkt in Debatte mit Caritas ›überschritten‹«, APA, *Salzburger Nachrichten*, https://www.sn.at/politik/innenpolitik/hofer-hoehepunkt-in-debatte-mit-caritas-ueberschritten-64039843

311 13.01.2019, »Hofer: Höhepunkt in Debatte mit Caritas ›überschritten‹«, APA, *Salzburger Nachrichten*, https://www.sn.at/politik/innenpolitik/hofer-hoehepunkt-in-debatte-mit-caritas-ueberschritten-64039843

312 25.02.2019, »SOS Mitmensch: Vilimsky finanziere ›rechtsextreme Szene‹ mit Inseraten«, red, *Der Standard*, https://www.derstandard.at/story/2000098552305/sos-mitmenschvilimsky-finanziert-rechtsextreme-szene-mit-inseraten

313 26.03.2019, »Neuseeland-Terror, Hausdurchsuchung bei Wiener Identitären-Chef«, APA, Salzburg24, https://www.salzburg24.at/news/oesterreich/wien-hausdurchsuchung-nach-neuseeland-terror-bei-identitaeren-chef-martin-sellner-67826758

## Anmerkungen

314  03.04.2019, »Kurz findet Identitäre ›widerlich‹ und fordert Distanzierung von allen politischen Mitarbeitern«, von Lisa Nimmervoll, *Der Standard*, https://www.derstandard.de/story/2000100770184/kanzler-kurz-findet-identitaere-widerlich

315  25.03.2019, »Neuseeland-Terror: SPÖ und Jetzt berufen Sicherheitsrat ein«, red/APA, *Der Standard*, https://www.derstandard.at/story/2000100146972/neuseeland-terror-spoe-und-jetzt-berufen-sicherheitsrat-ein

316  04.04.2019, »Geforderte Distanzierung von den Identitären: Kurz ringt um die Glaubwürdigkeit«, Kommentar von Michael Völker, *Der Standard*, https://www.derstandard.at/story/2000100844838/kurz-ringt-um-die-glaubwuerdigkeit

317  01.04.2019, »Villa Hagen in Linz: Kurz erhöht Druck auf FPÖ«, *Oberösterreichische Nachrichten*, APA(Ots), https://www.ots.at/presseaussendung/OTS_20190401_OTS0129/villa-hagen-in-linz-kurz-erhoeht-druck-auf-fpoe

318  06.04.2019, »FPÖ-Landesparteitag, ›Wir wollen mit der identitären Bewegung nichts zu tun haben‹«, APA, *Wiener Zeitung*, https://www.wienerzeitung.at/nachrichten/politik/oesterreich/2003541-Wir-wollen-mit-der-identitaeren-Bewegung-nichts-zu-tun-haben.html

319  06.04.2019, »FPÖ-Strache: ›Wir haben eine klare Grenze zur Identitären Bewegung und gehen als FPÖ unseren eigenen selbstbestimmten patriotischen Weg‹«, FPÖ-Presseaussendung, APA (OTS), https://www.ots.at/presseaussendung/OTS_20190406_OTS0052/fpoe-strache-wir-haben-eine-klare-grenze-zur-identitaeren-bewegung-und-gehen-als-fpoe-unseren-eigenen-selbstbestimmten-patriotischen-weg

320  06.04.2019, »Statement von Bundeskanzler und ÖVP-Chef Sebastian Kurz zur heutigen Ankündigung von FPÖ-Chef Vizekanzler Heinz-Christian Strache«, ÖVP-Presseaussendung, APA (OTS), https://www.ots.at/presseaussendung/OTS_20190406_OTS0062/statement-von-bundeskanzler-und-oevp-chef-sebastian-kurz-zur-heutigen-ankuendigung-von-fpoe-chef-vizekanzler-heinz-christian-strache

321  09.04.2019, »›Mauthausen Komitee‹ misstraut FPÖ-Abgrenzung von Extremismus«, Katholische Kirche Österreich, https://www.katholisch.at/aktuelles/125332/mauthausen-komitee-misstraut-fp-abgrenzung-von-extremismus

322  11.04.2019, »FPÖ-Mitglieder sollen für Identitäre gespendet haben«, kurier.at, sif, *Kurier*, https://kurier.at/politik/inland/fpoe-mitglieder-sollen-fuer-identitaere-gespendet-haben/400463374

## Anmerkungen

323 28.04.2019, »Das große Interview. Wann hört das endlich auf, Herr Strache?«, Interview mit Conny Bischofberger, *Kronen Zeitung*, https://www.krone.at/1911848

324 Dokumentationsarchiv des öst. Widerstandes, https://www.ak-nautilus.com/fallstudie-ist-die-identitaere-bewegung-oesterreich-rechtsextrem/4/

325 Aus dem Engl. übers.: 28.04.2019, »Austrian vice chancellor says party will fight ›population exchange‹«, von Jakob Hanke, *Politico*, https://www.politico.eu/article/austrian-vice-chancellor-says-party-will-fight-population-exchange/

326 29.04.2019, »Rechtsextremer Begriff. Internationale Unruhe wegen Strache-Sagers«, chvo, ORF.at, https://orf.at/stories/3120400/

327 01.04.2019, Sebastian Kurz, https://twitter.com/sebastiankurz/status/1112750356524617728

328 01.05.2019, Zeit im Bild, https://www.facebook.com/ZeitimBild/videos/2463319170355496/?v=2463319170355496

329 06.04.2019, »Strache sieht ›klaren Trennungsstrich‹«, ORF.at, https://orf.at/stories/3117858/

330 Diese Vermutungen waren sowohl in der österreichischen als auch in der internationalen Presse zu lesen, s.: 16.10.2017,»Pressestimmen: ›Wunderwuzzi‹ Kurz macht Rechte salonfähig«, best, *Kurier*, https://kurier.at/politik/inland/wahl/pressestimmen-wunderwuzzi-kurz-macht-rechte-salonfaehig/292.325.119

331 17.04.2019, »Die Kurz-Frage«, Einserkastl von Hans Rauscher, *Der Standard*, https://www.derstandard.at/story/2000101625729/die-kurz-frage

332 04.04.2019, »In der Regierung könnte ein größerer Umbau bevorstehen«, von Katharina Mittelstaedt, *Der Standard*, https://www.derstandard.at/story/2000100843661/in-der-regierung-koennte-ein-groesserer-umbau-bevorstehen

333 22.04.2019, Günther Platter, Facebook, https://www.facebook.com/lh.guentherplatter/posts/1421210821354739/

334 18.05.2019, »WELT DOKUMENT: Ausschnitte von Straches Alkoholabend mit schöner Russin auf Ibiza«, WELT Nachrichtensender, https://www.youtube.com/watch?v=Qztkf6bHkNo
Sowie:
18.05.2019, »Strache Video Ibiza HD 1920x1080 Footage«, Michael Trauer, https://www.youtube.com/watch?v=CMwXuuGYq44

## Anmerkungen

335 Ebenda
Sowie:
18.05.2019, »HC, Der Prahler, von Leila Al-Serori, Oliver Das Gupta, Peter Münch, Frederik Obermaier und Bastian Obermayer«, *Süddeutsche Zeitung*, https://www.sueddeutsche.de/politik/hc-strache-portaet-video-oesterreich-1.4449403

336 18.05.2019, »Ein Erdbeben, das die Politik weit über Österreichs Grenzen hinaus erschüttert«, Kommentar von Meret Baumann, *Neue Züricher Zeitung*, https://www.nzz.ch/meinung/ein-erdbeben-das-die-politik-weit-ueber-oesterreichs-grenzen-hinaus-erschuettert-ld.1482820

337 18.05.2019, »HC, der Prahler« von Leila Al-Serori, Oliver Das Gupta, Peter Münch, Frederik Obermaier und Bastian Obermayer, *Süddeutsche Zeitung*, https://www.sueddeutsche.de/politik/hc-strache-portaet-video-oesterreich-1.4449403

338 18.05.2019, »Ein Erdbeben, das die Politik weit über Österreichs Grenzen hinaus erschüttert«, Kommentar von Meret Baumann, *Neue Zürcher Zeitung*, https://www.nzz.ch/meinung/ein-erdbeben-das-die-politik-weit-ueber-oesterreichs-grenzen-hinaus-erschuettert-ld.1482820

339 23.05.2019, »Welche Partei wusste wann vom Video?«, sime, ORF.at, https://orf.at/stories/3124055/

340 19.05.2019, »Die Statements zum Skandal. ›Und einen schönen Abend noch‹«, *Süddeutsche Zeitung*, https://www.sueddeutsche.de/politik/die-statements-zum-skandal-und-einen-schoenen-abend-noch-1.4453157

341 20.05.2019, »ÖVP: Kickl muss gehen - oder alle«, Die Presse, https://diepresse.com/home/innenpolitik/5631022/OeVP_Kickl-muss-gehen-oder-alle

342 19.05.2019, »Die Statements zum Skandal. ›Und einen schönen Abend noch‹«, Süddeutsche Zeitung, https://www.sueddeutsche.de/politik/die-statements-zum-skandal-und-einen-schoenen-abend-noch-1.4453157

343 19.05.2019, »Die Statements zum Skandal. ›Und einen schönen Abend noch‹«, *Süddeutsche Zeitung*, https://www.sueddeutsche.de/politik/die-statements-zum-skandal-und-einen-schoenen-abend-noch-1.4453157

344 Ebenda

345 »Van der Bellen will Vertrauen wiederherstellen«, ORF.at, https://orf.at/live/5068-Van-der-Bellen-will-Vertrauen-wiederherstellen/

346 24.05.2019, »Sebastian Kurz: ›Einzelfälle haben mich viel Kraft gekostet‹«, Interview von Michael Völker, *Der Standard*, https://www.derstandard.de/story/2000103773909/sebastian-kurz-einzelfaelle-haben-mich-viel-kraft-gekostet

## Anmerkungen

347 27.05.2019, »Versagen des Vertrauens gegenüber der Bundesregierung und der Staatssekretärin«, Parlament Republik Österreich, https://www.parlament.gv.at/PAKT/VHG/XXVI/E/E_00075/index.shtml

**Kapitel 6**

348 05.05.2018, »Macron und Kurz: Managerpräsident und Start-up-Kanzler«, von Christoph Prantner, *Der Standard*, https://www.derstandard.de/story/2000079203982/macron-und-kurz-managerpraesident-und-start-up-kanzler

349 05.05.2018, »Macron und Kurz: Managerpräsident und Start-up-Kanzler«, von Christoph Prantner, *Der Standard*, https://www.derstandard.de/story/2000079203982/macron-und-kurz-managerpraesident-und-start-up-kanzler

350 16.10.2017, »This 31-year-old millennial is set to be the world's youngest head of state«, von Zameena Mejia, cnbc, https://www.cnbc.com/2017/10/16/austrias-sebastian-kurz-is-set-to-be-europes-first-millennial-leader.html

351 12.01.2018, »Kurz könnte zur Schlüsselfigur in Europa werden«, von Flora Wisdorff, *Die WELT*, https://www.welt.de/politik/ausland/article172437265/Treffen-mit-Macron-Kurz-koennte-zur-Schluesselfigur-in-Europa-werden.html

352 05.07.2019, »Kurz legt von der Leyen Gespräch mit Bierlein ans Herz«, *Kleine Zeitung*, https://www.kleinezeitung.at/politik/eu/euaufmacher/5655119/EUKommissar_Kurz-legt-von-der-Leyen-Gespraech-mit-Bierlein-ans-Herz

353 05.07.2019, »Kurz lobbyierte bei von der Leyen für ›ordentliche Rolle Österreichs‹«, von Daniela Kittner, *Kurier*, https://kurier.at/politik/inland/kurz-lobbyierte-bei-von-der-leyen-fuer-ordentliche-rolle-oesterreichs/400543709

354 20.08.2018, »Die türkis-blaue Politik sorgt am Balkan für Irritationen«, von Adelheid Wölfl, *Der Standard*, https://www.derstandard.at/story/2000085630768/die-tuerkis-blaue-politik-sorgt-am-balkan-fuer-irritationen

355 05.12.2018, Sebastian Kurz, https://twitter.com/sebastiankurz/status/1070314772237815809?lang=de

356 05.12.2018, »Slowenischer Premier kritisierte Grenzkontrollen Österreichs«, APA, *Salzburger Nachrichten*, https://www.sn.at/politik/weltpolitik/slowenischer-premier-kritisierte-grenzkontrollen-oesterreichs-62026504 © Salzburger Nachrichten Verlagsges.m.b.H. & Co KG 2019

## Anmerkungen

357 21.06.2018, »Verschärfung statt Brückenschlag«, guti, ORF.at
https://orf.at/v2/stories/2444082/2444001/

358 19.05.2018, »Tschechiens Premier Babis lehnt ›weitere Integration‹ der EU ab«, APA, *Der Standard*,
https://www.derstandard.at/story/2000080047131/tschechiens-premier-babis-lehnt-weitere-integration-der-eu-ab

359 17.01.2017, »Kurz bei Merkel Ein bisschen Einigkeit«, tagesschau.de,
https://www.tagesschau.de/inland/kurz-merkel-101.html

360 18.01.2018, »Antrittsbesuch in Berlin: Woran man merkte, dass es zwischen Merkel und Kurz kriselt«, hau, *Focus*,
https://www.focus.de/politik/deutschland/antrittsbesuch-in-berlin-woran-man-merkte-dass-es-zwischen-merkel-und-kurz-kriselt_id_8322685.html

361 17.01.2017, »Kurz bei Merkel Ein bisschen Einigkeit«, tagesschau.de,
https://www.tagesschau.de/inland/kurz-merkel-101.html

362 18.05.2018, »38 Prozent der Deutschen würden Österreichs Kanzler wählen«, *Focus*,
https://www.focus.de/politik/deutschland/sebastian-kurz-38-prozent-der-deutschen-wuerden-oesterreichs-kanzler-waehlen_id_8949614.html

363 11.05.2018, ›Ich will nicht akzeptieren, dass das chinesische Modell gewinnt‹, Wolfgang Schäuble über Demokratie, von Stefan Braun und Robert Roßmann, *Süddeutsche Zeitung*,
https://www.sueddeutsche.de/politik/wolfgang-schaeuble-ueber-demokratie-ich-will-nicht-akzeptieren-dass-das-chinesische-modell-gewinnt-1.3976721

364 15.10.2017, Jens Spahn, Twitter,
https://twitter.com/jensspahn/status/919674525788393477/photo/1

365 09.07.2018, Sebastian Kurz, Twitter,
https://twitter.com/sebastiankurz/status/1016300573543555075?lang=en

366 ins Deutsche übersetzt von: 09.07.2018, »We must respect Brexit‹ Austrian leader makes EU promise before talks with Theresa May«, Express.co.uk,
https://www.express.co.uk/news/politics/986055/Brexit-latest-Sebastian-Kurz-UK-Theresa-May-Ireland

367 22.11.2018, »Brexit: Kurz will Theresa May in London ›den Rücken stärken‹«, APA, *Die Presse*,
https://diepresse.com/home/ausland/eu/5534165/Brexit_Kurz-will-Theresa-May-in-London-den-Ruecken-staerken

368 03.04.2019, »May fordert Brexit-Aufschub. Kurz gegen Verlängerung – ›Das Chaos hat sich doch nicht verändert‹«, Reuters/AFP/jr/coh/kbl, *Die WELT*,
https://www.welt.de/politik/ausland/article191276389/Brexit-Kurz-gegen-Verlaengerung-Chaos-hat-sich-doch-nicht-veraendert.html

## Anmerkungen

369  14.12.2018, »Tapfere May am EU-Gipfel: ›War etwas letzte Woche?‹«, *Kurier*, https://kurier.at/politik/ausland/brexit-keine-gnade-fuer-may-auf-dem-eu-gipfel/400353541

370  22.10.2015, »Syrien: Kerry – Lawrow verhandeln in Wien«, *Oberösterreichische Nachrichten*, https://www.nachrichten.at/politik/aussenpolitik/Syrien-Kerry-Lawrow-verhandeln-in-Wien;art391,2008513

371  Ins Deutsche übertragen aus dem Video von: 04.04.2016, Flüchtlinge: Kerry lobt Kurz, Der Standard, https://www.derstandard.at/story/2000034180574/fluechtlinge-kerry-lobt-kurz

372  04.06.2018 »US-Botschafter zu ›Breitbart‹: ›Ich denke, Sebastian Kurz ist ein Rockstar‹, Red, *Die Presse*, https://diepresse.com/home/ausland/aussenpolitik/5440307/USBotschafter-zu-Breitbart_Ich-denke-Sebastian-Kurz-ist-ein-Rockstar

373  04.06.2018, »US-Botschafter zu ›Breitbart‹: ›Ich denke, Sebastian Kurz ist ein Rockstar‹«, *Die Presse*, https://diepresse.com/home/ausland/aussenpolitik/5440307/USBotschafter-zu-Breitbart_Ich-denke-Sebastian-Kurz-ist-ein-Rockstar

374  04.06.2018, »US-Botschafter: ›Kurz ist ein Rockstar‹«, OE24, https://www.oe24.at/oesterreich/politik/US-Botschafter-Sebastian-Kurz-ist-ein-Rockstar/335967043

375  11.06.2018, »Kurz trifft Grenell doch nicht – dafür aber Söder«, *Die WELT*, https://www.welt.de/politik/deutschland/article177391676/Oesterreichs-Kanzler-Kurz-trifft-Grenell-doch-nicht-dafuer-aber-Soeder.html

376  05.06.2018, »Martin Schulz setzt auf baldige Ablösung von US-Botschafter«, aar/dpa/AFP, *Der Spiegel*, https://www.spiegel.de/politik/deutschland/richard-grenell-martin-schulz-setzt-auf-baldige-abloesung-von-us-botschafter-a-1211209.html

377  ins Deutsche übersetzt von: 05.06.2018, »US Ambassador to Germany provokes backlash with Breitbart interview«, von Nadine Schmidt and Judith Vonberg, CNN, https://edition.cnn.com/2018/06/04/politics/richard-grenell-germany-breitbart-intl/index.html

378  Beispielsweise beim Beschluss des neuen Telekommunikationsgesetztes. 05.09.2018, »Bundeskanzler Kurz: Digitalisierung für Österreich nutzen«, Homepage Bundeskanzleramt, https://www.bundeskanzleramt.gv.at/bundeskanzleramt/nachrichten-der-bundesregierung/2017-2018/bundeskanzler-kurz-digitalisierung-fur-osterreich-nutzen.html

## Anmerkungen

379  18.07.2018, »Plausch in Villa. Kurz ganz privat bei Schwarzenegger«, *Kronen Zeitung*,
https://www.krone.at/1741829

380  29.01.2019, »Klimawandel im Fokus. Schwarzenegger bei Sebastian Kurz auf Besuch«, *Kleine Zeitung*,
https://www.kleinezeitung.at/politik/politikaufmacher/5570941/Klimawandel-im-Fokus_Schwarzenegger-bei-Sebastian-Kurz-auf-Besuch

381  20.02.2019, »Trump zu Kurz: ›Sie sind ein junger Kerl, was gut ist‹«, von Lukas Kapeller, *Kurier*,
https://kurier.at/politik/ausland/trump-empfaengt-kurz-im-weissen-haus/400413449

382  22.02.2019, »mensch, amerika! Mit Sebastian Kurz vom 22.02.19«, *phoenix*,
https://www.youtube.com/watch?v=4uucHh8u81I

383  20.02.2019, Sebastian Kurz, Twitter,
https://twitter.com/sebastiankurz/status/1098362860877553665?lang=de

384  10.06.2018, »Sebastian Kurz in Israel. ›In der unbequemen Ecke‹«, von Stefanie Järkel und Matthias Röder, dpa, *Frankfurter Rundschau*,
https://www.fr.de/politik/unbequemen-ecke-10974755.html

385  08.06.2018, »Bundeskanzler Kurz reist nach Israel«, APA, *Wiener Zeitung*,
https://www.wienerzeitung.at/nachrichten/politik/oesterreich/969747-Bundeskanzler-Kurz-reist-nach-Israel.html
Sowie:
Ins Deutsche übertragen von: 02.11.2018, »Austria to offer passports to Holocaust victims' children and grandchildren, Sebastian Kurz confirms«, von Liam Hoare, *The JC*,
https://www.thejc.com/news/world/austria-to-offer-passports-to-holocaust-victims-children-and-grandchildren-sebastian-kurz-confirms-1.471942

386  10.06.2018, »›Tragen die schwere Verantwortung‹«, APA, *Wiener Zeitung*,
https://www.wienerzeitung.at/nachrichten/politik/welt/970130-Tragen-die-schwere-Verantwortung.html

387  ins Deutsche übersetzt von: 11.06.2018, »Austrian Chancellor Sebastian Kurz Adresses AJC Global Forum«, AJC Global Voice, https://www.ajc.org/news/austrian-chancellor-sebastian-kurz-addresses-ajc-global-forum

388  Ebenda

389  Ins Deutsche übersetzt von: 16.06.2018, »Austrian chancellor: EU needs better understanding of situation in Israel«, von Herb Keinon, *The Jerusalem Post*,
https://www.jpost.com/Israel-News/Politics-And-Diplomacy/Austrian-chancellor-EU-needs-better-understanding-of-situation-in-Israel-560025

390  11.06. 2018, »›Wirklich wichtig‹«, guti, ORF.at,
https://orf.at/v2/stories/2442361/2442341/

## Anmerkungen

391  21.11.2018, »›Wichtiger Schritt‹ Kurz drängt auf Antisemitismus-Erklärung«, red, ORF.at
https://orf.at/stories/3101542/

392  10.07.2019, »Alt-Kanzler in Israel. Kurz: ›Es geht um Sicherheit in Österreich‹«, *Kronen Zeitung,*
https://mobil.krone.at/kmm_1/app_NEWS_ANDROID/1957576

**Kapitel 7**

393  27.05.2019, »Misstrauensvotum – Rendi-Wagner: Kein Vertrauen der SPÖ in eine ÖVP-Alleinregierung«, SPÖ, APA (OTS),
https://www.ots.at/presseaussendung/OTS_20190527_OTS0117/misstrauensvotum-rendi-wagner-kein-vertrauen-der-spoe-in-eine-oevp-alleinregierung

394  27.05.2019, »27.05.2019 – Statement Sebastian Kurz nach Misstrauensvotum im Nationalrat – Ibiza-Video HC Strache«, Ihr Programm,
https://www.youtube.com/watch?v=1f-Z2tv9a6E

395  27.05.2019, »Löger soll Kanzler-Geschäfte interimistisch führen«, kurier.at, *Kurier,*
https://kurier.at/politik/inland/live-um-2100-uhr-van-der-bellen-gibt-nach-regierungssturz-statement-ab/400507279

396  28.05.2019, »Kurz übernimmt sein Nationalratsmandat nicht«, orf.at,
https://orf.at/stories/3124854/

397  30.05.2019, »Brigitte Bierlein wird Bundeskanzlerin«, Facebook, https://www.facebook.com/watch/?v=2267714236641404

398  11.06.2019,»›Kurz im Gespräch‹ Straffes Salzburg-Programm für Ex-Kanzler«, APA, Salzburg24,
https://www.salzburg24.at/news/salzburg/kurz-im-gespraech-ex-kanzler-auf-inoffizieller-wahlkampftour-in-salzburg-71583652

399  11.07.2019, »Sebastian Kurz startete Tour in Salzburg und ging mit Anhängern auf Tuchfühlung«, von Stefanie Schenker, *Salzburger Nachrichten,*
https://www.sn.at/salzburg/politik/video-sebastian-kurz-startete-tour-in-salzburg-und-ging-mit-anhaengern-auf-tuchfuehlung-71588140

400  11.06.2019, »Straffes Salzburg-Programm für Ex-Kanzler«, APA, Salzburg24,
https://www.salzburg24.at/news/salzburg/kurz-im-gespraech-ex-kanzler-auf-inoffizieller-wahlkampftour-in-salzburg-71583652

401  14.06.2019, »Kurz in St. Pölten: ›Sie haben ihn uns weg genommen‹«, von Christian Böhmer, *Kurier,*
https://kurier.at/politik/inland/kurz-in-st-poelten-sie-haben-ihn-uns-weg-genommen/400523656

402  05.07.2019, »1.500 Kurz-Fans beim Wahlkampfauftakt in Korneuburg«, APA, *Der Standard,*

## Anmerkungen

https://www.derstandard.de/story/2000105978450/1-500-kurz-fans-beim-zum-wahlkampfauftakt-in-korneuburg

403 05.07.2019, »Kurz in Korneuburg: ›Ich brauche jeden von Euch‹«, von Johanna Hager und Jeff Mangione, *Kurier*, https://kurier.at/politik/inland/sebastian-kurz-ich-brauche-jeden-von-euch/400544405

404 07.07.2019, »Kurz: Fan-Wanderung mit 800 Anhängern«, *oe24*, https://www.oe24.at/oesterreich/politik/Kurz-Fan-Wanderung-mit-800-Anhaengern/387639498

405 28.07.2019, »900 Teilnehmer bei ›Bergauf, Österreich‹ mit Sebastian Kurz und Wilfried Haslauer in Salzburg«, Die neue Volkspartei, https://www.ots.at/presseaussendung/OTS_20190728_OTS0028/900-teilnehmer-bei-bergauf-oesterreich-mit-sebastian-kurz-und-wilfried-haslauer-in-salzburg
Sowie:
11.08.2019, »Riesiger Andrang bei Wanderung mit Sebastian Kurz«, oe24, https://www.oe24.at/oesterreich/politik/wahl2019/oevp/Riesiger-Andrang-bei-Wanderung-mit-Sebastian-Kurz/392522366
Sowie:
11.08.2019, »Wandern mit Sebastian Kurz am Csaterberg«, von Michael Strini, meinbezirk.at, https://www.meinbezirk.at/oberwart/c-politik/wandern-mit-sebastian-kurz-am-csaterberg_a3562950

406 24.07.2019, »ÖVP verteidigt ›Schredder-Affäre‹«, APA/Red., *Die Presse*, https://www.diepresse.com/home/innenpolitik/5664079/OeVP-verteidigt-SchredderAffaere?direct=5665604&_vl_backlink=/home/innenpolitik/5665604/index.do&selChannel=

407 20.07.2019, »Operation Reißwolf: Kurz-Mitarbeiter ließ inkognito Daten aus Kanzleramt vernichten«, von Daniela Kittner und Raffaela Lindorfer, *Kurier* https://kurier.at/politik/inland/operation-reisswolf-kurz-mitarbeiter-liess-inkognito-daten-aus-kanzleramt-vernichten/400556558

408 25.07.2019, »Talk im Hangar-7 Spezial: Einzelgespräch mit Sebastian Kurz, Servus TV, https://www.servus.com/tv/videos/aa-1z4xnmyd11w12/

409 22.07.2019, »›Natürlich nicht korrekt gewesen, aber‹: Kurz beschwichtigt bei Reißwolf-Causa«, Red./APA, *Die Presse*, https://diepresse.com/home/innenpolitik/5663052/Natuerlich-nicht-korrekt-gewesen-aber_Kurz-beschwichtigt-bei

410 27.07.2019, »Bierlein gibt Kanzleramt-Beamten in Schredder-Affäre Rückendeckung«, APA/Red., *Die Presse*, https://diepresse.com/home/innenpolitik/5665825/Bierlein-gibt-KanzleramtBeamten-in-SchredderAffaere-Rueckendeckung

## Anmerkungen

411  26.07.2019, Christian Kern, https://www.facebook.com/pg/christian.kern.spoe/posts/

412  30.07.2019, »Auch unter Ex-Kanzler Kern soll geschreddert worden sein«, krb, *Kurier*, https://kurier.at/politik/inland/auch-unter-ex-kanzler-kern-soll-geschreddert-worden-sein/400564802

413  27.07.2019, »Sebastian Kurz als Kinderpornodarsteller«, Gebirgsterror Space, https://gebirgsterror.space/2019/07/27/sebastian-kurz-als-kinderpornodarsteller/

414  27.07.2019, »Neue Schmuddelseite mit Vorwürfen gegen Sebastian Kurz«, Vienna.at https://www.vienna.at/neue-schmuddelseite-mit-vorwuerfen-gegen-sebastian-kurz/6297596

415  »Über Zoom«, Zoom, https://zoom.institute/das_ist_zoom.html

416  26.07.2019, »IT-Unternehmer soll hinter ›Zoom‹ stecken«, Red., *Die Presse*, https://diepresse.com/home/innenpolitik/5665263/ITUnternehmer-soll-hinter-Zoom-stecken

417  23.07.2019, »Dubiose Seite ›Zoom‹ recherchiert anonym zu Kurz und seinem ›Bro‹«, von Sebastian Fellner, Harald Fidler und Walter Müller, *Der Standard*, https://www.derstandard.at/story/2000106605193/dubiose-seite-zoom-recherchiert-anonym-zu-kurz-und-seinem-bro

418  28.07.2019, Sebastian Kurz, Twitter, https://twitter.com/sebastiankurz/status/1155439190760402944

419  28.07.2019, Sebastian Kurz, https://www.facebook.com/sebastiankurz.at/posts/2326293050795688

420  29.07.2019, »Sebastian Kurz zwischen ›Grauslichkeiten‹ und ›Opferrolle‹«, j.n., *Die Presse*, https://diepresse.com/home/innenpolitik/5666375/Sebastian-Kurz-zwischen-Grauslichkeiten-und-Opferrolle

421  28.07.2019, Christian Deutsch, Twitter, https://twitter.com/deutsch_ch/status/1155435305438187521

422  18.01.2017, »Die Idee des Politischen Von Hannah Arendt«, von Christoph Marx, https://hannah-arendt.info/die-idee-des-politischen-von-hannah-arend